The Practical Operation
Manual of Financial Futures

金融期货
实务操作手册

李强　主编

中国财政经济出版社

图书在版编目（CIP）数据

金融期货实务操作手册/李强主编．—北京：中国财政经济出版社，2014.1
ISBN 978－7－5095－5003－8

Ⅰ.①金…　Ⅱ.①李…　Ⅲ.①金融期货－手册　Ⅳ.①F830.9－62

中国版本图书馆 CIP 数据核字（2013）第 305777 号

责任编辑：耿　伟　　　　责任校对：胡永立
封面设计：李运平　　　　版式设计：兰　波

中国财政经济出版社 出版

URL：http：//www.cfeph.cn

E－mail：cfeph@cfeph.cn

社址：北京市海淀区阜成路甲 28 号　邮政编码：100142

营销中心电话：88190406　北京财经书店电话：64033436　84041336

北京中兴印刷有限公司印刷　各地新华书店经销

787×960 毫米　16 开　29.25 印张　504 000 字

2014 年 1 月第 1 版　2014 年 1 月北京第 1 次印刷

定价：60.00 元

ISBN 978－7－5095－5003－8/F·4059

（图书出现印装问题，本社负责调换）

质量投诉电话：88190744

反盗版举报热线：88190492、88190446

前　言

金融期货具有发现价格、分散风险和提高金融效率的功能，从 20 世纪 70 年代诞生以来，在经济全球化、金融市场化以及信息技术革命的推动下，金融期货发展迅猛，目前全球主要的经济体都已上市金融期货，金融期货在全世界期货总交易量中比重已达到 90%。金融期货产生的直接原因是利率与汇率的市场化，但其根本动力来源于经济活动中日益增长的不确定性和对风险管理的需求。正是金融期货的发展，为实体经济提供了释放风险的出口，增加了金融产品的多样性，它不仅为市场参与各方实现了高效的风险交易，也极大地增强了金融体系抗击系统性风险的能力。

我国目前正在推进利率市场化和人民币国际化的进程，同时也在加快金融期货市场的建设。2009 年以来，我国沪深 300 股票指数、国债期货在中国金融期货交易所相继上市和恢复上市，改变了我国仅有商品期货但没有金融期货的局面。伴随着我国经济的进一步对外开放和金融市场化改革不断推进，我国的外汇期货和金融期权也将陆续推出，以远期、互换等各类交易工具和证券、信用等基础性资产为标的的场外金融衍生品市场也将迅速发展，包括金融期货在内的金融衍生品品种将进一步丰富，多层次的衍生品市场体系将进一步完善。金融期货与其他金融衍生品将成为我国各类金融机构和现货企业的重要金融工具，被广泛地应用于外汇、利率、证券、大宗商品以及信用等各类基础金融产品的风险管理中。

为了适应我国金融期货市场发展和应用金融期货工具的需求，需要普及金融期货与金融衍生品方面的专业知识。目前，我国图书市场上有关金融期货方面的书籍数量还不多，已出版的图书多是国外译作或偏重于理论阐述，有鉴于此，我们编写了这本《金融期货实务操作手册》，以供对金融期货有兴趣的读者阅读，同时也为金融期货市场的投资者和期货行业的从业人员提供参考。

本书的编写在内容体系上概括了金融期货和与其相关的金融衍生品的主要品种，重点内容是机构、企业和专业投资者如何运用金融期货，与实体企业风险管理结合是本书的突出特点。除必要的金融期货基本理论和基础知识外，本书重点介绍金融期货与相关金融衍生品的实际操作，书中的应用与交易策略方面的内容都通过案例加以说明，侧重介绍各类实体企业与投资者如何运用金融期货。本书在编写过程中，尽可能做到通俗易懂，增强其可读性。

本书编写团队由具有期货理论与实践经验的人员组成，中国期货业协会专职副会长兼秘书长李强担任主编。各章编写分工如下：第一章“金融期货概述”、第八章“股票指数期货”由李强编写；第二章“全球主要的金融期货市场”由山东工商学院副教授于凤芹编写；第三章“金融期货中的套期保值”、第四章“金融期货中的套利与投机”由东北财经大学金融学院副教授闰石编写；第五章“金融期货中的量化交易”由国投中谷期货黄海编写；第六章“外汇期货”由海航期货公司季成翔编写；第七章“国债期货”由南京银行帅之凰编写；第九章“金融期权”由上海中期期货公司陶勤英编写；第十章“场外金融衍生品”由上海金源期货公司崔伟编写；第十一章“结构化产品”由北京英大期货公司粟坤全编写；第十二章“金融期货的风险控制”由中国期货业协会程惠鑫编写。李强对全书总纂定稿。

本书是编写人员在广泛参阅大量金融期货方面的书籍和资料的基础上编写而成的，特别是参考了中国期货业协会、中国金融期货交易所和部分金融机构编写的书籍刊物，并参考、引用了部分资料，在此特别说明并表示感谢！

在期货与金融领域，金融衍生品专业性强，被喻为金融知识的塔尖和海洋的深处，编写金融衍生品书籍不是一件易事。尽管编写人员做了一些努力，但由于水平有限，书中错误与不严谨之处在所难免，敬请读者与业内人士批评指正。

编　者

2013 年 10 月

目　　录

第一章 DIYIZHANG 金融期货概述

第一节 金融期货与金融衍生品

一、金融期货的产生与发展

金融期货产生于20世纪70年代，它的产生和发展是建立在金融市场发展基础上的。第二次世界大战之后，形成了以布雷顿森林体系为核心的国际货币体系，在这一体系下，美元成为世界货币，其他国家的币值与美元挂钩，美元与黄金挂钩，汇率波动限制在一定幅度内。布雷顿森林体系对第二次世界大战后稳定汇率，促进国际贸易和经济发展发挥了重要作用。在此基础上，西方金融市场得到了前所未有的发展，证券市场也迅速扩大，金融机构、工商企业以及居民个人手中都积累了巨额的金融资产和金融债务。但与此同时，各国之间经济联系日益广泛和密切，国际贸易和国际投资的发展使得外汇市场急剧膨胀。20世纪60年代后，随着美国经济实力的相对衰落，以及欧洲、日本经济得到恢复和实力增强，以固定汇率制度为核心的国际货币体系发生动摇。以德国为代表的欧洲国家积累了大量的美元外汇，由于担心美国无法实现自由兑换黄金的承诺，纷纷向美国挤兑黄金，从而形成美元价格持续下跌。此后，试图重新稳定汇率的史密斯学会协议也宣布崩溃，全球各主要工业国家货币均实行自由浮动。

随着布雷顿森林体系和史密斯学会协议先后解体，国际经济形势发生了急剧变化，固定汇率制被浮动汇率制所取代，利率管制等金融管制政策逐渐被取消。汇率、利率频繁、剧烈波动，随市场变化自由涨落，促使人们向期货市场寻求避险工具，在这种情况下，金融期货应运而生。1972 年 5 月，芝加哥商业交易所（CME）设立了国际货币市场分部（IMM），首次推出包括英镑、加元、西德马克、法国法郎、日元和瑞士法郎等在内的外汇期货合约。1975 年 10 月，芝加哥期货交易所上市的国民抵押协会债券（GNMA）期货合约成为世界上第一个利率期货合约。1977 年 8 月，美国长期国债期货合约在芝加哥期货交易所上市。1982 年 2 月，美国堪萨斯期货交易所（KCBT）开发了价值线综合指数期货合约。金融期货虽然只有 40 多年的历史，但发展极为迅猛，彻底改变了期货市场的格局。目前，金融期货已经在国际期货市场上占据了主导地位，对世界经济产生了深远影响。

促使金融期货产生的直接原因是利率与汇率的市场化，其根本动力来源于经济活动中日益增长的不确定性和对风险管理的巨大需求。金融期货是 20 世纪最具革命性的金融创新，金融期货出现以后，国家管理金融风险的方式发生了革命性的变化。正是衍生品的发展，提升了分离金融风险并进行定价的能力，促进了市场经济的体制性转变。包括金融期货在内的衍生品，已经成为管理风险不可或缺的重要工具。远期、期货、期权、掉期等衍生工具被广泛应用于外汇、利率、证券、大宗商品、信用等多类基础产品的风险管理中。

二、金融期货的概念

（一）金融期货的定义

金融期货（Financial Futures）是指在交易所内进行交易的标准化的金融商品合约，它以外汇、利率、个股和股价指数等为标的物，是一种派生的金融工具。金融期货具有期货交易的一般特点，但与商品期货相比较，其合约的标的物不是实物商品，而是金融工具。

（二）金融期货的内涵

金融期货的概念包含了以下基本内容：

1. 依存于金融现货。即金融期货起源于原生性金融商品或基础性金融工具。这种原生性金融商品包括货币、外汇、存单、债券、股票等。基础性金融工具主要有四种形式：利率或债务工具的价格、外汇汇率、股票价格或股票指数、商品期货价格。

2. 杠杆性的信用交易。金融期货是通过预测股价、利率、汇率等金融现货在一定时期内的市场行情走势，以支付少量保证金的方式交易远期合约。

3. 按事先预定的价格在未来成交。金融期货为需要日后买入或卖出合约的当事人提供未来成交的条件，并成为转移价格风险的手段。

三、金融衍生品的概念

金融期货是金融衍生品（Financial Derivatives）中的一个重要类别。完整地了解金融衍生品的含义，有助于我们对金融期货的理解。那么，什么是金融衍生品呢？

（一）金融衍生品的四大基本类别

金融衍生品是从基础金融工具中派生出来的投资工具或交易手段的总称，它的价值取决于标的资产（如货币、债券、股票等）的预期价格变动，可以分为四大基本类别，即远期（Forward）、期货（Futures）、期权（Option）、互换（Swap）。

1. 远期。远期指买卖双方同意在未来某一时点，以特定价格针对买卖标的物的交易契约，协议内容可以根据买卖双方的需求而设定，无一定标准，通常在两个金融机构之间或金融机构与其公司客户之间签署，并在场外交易。

远期交易有三方面的局限：（1）到期前无法通过对冲来解除契约义务；（2）契约期间必须承担交易对手的信用风险；（3）到期通常实行实物交割，因此在实际应用上有所限制。

2. 期货。期货由远期交易演变而来，它是高度标准化的，在场内实行公开竞价并且实行统一结算。期货合约标准化的要素主要包括标的物、数量、交易月份、交割方式等。

3. 期权。期权是指买方向卖方支付一定数量的金额（期权费）后拥有的在未来一段时间内（美式期权）或未来某一特定日期（欧式期权）以事先规定好的价格向卖方购买（看涨期权）或出售（看跌期权）一定数量的特定标的物的权利，但不负有买卖的义务。

4. 互换。互换是指交易双方达成的一项协议，以按照事先约定的方式在将来交换现金流，从本质上看，互换是一系列远期合约的组合。但互换协议有其独到的优势：（1）互换协议的期限通常要比远期合约和期货合约长；（2）互换是更有效的交易工具，因为通过互换能够有效率地建立起相当于一系列远期合约组合的现金流；（3）互换协议的流动性比远期合约的流动性要高。

以上是金融衍生品的四个基本类别。通过对上述四个基本类别的组合设计，目前国际上已经有数量众多的金融衍生品。主要的期权品种有股票期权、货币期货期权、股票指数期货期权、利率上限和下限期权、中期政府债券期货期权、欧洲美元期权、互换期权等；主要的期货品种有货币期货、抵押债券期货、国债期货、股票指数期货、银行存单期货、欧洲美元期货等；主要的互换品种有货币互换、商品互换、股票指数互换、证券组合互换等。

（二）其他金融衍生品

如今，一些大的金融机构能为客户“量身定做”他们需要的衍生品。所以，金融衍生品的数量在不断增加。这其中，有两类重要的金融衍生品应专门给以介绍。

1. 资产支持证券（Asseted – Backed Security，ABS）。资产支持债券是指将某一目标项目的资产所产生的独立的、可识别的未来收益（现金流量或应收账款）作为抵押（金融担保），并以此在资本市场发行的具有固定收益率的债券。资产支持证券的资产通常是金融资产。

资产支持证券与资产证券化近似于子母关系。人们常常把资产证券化产品划分为资产支持证券（ABS）和住房抵押贷款证券（Mortgage – Backed Securities，简称 MBS）。

2. 信用衍生产品（Credit Derivatives）。根据国际互换和衍生产品协会（ISDA）的定义，信用衍生产品是用来分离和转移信用风险的各种工具和技术的统称，主要指以贷款或债券的信用状况为基础资产的衍生金融工具。具体来说，信用衍生产品是指信用衍生产品交易双方签订的一项金融性合约，该合约允许信用风险从其他风险中分离出来，并从交易的一方转移至另一方。

信用衍生产品主要包括信用互换、信用期权、信用远期和信用联接票据等。它是在互换、期权和债券市场发展比较成熟的基础上开发出来的一种复合金融衍生产品，可以看作是基础性的衍生产品在信用风险管理中的具体应用，其实质是对传统金融衍生产品的再造，赋予其管理信用风险的新功能。

四、场内金融衍生品和场外金融衍生品

衍生品按照交易场所，可分为场内衍生品和场外衍生品。

（一）场内衍生品

场内衍生品是指在交易所市场交易和结算的衍生产品，主要包括期货、场内期权、场内互换等。

场内市场，又称为交易所市场（Exchange - Traded Derivatives，ETD），是指所有的供需方集中在固定的场所（交易所）进行竞价交易。交易所作为交易中间方，收取交易保证金并承担履约担保。在交易所交易的金融产品一般为事先设计好的标准化合约，投资者根据自身的需求选择最接近的合约进行交易。由于合约标准化、交易者交易场地集中，一般情况下，其市场流动性较高。

（二）场外衍生品

场外衍生品是指在场外交易市场交易的衍生产品，主要包括远期、场外期权、互换等。

场外市场，也称为柜台交易市场（Over The Counter，缩写 OTC），最早源于银行兼营股票买卖业务，在柜台向客户出售股票，是最古老的证券交易市场。如今的 OTC 市场已不是传统意义的柜台交易市场，是指交易者通过私下直接议价的交易方式进行交易的场所，与交易所的集中交易方式相区别。这种交易方式的优势在于可以根据投资者的不同需求设计不同的产品，满足投资者个性化的风险管理、投资等需求。在传统的场外交易市场，交易双方通过电话或者电脑网络，协商确定价格进行交易。如今，部分场外市场也可以公开竞价。互换和远期是最具有代表性的场外交易衍生产品。

五、金融期货的特点

（一）金融期货的高风险性及信用风险的相对集中性

金融期货业务比传统的金融业务要复杂得多。如传统的存贷款业务，其资金流动与实际交易相联系，具有一定的规律性。而金融衍生产品市场上的资金流和流动性状况没有明显的规律可循，进行金融期货交易遭受损失的可能性大于传统金融产品。

世界范围内的金融期货交易主要是在一些规模较大、实力较强的金融机构（包括商业银行、投资银行、证券公司、基金公司等）间进行，因而全球范围内与金融期货交易有关的信用风险大部分都集中到了这些为数不多的金融机构中。

（二）金融期货的杠杆性

杠杆性是指以较少的资金成本可以获得较多的投资，以提高投资收益的特性。在现金交割制度下，金融期货是金融原生品的价格为基础，交易时不必缴清相关资产的全部价值，而只要缴存一定比例的押金或保证金，便可得到相关资产的价值权，等到合同确定的到期日，对已交易的期货合约进行反向交易，并进行差价结算；在金融期货交易中，杠杆比率可达数倍至数十倍。因此，相应的投资利润或损失被放大数倍乃至数十倍。

（三）金融期货的虚拟性

虚拟性是指金融期货所具有的独立于现实金融资产运动之外，却能给持有者带来一定收入的特征。金融期货的价格变化脱离了实物资产运动过程，它一旦形成，必然会导致一部分货币资本停留在这种能够生息的有价证券之上，以获得风险利润的管理权。但是，金融期货并不是从相应的基础工具的增值中获得利润分配，当金融期货的原生工具是股票、外汇、债券之类时，金融期货则具有双重虚拟性，它所产生的市场后果是，金融衍生品市场的规模会大大超过基础产品市场的规模，甚至会脱离其基础市场。

（四）金融期货的全球性

金融期货业务正在逐渐成为全球金融业务的重要组成部分，世界主要的金融机构都参与到这个市场上来，利用各种金融工具和市场交易，通过各种渠道把全球金融市场联系在一起。金融期货的全球性对国际金融体系的有效运作起到重要作用，它将机构、市场和金融中心紧密联系在一起，成为各国金融市场一体化和金融全球化的重要推动力。

金融期货的上述特点表明，金融期货改变了现代金融媒介，促进了金融机构的现代化和金融全球化发展，导致了整个金融体系结构性的变革，使现代金融体系有了新的特点。

第二节 金融期货的功能与作用

自 20 世纪 70 年代金融期货面世以来，包括金融期货在内的金融衍生品市场得到了迅猛的发展。但它在满足各类机构风险管理需求的赞誉的同时，也因为引发诸多风险事件而受到责难。从金融期货诞生的那一天起，金融期货对于经济发展的功能与作用就众说纷纭，其中较大的争论就发生过多次。尽管人们对衍生品市场的高风险性仍心存疑虑，但金融衍生工具在风险管理方面的作用已得到认同。其中，利用金融期货进行风险管理，与传统风险管理手段相比，效率高、成本低，它在货币市场和资本市场运作的同时，为市场参与者提供了一个风险管理的市场，从而使金融市场的体系更加完善，市场效率进一步提高。

一、金融期货的经济功能

金融期货的经济功能主要表现在发现价格的功能、转移风险的功能和进行风险投资的功能。

（一）价格发现功能

价格发现（Price Discovery），是指金融期货市场能提供各种金融商品的未来价格信息。在金融期货市场上，各种金融商品的期货合约都有很多买者和卖者。这些买者和卖者之间是以集合竞价的形式进行交易的。因此，通过大量的买者和卖者竞争性的竞价后形成的市场价格，反映了市场对利率、汇率和股指等变化和收益率曲线的预测及对目前供求状况和价格关系的综合分析。这种竞争性价格一旦形成便被交易所记录下来，并通过现代化的通讯手段迅速传到世界各地，从而形成世界性的价格。

金融期货之所以具有价格发现功能，是因为它集中了各方面机构和专业人士对市场供求关系的看法，他们的预测通过期货价格的形成反映出来，对市场极具敏感性，所形成的价格显示了大多数交易者的预测结果。期货价格给现货市场提供了重要的参考信息，是经济活动的重要参考数据，是世界金融行情的晴雨表。

（二）转移风险的功能

经济生活中无时无刻不存在风险，而期货是具有风险转移机制的市场。它将现实经济生活中客观存在的风险转移出来，为实体经济提供释放风险的出口，同时将释放出来的风险变为可交易的产品。期货市场为参与各方提供一个高效的风险交易场所，通过交易，改变各自的风险偏好。风险转移是通过套期保值来实现的，套期保值过程就是风险转移的过程。套期保值的基本原理是：在现货市场上买进或卖出某种金融工具，而在期货市场上卖出或买进同一种金融工具，以期货的盈亏来抵消现货的盈亏。

由于影响金融现货市场和期货市场价格波动的因素是相同的，所以对于同一种金融商品，现货市场的价格波动和期货市场的价格波动方向是一致的。涨的时候会都涨，跌的时候就都会跌。所以，通过在两个市场进行相反方向的操作，可以达到损益互相弥补的目的。当然，这种转移出去的风险必须要有人来承担，这就是风险爱好者。金融期货参与者众多，参与目的各不相同，套期保值者是为了规避风险，实现稳定成本与收益；而套利者和投机者是为了追求较高投资收益。相同程度的风险，集中在某个机构和分散到若干个机构的结果不同，集中风险后果比分散风险严重得多。如一家大型银行发生了很大风险，不仅影响这家银行的经营，而且还可能传递到与这家银行有关联关系和业务往来的其他机构与个人，甚至发生社会震荡；而分散风险的结果，有利于降低社会风险，增强金融体系抗击重大突发性事件的弹性，实现金融体系的平稳运行。

（三）风险投资的功能

金融期货除了发现价格、转移风险这两个基本功能以外，还有进行风险投资、获取投资收益的功能，这个功能主要是针对各类金融投资机构和投机者来说的。金融期货增加了金融产品的多样性，能满足多样化的投资需求，也可以促进投资策略多样化。金融期货是保证金交易，具有以小博大的杠杆作用，期货价格的波动会给投资者带来多于保证金数倍的盈利或损失。各类金融机构不仅可利用期货市场化解风险，也可设计出高风险高收益的投资产品，各类专业投资机构也可利用金融期货进行投资组合。各类投资者的参与，不仅使价格发现更准确，也使期货市场更富于流动性，风险转移功能更易于实现。

二、正确认识金融期货的功能

以上是金融期货在经济上的三个基本功能，要准确地理解金融期货，还应当对金融期货及其衍生品有正确的认识。

（一）金融期货是为了转移市场价格风险而建立的

有人认为金融期货没有货币与证券市场的融资功能，不过是一种无实际意义的“零和博弈”。事实上，在市场经济条件下，金融期货市场与证券市场的功能是不同的。证券市场解决的是资本集聚与配置的问题，建立在此基础上的上市公司，解决了企业无限责任有限化的问题；而金融期货市场作为市场经济高度发展的产物，解决的是市场价格风险的管理问题，使市场经济中的无限风险有限化。社会经济活动不仅只关注财富的积累与分配，也关注风险的集聚与分散，从而更加注重发展的可持续性和稳定性。金融期货市场本身不是风险的来源，而只是集中分配风险，在风险厌恶者和风险偏好者之间转移风险。在市场风险日益加大的当今世界，如果不善于运用风险管理工具，那才是经济运行中的最大风险。

（二）金融期货市场套期保值功能的发挥通常是间接和隐性的

金融期货市场的规避风险功能往往难以直观和量化，尤其不能以从事期货交易盈亏多寡来简单评价期货市场的功能，更不能以期货市场上的亏损个案作为评价期货市场功能的依据。因为对套期保值者来说，在金融期货上有亏损，就意味着在现货市场上降低了成本或增加了盈利。对金融期货效应的评价，要就市场操作的具体情况进行分析。因此，金融期货市场套期保值功能的发挥必须从企业经营的总体情况出发，而不能以“期货盘面上的盈亏论成败”。

（三）金融期货是专业性的投资工具，不是大众化的投资产品

与股票、黄金、房地产等投资不同，应当或有条件参与金融期货交易的机构或个人数量是有限的。从企业风险管理的角度讲，只有那些具有一定经营规模，其生产经营与期货品种关联性强，并且确实有需求的企业才有必要参与金融期货交易。从机构投资者的角度讲，应当参与的是有实力和专业经验的金融机构。从个人角度来讲，应当是那些具有专业素质和一定的经济能力且心理承受能力强的投机者才可以投资金融期货市场。不过，作为价格发现的重要工具，金融期货市场的价格信息对于政府、企业、个人有普遍的应用价值。即使不直接参与金融期货交易，也一样能够利用金融期货市场的价格信息指导生产经营和投资活动。

（四）金融期货市场是一把“双刃剑”，具有正向和反向功能

投机过度会出现误导性的价格信号，也会酿成金融风险，这也是金融期货受到责难和非议的重要原因之一。但这一现象从另一方面表明，金融期货作为一种金融工具，其风险的产生更多的是由于被滥用或者误用所产生的。金融衍生品确实在世界性金融危机中起到过推波助澜的作用，但究其原因是由于金融机构在创新和使用衍生品时，偏离了基本的经济学原理，偏离了实体经济的现实需求，推出了大量过于复杂的、高风险的、不被公众投资者所了解的产品。此外，风险问题多出在受监管较少的场外衍生品市场，而不在场内期货市场。

三、金融期货的作用

（一）金融期货在资源配置中的作用

市场经济机制的核心是价格机制，即通过竞争形成的价格信号配置资源。金融期货的价格发现机制有利于社会资源的有效配置：一方面，近似完全竞争的金融期货市场形成的价格接近于供求均衡价格，这一价格信号用于配置资源的效果要优于现货市场的价格信号，所以，金融期货市场形成的价格常常成为

一国，甚至全世界范围内的价格；另一方面，金融期货市场的价格是现货市场价格的预期，能反映现货市场未来预期的收益率（或利润率）。当现货市场的未来预期收益率高于社会平均资金收益率时，社会资金就会从低收益领域流向高收益率的基础市场。同时，金融期货可以降低交易成本，提高资金的利用效率，特别是以利率、汇率和股票价格指数为主要品种的金融期货丰富和完善了金融市场体系，减少了信息不对称，有助于提高定价效率。以国债期货为例，作为横跨交易所市场和银行间市场的衍生品，便利投资者通过国债期货和现货两个市场进行风险管理和套利操作，有利于消除同一券种在两个债券市场上的定价差异。再以股指期货为例，通过引进卖空机制，使机构的投资策略从股票价格上升的单一模式转变为双向投资模式，使投资资金在下跌行情下也不必被动闲置。由于交易成本降低，提高了资金的使用效率，便于投资组合的构建，完善了资本市场的配置功能。

（二）金融期货在金融创新中的作用

包括金融期货在内的金融衍生工具是20世纪最具革命性的金融创新，它的出现不仅为金融业提供了丰富的风险管理手段，而且也为金融业的发展注入了新的活力。近40年来，金融衍生品市场发展迅速，各种创新的金融衍生工具层出不穷，极大地丰富了货币市场、债券市场、股票市场、外汇市场的产品。这些产品在根据投资者偏好的基础上，不断满足市场新的需求，又创新出更多的金融产品。各类金融机构，如商业银行、保险公司、证券公司、信托公司、基金公司、期货公司、财务公司等，在利用金融期货进行风险管理的同时，也在运用金融衍生品市场进行多种金融创新，开发丰富多彩的金融产品。如典型的结构化产品，就是融合了固定收益证券的属性和衍生工具特性的新型证券种类。这些结构化产品通常由多个金融产品构成，针对某类投资者需求的风险收益特征，其标的物可以是股票、股指、利率、汇率、大宗商品价格，在此基础上通过金融组合，创新出更多个不同风险收益的产品。

（三）金融期货在国际金融竞争中的作用

金融期货是国际金融竞争的战略制高点，缺乏发达完善的金融期货市场，一个国家和地区难以成为世界金融中心。纽约、芝加哥、伦敦、法兰克福、东京、新加坡、中国香港等世界性金融中心的形成，金融期货都功不可没。当美国有人对期货及衍生品提出质疑时，当时的美联储主席格林斯潘在国会作证时说："保护美国金融市场的实力，强化美国作为世界金融中心的领导地位，我们在期货领域享受到了巨大的利益，一旦金融衍生品的优势转到国外，美国的各行各业都要付出巨大的代价。”美国前财长萨默斯也说过：“在美国经济过去十年的成功发展中，期货业发挥了关键的作用，作为广义资本市场的核心，金融衍生品市场在促进价格的有效发现和分散风险方面发挥了关键的作用，金融衍生品是促进美国金融体系达到目前健全水平的有利工具。”

四、大力发展我国金融期货市场

（一）我国实体经济发展需要金融期货

经过30多年的改革开放，我国实体经济迅猛发展，已成为全球第二大经济体。随着我国经济规模的迅速扩大和市场经济体系的逐步完善，国家需要通过市场手段，灵活运用金融市场上的汇率、利率及其相关衍生工具来进行经济调控。各种生产、经营性企业，在生产经营过程中，将面临更多的汇率与利率变动，各类机构投资者也将面临更大的投资风险，金融市场的信用风险和流动性风险也在聚集。这些都需要借助金融期货与其他衍生品来实现其风险管理和风险转移。

（二）建立完善的金融市场体系需要金融期货

纵观世界经济发展的历史，期货是市场经济高度发展的产物，而金融期货则是金融市场发展到一定程度的必然结果。20世纪70年代布雷顿森林货币体系瓦解后，浮动利率与汇率形成，金融市场化使得利率、汇率、证券等各种金融资产的价格剧烈波动，金融机构与投资者对转移风险的需求剧增，外汇期货、利率期货、股指期货等金融期货应运而生。我国今天面临的经济形势与美国推出金融期货时的情形非常相似。加入世界贸易组织（WTO）后，我国实体经济已进入世界经济一体化进程中，我国经济与世界经济关联度大大加深，经济体系已由市场的力量和全球贸易经济来确定。我国的商品市场已处在国际市场价格波动的巨大风险之中。国内各类资源、各类商品的价格大部分都已与国际接轨，实体经济对风险管理存在巨大需求。但由于我国金融市场尚未开放，风险管理市场建设滞后。从一个国家金融市场体系结构来讲，应该包括资本市场、货币市场、风险管理市场。全球经济总量较大的国家，都建立了相对完善的金融市场体系，如在美国多层次的金融市场体系中，其发达的金融衍生品市场，不但为各类机构提供了风险管理的产品，而且满足了对投资风险有不同偏好的各类投资者需求，为货币市场、资本市场、实体经济提供了各种可供选择的避险工具。

（三）我国金融业的对外开放和市场化需要金融期货

随着我国经济的进一步改革开放和金融市场化步伐的加快，我国各类金融机构对金融期货的需求也更加迫切。以利率期货为例，从国际市场经验看，利率衍生品的交易量最大，我国利率衍生品也存在着巨大的潜在需求。我国金融机构存款大于贷款的数额很大，这部分资金主要被商业银行用于购买国债、金融债、企业债等债券类投资，而这部分收益是随市场利率变化而波动的。随着汇率形成机制的改革，我国金融机构、企业和居民汇率风险凸显，对外汇类金融期货的需求也日益迫切。在经济全球化的今天，利率和汇率已成为影响各国经济发展和资产价格的重要指标，以利率和汇率为主要标的的金融衍生品也在不断发展和创新，如果我们不能在对外开放和金融创新中占据市场，将处于不利地位。为此，也应加快发展金融期货市场，提高我国金融业的国际影响力。

第三节 金融期货与机构投资者

金融期货因其高杠杆与高风险性，参与者需要较强的专业知识和较高的风险承受能力。国际经验表明，金融期货是一个以机构投资者为主、专业化的风险管理市场，不适合一般投资者参与。机构投资者是参与金融期货市场的交易主体，其行为也成为金融期货市场功能发挥的决定性因素。

一、机构投资者对金融期货的需求

机构投资者是对其资金进行投资管理的、与个人投资者相对的机构，它不仅是聚集个人资金进行投资的专业化机构，也包含企业等机构。机构投资者包括养老基金、保险公司、投资银行以及各类共同基金，也包括传统商业银行和那些专业化程度相对较低的、对企业资金进行投资管理的非金融机构。

机构投资者的投资行为与个人投资者相比，有明显的不同，主要表现在以下几个方面：

第一，机构投资者的投资主要表现为对其资产组合的管理。个人投资者的资产规模一般较小，难以通过合理的投资组合来达到理想的风险—收益配比。而机构投资者由于其管理的资产规模大得多，需要采用分散化投资方式，应用包括传统金融工具和衍生品在内的多元化投资方式和投资策略。

第二，机构投资者的管理更具专业化。机构投资者具有规模效应，通常聘任专业化的管理者或者管理团队对其资产进行管理。

第三，机构投资者对市场流动性具有较高要求。机构投资者由于管理资金规模较大，在一个流动性较差的市场上，机构投资者一举一动都可能对市场产生重大影响，这一方面使得其调整资产头寸的及时性大打折扣，另一方面也可能使其既定的投资目标难以实现。因此，机构投资者需要一个具有良好流动性的市场。

第四，机构投资者的投资策略灵活多样。机构投资者的投资策略往往与其投资的目的以及负债的特性有一定程度的关联。即便是同一个机构投资者，也可能随着市场的变化进行灵活调整。从负债方面看，大多数机构投资者是根据期限来匹配资产和负债，例如，保险公司由于其负债的长期性质，往往愿意购入较长期限的资产。而开放式基金由于面临赎回压力，往往将更多的资产匹配在期限较短或者变现性强、流动性较好的资产上。投资的目的也是决定机构投资者投资策略的重要因素。

机构投资者与金融期货市场的发展存在着积极的良性互动关系。一方面，机构投资者的出现增加了对衍生工具的需求，促进了金融期货市场的发展。另一方面，金融期货市场的发展适应了机构投资者的需要。这些需要表现在：第一，机构投资者使用衍生品对冲风险；第二，机构投资者使用衍生品完成资产配置；第三，机构投资者使用衍生品提高资产组合的预期收益。

二、商业银行与金融期货

传统的商业银行是指以存贷款业务、票据业务与金融市场业务为核心业务的金融企业。随着现代金融业的发展，越来越多的银行开始经营存贷款业务以外的其他业务，如金融咨询、风险资本贷款、保险、退休基金、证券中介投资、互助基金和年金、投资银行等多项业务。在利率市场化的条件下，商业银行如何管理好利率风险和信用风险，对于稳健经营至关重要。例如，作为大量利率敏感性负债和资产的持有者的商业银行，利率的变动既改变了资产和负债的价值，也改变了资产和负债的现金流。因此，利率的变动可能对商业银行造成盈利或损失。商业银行必须格外关注利率变动对其经营利润的影响。尽管商业银行可以利用传统的诸如资产负债调整的方法来管理利率风险，但是，利率期货、期权以及互换等衍生品由于具有流动性强、交易成本低以及杠杆性优势，更适合被商业银行用来对冲和管理其利率风险。在信用风险管理方面，信用互换、信用期权以及信用联系票据等信用衍生工具在商业银行贷款信用风险管理中正在得到越来越广泛的应用。美国商业银行是金融衍生品市场的重要参与主体，他们金融衍生产品的交易规模（按名义本金计）往往数倍甚至数十倍于其资产规模。

三、投资银行与金融期货

投资银行经营与资本市场有关的业务，主要包括证券发行、证券承销、证券交易、公司重组、兼并与收购、投资分析、风险投资、项目融资等。投资银行所从事的业务特点决定了风险管理在投资银行投资活动中的重要作用。例如，作为投资银行业务本源的证券承销业务就有保值需求，同时，投资银行还面临着市场风险、信用风险等诸多风险，这些都需要利用金融衍生品来进行风险管理。此外，由于投资银行拥有较强的衍生品的开发能力，通过开发和出售金融衍生品也可以赚取收入。因此，金融衍生品在投资银行中得到了广泛的应用，如利用衍生品管理证券组合头寸所面临的风险，利用衍生品管理承销风险，将金融衍生品作为投资银行的中介业务。

四、投资基金与金融期货

投资基金是汇集众多投资者的资金，委托基金经理人按其投资策略，统一进行投资管理的投资工具。投资基金集合大众资金、共同分享投资利润，分担风险，是一种利益共享、风险共担的集合投资方式。对基金类型的划分，有不同的分类标准，从债务的性质角度，可以将基金划分为养老基金、共同基金两种类型；按照投资目的可以分为债券基金、股票基金、期货基金等。

养老基金是由发起人和受益人收集、汇聚并进行投资的基金。在人口老龄化趋势及经济增长的推动下，养老基金在全球范围内发展迅速，逐渐形成庞大的资金力量。由于养老基金本身的生存保障特性，养老基金对风险的防范尤其重要。养老基金的生存保障特点决定了其不能承担过大的风险。因此，如何在保证养老基金安全的基础上提高其收益性，同时又能保证其流动性的需要（指能够满足支付需要），一直是其面临的最主要问题。因此，养老基金在使用衍生品方面重在降低资产组合的风险，而不是博取高收益。

共同基金作为一种为投资而聚集资产的手段，通过聚集众多个人资产，可以有效地节约交易成本和管理成本，同时也可调节风险和收益的最佳平衡，使个人投资具有更好的流动性。作为机构投资者的典型代表，共同基金对金融衍生品的应用表现在对冲风险、调整资产组合、提高资产预期收益三个方面。但是，不同类型的共同基金对金融衍生品使用程度、操作手法以及使用目的和效果等方面，都存在着很大差别。以管理期货为例，它是投资者购买商品基金经理人（CPO）所发起的基金，CPO 聘用期货方面的专家——商品交易顾问（CTA），对基金进行操作，获取利润。管理期货基金中投资于期货市场的那部分资金，称管理期货，管理期货由期货投资专家 CTA 进行实际操作。管理期货基金中剩余的资金由 CPO 聘请独立的顾问或利用自己的银行对其进行现金管理。由于管理期货的出现，投资者可以通过商品交易顾问从期货投资中获取收益。

对冲基金是一种特殊形式的共同基金，通常只限于那些愿意在交易中为了高收益而承担高风险的富有投资者。对冲基金有三个特点：

第一，对冲基金追求积极的管理策略。对冲基金的经理通常追求积极的管理以获得更高的收益，他们试图利用其在信息收集和分析、更低的交易成本和市场准入门槛以及更好的交易技术方面的比较优势，以此来获得更高的收益。

第二，对冲基金从事自营交易。

第三，对冲基金的投资策略灵活而多样化。对冲基金既可以做多，也可以卖空；也可以集中于某项投资，而不必分散化其投资；还可以通过借贷或者杠杆操作来支持其头寸，甚至可以投资于流动性较差的资产，持有没有上市的证券、交易衍生品等，这使得对冲基金有机会获得超额收益，同时也使得对冲基金可能承受更大的风险。

五、保险公司与金融期货

保险公司主要包括人寿保险和财产保险。对保险公司业务经营的风险有多种划分方法，寿险公司通常将经营风险分为四类。

第一类是资产风险，主要是指寿险公司的资产项目不能取得预期的投资收益甚至亏损的风险。寿险公司的资产可能因债务人不按期归还本息遭受损失，股权类资产则可能因市价跌落而贬值。在负债不变的条件下，资产价值的下降会引起公司权益资本价值的下降，而且由于杠杆作用，这种下降还具有乘数效应。

第二类风险是定价风险，指对投资收益率、死亡率和发病率、索赔和损失发生频率及严重程度、管理费用、销售费用等影响价格的因素估计不足导致的风险，即投资收益率低于预定利率，引起负债上升。

第三类风险是利率风险，是指由于利率和通货膨胀的波动对资产和负债价值的影响所导致的风险。当利率波动对资产的影响不同于对负债的影响时，资产与负债就会出现不同的变化，从而将可能导致保险人无偿付能力。

第四类风险是其他风险，是指无法预计和管理的风险。国外学者对保险公司利用金融衍生工具进行风险管理的情况进行了大量的实证研究，从产品的角度看，在大类产品交易中，期权持仓量最大；而在单品种交易中，利率互换规模较大。不同类型的保险公司对衍生品在使用上有不同偏好，寿险公司更加喜欢使用利率衍生工具，而财险公司更加偏好于股票和汇率衍生工具，如股票看涨期权、外汇远期和股票看跌期权是财险公司最常用的衍生工具。

六、非金融机构与金融期货

除了金融机构以外，衍生金融工具在企业的财务管理中也得到了广泛的应用。金融衍生工具在公司财务管理中的作用主要表现为以下几个方面：

第一，金融衍生工具可以规避企业财务风险。金融衍生工具的杠杆效应可用于规避风险。根据国际互换和衍生品协会（ISDA）的调查统计，世界500强企业中，94.2%的企业使用金融衍生工具管理和规避所面对的经营和金融风险。

第二，金融衍生工具可以降低企业的筹资成本。企业可以灵活运用衍生工具获得成本更为优惠的资金。一提及融资，人们常想到的是股权或者债权融资，其实，通过股权、债券融资与衍生品的联合使用，企业可以更有效降低融资成本，如：将短期债务置换成长期债务；通过掉期将利率锁定；进行利率上限、利率下限和利率上下限交易。

第三，金融衍生工具的杠杆效应可以使企业的投资获得更好的风险—收益配比。

在企业的生产经营活动中，企业常有部分结余资金。衍生工具的出现，无疑为企业这部分资金的运用提供了有效的投资手段，但是，金融工具的使用也可以使企业处在更大的风险暴露中。在企业应用衍生品过程当中，有许多广为人知的损失案例，因此，对大多数企业来说，问题不在于是否使用衍生品，而在于如何使用。

第二章
DIERZHANG

全球主要的金融期货市场

第一节 美国金融期货市场

美国期货市场在全球期货市场中的地位举足轻重，其主要合约品种的成交量均在全球领先，其代表性机构是芝加哥商业交易所集团（CME Group）、洲际交易所（ICE）和芝加哥期权交易所（CBOE）。从各领先品种在全球的排名情况可以看出，芝加哥商业交易所集团旗下的三家交易所：芝加哥商业交易所（CME）、芝加哥期货交易所（CBOT）和纽约商业交易所（NYMEX）占据了领先的位置。本节就以芝加哥商业交易所集团、洲际交易所和芝加哥期权交易所为例介绍一下美国主要的金融期货合约品种。

一、CME 集团与外汇期货

CME 集团是由芝加哥商业交易所（CME）与芝加哥期货交易所（CBOT）于 2007 年通过合并而组建的交易所集团。CME 集团于 2008 年收购纽约商业交易所（NYMEX），成为世界上期货与期权交易规模最大且最多元化的金融交易所。它提供了基于利率、股票指数、外汇、能源、农业商品、金属和诸如天气、房地产的另类投资产品的期货与期权，超过 3/4 的成交量来自于电子交易平台 CME GLOBEX 上的电子交易。

在不断创新的历史长河中，CME 成就了今日期货行业的许多重要进程。

1987 年通过对 CME GLOBEX 电子交易系统的概念化与开发启动，芝加哥商业交易所成为期货电子化交易的先驱。2002 年芝加哥商业交易所成为美国第一个股份制的交易所，在纽约证券交易所上市。据统计，CME 集团在美国商品期货交易市场的占有率曾高达 98%。这也是因为 CME 本身的 CME GLOBEX 系统可以提供达到最高回报而必须的速度、流动性、灵活性和透明性。同时，外汇交易日成交量有 60% 源自电子交易。

CME 集团是世界上最大的受监管外汇交易市场以及全球第二大的外汇电子交易市场，2010 年，占全球外汇市场份额的 77.6%。CME 集团提供基于 19 种货币的 41 种期货合约和 31 种期权合约，这包括世界上的所有主要货币以及新兴市场的货币，其中交易比较活跃的外汇产品见表 2－1。

表 2－1　CME 集团交易活跃的外汇产品　单位：美元

交易最活跃的外汇产品（2011 年 4 月 21 日）	
外汇产品	名义价值
欧元外汇期货	50 428 807 675
日元外汇期货	17 591 931 888
英镑外汇期货	14 324 482 313
澳元外汇期货	7 890 571 110
瑞士法郎外汇期货	6 857 534 925
加元外汇期货	6 525 410 230
墨西哥比索外汇期货	742 556 100
新西兰元外汇期货	589 317 680
迷你欧元外汇期货	526 524 706
俄罗斯卢布外汇期货	241 834 425
欧元英镑交叉汇率期货	202 678 375
欧元日元交叉外汇期货	160 468 875
欧元瑞士法郎交叉外汇期货	151 735 875
迷你欧元美元外汇期货	99 592 426
英镑日元外汇期货	56 642 650
迷你日元外汇期货	52 979 963
波兰兹罗提外汇期货	51 831 600
迷你英镑美元外汇期货	11 690 299
欧元土耳其里拉外汇期货	9 096 875
迷你日元美元外汇期货	8 118 990

外汇每份合约的价值相当于 10 万美元，外汇期货合同的交割日期有严格的规定，这一点合约现货外汇的交易是没有的。期货合同的交割日期规定为一年中的 3 月、6 月、9 月、12 月的第 3 个星期的星期三。这样一年之中只有 4 个合同交割日，但其他时间可以进行买卖，不能交割，如果交割日银行不营业则顺延一天。

CME 外汇期货主要品种合约规格见表 2－2。

表 2－2　CME 外汇期货主要品种合约规格

	CME 欧元期货	CME 日元期货	CME 英镑期货	CME 瑞士法郎期货
合约单位	125 000 欧元	12 500 000 日元	62 500 英镑	125 000 法郎
最小价格变动（最小变动单位）	$0.0001 每欧元（$12.50）	$0.000001 每日元（$12.50）	$0.0001 每英镑（$6.25）	$0.0001 每法郎（$12.50）
价格限制	无限制			
合同月份	3 月的第一个 6 月季度周期（3 月、6 月、9 月和 12 月）			
CME GLOBEX ® 交易时间	从周日到周一：当日下午 5 点～下一交易日下午 4 点（芝加哥时间）			
交易结束日期	第 2 个工作日在合同月的第 3 个星期三之前			
交割日期	通过连续联系结算机构（CLS）			
头寸限制	无限制	无限制	无限制	无限制
合约代码	"EC"，GLOBEX＝6E E－mini＝ZE	"JY"，GLOBEX＝6J E－mini＝ZJ	"BP"，GLOBEX＝6B	"SF"，GLOBEX＝6S

欧元/美元外汇期货是目前全球交易量最大的外汇期货品种，其合约规格见表 2－3。

表 2－3　欧元/美元外汇期货合约规格

欧元/美元（EC）	
合约单位	125 000 欧元
可交易的合约月份	3 月开始每季（3 月、6 月、9 月、12 月）
结算程序	实物交割
可计算部位	10 000 手
合约代码	CME GLOBEX 电子市场：6E 公开喊价：EC AON 合约代码：UG

续表

最小跳动点	欧元每一跳动点：$0.0001（$12.50/手） 欧元每一跳动点：$0.00005（$6.25/手），适用于人工交易、电子盘交易以及AON系统交易执行欧元期货内部利差者	
交易时间	公开喊价（RTH）	美国中部时间7：20～14：00
	GLOBEX（ETH）	周日：美国中部时间17：00～隔日16：00 周一至周五：美国中部时间17：00～隔日16：00，周五外于16：00关闭，周日17：00重开
	CME Clean Port①	周日至周五17：00～16：15；每天于美国中部时间16：15休息45分钟
最后交易日/时间	时间：美国中部时间 9：16 日期：契约到期月份的当月第3个星期三之前第2个营业日（通常是周一）	
交易规则	合约需符合CME规范	
巨额交易	是	
最小巨额交易规模	150手	
EFP（实物交割资格）	是	

日元和瑞士法郎都是投资者常用的避险货币，但是理由却是不同的。由于日本银行相对稳健，同时具有庞大的外汇储备和持续大量的经常账顺差，相对容易支持日元币值的稳定，因此，日元常常作为避险货币使用。而人们选择瑞士法郎避险，则是因为瑞士法郎相对其他货币较小，因此汇率波动幅度相对较小，从而更稳定。日元/美元外汇期货合约规格见表2－4。

表2－4　　日元/美元外汇期货合约规格

日元/美元（JY）	
合约单位	12 500 000日元
可交易的合约月份	3月开始每季（3月、6月、9月、12月）
结算程序	实物交割
可计算部位	10 000手

① CME场外交易结算系统。

续表

合约代码	CME GLOBEX 电子市场：6J 公开喊价：JY AON 合约代码：LJ	
最小跳动点	日元每一跳动点：$0.000001（$12.50/手） 日元每一跳动点：$0.0000005（$6.25/手），适用于人工交易、电子盘交易以及 AON 系统交易执行日币期货内部利差者	
交易时间	公开喊价（RTH）	美国中部时间 7：20～14：00
	GLOBEX（ETH）	周日：美国中部时间 17：00～隔日 16：00 周一至周五：美国中部时间 17：00～隔日 16：00，周五外于 16：00 关闭，周日 17：00 重开
	CME Clean Port	周日至周五 17：00～16：15；每天于美国中部时间 16：15 休息 45 分钟
最后交易日/时间	时间：美国中部时间 9：16 日期：契约到期月份的当月第 3 个星期三之前第 2 个营业日（通常是周一）	
交易规则	合约需符合 CME 规范	
巨额交易	是	
最小巨额交易规模	150 手	
EFP（实物交割资格）	是	

瑞士法郎/美元外汇期货合约规格见表 2－5。

表 2－5　　瑞士法郎/美元外汇期货合约规格

瑞士法郎/美元（SF）	
合约单位	125 000 瑞士法郎
可交易的合约月份	3 月开始每季（3 月、6 月、9 月、12 月）
结算程序	实物交割
可计算部位	10 000 手

续表

合约代码	CME GLOBEX 电子市场：6S 公开喊价：SF AON 合约代码：LS	
最小跳动点	瑞士法郎每一跳动点：$0.0001（$12.50/手） 瑞士法郎每一跳动点：$0.00005（$6.25/手），适用于人工交易、电子盘交易以及 AON 系统交易执行日币期货内部利差者	
交易时间	公开喊价（RTH）	美国中部时间 7：20～14：00
	GLOBEX（ETH）	周日：美国中部时间 17：00～隔日 16：00 周一至周五：美国中部时间 17：00～隔日 16：00，周五外于 16：00 关闭，周日 17：00 重开
	CME Clean Port	周日至周五 17：00～16：15；每天于美国中部时间 16：15 休息 45 分钟
最后交易日/时间	时间：美国中部时间 9：16 日期：契约到期月份的当月第 3 个星期三之前第 2 个营业日（通常是周一）	
交易规则	合约需符合 CME 规范	
巨额交易	是	
最小巨额交易规模	50 手	
EFP（实物交割资格）	是	

英镑期货也是全球交易量最大的外汇期货品种之一，这是因为英国在全球经济的比重也较大。英镑/美元外汇期货合约规格见表 2－6。

表 2－6　英镑/美元外汇期货合约规格

英镑美元（BP）	
合约单位	62 500 英镑
可交易的合约月份	3 月开始每季（3 月、6 月、9 月、12 月）
结算程序	实物交割
可计算部位	10 000 手

续表

<table>
<tr><td>合约代码</td><td colspan="2">CME GLOBEX 电子市场：6B
公开喊价：BP
AON 合约代码：LP</td></tr>
<tr><td>最小跳动点</td><td colspan="2">英镑每一跳动点：$0.0001（$6.25/手）</td></tr>
<tr><td rowspan="3">交易时间</td><td>公开喊价
（RTH）</td><td>美国中部时间 7：20～14：00</td></tr>
<tr><td>GLOBEX
（ETH）</td><td>周日：美国中部时间 17：00～隔日 16：00
周一至周五：美国中部时间 17：00～隔日 16：00，
周五外于 16：00 关闭，周日 17：00 重开</td></tr>
<tr><td>CME
Clean Port</td><td>周日至周五 17：00～16：15；每天于美国中部时间
16：15 休息 45 分钟</td></tr>
<tr><td>最后交易日/时间</td><td colspan="2">时间：美国中部时间 9：16
日期：契约到期月份的当月第 3 个星期三之前第 2 个营业日（通常是周一）</td></tr>
<tr><td>交易规则</td><td colspan="2">合约需符合 CME 规范</td></tr>
<tr><td>巨额交易</td><td colspan="2">是</td></tr>
<tr><td>最小巨额交易规模</td><td colspan="2">100 手</td></tr>
<tr><td>EFP（实物交割资格）</td><td colspan="2">是</td></tr>
</table>

CME 还提供一种迷你（E－mini）外汇期货合约，即小型合约。期货合约的大小对于一个普通投资者来说具有关键性的影响。在波动性较高的市场环境下。小合约意味着更优的灵活性和风险控制，而这在波动较大的市场里是一个重要的优势。交易所提供了许多迷你合约以帮助普通投资者改善他们的回报状况。相同合约月份的 E－mini 合约和标准合约的每日结算价格是一样的。同理可知，合约月份和持仓方向都相同的 5 手 E－mini 合约的头寸价值和 1 手标准合约的头寸价值也是一样的。迷你合约可以让交易更有层次性，而且提供了足够的灵活度让你把握住更好的买卖时机。5 手迷你合约相当于 1 手标准合约，这帮助投资者获得较大的灵活性。即使市场走向开始不利，也不会一次就输掉所有资本。

对于某些短期交易策略来说，这种额外的灵活性就显得特别重要。如果账户资金只允许每次交易一手或两手大型 S&P 合约，则会处于一种不利状况。许多短期策略需要通过小幅的价格波动来获取价差并及时退出。假如可以通过交易 10 手 E－mini 合约来代替 2 手标准合约，就可以有效地把握住不同的机会来锁定小额利润。

小型合约给那些难以交易标准合约的投资者提供了进入市场的机会，成交量是关键因素，假如没有流动性，就不应该参与。一部分迷你合约缺乏成交量，这造成了流动性的不足。有一种交易被形容为“加州旅馆”，意思是一旦进场，就再也无法退出了。通常用成交量和持仓量来衡量流动性，但应该清楚在波动频繁的市场里迷你合约的变化趋势。因此，小合约对于那些想从市场里分一小杯羹的短线和日内交易者来说特别需要注意，“合约的流动性越大，就会有越多的机会去获得理想的交易价格”。

迷你欧元/美元期货合约见表 2－7。

表 2－7　　迷你欧元/美元期货合约

电子微型欧元美元（M6E）		
合约单位	125 000 欧元	
可交易的合约月份	3 月开始每季（3 月、6 月、9 月、12 月）	
结算程序	实物交割 备注：2010 年 9 月 E－微型外汇期货合约以现金结算。但是从 2010 年 12 月开始，CME E－微型外汇期货合约将由现金结算转为实物交割。这将使活跃的交易者进行较大部位的交易，轻松地抵消标准规模的外汇合约可能增加微型外汇期货合约的流动性与较小利差	
可计算部位	100 000 手	
合约代码	M6E	
最小跳动点	0.0001 美元/欧元（＝$1.251/手）	
合约价值	在美元/欧元＝1.3000 的情况下，则每手＝$16.250（€12.500 × $1.3000/€）	
交易时间	GLOBEX （ETH）	周日：美国中部时间 17：00～隔日 16：00 周一至周五：美国中部时间 17：00～隔日 16：00，周五外于 16：00 关闭，周日 17：00 重开
	CME Clean Port	周日至周五 17：00～16：15；每天于美国中部时间 16：15 休息 45 分钟

续表

最后交易日/时间	时间：美国中部时间9：16 日期：契约到期月份的当月第3个星期三之前第2个营业日（通常是周一）
交易规则	合约需符合CME规范
巨额交易	否
EFP（实物交割资格）	是

二、CME集团与利率期货

（一）利率期货

利率期货是以债务工具或利率为标的的期货合约，其中以国债期货为代表。在2011年全球利率期货与期权成交量排名前20名中，中长期国债期货占有10席，成交量占比60%；短期利率期货占据4席，成交量占比11%，国债期货期权占有6席，成交量占比29%。2010年、2011年成交量排名前10的国债期货品种见表2-8。

表2-8 2010年、2011年成交量排名前10的国债期货品种

排名	合约名称	交易所	2010年（手）	2011年（手）	变化率（%）
1	10年期美国国债期货	CME	293 718 907	317 402 598	8.10
2	长期欧元债券期货（10年）	EUREX	231 484 529	236 188 831	2.00
3	5年期美国国债期货	CME	132 149 948	170 563 052	29.10
4	短期欧元债券期货（2年）	EUREX	140 923 898	165 798 952	17.70
5	中期欧元债券期货（5年）	EUREX	133 851 275	142 309 151	6.30
6	30年期美国国债期货	CME	83 509 754	92 338 638	10.60
7	2年期美国国债期货	CME	66 977 168	72 178 803	7.80
8	澳大利亚3年期国债期货	ASX	34 482 136	41 662 349	20.80
9	英国长期金边债券期货	LIFFE	28 525 983	34 362 932	20.50
10	韩国3年期国债期货	KRX	26 922 414	34 140 210	26.80

资料来源：美国期货业协会（FIA）衍生品交易量年报。

1975 年 10 月，世界上第一张国债期货合约——政府国民抵押协会抵押凭证（Government National Association Certificate）期货合约在美国芝加哥期货交易所（CBOT）诞生。尽管由于交割对象比较单一，流动性不强，发展受到一定限制，但在当时已经是一种重大的创新，开创了利率期货的先河。在这之后，为了满足投资者回避短期利率风险的需要，1976 年 1 月，芝加哥商业交易所（CME）国际货币市场分部（IMM）先后于 1976 年 1 月和 1981 年 12 月推出了 3 个月期美国短期国库券期货合约以及 3 个月期欧洲美元定期存款期货合约，都获得了巨大的成功。此外，在国债期货发展历程上另外一件具有里程碑意义的重要事件是，1977 年 8 月 22 日，美国长期国债期货合约在芝加哥期货交易所上市，满足了对中长期利率风险进行保值的广大交易者的需要，也受到了普遍的欢迎，以至美国财政部发行新的长期国债时，都刻意选择在长期国债期货合约的交易日进行。

美国国债期货的成功开发与运用，引起了其他国家的极大兴趣。英国、日本、法国、澳大利亚、新加坡和中国香港等国家和地区也相继开发出不同形式的国债期货合约。目前，在期货交易比较发达的国家和地区，国债期货早已超过农产品期货而成为成交量最大的一个类别。在美国，国债期货的成交量甚至已占到整个期货交易总量的一半以上。全球交易所利率期货成交金额与全球 GDP 总值的比值，自 2004 年以来，基本保持在 20 倍左右。

利率期货每年成交金额与全球 GDP 比较见表 2 -9。

表 2 -9　　利率期货每年成交金额与全球 GDP 比较

年份	利率期货成交金额（万亿美元）	全球 GDP（万亿美元）	利率期货成交额/全球 GDP
2001	420. 95	32. 01	13. 15
2002	472. 83	33. 27	14. 21
2003	588. 74	37. 45	15. 72
2004	783. 14	42. 20	18. 56
2005	939. 59	45. 63	20. 59
2006	1 169. 30	49. 46	23. 64
2007	1 433. 77	55. 26	25. 67
2008	1 392. 57	60. 69	22. 69
2009	1 016. 36	57. 44	17. 69
2010	1 235. 91	60. 45	20. 45
2011	1 359. 06	—	—

资料来源：国际清算银行（BIS）与世界银行。

2011 年全年，利率期货的成交金额在全部金融期货中的占比为 89.2%，成交量占比为 38.69%。2011 年全球交易所金融期货品种分布见图 2－1。

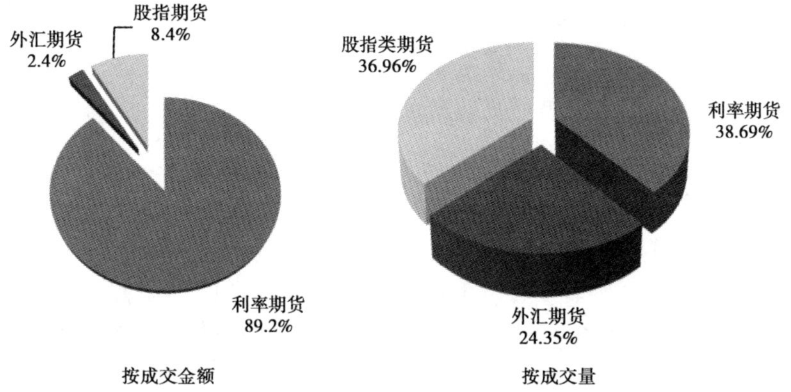

图 2－1　2011 年全球交易所金融期货品种分布

资料来源：国际清算银行（BIS）。

（二）CME 集团主要的利率期货品种

2007 年 7 月 12 日，CBOT 与 CME 合并成为全球最大的衍生品交易所——芝加哥商品交易所集团（CME Group）。CBOT 主要集中于中长期国债期货交易，CME 主要致力于短期国债期货交易，不过目前短期国债期货已基本被欧洲美元期货所取代。在 2010 年、2011 年成交量排名前 10 名的国债期货品种，来自 CME 的品种占了 4 种，其实力可见一斑。

1995～2011 年 CME 国债期货年成交量见图 2－2。

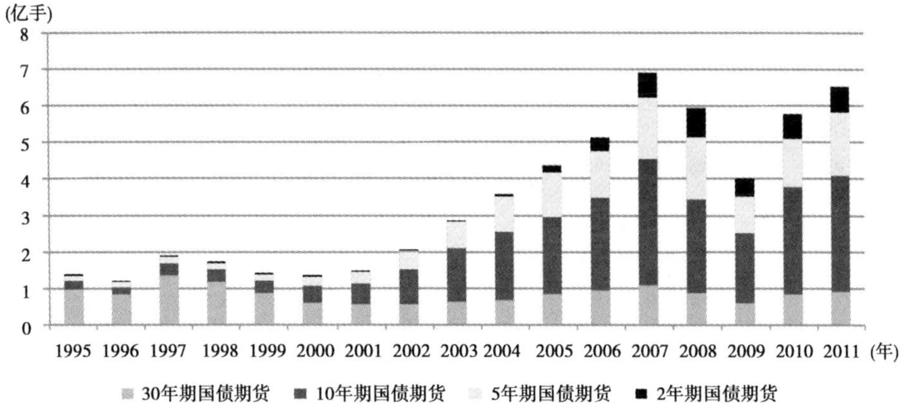

资料来源：彭博资讯（Bloomberg）。

图 2－2　1995～2011 年 CME 国债期货年成交量

1. 短期国库券期货合约（Treasury Bill Futures）。CME 上市的 13 周国库券期货产生于 1976 年 1 月，该合约一经推出就立即得到迅速的发展。在整个 20 世纪 70 年代，它一直是交易最活跃的短期利率期货。国库券期货之所以能获得如此成功，主要有如下几个重要原因。

第一，国库券系由美国财政部发行，其信用等级最高。对投资者而言，它是一种最安全的投资工具。

第二，国库券的流动性最高。其持有者可随时将他所持有的国库券拿到二级市场出售，以换回现金。

第三，国库券的利率与货币市场上其他债务凭证的利率有着高度的相关性。因此，人们利用国库券期货，不仅可为国库券现货实行直接套期保值，而且还可为货币市场上的其他债务凭证实行交叉套期保值。

第四，国库券期货的交割比较方便。因为国库券期货的交割与国库券现货的交割一样，是通过联邦储备体系，以电汇方式完成的。

13 周国库券期货合约的标的资产为面值 1 000 000 美元的 3 个月期的美国政府国库券，合约月份则为每年的 3 月、6 月、9 月和 12 月。根据 IMM 的规定，合约到期时，卖方必须在 3 个连续的营业日内完成交割，可用于交割的既可以是新发行的 3 个月期（即 13 周）的国库券，也可以是尚有 90 天剩余期限的原来发行的 6 个月期或 1 年期的国库券，从而扩大了可交割债券的范围，使可用于交割的现货国库券的供给更加充裕，以确保交割的顺利完成。13 周美国国库券期货合约见表 2-10。

表 2-10　　13 周美国国库券期货合约

交易单位	面值 1 000 000 美元的 3 个月期美国国库券
最小变动价位	0.00005（1/2 点），每张合约 12.50 美元
报价方式	100 减去国库券年贴现率（例如，贴现率 5.25% 可表示为 94.75）
每日波动限价	无
合约月份	3 个自然月份加四个季末循环月份（3 月、6 月、9 月、12 月）
交易时间	芝加哥时间上午 7：20～下午 2：00，最后交易日于中午 12：00 收盘
最后交易日	到期合约于该月份第 1 交割日前的那个营业日停止交易
交割日	交割将于连续 3 个营业日内进行。第 1 交割日是现货月份的第 1 天，那天正是新的 13 周国库券发行，而原来发行的 1 年期国库券尚有 13 周剩余期限的 1 天
交割等级	新发行的 3 个月期美国国库券与原来发行的、尚有 90 天剩余期限的 1 年期和 6 个月期的美国国库券
交割方式	实物交收

2. 欧洲美元期货合约（Eurodollar Futures）。1981 年 12 月，CME 推出了具有"里程碑"意义的 3 月期欧洲美元期货合约。所谓"欧洲美元"是指存放于美国境外的非美国银行或美国银行设在境外的分支机构的美元存款。由于短期国库券的发行量会受到当期债券数量、当时的利率水平、财政部短期资金需求和政府法定债务等多种因素的影响，在整个短期利率工具中，所占总量的比例较小。而且许多持有者只是将短期国库券视为现金的安全替代品，对通过期货交易进行套期保值的需求并不大。因此，欧洲美元期货合约自诞生以来，发展迅速，其交易量很快就超过了短期国库券期货合约，成为短期利率期货中交易最活跃的一个品种。

与短期国库券期货合约不同，欧洲美元期货的交易对象不是债券，而是存放于伦敦各大银行的欧洲美元定期存款，其利率主要基于 3 个月期的伦敦同业拆借利率（LIBOR），通常会高于相应期限的短期国债利率。同时，由于欧洲美元定期存款无法转让，也不能作为贷款的抵押品或担保物，因此欧洲美元期货合约在到期时无法进行实物的交割，而是采用现金结算的方式来结清头寸。即期货合约到期时不进行实物交割，而是根据最后交易日的结算价格计算交易双方的盈亏，并直接划转双方的保证金以结清头寸。现金结算方式的成功，在整个金融期货的发展史上具有划时代的意义。它不仅直接促进了欧洲美元定期存款期货的发展，并且为股票指数期货的推出铺平了道路。

IMM 3 个月欧洲美元期货合约见表 2 - 11。

表 2 - 11　　IMM 3 个月欧洲美元期货合约

交易单位	本金为 1 000 000 美元，期限为 3 个月期欧洲美元定期存款
报价方式	100 减去年利率
最小变动价位	0.01%（1 个基点），每张合约 25 美元
每日波动限价	无
合约月份	按 3 月、6 月、9 月、12 月循环的 40 个月份，及 4 个系列月份
交易时间	芝加哥时间周一至周五上午 7：20 ~ 下午 2：00，最后交易日于上午 9：30 停止交易
最后交易日	合约到期月份第 3 个星期三之前的第 2 个伦敦营业日；若该日为纽约或芝加哥银行的假日，则最后交易日为合约到期月份第 3 个星期三之前的第 1 个伦敦营业日
交割日	最后交易日
交割方式	现金结算

3. 中期国债期货合约（Treasury Note Futures）。国库券期货固然很成功，但它只能被人们用来管理货币市场的短期利率风险，而无法用来管理资本市场的长期利率风险。1977 年后，CBOT 又相继推出了一些中长期国债期货，同样获得了空前的成功。目前，在 CBOT 市场上交易的中期国债期货合约主要有 10 年期、5 年期、3 年期和 2 年期 4 种。其中，最具代表性的 10 年期美国国债期货，其成交量也是最大的。

CBOT 10 年期中期国债期货合约见表 2 - 12。

表 2 - 12　　CBOT 10 年期中期国债期货合约

交易单位	面值为 100 000 美元的美国政府中期国债
报价方式	1 个基点（1 000 美元）以及一个基点的 1/32 的 1/2。例如，126 - 16 表示 126 16/32，126 - 165 表示 126 16.5/32
最小波动价位	1/32 点的 1/2（即 15.625 美元，合约价格保留两位小数）；跨月价差交易的最小波动价位可能达到 1/32 点的 1/4（每合约 7.8125 美元）
每日波动限价	无
合约月份	最先的 5 个连续的季末循环月份（3 月、6 月、9 月、12 月）
交易时间	公开市场：芝加哥时间周一至周五上午 7：20 ~ 下午 2：00 GLOBEX：芝加哥时间周日至周五下午 5：30 ~ 下午 4：00
订单符号	公开市场：TY GLOBEX：ZN
最后交易日	合约月份最后营业日之前的第 7 个营业日，到期合约交易截止时间为当日中午 12：01
最后交割日	交割月份的最后营业日
交割等级	剩余期限离交割月首日为 6 年零 6 个月到 10 年的美国中期国债券。发票价格等于结算价格乘以转换因子再加上应计利息。该转换因子是将面值 1 美元的可交割债券折成 6% 的标准息票利率时的现值
交割方式	联储电汇转账系统

CBOT 5 年期中期国债期货合约见表 2 - 13。

表 2－13　**CBOT 5 年期中期国债期货合约**

交易单位	面值为 100 000 美元的美国政府中期国债
报价方式	1 个基点（1 000 美元）以及一个基点的 1/32 的 1/4。例如，119－16 表示 119 16/32，119－162 表示 119 16.25/32，119－167 表示 119 16.75/32
最小波动价位	1/32 点的 1/4（即 7.8125 美元，合约价格保留两位小数）
每日波动限价	无
合约月份	最先的 5 个连续的季末循环月份（3 月、6 月、9 月、12 月）
交易时间	公开市场：芝加哥时间周一至周五上午 7：20～下午 2：00 GLOBEX：芝加哥时间周日至周五下午 5：30～下午 4：00
订单符号	公开市场：FV GLOBEX：ZF
最后交易日	合约月份的最后 1 个营业日，到期合约交易截止时间为当日中午 12：01
最后交割日	最后交易日后的第 3 个营业日
交割等级	剩余期限离交割月首日为 4 年零 2 个月到 5 年零 3 个月的美国中期国债券。发票价格等于结算价格乘以转换因子再加上应计利息。该转换因子是将面值 1 美元的可交割债券折成 6% 的标准息票利率时的现值
交割方式	联储电汇转账系统

CBOT 3 年期中期国债期货合约见表 2－14。

表 2－14　**CBOT 3 年期中期国债期货合约**

交易单位	面值为 200 000 美元的美国政府中期国债
报价方式	1 个基点（2 000 美元）以及一个基点的 1/32 的 1/4（即 15.625 美元）。例如，91－16表示 91＋16/32，91－162 表示 91＋16.25/32，91－165 表示 91＋16.5/32，91－167表示 91＋16.75/32
最小波动价位	1/32 点的 1/4（即 15.625 美元）
每日波动限价	无
合约月份	最先的 5 个连续的季末循环月份（3 月、6 月、9 月、12 月）
交易时间	公开市场：芝加哥时间周一至周五上午 7：20～下午 2：00 GLOBEX：芝加哥时间周日至周五下午 5：30～下午 4：00
订单符号	公开市场：3YR GLOBEX：Z3N
最后交易日	合约月份的最后 1 个营业日，到期合约交易截止时间为当日中午 12：01
最后交割日	最后交易日后的第 3 个营业日
交割等级	剩余期限离交割月首日为 2 年零 9 个月到 3 年的美国中期国债券。发票价格等于结算价格乘以转换因子再加上应计利息。该转换因子是将面值 1 美元的可交割债券折成 6% 的标准息票利率时的现值
交割方式	联储电汇转账系统

CBOT 3 年期中期国债期货合约见表 2 – 15。

表 2 – 15　　CBOT 3 年期中期国债期货合约

交易单位	面值为 200 000 美元的美国政府中期国债
报价方式	1 个基点（2 000 美元）以及一个基点的 1/32 的 1/4（即 15.625 美元）。例如，91 – 16表示 91 + 16/32，91 – 162 表示 91 + 16.25/32，91 – 165 表示 91 + 16.5/32，91 – 167表示 91 – 16.75/32
最小波动价位	1/32 点的 1/4（即 15.625 美元）
每日波动限价	无
合约月份	最先的 5 个连续的季末循环月份（3 月、6 月、9 月、12 月）
交易时间	公开市场：芝加哥时间周一至周五上午 7：20 ~ 下午 2：00 GLOBEX：芝加哥时间周日至周五下午 5：30 ~ 下午 4：00
订单符号	公开市场：TU GLOBEX：ZT
最后交易日	合约月份的最后 1 个营业日，到期合约交易截止时间为当日中午 12：01
最后交割日	最后交易日后的第 3 个营业日
交割等级	剩余期限离交割月首日为 1 年零 9 个月到 2 年的美国中期国债券。发票价格等于结算价格乘以转换因子再加上应计利息。该转换因子是将面值 1 美元的可交割债券折成 6% 的标准息票利率时的现值
交割方式	联储电汇转账系统

4. 长期国债期货合约（Treasury Bond Futures）。CBOT 长期国债期货合约的标的资产为 100 000 美元等值的美国长期政府债券。由于长期国债的信用等级高，流动性强，对利率变动的敏感度高，且交割简便，因此，自 1977 年 CBOT 首次推出长期国债期货合约以来，便获得了空前的成功，成为世界上交易量最大的一个合约。美国长期国债期货最初由 CBOT 推出，后来其他交易所，特别是其他国家的交易所也交易该期货品种。但是，同一期货品种在不同的交易所上市，也会在具体的交易规则上有所不同。

CBOT 30 年期国债期货合约见表 2 – 16。

表 2 - 16　　CBOT 30 年期国债期货合约

交易单位	面值为 100 000 美元的美国政府长期国债
报价方式	1 个基点（1 000 美元）以及一个基点的 1/32。例如，134 - 16 表示 134 + 16/32
最小波动价位	1/32 点（即 31.25 美元）；跨月价差交易的最小波动价位可能达到 1/32 点的 1/4（每合约 7.8125 美元）
每日波动限价	无
合约月份	最先的 3 个连续的季末循环月份（3 月、6 月、9 月、12 月）
交易时间	公开市场：芝加哥时间周一至周五上午 7：20 ~ 下午 2：00 GLOBEX：芝加哥时间周日至周五下午 5：30 ~ 下午 4：00
订单符号	公开市场：US GLOBEX：ZB
最后交易日	合约月份最后营业日之前的第 7 个营业日，到期合约交易截止时间为当日中午 12：01
最后交割日	交割月份的最后营业日
交割等级	对于可提前偿还的美国长期债券，其剩余期限离交割月首日应至少为 15 年；对于不可偿还的美国长期债券，其剩余期限离交割月首日应至少为 15 年。发票价格等于结算价格乘以转换因子再加上应计利息。该转换因子是将面值 1 美元的可交割债券折成 6% 的标准息票利率时的现值
交割方式	联储电汇转账系统

三、CME 集团与股指期货

（一）股指期货

股指期货是以某种股票价格指数作为标的物的期货合约。股指期货的交割方式采用现金结算，而不是实物交割。自 1982 年第一张股指期货合约诞生以来，股指期货交易发展迅猛，很快风靡全球（见表 2 - 17）。2011 年，股指期货的成交量在全部金融期货成交量中占比为 36.96%（见图 2 - 1）。

表 2 - 17　　全球主要股指期货及其开设时间

指数期货合约		开设时间	开设交易所
美国	价值线指数期货（VLI）	1982 年 2 月	堪萨斯城期货交易所（KCBT）
	标准普尔 500 指数期货（S&P 500）	1982 年 4 月	芝加哥商业交易所（CME）
	纽约股票交易所综合指数期货（NYSE）	1982 年 5 月	纽约期货交易所（NYFE）
	日经 225 指数期货（NIKKEI 225）	1990 年 9 月	芝加哥商业交易所（CME）

续表

指数期货合约		开设时间	开设交易所
美国	欧洲顶尖指数期货（Eurotop）	1992 年 10 月	纽约商业交易所（COMEX）
	纳斯达克 100（NASDAQ－100）	1996 年 4 月	芝加哥商业交易所（CME）
	罗素 2000 指数期货（Russell 2000 Index Futures）	1993 年	芝加哥商品交易所（CME）
	道·琼斯工业平均指数期货（Dow Jones Industrial Average Index Futures）	1997 年 10 月	芝加哥期货交易所（CBOT）
加拿大	多伦多 50 指数期货（Toronto－50）	1987 年 5 月	
英国	金融时报 100 指数期货（FTSE100）	1984 年 5 月	伦敦国际金融期货与期权交易所（LIFFE）
法国	法国证券商协会 40 指数期货（CAC40）	1988 年 6 月	法国期货交易所（MATTIF）
德国	德国股指期货（DAX）	1990 年 9 月	德国期货交易所（DTB）
瑞士	瑞士股指期货（SMI）	1990 年 11 月	
荷兰	阿姆斯特丹股指期货（EOEI）	1988 年 10 月	阿姆斯特丹金融交易所（FTA）
	泛欧 100 指数期货（Euro Top100）	1991 年 6 月	荷兰期货交易所（EOE）
西班牙	西班牙股指期货（IBEX35）	1992 年 1 月	西班牙衍生品交易所（MEF-FRV）
瑞典	瑞典股指期货（OMX）	1989 年 12 月	
奥地利	奥地利股指期货（ATX）	1992 年 8 月	
比利时	比利时股指 20 期货（BEL20）	1993 年 9 月	
丹麦	丹麦股指期货（KFX）	1989 年 12 月	
芬兰	芬兰指数期货（FOX）	1988 年 5 月	
日本	日经 225 指数期货（NIKKEI225）	1988 年 9 月	大阪证券交易所（OSE）
	东证综合指数期货（TOPIX）	1988 年 9 月	东京证券交易所（TSE）
新加坡	日经 225 指数期货（NIKKEI225）	1986 年 9 月	新加坡国际金融交易所（SIMEX）
	摩根世界指数期货（NISCI）	1993 年 3 月	新加坡国际金融交易所（SIMEX）
中国香港	恒生指数期货（HIS）	1986 年 5 月	香港期货交易所（HFE）
韩国	韩国 200 指数期货（KOPSI200）	1996 年 6 月	韩国期货交易所（KFE）
中国台湾	台湾综合指数期货（TX）	1998 年 7 月	台湾期货交易所（TAIMEX）
澳大利亚	普通股指数期货（Ali Odinm）	1983 年 2 月	悉尼期货交易所（SFE）
新西兰	新西兰 40 指数期货（NISE40）	1991 年 9 月	

全球主要股价指数基期以及基期指数见表 2 - 18。

表 2 - 18　　全球主要股价指数基期以及基期指数

名　称	基　期	基期指数	基期样本股
道·琼斯股价指数	1928 年 10 月 1 日	100	30 只
标准·普尔指数	1941 ~ 1943 年	10	233 只股票（1957 年扩大到至 500 只）
纽约证券交易所综合指数	1965 年 12 月 31 日	50	纽约证券交易所上市的 1 500 只股票
价值线指数	1961 年 6 月 30 日	100	占美国股市总量 96% 的 1 700 只股票
金融时报 100 指数	1935 年	1 000	伦敦证券交易所交易频繁的 100 只股票
日经 225 指数	1950 年 9 月 7 日	100	东京证券交易所 225 只股票
中国恒生指数	1964 年 7 月 31 日	100	33 只股票（10 只金融股、5 只公用事业股、9 只地产股和 15 只商业股）

（二）CME 的股指期货

CME 是当今世界上股指期货交易量最大的交易所。CME 交易的股指期货品种约有 16 种，包括：

（1）S&P 500 指数期货（S&P 500 Index Futures）。

（2）电子小型 S&P 500 指数期货（E - mini S&P 500 Index Futures）。

（3）NASDAQ 100 指数期货（NASDAQ 100 Index Futures）。

（4）电子小型 NASDAQ 100 指数期货（E - mini NASDAQ 100 Index Futures）。

（5）S&P 中盘股 400 指数期货（S&P MidCap 400 Index Futures）。

（6）电子小型 S&P 中盘股 400 指数期货（E - min S&P MidCap 400 Index Futures）。

（7）S&P 500/BARRA 成长型指数期货（S&P 500/BARRA Growth Index Futures）。

（8）S&P 500/BARRA 价值型指数期货（SB500/BARRA Value Index Futures）。

（9）罗素 2000 指数期货（Russell 2000 Index Futures）。

（10）电子小型罗素 2000 指数期货（E - mini Russell 2000 Index Futures）。

（11）财富电子 50 指数期货（Furtune e - 50 Index Futures）。

（12）日经 225 指数期货（NIKKEI 225 Index Futures）。

（13）S&P 欧洲电信指数期货（S&P Europe Telecom Index Futures）。

（14）S&P 欧洲信息技术指数期货（S&P Europe Information Technology Index Futures）。

（15）S&P 欧洲金融指数期货（S&P Europe Financial Index Futures）。

（16）S&P 欧洲 350 指数期货（S&P Europe 350 Index Futures）。

这里我们重点介绍一下其中比较著名的种类。

1. S&P 500 期货与 E – mini S&P 500 期货。1982 年 4 月，美国芝加哥商业交易所（CME）推出标准·普尔（S&P）股票价格指数期货。标准·普尔股票指数包括 400 只工业股票、20 只运输业股票、40 只公用事业股票和 40 只金融业股票，以 1941 年至 1943 年抽样股票的平均市价为基期，以上市股票数为权数，按基期进行加权计算，基点数为 10。

S&P 公司设计并维护 S&P 500 指数，使之成为多样化证券投资组合的一个准确标志。该指数包括在纽约证券交易所、美国证券交易所和 NASDAQ® 全国市场体系上交易的 500 只高市值公司的股价。

1996 年 CME 又推出了 E – mini S&P 500 指数期货及期权交易，它们与 S&P 500 指数期货之间的差别就在于前者合约价值只有后者的 1/5。就个人投资者而言，E – mini S&P 500 期货和期货期权的价值虽小，但提供了独特的风险管理和市场参与交易机会，因此影响很大。

S&P 500 期货和 E – mini S&P 500 期货合约见表 2 – 19。

表 2 – 19　　S&P 500 期货和 E – mini S&P 500 期货合约

合约名称	S&P 500	E – mini S&P 500
符号	SP	ES
合约规格	250 $ × S&P 500	50 $ × E – mini S&P 500
价格波动限制	按上一交易日结算价格的 5%、10%、15%、20% 涨跌幅逐级放开	按上一交易日结算价格的 5%、10%、15%、20% 涨跌幅逐级放开
最小跳动点	0.10 个指数点，套利 0.05 个指数点	0.25 个指数点，套利 0.10 个指数点
合约月份	3 月、6 月、9 月、12 月近两年 8 个合约	3 月、6 月、9 月、12 月近两年 8 个合约
交易时间（中部）	场内：周一到周五上午 8：30 ~ 下午 3：15 GLOBEX：周一到周四，下午 3：45 ~ 次日上午 8：15，周日或者假日，下午 5：30 ~ 次日上午 8：15	GLOBEX：周一到周四，下午 3：45 ~ 次日上午 8：15，周日或者假日，下午 5：30 ~ 次日上午 8：15
最后交易日	合约月份第 3 个周五之前的周四	合约月份第 3 个周五芝加哥时间上午 8：30
最后结算日	合约月份第 3 个周五	合约月份第 3 个周五
头寸限制	总计净多或者净空 20 000 张	结合 S&P 500 的头寸限制
交割方式	现金交割	现金交割

2. NASDAQ－100 期货与 E－mini NASDAQ－100 期货。继推出标准·普尔股票指数期货合约获得巨大成功之后，CME 于 1996 年又开始上市NASDAQ－100 指数的期货和期货期权合约交易。该指数包括在 NASDAQ 股票市场上市的、以调整过的市值为基础的美国国内 100 只最大的非金融普通股。该指数反映了包括计算机硬件和软件、电信、零售/批发交易、医药制品和生物技术的主要工业集团中迅速成长的公司，但不包含金融公司（如投资公司）。

该指数每季度进行再平衡，对市值加权予以修改以确保指数多样化，通过维护公司的市值排名来降低指数异常表现，进行必要的加权再平衡以降低市场对那些最小的组成股票的影响。NASDAQ 股票市场在营业期间每 15 秒计算和发布一次指数。1999 年 CME 也提供了 NASDAQ－100 期货合约的 E－mini 版本，同其他的 mini 指数期货合约一样，E－mini NASDAQ－100 期货合约也为原 NASDAQ－100 期货合约价值的 1/5。

NASDAQ－100 期货和 E－mini NASDAQ－100 期货见表 2－20。

表 2－20　NASDAQ－100 期货和 E－mini NASDAQ－100 期货

合约名称	NASDAQ－100	E－mini NASDAQ－100
符号	ND	清算＝NQ；报价单＝NQ；整批委托＝NV
合约规格	100＄×NASDAQ－100	20＄× E－mini NASDAQ－100
价格波动限制	按上一交易日结算价格的 5%、10%、15%、20%涨跌幅逐级放开	按上一交易日结算价格的5%、10%、15%、20%涨跌幅逐级放开
最小跳动点	0.5 个指数点，套利 0.05 个指数点	0.5 个指数点，套利 0.25 个指数点
合约月份	3 月、6 月、9 月、12 月近两年 8 个合约	3 月、6 月、9 月、12 月近两年 8 个合约
交易时间（中部）	场内：周一到周五上午 8：30～下午 3：15 GLOBEX：周一到周四，下午 3：45～次日上午 8：15，周日或者假日，下午 5：30～次日上午 8：15	GLOBEX：周一到周四，下午 3：45～次日上午 8：15，周日或者假日，下午 5：30～次日上午 8：15
最后交易日	合约月份第 3 个周五之前的周四	合约月份第 3 个周五芝加哥时间上午 8：30
最后结算日	合约月份第 3 个周五	合约月份第 3 个周五
交割方式	现金交割	现金交割

3. 罗素（Russell）2000 指数期货。1993 年 2 月，CME 推出 Russell 2000 期货和期货期权合约，使投资者有机会管理小市值投资组合的风险，并扩大参与该市场的机会。Russell 2000 指数是美国小市值股票市场的综合体现，目前

超过 310 亿美元被投资于该指数。Russell 2000 指数跟踪的行业包括金融服务、保健、技术、有选择消费品和材料加工。

Russell 2000 指数期货合约见表 2 - 21。

表 2 - 21　　Russell 2000 指数期货合约

合约名称	罗素 2000 指数期货	电子小型罗素 2000 指数期货
标的指数	罗素 2000 指数	
合约乘数	500 美元	100 美元
合约月份	4 个连续最近的季月（季月指 3 月、6 月、9 月、12 月）	2 个连续最近的季月
最小变动价位	0.05 × 500 = 25（美元）	0.1 × 100 = 10（美元）
每日限价	（略）	
交易时间（美国中部时间）	场内交易：8：30 ~ 15：15（星期一至星期五） GLOBEX：15：45 ~ 次日 8：15（星期一至星期四） 17：30 ~ 次日 8：15（星期天及假日）	
价格波动限制	按上一交易日结算价格的 5%、10%、15%、20% 涨跌幅逐级放开	
最后交易日	合约月份的第 3 个星期四	

4. 日经 225 股指期货。日经（NIKKEI）225 股票平均指数是最广受关注，并最经常被引用的日本股指。作为历史最悠久的日本股市晴雨表之一（最早于 1949 年开始计算），1986 年 9 月 3 日，日经 225 指数期货在新加坡金融期货交易所（SIMEX）交易。1988 年，日本修改了证券交易所规则，允许指数期货进行现金交割，大阪证券交易所开始日经 225 指数期货交易。以美元和日元标价的 NIKKEI 225 指数期货和期货期权合约于 1990 年在 CME 开始交易。

CME NIKKEI 225 指数期货合约见表 2 - 22。

表 2 - 22　　CME NIKKEI 225 指数期货合约

	美元表示	日元表示
交易单位	5 美元乘以日经 225 指数	500 日元乘以日经 225 指数
交割月份	3 个月季度循环	3 个月季度循环和连续循环（5 个季度循环和 3 个连续循环）
交易代码	场内 = NK；GLOBEX = NKD	NIY
公开叫价的交易时间	上午 8：00 ~ 下午 3：15（星期一至星期五）（全部时间指芝加哥当地时间）	

续表

	美元表示	日元表示
GLOBEX 交易时间（标准时间）	上午 2：00 ~ 下午 3：15，下午 3：30 ~ 4：30 重开（周一至周五）	上午 5：00 ~ 下午 3：15，下午 3：30 ~ 4：30 重开（周一至周五）
GLOBEX 交易时间（夏令时间）	上午 3：00 ~ 下午 3：15，下午 3：30 ~ 4：30 重开，下午 4：30 ~ 5：00 关闭，下午 5：00 ~ 6：00 重开	上午 6：00 ~ 下午 3：15，下午3：30 ~ 4：30 重开，下午 4：30 ~ 5：00 关闭，下午 5：00 ~ 6：00 重开
最后交易日	在交割月份第 2 个周五的前一个营业日	

5. 道·琼斯工业平均指数期货。在 1997 年 10 月 6 日，CBOT 经过多方努力终于获得道·琼斯公司的许可，推出了道·琼斯工业平均指数期货。

道·琼斯平均指数通常简称为道·琼斯指数，它是世界上历史最悠久、使用最广泛、影响最大的股价指数。该指数由道·琼斯公司负责编制并发布，登载在其属下的《华尔街日报》上。历史上第一次公布道·琼斯指数是在 1884 年 7 月 3 日，由道·琼斯公司的创始人之一、《华尔街日报》的首任编辑查尔斯·亨利·道（Charles Hemy Dow，1851 ~ 1902 年）编制。现在的道·琼斯平均指数是以 1928 年 10 月 1 日为基数，因为这一天收盘时道·琼斯平均指数恰好约为 100 美元，所以就将其定为基准日。

道·琼斯工业平均指数期货合约见表 2 – 23。

表 2 – 23　　道·琼斯工业平均指数期货合约

交易所	芝加哥期货交易所（CBOT）
标的指数	道·琼斯工业平均指数（DJIA）
合约乘数	10 美元，即每一指数点代表 10 美元
合约月份	3 月、6 月、9 月、12 月
最小变动价位	1 点，相当于 1 × 10 = 10（美元）
每日限价	在每个季度开始时，以 DJIA 在上一季度最后一个月的平均收盘价为基础来确定 10%、20%、30% 的价格限制值。这些价格限制值只对下跌有效，且必须与纽约股票交易所的"电流断路器"相协调
交易时间（美国中部时间）	公开喊价：7：20 ~ 15：15（星期一至星期五） 电子交易：20：15 ~ 次日 16：00（星期日至星期五）
最后交易日	合约月份的第 3 个星期四
最后结算价	根据 DJIA 在最后交易日次一日的特别开盘价（SOQ）来确定

四、美国洲际交易所

（一）美国洲际交易所简介

美国洲际交易所（ICE）是美国第二大交易所，于2000年由全球一些大能源公司和机构所组建。2001年通过收购伦敦国际石油交易所（IPE）进入期货市场，2007年1月收购纽约期货交易所（NYBOT），8月收购温尼伯商品交易所（即现在的加拿大期货交易所），2009年收购清算公司（TCC）。2005年登陆纽交所，完成首次公开发售。它是罗素1000和标普500的成分股之一，服务范围超过全世界50个国家，总部设在亚特兰大，在纽约、伦敦、芝加哥、温尼伯（加拿大）、卡尔加里（加拿大）、休斯敦和新加坡设有分支机构。

（二）主要交易的品种

ICE欧洲期货交易所交易全世界半数以上的原油和炼油期货，交易的品种有ICE布伦特原油、ICE柴油和ICE WTI原油期货和期权，此外还有碳排放以及服务欧洲公用事业市场的天然气和电力等合约。ICE美国期货交易所挂牌基准原糖、棉花、可可、咖啡和橙汁合约，同时也是罗素指数期货和期权市场、美元指数和外汇期货的独家交易场所。ICE加拿大期货交易所挂牌油菜籽、小麦和大麦期货和期权合约。洲际交易所同样也提供能源和信用衍生品OTC市场的交易和清算。这里介绍几个最主要的品种：

1. 美元指数期货（US Dollar Index，即USDX）。美元指数又称美汇指数，是衡量美元在国际外汇市场汇率变化的一项综合指标，由美元兑6个主要国际货币（欧元、日元、英镑、加拿大元、瑞典克朗和瑞士法郎）的汇率经过加权几何平均计算获得。

在ICE上市交易的美元指数期货，被全球交易者、分析师和经济学家认为是货币的基准。美元指数是综合反映美元在国际外汇市场的汇率情况的指标，用来衡量美元对一篮子货币的汇率变化程度。它通过计算美元和对选定的一篮子货币的综合变化率，来衡量美元的强弱程度，从而间接反映美国的出口竞争能力和进口成本的变动情况。美元指数上涨，说明美元与其他货币的比价上涨即美元升值，那么国际上主要的商品都是以美元计价，所对应的商品价格应该下跌。

美元指数期货币别指数权重见图2-3。

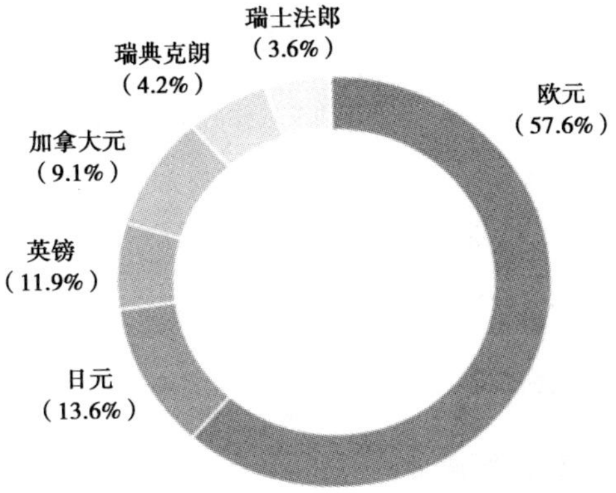

图 2－3 美元指数期货币别指数权重

USDX 是参照 1973 年 3 月份 6 种货币对美元汇率变化的几何加权平均值来计算的，并以 100 点为基准来衡量其价值，如 105.50 点的报价，是指从 1973 年 3 月份以来其价值上升了 5.50%。主要计算公式如下：

$$USDX = 50.14348112 \times (EUR/USD)^{-0.576} \times (USD/JPY)^{0.136} \times (GBP/USD)^{-0.119} \times (USD/CAD)^{0.091} \times (USD/SEK)^{0.042} \times (USD/CHF)^{0.036}$$

USDX 的计算原则是以全球各主要国家与美国之间的贸易结算量为基础，以加权的方式计算出美元的整体强弱程度，并以 100 点为基数。欧元是最重要、权重最大的货币，其所占权重达到 57.6%，因此，欧元的波动对美元指数的强弱影响最大。

美元指数期货保证金相对外汇黄金而言低，而且有良好的成交量和流动性，适合善于把握宏观经济面和外汇市场风向的客户，也适合有兴趣在出现大的地缘政治危机时博取收益的客户进行交易。

2. 布伦特原油期货。布伦特期货原先在伦敦国际石油交易所交易，2001 年 6 月，洲际交易所收购伦敦国际石油交易所（IPE）。布伦特期货合约与现货市场相对应，并且该品种合约设置特别设计为用以满足石油工业对于国际原油期货合约的需求，石油工业可以利用期转现以及基差交易锁定价格以及安排生产，更好地控制买卖货物的时间，因此该品种交易活跃。该品种实时价格可以通过主要的数据提供商得到。所有参与者均可在交易时实时了解价格情况。

伦敦清算所（LCH）是在伦敦交易所进行交易的买卖双方的另一方。这保证了（交易所清算会员）交易的每张合约的财务稳健性，包括交割与清算等。LCH与其会员的客户（即非会员用户或交易所非清算会员）没有义务或合同关系。

此外，与现货相比，期货交易为进行小批量交易提供了可能（布伦特原油每手1 000桶，约为42 000加仑），现货市场数量标准较高。

上述特点使北海布伦特原油期货价格成为国际油价的基准之一，该交易所也成为国际原油期货交易中心。

五、芝加哥期权交易所

（一）芝加哥期权交易所简介

芝加哥期权交易所（Chicago Board Options Exchange，CBOE）是目前全球最大的期权市场。CBOE成立于1973年4月，在此之前，期权在美国只是少数交易商之间的场外买卖。CBOE建立了期权的集中化的交易市场，推出标准化的期权合约，使期权交易产生革命性的变化，标志着期权交易进入了标准化、规范化的全新发展阶段。芝加哥期权交易所先后推出了股票的买权（Call Options）和卖权（Put Options）。CBOE于2004年3月26日创建了CBOE期货交易所（CBOE Futures Exchange，简称CFE），旨在为CBOE开辟在衍生品行业引入新产品的新途径。

（二）主要交易的品种

CBOE是世界金融行业产品创新的“领头人”，先后发明了股票期权、指数期权、变通期权（FLEX）、长期期权（LEAPS）和以星期为周期的期权（Weeklys SM），创造了著名的衡量投资者对市场情绪反应的波动率指数（VIX），以及广为机构投资者使用的标普买-卖指数（BXM）等。下面介绍几种主要的品种：

1. CBOE波动率指数（VIX）期货合约。CBOE波动率指数期货是在美国上市的第一个直接以波动率为标的物的衍生产品，在此之前，基于波动率的衍生产品只有在德国交易的VOLCX期货。20世纪90年代早期，CBOE委托杜克（Duke）大学的教授罗伯特·惠利（Robert Whaley）研究出一个从期权的资产中推导出一个均匀的波动率指数的程式，也就是CBOE波动率指数（VIX），它于1993年首次被引入期货市场。设计CBOE波动率指数（VIX）的目的是要捕捉住投资者对今后30天里对股票市场中预期的波动率。自从被引入市场之后，CBOE波动率指数（VIX）很快就成了世界上衡量投资者心理和市场波动率的主要的晴雨表，投资者和媒体分析家通常把它叫做“恐惧测量仪”。

波动率既不是实物商品也不是金融证券，然而，由于 CBOE 波动率指数（VIX）别出心裁的构造方法，捕捉住了投资者对于由股票期权价格所表现出的近期波动率，并且这种波动率被投资者所认可，把它转化为一种可以交易的资产。

CBOE 波动率指数（VIX）有一些可以观察到的特征，这些特征使得它有可能成为一个期货合约的标的物。其中两个最显著的特征是它同标普 500 指数（S&P 500 Index）运动方向紧密的反向关系，以及其朝平均值逆转的倾向。与黄金或其他产品相比，由 VIX 代表的波动率比标普 500 指数（S&P 500 Index）运动的反向关系更为紧密。当标普 500 指数下跌时，投资者感到恐惧，VIX 的水平一般就高出正常的水准；与此相似，如果标普 500 指数上升，VIX 的水平就往往下降。这个特征使得波动率自身成为一项独立的资产，如果一个投资组合经理手里有标普 500 指数，如果他想管理这样的投资组合的风险，对他来说，VIX 这样的资产具有强大的吸引力。另一方面，VIX 往往在上涨得很高时回落，在跌得过深时反弹。这就使得那些做投机套购的基金和其他专注于相对价值交易的投资者会对基于 VIX 的产品发生兴趣。除了这些特征之外，VIX 还将波动率分离，使它不为股票价格运动的方向所“污染”。作为一项直接挂牌、将波动率单独分开的投资工具，VIX 期货使得投资者可以纯粹地对波动率进行交易和套期保值。

VIX 期货是现金结算的合约，合约的全名是 COBE 波动率指数期货（CBOE Volatility Index Futures），它的代号是 VX。它所跟踪的是一个“增值（Increased Value）”指数（VBI），该指数是 CBOE 波动率指数 VIX 的 10 倍。合约的规格是增值指数（VBI）乘以 100 美元。因此，如果 VIX 指数移动了 1 点（比如说，从 15.00 到 16.00），1 手期货合约就会盈利或亏损 1 000 美元。对 VIX 期货做投机交易的最低保证金是：初始保证金 3 750 美元，维持保证金 3 000 美元。对 VIX 期货做时间套利（Calendar Spread）的最低保证金是：初始保证金 50 美元，维持保证金 40 美元。套期保值头寸可以享有较低的保证金要求。VIX 期货的头寸限额是 5 000 手合约。同交易任何期货合约一样，交易者或投资者必须要有一个期货账户才能交易 VIX 期货合约。

VIX 期货可以为投资者带来以下好处：（1）它是一种同市场运动方向总的说来不相关的资产；（2）它是一种表达对同股票构成要素相对的未来现实指数波动率之观点的工具；（3）它是一种通用的控制含风险的价值资产的方

法；（4）它是对天然看空（Naturally Short）波动率投资组合的保护；（5）它也是对天然看多（Naturally Long）波动率投资组合的保护；（6）它是帮助减少坐标式投资组合（Bench Marked Port Folio）中跟踪错误的工具；（7）它是少有的几个可以使得投资者跨越国界分散投资风险的工具；（8）它可以成为共同基金（Mutual Fund）和对冲基金（Hedge Fund）的主导投资机制。

随着这些潜在的功能逐步为交易者、投资者和投资组合经理们所认识，VIX 期货的交易量也在稳步增长。一些专业的策略家提出过若干使用 VIX 期货做交易和套保的策略。最简单的策略是就波动率的运动方向做投机交易。就套期保值而言，若干初步的研究表明，如果一个投资组合的 90% 是由买进标普 500 指数构成，10% 是由买进波动率期货构成，它的运作表现会超出一个单纯由标普 500 指数构成的投资组合，而且风险更小。美国一位有名的期权策略撰稿人 Lawrence McMillan 指出，在一个下滑的市场里，VIX 期货能够为你提供能动的套保，不管下滑是在什么时候出现，也不管下滑开始时市场是在什么部位上。同其他策略相比，例如买入看跌期权为所持资产作保险的策略，这是一个巨大的进步。

2. CBOE 中国指数期货合约。中国指数是 CBOE 推出的另一个在美国市场独树一帜的指数。CFE 在这个指数的基础上推出了一个新的期货合约——CBOE 中国指数期货（CBOE China Index Futures），交易代号 CX。

设计 CBOE 中国指数的宗旨是为了使投资者能够扩大他们对在美国挂牌的多种中国公司证券投资的机会，同时提供一个对在这方面投资做风险管理的工具。CBOE 中国指数的设计需要满足两方面的要求。一方面，它必须符合《2000 年商品期货现代化法令》中对宽基指数（Broad Based Indexes）的要求；另一方面，它也要满足 CBOE 对窄基（Narrow - Based）期权的一般规则。这样，CBOE 就可以交易以 CBOE 中国指数为标的物的期权，而 CFE 就可以交易以 CBOE 中国指数为标的物的期货。CBOE 中国指数是第一个得到美国商品交易委员会（CFTC）批准的、以现金结算的、以中国市场为基础的、可以进入合约市场的指数。

CBOE 中国指数期货使用的是美元等值加权指数，这个指数广泛地概括了在美国上市的同中国相关的股票。刚创立的时候由 16 只股票组成，目前股票数量已经达到了 20 只。这些公司来自于在纽约股票交易所（NYSE）、纳斯达克（NASDAQ）或美国股票交易所（AMEX）交易的美国预托证券（ADRs）、纽约注册股份（NYSs）或纽约股票交易所环球股份（NGSs）上市的中国股票。随着中国股票在美国以及其他市场上交易情况的变化，CBOE 也将不断调整和增加 CBOE 中国指数的构成要素，中国指数每季度重新调整一次。

CBOE 中国指数期货是以现金结算的合约。因为是期货合约，如果交易者只有普通的证券交易的账户，他还不能交易，必须有一个隔离的期货账户。不过，作为期货合约，它没有交易证券和权证（Exchange - Traded funds）所必需的 50% 的保证金的要求。CBOE 中国指数的乘数是 100 美元。例如，当指数水平是 300.50 时，CX 期货合约的大小就是 30 050 美元（300.50 × $100）。买 1 手票面价值是 30 050 美元的期货合约，初始保证金只要 2 500 美元，CBOE 中国指数期货的头寸限额是单边净 5 000 手。

CBOE 同时也挂牌交易以 CBOE 中国指数为标的物的期权合约。CBOE 中国指数期权也是现金结算的，它的条件同其他同类的按最后交易日开盘价结算的指数（A. M. - Settledindex）期权合约相似。期货合约同期权合约都是按同一个指数结算的，这就使得期货和期权产品能够聚合起来。

3. 罗素 1000 指数期货和小型罗素 2000 指数期货。在 2005 年 2 月，CFE 推出了罗素 1000 指数（Russell 1000 Index）期货和小型罗素 2000 指数（Mini - Russell 2000 Index）期货，它们的交易代号分别是 RN 和 RT。之后，CFE 又推出了小型罗素 1000 指数（Mini - Russell 1000 Index）期货，交易代号是 RX。罗素 1000 指数是设计用来衡量美国 3 000 只最大股票中的前 1 000 家公司表现的，罗素 2000 指数是设计用来衡量美国 3 000 只最大股票中的后 2 000 只表现的。

2000 年以来，美国市场上小资本额股票（Small Capstocks）的表现一直比大资本额股票（Large Capstocks）的表现要好。结果被许多人认为是小资本额美国股票最佳晴雨表的罗素 2000 指数就变得越来越为人所瞩目。其原因有二：第一，流入罗素指数基金的资产越来越多；第二，投资者改变了投资观点，对小资本额股票日益重视起来。同其他许多为指数发放执照的公司不一样，弗兰克·罗素（Frank Russell）公司采用了将执照发放给多个交易所的策略。就期货而言，在美国，现在有四家交易所挂牌交易罗素 1000 指数和罗素 2000 指数的期货。这同其他 CFE 的产品就有所不同。换句话说，CFE 在这个市场里面临着严峻的竞争。

为了在战略上将自己同其他交易所区分开来，CFE 首先提供了两个不同尺寸的合约：乘数为 500 美元的罗素 1000 指数的期货合约和乘数为 100 美元的小型罗素 2000 指数的期货合约。之后，又推出了乘数为 100 美元的小型罗素

1000 指数的期货合约。同时，CFE 运用做市商机制提供一个持续的、双向的市场。最近，它还实施了一个鼓励做市商入市的计划以增进市场的流动性。这样做的目的都是为了贯彻连续市场和专业做市商的概念，以应对交易所所面临的竞争。

4. VXD 期货。2005 年 4 月，经与道琼斯公司（Dow Jones & Company）协议，CFE 开发了基于道琼斯工业平均指数（Dow Jones Industrial Average）的第一个可供交易的波动率产品——VXD 期货。道琼斯工业平均指数是世界上最为公认的、最广泛地被跟踪的坐标指数之一，它也是衡量美国市场之表现的工具之一。美国市场的投资者和交易者对以道琼斯指数为基础的波动率产品自然有浓厚的兴趣。VXD 期货是一个重要的新产品，它使得投资组合经理们和各种规模的投资者有了管理道琼斯投资组合之波动率风险的工具。它为交易者和投资者提供了通向蓝筹公司的途径，以及就近期波动率的期望对市场做出反应的机会。

CBOE 道琼斯波动率指数（The CBOE DJIA Volatility Index，简称 VXD）是设计用来反映投资者对道琼斯指数在最近 30 天内的预期波动率的一个指标，可以被用做衡量投资者心理的坐标。它是使用 CBOE 交易的道琼斯（DJX）的近期期权价格而计算出来的。

5. PowerPacks 合约。CFE 最新推出的产品是一组建立在以行业划分的指数之上的期货合约。这组指数叫做 PowerPacks（按字面直译的话，可以叫做“力量组合”）。PowerPacks 是 CBOE 设计的，其目的是为投资者提供一组交易工具，使得他们可以就某一行业中的分散化的股票，得到一个有效的投资途径以及一个管理风险的工具。这组指数包括了 12 个行业：银行、生物科技、黄金、网络、钢铁、石油、石油服务、药物、零售、集成电路、技术和通讯。

CBOE 是指数期权的创造者。指数期权和期货的出现，在很大程度上是因为当时社会资金大量集中在由机构管理的基金里，而且这种趋势还在不断增长，这种形势要求在金融界创造出能够使得大笔资金快速地、经济有效地和以分散化形式进入市场，而又不打断市场正常运行的工具。指数期权和期货为基金管理者提供了套保的工具，没有这样的工具，对分散化的投资组合做套保就会变得昂贵得无法实施。指数期权和期货也给投资者提供了对整个市场而不是单个公司做交易的工具。一个具体股票的价格表现，一般说来有 70% 取决于整个市场的方向，20% 取决于它所属的具体行业，包括该行业的走向和基本面上的因素。上市公司以及其自身的基本要素，在决定这只股票的价格行为上只占了10%的比重。通过指数期权和期货来交易市场，使得一个交易者可以更容易也更便宜地持有一个部位。CBOE12种PowerPack指数是用来跟踪具体的行业部门和工业组合的，它们给了交易者以更有效地交易一个具体行业的机会。CBOE在指数产品的革新上有相当长的历史了。推出这12种产品突出了它的在这方面保持领先的决心。

CBOE PowerPacks在选择指数构成要素和计算股票上使用的是统一的、客观的方法。每一种指数都有25种证券组成。这25种证券都是在它们自己的行业里最大的、交易最活跃的公司。每一种指数的计算所采用的都是一种"修正的"资本计算法。这种方法将一个公司在指数中可以占到的分量限制在10%以下。换句话说，在使用资本加权法计算PowerPacks指数时，在每一个指数中不可能有一个超级的公司占据统治地位。这就保证了在一个行业中没有哪一个大公司（像黄金采矿业中的纽蒙特矿业公司或零售业中的沃尔玛）在整个指数的表现中占据过重的分量。这些指数每季度重新平衡一次，每次都在同一个日期。

第二节
欧洲金融期货市场

一、欧洲金融期货市场现状

（一）欧洲主要的期货交易所

欧洲市场的主要交易所为欧洲期货交易所（EUREX）、莫斯科交易所（Moscow Exchange）、纽约—泛欧交易所旗下的伦敦国际金融期货期权交易所（LIFFE）、洲际交易所（ICE）、伦敦金属交易所（LME）等。

欧洲期货市场中成交量最大的为欧洲期货交易所，2012年成交量达到16.6亿手，在欧洲市场中占比37.8%。莫斯科交易所成交量虽然同比有所减少，但是其在欧洲市场的份额超过纽约—泛欧交易所，排名第2；纽约—泛欧交易所在欧洲业务则是以9.56亿手的成交量，占比21.8%，排名第3。

2012年欧洲主要交易所/交易所集团成交量情况见表2-24。

表 2－24 2012 年欧洲主要交易所/交易所集团成交量情况

交易所	2012 年成交量（手）	同比增长（%）
纳斯达克 OMX 北欧市场	104 904 236	－10.4
纳斯达克 OMX 商品交易所	879 842	2.6
纳斯达克 OMX 集团（欧洲市场）	105 784 078	－10.3
伦敦金属交易所（LME）	159 719 781	9.0
洲际交易所欧洲期货分所（ICE Futures Europe）	281 613 933	4.7
纽约—泛欧交易所欧洲市场（NYSE LIFFE Europe）	955 802 220	－16.8
莫斯科交易所	1 061 835 904	－3.4
欧洲期货交易所欧洲市场（EUREX）	1 659 637 772	－18.8
欧洲各交易所成交量合计	4 388 879 712	－12.5

资料来源：美国期货业协会（FIA）。

2012 年欧洲主要交易所成交量市场份额分布见图 2－4。

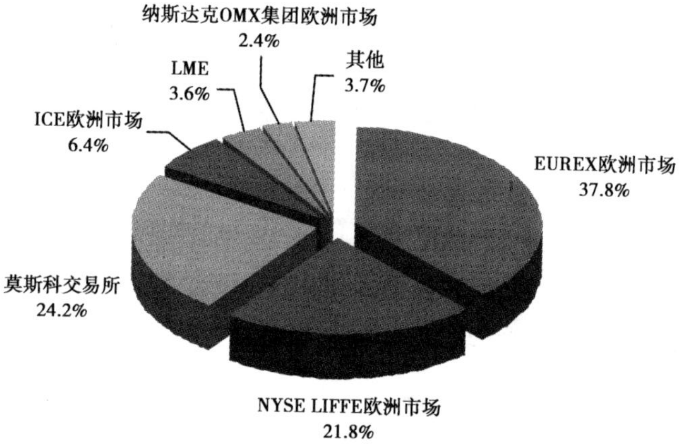

资料来源：美国期货业协会（FIA）。

图 2－4 2012 年欧洲主要交易所成交量市场份额分布

（二）欧洲金融期货交易的主要品种

欧洲各类金融期货合约成交量均有进入全球前 20 名的品种。

欧洲股指类的合约成交量靠前的有在欧洲期货交易所（EUREX）上市交易的欧元 Stoxx50 期货、期权和莫斯科交易所上市交易的 RTS 指数期货合约；而在欧洲表现最好的品种利率期货、期权成交量排名中，伦敦国际金融期货市场英国分所（LIFFE U. K）和欧洲期货交易所平分秋色；而外汇品种则是俄罗斯交易系统旗下的两个品种，分列第 3 名与第 9 名。

2012 年欧洲股指类成交量排名进入全球前 20 名的品种见表 2－25。

表 2－25　2012 年欧洲股指类成交量排名进入全球前 20 名的品种

全球排名	交易品种及上市交易所	指数乘数	2011 年（手）	2012 年（手）	同比变化（%）
5	RTS 指数期货（莫斯科交易所）	2 美元	377 845 640	321 031 540	－15.0
6	欧元 Stoxx50 期货（EUREX）	10 欧元	408 860 002	315 179 597	－22.9
7	欧元 Stoxx50 指数期权（EUREX）	10 欧元	369 241 952	280 610 954	－24.0

资料来源：美国期货业协会（FIA）。

2012 年欧洲利率类成交量排名进入全球前 20 名的品种见表 2－26。

表 2－26　2012 年欧洲利率类成交量排名进入全球前 20 名的品种

全球排名	交易品种及上市交易所	交易单位	2011 年（手）	2012 年（手）	同比增长（%）
4	德国欧元长期债券期货（EUREX）	100 000 欧元	236 188 831	184 338 704	－22.0
5	3 个月期欧元同业拆借利率（Euribor）期货（LIFFE U. K.）	1 000 000 欧元	241 950 875	178 762 097	－26.1
7	3 个月期英镑利率期货（LIFFE U. K.）	500 000 英镑	115 586 702	114 915 025	－0.6
9	德国欧元中期债券期货（EUREX）	100 000 欧元	142 309 151	107 645 238	－24.4
10	德国欧元短期债券期货（EUREX）	100 000 欧元	165 798 952	93 840 656	－43.4
13	3 个月期欧元同业拆借利率（Euribor）期货期权（LIFFE U. K.）	1 000 000 欧元	126 535 338	70 671 111	－44.1
18	德国欧元长期债券期货期权（EUREX）	100 000 欧元	38 154 098	39 924 387	4.6
19	英国政府长期债券期货（LIFFE U. K.）	100 000 英镑	34 362 932	37 777 306	9.9

资料来源：美国期货业协会（FIA）。

2012 年欧洲外汇类成交量排名进入全球前 20 名的品种见表 2－27。

表 2-27　2012 年欧洲外汇类成交量排名进入全球前 20 名的品种

全球排名	交易品种及上市交易所	交易单位	2011 年（手）	2012 年（手）	同比增长（%）
3	美元/俄罗斯卢布期货（Micex）	1 000 美元	206 820 695	373 108 731	80.4
9	欧元/美元期货（Micex）	1 000 欧元	45 657 240	33 632 175	-26.3

资料来源：美国期货业协会（FIA）。

二、欧洲期货交易所

（一）欧洲期货交易所简介

欧洲期货交易所（EUREX）是世界上最大的期货和期权交易所，于 1998 年秋由德国期货交易所（DTB）和瑞士交易所（Soffex）合并而成。为了应对欧洲货币联盟（European Monetary Union，EMU）的形成及欧元（Euro）时代的来临，面对日益激烈的竞争态势，DTB 的集团母公司德国交易所集团与瑞士交易所决定建立策略联盟，1998 年由 DBAG 和 SWX 共同投资成立欧洲期货交易所（EUREX Zurich AG），总部设于瑞士苏黎世。EUREX Zurich AG 再 100% 转投资设立在法兰克福的欧洲期货交易所德国子公司（EUREX Frankfurt AG），二者均沿用原 DTB 的交易与结算系统。其策略联盟的目的是使市场参与者能够以最低的成本，通过最方便且多元化的信道，交易更高流动性的产品。除整合欧洲地区期货交易之外，与海外连线及增加 EUREX 在南欧和亚太地区的境外会员数目，也是 EUREX 拓展业务的目标之一。

欧洲期货交易所为一全面电子化交易所，其电子交易平台可以提供广泛的国际基准产品的访问。该平台是由 Deutsche Borse AG 和瑞士交易所创建的。全球的银行、专业贸易公司和金融机构投资者等成员公司都可以使用 EUREX 系统。EUREX 标准化、分权式的交易系统，使其市场参与者在全球各地都能下单交易该交易所的产品。EUREX 已具备世界级衍生性产品交易所应具备的条件：包括流动性高的国际性产品、现代化的结算架构、便捷且具成本低的交易信道、全球性通路以及先进的高科技设施。

（二）欧洲期货交易所的产品

发展至今，欧洲期货交易所提供的产品已涉及欧洲许多国家，包括德国、瑞士、芬兰、荷兰、法国、意大利等，期货与期权合约涉及汽车、银行、能源、金融服务、保健、保险、传媒、技术、电信等各个领域，期权产品涉及荷兰、芬兰、法国、德国、意大利、瑞士、美国等国，包括一些国际知名的品牌如戴姆勒－克莱斯勒公司、微软公司、诺基亚公司和荷兰皇家石油公司等。股指产品包括了一些世界有名的股票指数，主要包括34种股指期货和相应期权在交易。

其中最主要的是：

（1）DAX期货（DAX Futures）。

（2）道·琼斯全球巨型公司50指数期货（Dow Jones Global Titans 50 Futures）。

（3）道·琼斯stoxx系列指数期货（Dow Jones stoxx indexes Futures）。

（4）HEX 25指数期货（HEX25® Futures），芬兰。

（5）瑞士市场指数期货SMI® Futures（Swiss Market Index Futures）。

（6）德国新市场50指数期货（NEMAX® 50 Futures）。

（7）TecDAX®指数期货。

下面我们介绍一下著名的DAX期货。

DAX译为“德国股票指数”。该指数由法兰克福股票交易所于1988年开始编制和发布，基期为1987年12月20日，基期指数为1 000点。DAX既是德国最重要的股票指数指标，同时也是整个欧洲最重要的股票指数之一，在法兰克福股票交易所的交易时间内，该指数每分钟更新一次。DAX的成分股包括30只德国的蓝筹股。

DAX期货最初由德国期货交易所于1990年11月23日推出，后来转移到EUREX中进行交易。最初DAX期货以德国马克进行标价和交易，合约乘数为100马克；后来从1999年1月起，该期货改为以欧元进行报价和交易。

DAX股票指数合约见表2－28。

表2－28　DAX股票指数合约

交易所	欧洲交易所（EUREX）
标的指数	德国股票指数（DAX）
合约乘数	25欧元，即每一指数点代表25欧元
合约月份	3个连续的季月（季月指3月、6月、9月、12月）
最小变动价位	0.5个指数点，即为0.5×25＝12.5（欧元）
每日限价	无
交易时间	8：50～20：00
最后交易日	合约月份的第3个星期五（如果这天没有开市，最后交易日则改为合约月份第3个星期五的前一个交易日）
每日结算价	当天最后的成交价。如果最后一笔交易的成交时间比收市时间早15分钟或更多，或者如果最后成交价不能够合理地反映市场状况，欧洲交易所将确定当天的官方结算价
最后结算价	根据DAX所有成分股最后交易日中在法兰克福股票交易所日间电子交易系统Xetm的报价来确定

三、伦敦国际金融期货期权交易所

（一）伦敦国际金融期货期权交易所（LIFFE）简介

1990年，伦敦交易期权市场和伦敦国际金融期货交易所合并成为一个新市场，新市场被命名为伦敦国际金融期货期权交易所（London International Financial Futures Exchange and Options Exchange，LIFFE）。2002年1月，LIFFE被欧洲交易所（EURONEXT）合并，合并后名称为EURONEXT LIFFE。

目前，伦敦国际金融期货期权交易所的主要业务是纽约—泛欧交易所集团（NYSE EURONEXT）的国际衍生品业务，它涵盖了阿姆斯特丹、布鲁塞尔、里斯本、巴黎和伦敦等都市。纽约—泛欧交易所集团（NYSE EURONEXT）是2007年4月在NYSE和EURONEXT交易所合并之后诞生的世界最大的跨国证券交易所，形成现金股票和衍生品的全球单一交易市场。NYSE－LIFFE交易所全称是NYSE LIFFE U. S.，是纽约—泛欧交易所集团（NYSE EURONEXT）旗下的公司，成立于2008年，是最年轻的交易所之一。NYSE LIFFE U. S. 依靠其母公司丰富的国际交易市场管理经验，先进的技术能力和广泛的投资品种，致力于更好地为国际客户服务。NYSE LIFFE U. S. 于2008年8月21日成为指定合约市场，并于9月8日开业。作为完全透明和高流动性的市场，主要经营100盎司黄金期货、5 000盎司白银期货、黄金白银期货期权以及小额33.2盎司黄金和1 000盎司白银期货合约业务。2009年8月起开始提供利率期货合约。

近年来，伦敦国际金融期货交易所（LIFFE）衍生品交易飞快增长，最近4年的年平均增长率超过18%。市场的流动性和电子交易是其快速增长的两个主要原因（自动的电子交易更为简便，并以低廉的价格完成远程交易）。此外，健全的法规也起了很大作用。市场参与者对衍生品所带来的大量交易和投资机会给予越来越高的评价。

美国次贷危机的爆发使得各国监管部门纷纷修订相关立法，以加强对场外衍生品交易市场的监管。其中，非常重要的一项措施就是对场外金融衍生品交易，主要是未到期的信用违约掉期（CDS）产品引入中央对手方（CCP）进行清算，通过收取保证金等措施提高CDS交易的透明度。2008年12月，LIFFE与LCH. Clearnet合作推出CDS指数合约，使得LIFFE成为第一家提供CDS合约清算的交易所。

2012年12月底，洲际交易所宣布将以82亿美元并购纽约—泛欧交易所。2013年6月3日，伦敦国际金融期货期权交易所（NYSE LIFFE）和ICE欧洲清算所（ICE Clear Europe）发布公告称，ICE 欧洲清算所已开始计划为 NYSE LIFFE 提供清算业务服务。2013 年 7 月 1 日，NYSE LIFFE 清算业务将整体实现向 ICE 欧洲清算所转移。此次清算业务转移，意味着洲际交易所并购纽约—泛欧交易所即将完成。2013 年 2 月，美国反垄断当局审核批准此交易。2013 年 6 月欧盟批准洲际交易所（ICE）收购纽约—泛欧交易所（NYSE EURONEXT）。

（二）主要交易的产品

1. FTSE 100 指数期货。该指数是 FTSE 所编制的英国系列指数中的一员。传统上，金融时报 30 种股票价格指数（FT30）是英国的主要股票价格指数，它是通过计算 30 种主要工业股票的几何平均数而得到的。

伦敦国际金融期货交易所和伦敦交易期权市场成立以后，都希望推出股指期货和期权，所以需要一种较适用的指数。FT30 的成分股太少，市场代表性不足，在投资和避险上不太合适；而 FTA 所有股票价格指数的成分股又太多。针对这种问题，《金融时报》和伦敦股票交易所联合推出了 FTSE 100 指数。

FTSE 100 指数在 1984 年 1 月正式推出，每分钟更新一次指数。FTSE 100 指数的成分股包括市值最大的前 100 家英国公司的股票，这 100 家成分股的市值约占英国股票市场总市值的 70%。

FTSE 100 指数期货合约见表 2－29。

表 2－29　　FTSE 100 指数期货合约

交易所	EURONEXT LIFFE
标的指数	FTSE 100
合约乘数	10 英镑，即每一指数点代表 10 英镑
合约月份	3 个最近的季月（季月指 3 月、6 月、9 月、12 月）
最小变动价位	0.5 个指数点，即为 0.5×10＝5（欧元）
每日限价	无
交易时间（伦敦时间）	8：00～17：30（最后交易日的交易时间为 8：00～10：30）
最后交易日	合约月份的第 3 个星期五
最后结算价（EDSP）	根据 LIFFE 的惯例，最后结算价被称为交易所交割结算价格（EDSP）。FTSE 100 指数期货 EDSP 的计算方法是：在最后交易日 10：10～10：30 期间，每隔 15 秒钟取一个 FTSE 100 指数值（共计 81 个指数值），去掉 12 个最高值和 12 个最低值，将剩下的 57 个指数值进行平均，所得结果即为 FTSE 100 指数期货的 EDSP。此外，如果需要，还可以将计算结果四舍五入至 0.5 个指数点的整数倍

2. CAC 40 指数期货。泛欧交易所巴黎公司交易的 CAC 40 指数也非常著名。CAC 40 指数是法国第一种以实时方式进行更新的指数。该指数由法国股票经纪人协会（French Stockbrokers Association）和巴黎股票交易所于 1988 年 6 月 15 日共同推出，目前已成为法国最重要的一种股价指数，其中“CAC”是法国股票经纪人协会以前的名称缩写。该指数的基期为 1987 年 12 月 31 日，基期指数为 1 000 点。

该指数的成分股为 40 只在巴黎股票交易所的每日结算市场上市的蓝筹股，在 1998 年底，这 40 只成分股的市值约占巴黎股票市场总市值的 80%。

CAC 40 指数期货合约见表 2 - 30。

表 2 - 30　　　　CAC 40 指数期货合约

交易所	泛欧交易所巴黎公司
标的指数	CAC 40 指数
合约乘数	（1）1 欧元，即每一指数点代表 1 欧元 （2）10 欧元，即每一指数点代表 10 欧元
合约月份	最近的 3 个月份，3 月、6 月、9 月、12 月 4 个季月中的 3 个季月，以及两个半年度交割月份（3 月、9 月）
最小变动价位	0.5 个指数点，相当于 （1）0.5 × 1 = 0.5（欧元） （2）0.5 × 10 = 5（欧元）
每日限价	190 个指数点（与上一个交易日的结算价相比）
交易时间（当地时间）	共分为三个交易时段，且每一天的交易时间以前一天晚上的交易时间开始 17：00 ~ 22：00（晚间交易节）　8：00 ~ 10：00（上午交易节） 10：00 ~ 17：00（下午交易节）
最后交易日	合约月份的最后 1 个交易日
最后结算价	根据 CAC 40 指数中所有成份股在最后交易日收盘价的算术平均数来确定

第三节
亚洲金融期货市场及其他

亚洲金融期货市场主要包括韩国、日本、新加坡、印度、中国内地、中国香港和中国台湾的金融期货市场。

一、韩国金融期货市场

韩国交易所（KRX）目前是亚洲第3大交易所，2005年1月27日由原韩国证券交易所（KSE）、韩国KOSDAQ证券市场（KSM）和韩国期货交易所（KOFEX）合并而成。KRX是一个综合性金融市场。交易品种包括股票、债券（国债、企业债、可转换债券等）、股指期货、股指期权、单个股票期权、各种基金及投资信托、外汇期货和利率期货等。

韩国交易所的股票价格指数（KOSPI 200）期权成交量一直保持着极高的流动性，是韩国最重要的交易品种。自2012年3月起，该合约指数乘数由100 000韩元放大5倍至500 000韩元，2012年全年成交量下降53.3%。但是，该合约的成交量仍在全球股指类合约中位列榜首。

2012年韩国场内衍生品成交量排名进入全球前20名的合约见表2－31。

表2－31　2012年韩国场内衍生品成交量排名进入全球前20名的合约

类别	排名	品　种	2011年（手）	2012年（手）	同比增长（%）
股指	1	KOSPI 200期权（KRX）①	3 671 662 258	1 575 394 249	－57.1
	20	KOSPI 200期货（KRX）	87 274 461	62 430 640	－28.5
外汇	7	美元期货（KRX）	70 212 467	53 549 300	－23.7
利率	20	三年期美国国债期货（KRX）	34 140 210	29 728 075	－12.9

资料来源：美国期货业协会（FIA）。

① 指数乘数与2012年3月开始从100 000韩元更改为500 000韩元。

KOSPI 200 期货合约见表 2－32。

表 2－32　　KOSPI 200 期货合约

上市交易所	韩国交易所（KRX）
合约标的	KOSPI 200 指数
合约单位	KOSPI 200 ×100 000（交易乘数）
维持保证金率	合约价值的 10%
持托保证金率	合约价值的 15%
合约交割月份	现月、下两个月及之后的一个季月，总共有 4 个月份的合约在市场交易
上市合约交割月份	6 个月里的 4 个交割月
行权价格区间	每结算月设定最初上市时活动价格方法 ① 最近 3 个月：2.5 点间隔 ATM 1 个，ITM 6 个 OTM 6 个 ② 最远月（分期物）：5 点间隔 ATM 1 个，ITM 3 个，OTM 3 个 随着指数变动始终 ATM 为基准多设定上下 6 个（最远月分期物 3 个） 最远月分期物相当于最近 3 个月连续月时 2.5 点间隔多设定活动价格
报价单位	指点数
价格变动单位	权利金在 3 以上时，为 0.05 ×100 000 = 5 000（韩元） 权利金不到 3 时，为 0.01 ×100 000 = 1 000（韩元）
最小变动价位	权利金在 3 点以上时：为 0.05 个点 权利金不到 3 点时：为 0.01 个点
交易时间	9：00～15：15（最后交易日 9：00～14：50）
最后交易日	该合约交割月的第 2 个星期四（遇国家法定节假日按序提前）
最后交割日	最后交易日（T）+1
行权	最后交易日（欧洲式）
结算方式	现金结算
每日价格最大波动限制	上一个交易日收盘价的 ±15%
竞价交易时间	开盘时 8：00～9：00 收盘时 15：05～15：15
交易暂停	如果韩国交易所的 KOSPI 200 指数期货交易暂停，期权交易也将终止

二、日本金融期货市场

日本有大阪证券交易所（OSE）、东京证券交易所（TSE）、东京国际金融期货期权交易所（TIFFE）等著名金融期货交易所。在商品类期货交易所中，东京工业品交易所（TOCCOM）、东京谷物商品期货交易所（TGE）、日本大阪纤维交易所（OTE）具有代表性。

日本期货市场个别金融期货合约在全球各品种成交量排名中保持较好成绩。2012 年，迷你日经 225 指数期货同比增长 10.6%，增至 1.3 亿手，在全球股票指数类排名第 10 名；欧元/日元期货（TFX）和澳元/日元期货（TFX）两个外汇类品种分别位列全球该品种第 14 名和第 15 名。

2012 年日本金融期货排名进入全球前 20 名的合约见表 2－33。

表 2－33　　2012 年日本金融期货排名进入全球前 20 名的合约

类别	排名	品种	2011 年（手）	2012 年（手）	同比增长（%）
股指	10	迷你日经 225 指数期货（OSE）	117 905 210	130 443 680	10.6
外汇	14	欧元/日元期货（TFX）	26 769 174	16 927 476	－36.8
	15	澳元/日元期货（TFX）	41 589 199	16 500 368	－60.3

资料来源：美国期货业协会（FIA）。

大阪证券交易所（Osaka Securities Exchange，OSE）是日本最古老和最知名的交易所之一，它始建于 1878 年。1988 年 9 月，大阪证券交易所推出了日经 225 指数期货；次年 6 月，该交易所推出了日经 225 指数期权。1994 年 2 月，该交易所又推出了日经 300 指数期货和期权。

目前，在大阪证券交易所（OSE）中上市的股指期货品种有 5 种，它们分别是：

（1）日经 225 指数期货（NIKKEI 225 Futures）。

（2）日经 300 指数期货（NIKKEI 300 Futures）。

（3）道·琼斯工业平均指数期货（Dow Jones Industrial Average Futures）。

（4）MSCI Japan Index Futures。

（5）FTSE Japan Index Futures。

下面重点介绍一下日经 225 指数期货。

日经 225 指数又称日经股票平均数（NIKKEI Stock Average），它是日本国内历史最长的一种股价指数。该指数最初由东京股票交易所（TSE）编制和发布。1950 年 9 月，TSE 推出了 TSE 修正股价指数（TSE Adjusted Stock Plice Average）。1968 年下半年，TSE 宣布从 1970 年 7 月 1 日起推出一个全新的、按市值加权法计算的指数——东京股票价格指数（TOPIX），同时从 7 月 1 日起不再继续编制 TSE 修正股价指数。

1971 年 7 月 1 日，日本短波广播公司（Nihon Short - Wave Broadcasting Co，简称为 NSB）不顾 TSE 的反对，开始继续编制和发布 TSE 修正股价指数，并同时将该指数更名为 NSB 225 修正平均数（NSB 225 Adjusted Average）。NSB 是日本经济新闻社（Nihon Keizai Shimbum，Inc，简称为 NIKKEI）的一家子公司。由于该指数的成分股为 225 只在 TSE 第一板上市、交投活跃的股票组成，该指数又常被称为日经 225 指数。

新加坡国际金融交易所 SMEX（现更名为新加坡交易所衍生品交易有限公司 SGX - DT）最先于 1986 年 9 月 3 日推出日经 225 指数期货，而日本本土直到 1986 年 9 月 3 日才由 OSE 推出日经 225 指数期货。鉴于日经 225 指数在世界范围内的影响日益扩大，CME 于 1990 年 9 月 25 日也推出了日经 225 指数期货。

SGX - DT、OSE、CME 日经 225 指数期货的比较见表 2 - 34。

表 2 - 34　　SGX - DT、OSE、CME 日经 225 指数期货的比较

交易所	OSE	SGX - DT	CME	
标的指数	日经 225 指数			
合约乘数	1 000 日元	500 日元	5 美元	500 日元
合约月份	5 个连续的季月	5 个连续的季月	4 个连续的季月	4 个连续的季月
最小变动价位	10 个指数点，相当于 10 × 1 000 = 10 000（日元）	5 个指数点，相当于 5 × 500 = 2 500（日元）	5 个指数点，相当于 5 × 5 = 25（美元）	5 个指数点，相当于 5 × 500 = 2 500（日元）
每日限价	标准价格（点）波幅限制（点） S < 20 000 ±1 000 20 000 ≤ S ≤ 30 000 ±1 500 30 000 ≤ S ≤ 40 000 ±2 000 S ≥ 40 000 ±2 500 说明：价格限制基本上维持在 ±5% 左右；上述标准价格一般是指前一个交易日的结算价	当市场价格较前一个交易日结算价上涨或下跌的幅度达到 7.5% 时，在接下来的 15 分钟内，交易双方只能按照 7.5% 的限价进行交易，即在接下来的这 15 分钟内，涨跌幅限价为 7.5%；在这 15 分钟之后，涨跌幅限价扩大至 12.5%。另外，在最后交易日上述涨跌幅限价将作一些改动	与 OSE 相同	与 OSE 相同

续表

交易所	OSE	SGX－DT	CME	
交易时间（当地时间）	9：00～11：00 12：30～15：10	公开喊价： 7：55～10：15 11：15～14：25 电子交易： 15：00～19：00	公开喊价： 8：30～15：15 GLOBEX 上午 2：00～下午 3：15 重新开市 下午3：30 ～下午 4：30（周一至周五）	GLOBEX 上午 5：00～下午 3：15 重新开市 下午3：30～ 下午4：30（周一至周五）
最后交易日	合约月份的第 2 个星期四（如果合约月份第 2 个星期四是假日，那么最后交易日则为合约月份第 2 个星期四的前一个交易日）			
最后结算价	最后交易日次一日的特别开盘价			

从合约细则上来看：

① OSE 中日经 225 指数期货的合约乘数较大，是 SGX－DT 和 CME 中日经 225 指数期货合约乘数的 2 倍。

② OSE 和 SGX－DT 中的日经 225 指数期货都以日元进行计价，因此，投资者可以利用这两个交易所中的日经 225 指数进行套利交易。

③3 个交易所的日经 225 指数期货的每日限价、交易时间、交易方式以及合约月份等方面也有所差别。

从交易量来看，目前 OSE 的日经 225 指数期货的交易量最大，SGX－DT 的日经 225 指数期货的交易量次之，而 CME 的日经 225 指数期货的交易量则非常小。

三、新加坡金融期货市场

新加坡比较重要的期货交易所有新加坡国际金融交易所（现更名为新加坡交易所）和新加坡商品交易所（SICOM），分别以金融期货和商品期货著名。

新加坡国际金融交易所（Singapore International Monetary Exchange Ltd.，SIMEX）成立于 1984 年，是亚洲第一家金融期货交易所。SIMEX 是一家国际性的交易所，交易品种涉及期货和期权合约、利率、货币、股指、能源和黄金等。

1986 年，新加坡国际金融交易所抢在日本之前推出日经 225 指数期货，成为国际金融机构进行日经 225 股指交易的主要场所，开创了以别国股指为期货交易标的物的先例。1997 年，新加坡国际金融交易所又抢先推出了摩根中国台湾指数期货，随后中国台湾期货交易所也推出了同类产品，但是其 2006 年上半年交易量只有 5 022 手合约，同期的新加坡市场的交易量达到了 522 万手合约，交易量是台湾的 1 000 倍。1998 年，新加坡国际金融交易所又推出了摩根中国香港指数期货，其产品与中国香港期交所的恒生指数期货有 99.995% 的相关性，而在成本、交易时间方面都更有优势。

1999 年 12 月 1 日，新加坡证券交易所（SES）与新加坡国际金融交易所（SIMEX）合并，成立了新加坡交易所（SGX，Singapore Exchange）。合并之后，SIMEX 成为 SGX 的全资子公司，并更名为新加坡交易所衍生品交易有限公司（Singapore Exchange Dedvatives Trading Limited，SGX - DT）。

目前，在 SGX - DT 中交易的股指期货有 8 个，它们分别是：

（1）日经 225 指数期货。

（2）日经 300 指数期货。

（3）海峡时报指数期货。

（4）MSCI 新加坡指数期货。

（5）MSCI 中国香港指数期货。

（6）MSCI 中国台湾指数期货。

（7）MSCI 日本指数期货。

（8）S&P CNX 90 指数期货。

SGX - DT 中股指期货的计价货币分为日元、新加坡元、美元三种，交易时间各不相同。SGX - DT 之所以做这样安排，主要是为了与不同地区股票市场的交易时间和协调。SGX - DT 中的交易方式分为公开喊价（OO）和电子交易系统（ETS）两种方式；每日限价实行分阶段设限制度，当市价下跌到达某一设定的限幅时，允许有 10 分钟的“冷却期”（Cooling Period）。此外，SGX - DT 在最后交易日一般都不设置涨跌幅限制。在 SGX - DT 的交易中，不但投资者具有高度的国际化，而且股指期货的标的指数也具有高度国际化。与 SGX - DT 中股指期货标的指数相对应的股市有日本、新加坡、中国香港、中国台湾、印度、泰国等地的股市。

四、印度金融期货市场

印度孟买证券交易所是亚洲最古老的交易所，它的历史可追溯到 19 世纪 50 年代聚集在孟买市政厅前榕树下的集会。1956 年，孟买证券交易所成为政府根据印度《证券合同管理法》认可的第一家证券交易所。该交易所于 1986 年开发出 BSE SENSEX 指数，用来作为衡量股市整体发展状态的标准。2000 年，孟买证券交易所利用这个指数开发了衍生产品市场。

目前，印度金融期货市场主要由3家交易所组成，分别是印度国家证券交易所（NSE）、印度大宗商品交易所（MCX，含MCX - SX）和孟买证券交易所（BSE）。2012年，印度国家证券交易所成交量为20.1亿手，占整个印度市场的61.5%，该交易所在全球衍生品交易所成交量排名中位列第3。印度大宗商品交易所成交量为9.6亿手，占印度总成交量29.4%。而孟买证券交易所凭借孟买交易所敏感性指数期权（Sensex Options）这一合约的强势表现，在2012年实现了爆炸式增长，成交量同比增长近80倍，达到2.44亿手，位列全球第16，在印度市场所占份额为7.5%。在交易品种方面，印度各交易所在各个品种均有出彩的合约，特别是股票指数、贵金属及外汇合约。

2012年印度金融期货排名进入全球前20名的金融期货合约见表2 - 35。

表2 - 35　2012年印度金融期货排名进入全球前20名的金融期货合约

类别	排名	交易品种	2011年（手）	2012年（手）	同比增长（%）
股指	2	标普CNX精选指数期权，印度国家证券交易所（NSE）	868 684 582	803 086 926	-7.6
	9	孟买交易所敏感性指数期权（BSE）	383 543	148 314 519	38 569.6
	16	BSE100指数期权（BSE）①	—	86 243 943	—
	17	标普CNX精选指数期货，印度国家证券交易所（NSE）	123 144 880	80 061 861	-35.0
外汇	1	美元/印度卢比期货，印度国家证券交易所（NSE India）	697 825 411	620 215 043	-11.1
	2	美元/印度卢比期货，印度大宗商品交易所（MCX - SX）	807 559 846	551 326 121	-31.7
	4	美元/印度卢比期权，印度国家证券交易所（NSE India）	252 807 126	237 062 966	-6.2
	18	欧元/印度卢比期货，印度大宗商品交易所（MCX - SX）	29 403 759	10 496 445	-64.3

资料来源：美国期货业协会（FIA）。

五、中国金融期货市场

（一）中国内地的金融期货和金融衍生品市场

中国金融期货交易所是由上海期货交易所、郑州商品交易所、大连商品交

① 2012年8月上市交易。

易所、上海证券交易所和深圳证券交易所共同发起设立的金融期货交易所。中国金融期货交易所于2006年9月8日在上海成立，注册资本为5亿元人民币。中国金融期货交易所的成立，对于深化金融市场改革，完善金融市场体系，发挥金融市场功能，具有重要的战略意义。

2010年4月16日，沪深300指数期货在中国金融期货交易所上市。沪深300指数是以在上海证券交易所和深圳证券交易所所有上市的股票中选取规模大和流动性强的最具代表性的300家成分股作为编制对象，并以这些成分股的自由流通量为权数、以2004年12月31日为基准日、基期点数为1 000点的股价指数。2005年4月8日，沪深300指数正式发布，成为沪深证券交易所联合开发的第一个反映A股市场整体走势的指数。

沪深300指数期货合约见表2-36。

表2-36　沪深300指数期货合约

合约标的	沪深300指数
合约乘数	100元
合约价值	沪深300指数点×100元
报价单位	指数点
最小变动价位	0.25点
合约月份	当月、下月及随后2个季月
每日价格波动限制	上一个交易日结算价的正负10%，详见交易细则
合约保证金	合约价值的8%，交易所有权根据交易规则进行调整
交易时间	上午9：15~11：30，下午13：00~15：15
最后交易日交易时间	上午9：15~11：30，下午13：00~15：00
到期结算方式	以最后结算价格进行现金结算
每日结算价格	每日交易收盘后的结算价格为当日最后1小时的成交量加权平均价
最后结算价格	到期日沪深300指数最后1小时所有指数点算术平均价。特殊情况交易所有权调整计算方法。
最后交易日	合约到期的最后1个工作日
最后结算日	合约到期的最后1个工作日
手续费	10元/张（含风险准备金）
交易代码	CN

我国于1992年曾经开展国债期货交易的试点，但由于过度投机导致屡次发生严重违规交易，1995年5月18日，国债期货交易试点被停止。随着我国

金融市场的逐渐完善与成熟，2013 年 9 月 6 日，国债期货重新返回期货市场，在中国金融期货交易所正式上市交易。

5 年期国债期货合约见表 2－37。

表 2－37　　5 年期国债期货合约

合约标的	面值为 100 万元人民币、票面利率为 3% 的名义中期国债
可交割国债	合约到期月首日剩余期限为 4～7 年的记账式附息国债
报价方式	百元净价报价
最小变动价位	0.002 元
合约月份	最近的 3 个季月（3 月、6 月、9 月、12 月中的最近三个月循环）
交易时间	9：15～11：30，13：00～15：15
最后交易日交易时间	9：15～11：30
每日价格最大波动限制	上一交易日结算价的 ±2%
最低交易保证金	合约价值的 2%
最后交易日	合约到期月份的第 2 个星期五
最后交割日	最后交易日后的第 3 个交易日
交割方式	实物交割
交易代码	TF
上市交易所	中国金融期货交易所

随着我国经济的发展，金融市场的功能日趋深化，投资者需要更多金融衍生品来进行风险管理，增加经济效益。在此背景下，场外金融衍生品应运而生。2005 年 6 月，人民银行在银行间债券市场正式推出债券远期交易，标志着我国首个场外金融衍生产品正式诞生；随后，又分别在 2006 年 2 月和 2007 年 11 月，启动人民币利率互换交易试点和推出远期利率协议；2008 年 1 月 25 日，利率互换业务全面推出。与此同时，随着我国汇率改革的启动和深化，管理汇率风险变得非常迫切，2005 年 8 月，人民银行适时推出了外汇远期和外汇掉期业务；2007 年 8 月 17 日，人民币兑美元等五个币种的货币掉期业务（货币互换）正式开始上线，自此，人民币汇率衍生品市场初步形成。

20 世纪 90 年代以来，信用衍生产品风靡全球，成为国际金融市场上发展最快、最富创新意义的金融产品之一。2010 年 10 月 29 日，我国正式推出信用风险缓释工具（Credit Risk Mitigation，CRM）。CRM 是一个“2＋N”体系，“2”是指信用风险缓释合约（CRM Agreement，CRMA）和缓释凭证（CRM

Warrant，CRMW）两个核心产品，"N"包括市场成员自主创新的各种基础性信用衍生品。CRMA 是传统的信用衍生工具，由买方向卖方按一定标准和方式支付保护费用，卖方就约定的标的债务向买方提供信用风险保护，其原理与美国的 CDS 相似。CRMW 是我国自主创新的品种，由标的实体外的第三方创设，为持有人提供信用风险保护的、可以交易流通的有价凭证，实行集中登记、集中托管、集中清算，以便于控制风险。我国的 CRM 市场运行机制体现了服务实体经济、简单透明、控制风险的原则，无论在产品设计还是在管理机制上，都具有很强的创新性。

场外金融衍生品还有一类比较高端的部分，即结构化产品市场。2004 年 3 月，《金融机构衍生产品交易业务管理暂行办法》颁布实施，国内各家银行纷纷推出自己的结构化理财产品，比如工农中建的"汇聚宝"、"汇得盈"、"汇利通"、"汇利丰"，交通银行的"得利宝"，一些境内外资商业银行也相继推出了"优利账户"、"汇利账户"等结构化理财产品。这些产品大概分为与利率挂钩、与汇率挂钩、与商品挂钩、与信用挂钩四大类。从 2012 年下半年开始，中国证监会颁布政策，允许银行和证券公司发行风险中性产品（risk - neutral product）。

（二）中国香港金融期货市场

中国香港金融期货市场以股票、股指等金融类期货、期权产品为主，2012 年成交量最大的前 3 个品种为股票期权、恒生指数期货和 H 股指数期货，成交量分别为 0.56 亿手、0.20 亿手及 0.16 亿手，3 个品种合计占整个中国香港期货、期权成交量份额的 76%。

2010～2012 年中国香港交易所主要金融期货成交量见表 2－38。

表 2－38　2010～2012 年中国香港交易所主要金融期货成交量

合约品种	2010 年（手）	2011 年（手）	2012 年（手）	同比变化（%）
股票期权	61 125 647	74 325 068	56 081 545	－24.5
恒生指数期货	21 031 085	23 085 833	20 353 069	－11.8
H 股指数期货	12 429 800	15 003 870	15 923 813	6.1
恒生指数期权	8 515 049	10 667 426	9 230 145	－13.5
小型恒生指数期货	8 300 654	10 294 537	8 545 847	－17.0
H 股指数期权	2 910 713	3 771 799	6 300 889	67.1
小型 H 股指数期货	992 224	1 845 116	1 560 515	－15.4
股票期货	239 259	444 014	322 715	－27.3

资料来源：中国香港交易所、美国期货业协会（FIA）。

1. 恒生指数期货合约。1986年5月6日，中国香港推出恒生指数期货合约，它是香港推出的第一种金融期货。恒生指数是中国香港股票市场上历史最久、影响最大的股票价格指数，1969年11月24日由香港恒生银行发布，包括了从香港500多家上市公司中挑选出来的33家有代表性且经济实力雄厚的大公司股票：4种金融业股票、6种公用事业股票、9种地产业股票和14种其他工商业（包括航空和酒店）股票。这些股票占香港股票市值约70%。因为该股票指数涉及香港的各个行业，所以具有较强的代表性。

2000年10月9日，为满足对中国香港股票市场感兴趣的散户投资者的需要，香港期货交易所推出了小型恒生指数期货合约，小型期货合约指数的合约乘数每点只有恒生指数期货合约的1/5，即10港币。

中国香港恒生指数期货合约见表2-39。

表2-39　中国香港恒生指数期货合约

交易所	香港交易所
标的指数	恒生指数
合约乘数	50港元，即每一指数点代表50港元
合约月份	现月、下月及接下来的两个季月
最小变动价位	1个指数点，相当于1×50=50（港元）
每日限价	无
交易时间（中国香港时间）	9：45～12：30　14：30～16：15
最后交易日	合约月份的倒数第2个交易日
持仓限制	无论多仓或空仓，以恒生指数期货、恒生指数期权、小型恒生指数期货及小型恒生指数期权所有合约月份持仓合共DELTA 10 000为限，并且在任何情况下，小型恒生指数期货或小型恒生指数期权的多仓或空仓都不能超过DELTA 2 000，计算持仓限额时，每张小型恒生指数期货的仓位DELTA为0.2，而每张小型恒生指数期权的仓位DELTA则为相关恒生指数期权行使价之1/5。
最后结算价	恒生指数期货合约最后结算价由结算公司决定，并采用在最后交易日由恒指服务有限公司编纂、计算及公布的恒生指数每5分钟所报指数点的平均数为依据，下调至最接近的整数指数点，在个别情况下，交易所行政总裁有权根据买卖股票指数期货合约的法规决定最后结算价

2. H股指数期货（恒生中国企业指数期货）。H股指数期货由中国香港交易所于2003年12月8日推出，其交易标的指数是恒生中国企业指数（HS-

CEI)。该指数由恒指服务有限公司根据成分股的市值加权编纂及管理，于1994年8月8日推出。它包括32只成分股，成分股名单每半年会调整一次，主要用来描述H股的整体表现。按该指数目前点位7 400点计算，一份合约价值为37万港元。2004年6月14日，中国香港交易所又推出了H股指数期权。

3. 新华富时中国25指数期货（FTSE/Xinhua China 25 Index Future)。中国香港交易所于2005年5月23日推出了新华富时中国25指数期货及期权。新华富时中国25指数涵盖流通量最高的25只中国内地企业股票，包括：H股及红筹股（H股为注册地在中国内地、上市地在香港的外资股。红筹股主要是母公司在港注册，接受香港法律约束并在香港上市的中资企业)，行业分布及成分股比重平均，使得买卖中国内地企业股票及管理风险时，资本效益更理想。该指数按目前的点位12 000点计算，一份合约价值为60万港元。

(三) 中国台湾金融期货市场

与中国香港市场相似，目前在中国台湾期货交易所上市交易的品种中，金融期货、期权占据绝大部分。其中，交易最活跃的是台指选择权，成交量为1.08亿手，占整个台湾市场成交量的69.2%；其次是台股期货，成交量为0.25亿手。2012年，中国台湾市场的大部分品种成交量都出现较大幅度的下降，只有股票期货逆势增长，取得89.0%的同比增长，成交量达到467万手。

2010~2012年中国台湾期货交易所主要金融期货成交量见表2-40。

表2-40　2010~2012年中国台湾期货交易所主要金融期货成交量

台湾合约品种	2010年（手）	2011年（手）	2012年（手）	同比变化（%）
台指选择权（TXO）	95 666 916	125 767 624	108 458 103	-13.8
台股期货（TX）	25 332 827	30 611 932	24 642 382	-19.5
小型台指期货（MTX）	13 893 559	19 128 802	15 980 510	-16.5
股票期货（STF）	724 375	2 471 605	4 670 750	89.0
金融期货（TF）	1 257 861	2 287 601	1 256 952	-45.1
电子期货（TE）	1 092 763	1 552 291	1 036 915	-33.2
金融选择权（TFO）	797 910	352 241	209 689	-40.5
电子选择权（TEO）	382 747	187 576	105 009	-44.0
非金电期货（XIF）	106 768	181 233	100 024	-44.8
股票选择权（STO）	70 272	130 558	113 134	-13.3

注：台湾期货交易所的“选择权”即中国内地交易所通用的“期权”。

资料来源：中国台湾期货交易所、美国期货业协会（FIA)。

六、其他国家金融期货市场

根据美国期货协会（FIA）2012 年的数据，成交量排名进入全球前 40 名的交易所中，还包括巴西、南非、以色列、阿根廷和墨西哥等国家的交易所。其中，巴西证券期货交易所（BM&F Bovespa）几年来一直维持了上升的趋势，2012 年成交量增长 9.0%，达到 16.4 亿手，是全球成交量排名前 10 位的交易所阵营中唯一一家获得正增长的交易所。

在金融期货交易方面，2012 年，巴西证券期货交易所旗下的巴西期货交易所（BM&F）表现尤其出色，在利率品种中，在其上市交易的两个合约——1 天期银行间存款期货和 IDI 指数期权，成交量位列全球利率品种成交量的第 2 位和第 8 位；同时，该交易所外汇合约美元期货位列全球外汇类成交量的第 5 位；阿根廷罗萨里奥期货交易所（Rofex）上市交易的美元期货位列全球外汇类成交量的第 8 位，墨西哥衍生品交易所（Mexder）上市交易的墨西哥比索/美元期货位列外汇类成交量的第 20 位。

其他国家金融期货在全球各品种成交量排名前 20 名的合约见表 2－41。

表 2－41 其他国家金融期货在全球各品种成交量排名前 20 名的合约

类别	排名	合约名称及其上市交易所	2011 年成交量	2012 年成交量	同比增长（%）
利率	2	1 天期银行间存款期货，巴西期货交易所（BM&F）	320 821 062	340 800 485	6.2
	8	IDI 指数期权，巴西期货交易所（BM&F）	95 790 772	107 961 438	12.7
外汇	5	美元期货，巴西期货交易所（BM&F）	86 167 955	84 049 097	－2.5
	8	美元期货，阿根廷罗萨里奥期货交易所（Rofex）	54 373 381	50 359 614	－7.4
	20	墨西哥比索/美元期货，墨西哥衍生品交易所（Mexder）	7 189 846	9 827 086	36.7

资料来源：美国期货业协会（FIA）。

第三章
DISANZHANG

金融期货中的套期保值

第一节 套期保值的原理与类型

一、套期保值的定义

期货的套期保值（Futures Hedging）是指操作者通过持有与其现货市场头寸相反的期货合约，或将期货合约作为其现货市场未来要进行的交易替代物，以期规避未来价格风险的交易方式。

二、套期保值的产生

（一）期货市场与现货市场

期货市场补充了现货市场功能的不足，是现货市场发展到一定阶段的必然产物。二者的互相依存、互相补充使市场机制更趋于完善。

1. 在现货市场机制下，市场供求关系的调节在客观上要求价格具有一定波动性。如果价格没有波动，现货市场机制无法调节经济。而生产经营者客观上又要求稳定的生产经营，于是期货市场便提供了一个套期保值的场所，二者功能互补。正是因为期货市场为生产经营提供了套期保值的功能，保证了生产经营者安心致力于生产经营，不必过分担心价格波动，从而使现货交易得以更好地发展。

2. 期货价格是一个贸易基准价格，作为现货交易的参考价，提高了市场透明度，为不参加期货交易的现货交易者提供了价格依据，使现货交易中的价格形成有了基础，从而促使现货交易顺利进行。在市场经济发展过程中，现货交易中的价格混乱，也在客观上要求远期现货交易必须通过某一种合约来确定预期价格。

（二）套期保值者

套期保值者（Hedger）是指通过持有与其现货市场头寸相反的期货合约，或将期货合约作为其现货市场未来要进行的交易的替代物，以期规避现货市场价格风险的交易者。其特点是：

1. 生产、经营或投资活动面临较大的价格风险，直接影响其收益或利润的稳定性。

2. 避险意识强，希望利用期货市场规避风险，而不是像投机者那样通过承担价格风险获取收益。

3. 生产、经营或投资规模通常较大，具有一定的资金实力和操作经验。

4. 套期保值操作上，所持有的期货合约头寸方向比较稳定且保留时间长。

（三）套期保值的实现

套期保值的核心是“风险对冲”，也就是将期货工具的盈亏与被套期保值项目的盈亏形成一个相互冲抵的关系，从而规避因价格变动带来的风险。

利用期货工具进行套期保值，并实现“风险对冲”，必须具备以下条件：

1. 期货品种及合约数量的确定应保证期货与现货头寸的价值变动大体相当。

2. 期货头寸应与现货头寸相反，或作为现货市场未来要进行的交易的替代物。

3. 期货头寸持有的时间要与现货市场承担风险的时间相对应。

三、套期保值的原理

一般而言，商品套期保值的原理是交易者在期货市场买进或卖出与现货数量相当但交易方向相反的商品期货合约，以期在未来某一时间通过卖出或买进期货合约而补偿因现货市场价格不利变动所带来的实际损失。换而言之，套期保值是以规避现货价格风险为目的的期货交易行为。金融期货的套期保值和其他种类期货的套期保值一样，其基本原理是利用金融期货与金融现货之间的关系，通过在期货市场进行对冲的操作来管理投资者持有的现货市场的头寸风险。

下面以股指期货为例，简要介绍套期保值的主要原理。一般认为，股票市场的风险可以划分为系统性风险和非系统性风险。其中，非系统性风险是指来自某一个公司（对应某一只股票）的特定事件所引起的风险，由于它可通过分散化的投资组合来分散，所以也称为可分散风险。而系统性风险则是指由于外部市场因素的变动给所有股票或者绝大多数股票带来的不确定性，此时分散化的投资方法就显得无能为力，而股指期货作为套期保值工具的出现却为对冲系统性风险提供了可能。

股指期货的套期保值之所以能够对冲股指价格波动的风险，是因为股指的期货市场和现货市场存在以下两个基本规律。

（一）股指期货价格与现货价格走势趋同

股指期货市场和股票市场尽管是两个不同的市场，但影响股票指数期货、现货价格变动的因素基本是相同的。当特定因素引起现货市场价格上涨下跌时，对期货市场也会产生相同的影响，虽然二者变动幅度不一样，但变动方向应该是一致的。因此，套期保值者就可以通过期货市场与现货市场上的反向操作消除价格变动的影响，以达到对冲的目的。

（二）股指期货价格收敛于股指现货价格

由于股指期货到期交割的价格是根据相应标的指数的现货价格确定的，随着合约到期日的临近，同一指数的期货市场价格和现货市场价格趋于一致。在最后交易日收盘时，期货的价格等于或非常接近于现货的价格。若期货价格高于或低于现货价格，就存在明显的套利机会。一旦交易者发现这样的套利机会并不断地进行套利活动，就会使期货价格接近现货价格。

四、套期保值的类型

套期保值按照不同标准可以分为以下几种：

（一）按交易方向分为买入套期保值和卖出套期保值

1. 买入套期保值。买入套期保值（多头套期保值）是指交易者通过先在期货市场买入与现货数量相当的期货，用来对冲现货市场价格风险的套期保值方式。这种用期货市场的盈利来对冲现货市场亏损的做法，可以将买入现货价格固定在预期的水平上。买入套期保值是需要现货商品而又担心价格上涨的投资者常用的保值方式。

2. 卖出套期保值。卖出套期保值（空头套期保值）是指交易者通过先在期货市场卖出与现货数量相当的期货，用来对冲现货市场价格风险的套期保值方式。这种用期货市场的盈利来对冲现货市场亏损的做法，可以将卖出现货价格固定在预期的水平上。卖出套期保值通常是生产商、经销商或加工商为防止货物购进而未卖出时价格下跌而采取的保值方式。

（二）按交易风格分为积极套期保值和消极套期保值

1. 积极套期保值。积极套期保值是指以收益最大化为目标，通过对现货市场未来价格走势的预测，有选择地运用套期保值策略来规避系统性风险的套保方式。例如某些机构投资组合管理基金在面临较大的系统性风险时，会采取积极套期保值来对冲股票组合的系统性风险。但这种对冲只是暂时的选择，在系统性风险释放后，立即将期货头寸平仓，而不进行相应的反向现货交易。换而言之，积极套期保值只是在一段时间内对股票组合进行套期保值，在系统性风险释放后又恢复原股票组合的系统性风险暴露。该套期保值策略可看作是“锁仓”行为，将组合面临的系统性风险暂时锁定，在系统性风险释放后“解锁”。

2. 消极套期保值。消极套期保值是指以风险最小化为目标，不涉及对现货市场未来价格走势的预判，只是通过在期货市场和现货市场同时进行反向操作的传统套保方式。以股指期货为例，这种套期保值者参与指数期货市场的目的在于减少甚至完全规避其在股票市场中所面临的系统性风险。对套保者而言，重要的不是在指数期货合约中获利，而是通过持有股指期货，以增加其股票现货头寸价值的确定性。

（三）按交易品种相关性分为直接套期保值与交叉套期保值

对同一种商品或标的物进行的套期保值是直接套期保值，而利用不同商品或标的物的相关性进行套期保值为交叉套期保值。例如，利用一种金融工具的期货合约对另一种金融工具所实施的金融期货交叉套期保值就相当普遍。交叉套期保值主要利用产品间的相关性，相关性越高，保值效果越好。常见的金融期货之间的交叉套期保值有不同货币汇率间、不同金融凭证利率间、不同股价指数间或指数与不同股票组合间的套期保值。

五、套期保值的应用

套期保值者的目的是利用期货市场来对冲自身面临的某种特殊风险，这些风险的来源可能是原油价格、汇率、股票或其他因素。无论对任何一种商品进行套期保值交易，需要注意的是，虽然套期保值可以在期货市场和现货市场建立风险对冲关系，但实际操作中，由于两个市场涨跌的幅度并不完全相同，因而不一定能保证盈亏完全冲抵。完全消除风险的策略被称之为“完美对冲”或“完全套期保值”。但大多数情况下，套期保值并不是完美对冲。

另外，无论对于商品还是金融资产来说，套期保值基本原理都是适用的。下面分别考察买入和卖出套期保值的应用。

（一）买入套期保值的应用

买入套期保值的操作，主要适用于以下情形：

1. 预计在未来要购买某种商品或资产，购买价格尚未确定时，担心市场价格上涨，使其购入成本提高。

2. 目前尚未持有某种商品或资产，但已按固定价格将该商品或资产卖出（此时处于现货空头头寸），担心市场价格上涨，影响其销售收益或者采购成本。例如，某商品的生产企业，已按固定价格将商品销售，那么待商品生产出来后，其销售收益就不能随市场价格上涨而增加。再例如，某商品的经销商，已按固定价格将商品销售，待其采购该商品时，价格上涨会使其采购成本提高。这都会使企业面临风险。

3. 按固定价格销售某商品的产成品及其副产品，但尚未购买该商品进行生产（此时处于现货空头头寸），担心市场价格上涨，购入成本提高。例如，某纺织企业已签订销售合同，卖出一批棉质服装，但尚未生产。若之后棉花价格上涨，其要遭受成本上升的风险。

（二）卖出套期保值的应用

卖出套期保值的操作，主要适用于以下情形：

1. 持有某种商品或资产（此时持有现货多头头寸），担心市场价格下跌，使其持有的商品或资产市场价值下降，或者其销售收益下降。

2. 已经按固定价格买入未来交收的商品或资产（此时持有现货多头头寸），担心市场价格下跌，使其商品或资产市场价值下降或其销售收益下降。

3. 预计在未来要销售某种商品或资产，但销售价格尚未确定，担心市场价格下跌，使其销售收益下降。

下面以简化的股指期货的卖出套期保值为例加以说明。

【例 3-1】 3 月 10 日，某基金经理买进价值为 100 万英镑的股票投资组合，此时的 FT-SE100 指数合约价格为 160.00（合约基本单位为 250 英镑），基金经理担心未来股票组合的价值会下跌，于是通过在期货市场上卖出 6 月份 FT-SE100 指数期货合约进行套期保值。到 4 月 20 日股票投资组合的价值下降到 95 万英镑，同时 6 月份 FT－SE 指数期货合约价格下跌到 152.00。

整个过程见表 3－1。

表 3－1　股指期货的卖出套期保值

日　期	现货市场	期货市场
3 月 10 日	买进现货股票一批，总价为 1 000 000 英镑，FT－SE100 指数为 1 580.0	卖出 25 手 6 月份到期的 FT－SE100 指数期货合约，价格为 160.00，合约总值为 1 000 000 英镑
4 月 20 日	FT－SE100 指数跌至 1 501.0，投资者持有的现货股票的价值减少到 950 000 英镑	买进 25 手 6 月份到期的 FT－SE100 指数期货合约，价格为 152.00，合约总值为 950 000 英镑
损益	－50 000 英镑	50 000 英镑

此基金经理通过卖出股指期货进行套期保值，成功锁定了手中持有股票的价值。

第二节　金融期货套期保值的方法

一、金融期货套期保值流程

金融期货交易是指交易者在特定的交易所通过公开竞价方式成交，承诺在未来特定日期或期间内，以事先约定的价格买入或卖出特定数量的某种金融商品的交易方式。金融期货交易具有期货交易的一般特征，但与商品期货相比，其合约标的物不是实物商品，而是金融商品，如外汇、债券、股票指数等。一般而言，金融期货的套期保值遵守以下的流程：

（一）风险的估计与套期保值目标的确定

1. 估计和预测风险。需要分析的内容主要有金融产品面临风险的性质、大小、发生的概率以及这种风险所可能导致的损失和套期保值成本等。

2. 确定套期保值的目标。需要分析、比较套期保值的收益和成本，以决定是否进行套期保值，并将汇率、利率、投融资成本锁定在一定水平上。

（二）套期保值工具的比较与选择

1. 期货合约比较。

外汇：远期外汇合约、掉期、期货、期权、货币互换。

利率：期货、期权、互换、远期利率协议。

股指：标准化股指合约、迷你型股指合约。

2. 期货合约种类的选择。直接套期保值时，选择与拟保值商品一致的期货合约。交叉套期保值时，选择与拟保值商品具有最高相关性的期货合约。例如，对利率期货，可选择期限、票息率接近的债务凭证，这样，它们的利率相关性较大。

3. 选择期货交割月份。选择期货合约月份的原则是根据现货保值期限选择紧跟其后保值期结束的期货合约。需要考虑的因素包括现货保值期限、期货合约的交割期、期货合约的相对价格。选择紧跟其后合约的好处是合约交易量大、流动性好、期货价格与现货价格接近、基差较小。

（三）套期保值比率的确定

1. 定义。套期保值比率是指对现货部位实行套期保值时，为达到套期保值的目的，应用某种期货合约的数量。这一比率，在一定程度上决定了套期保值的效率。

2. 计算公式。

所需期货合约数 =（现货名义价格/期货合约价值）×到期调整系数×加权系数

其中，现货名义价格/期货合约价值：最基本的因素。

到期调整系数：当期货合约与现货有着不同的到期日时，需要到期调整系数。

加权系数：反映现货价格与期货价格之间的相关性。用于调整套期保值对象与套期保值工具的不同价格敏感性，以尽可能提高套期保值的效率。在金融期货的套期保值中，主要是用在股票指数期货和利率期货中，尤其是在利率期货的套期保值中，加权系数是确定套期保值比率的最重要但又是最复杂的一个因素。

（四）套期保值策略的制定与实施

在套期保值时，投资者应根据自己在现货市场所持有的部位而决定选择买入套期保值、卖出套期保值还是交叉套期保值。

（五）套期保值过程的监控与评价

1. 套期保值过程的监控。在套期保值过程中，根据不断地变化的情况，投资者对其原有的套期保值头寸做出必要的调整，以适应新的、变化后的情况。

2. 套期保值的评价。主要包括套期保值效率的计算以及套期保值策略的评估。套期保值效率的计算有多种不同的方法。其中，一种方法是比较套期保值的结果与套期保值的目标，以反映套期保值的效率；另一种方法是以期货头寸的损益除以现货头寸的损益来反映套期保值的效果。

对于不同的金融期货品种，套期保值的过程和方法可能会有一些差别。下面以股指期货为例，具体说明金融期货的套期保值操作过程。

第一，股指套期保值目标的确定。机构投资者通过股指参与套期保值主要有三个目的，即调整基金风格、现金流套期和对现货流动性进行管理。因为沪深 300 指数期货的成分股以大盘、价值型股票为主，资产管理者在原有的资产配置上加入股指期货就可以达到改变基金风格的目的。基金管理者也可通过股指期货对现金流套期，应对基金现金流风险，将现金流对基金业绩的影响降至最低程度。当然，股指期货还可以用作对现货流动性进行管理的工具。

第二，股指套期保值时机和合约的确定。确定了套期保值的目标以后，投资者宜结合宏观经济形势和市场微观特征，建仓股指期货合约。在此环节中，建仓合约的选择和开仓时机的选择会影响到套期保值的效果。按照海外成熟市场的规律，股指期货当月合约一般是成交最为活跃、流动性最好的合约，理论上投资者应该以当月合约作为主要的建仓标的。然而，套期保值的一个重要假设就是现货价格与期货价格具有明显的联动性，当月合约的基差因为即将交割，基差收敛较快，会使其套期保值效果大打折扣。另一方面，基差是实时变动的，对于买入现货、卖出期货的套期保值者来说，基差越小，套期保值的效果越好，投资者宜采取开盘进场策略；对于卖出现货、买入期货（有现货或者是能融券的投资者可实现此操作）的投资者来说，基差越大，套期保值的效果越好，投资者宜采取收盘进场策略。

第三，股指套保比率的确定。在股指套期保值时，一般需要计算相应现货股票投资组合的 β（Beta）系数，其波动程度对套期保值策略的设计非常重要，因此需要对现货资产 β 的稳定性进行事前研究。国际上计算最优套期保值比率的常见模型有 OLS（普通最小二乘法模型）、VAR（向量自回归模型）、VECM（向量误差修正模型）、VGARCH（向量广义自回归条件件异方差模型）

和 SSM（状态空间模型）等。

第四，确定股指期货建仓方向和头寸。如果投资者持有现金并预测市场未来将上涨，为了规避踏空的风险，减少等待成本，那么投资者可以进行买入套期保值，即先买入股指期货，然后再逐步卖出现货并平仓期货头寸。如果投资者持有股票头寸并预测市场未来将下跌，为了规避系统性风险，可以采用卖出套期保值策略，即持有股票不动，同时卖空股指期货。

第五，股指期货套期保值的监控与评估。β 值是否稳定是个相对概念，当 β 值的变动超过一定的阀值就要对期货头寸进行调整，从而使得现货资产的系统风险得到更好的对冲。但是，如果完全按照动态变化的最优套期保值比率调整期货头寸，可能会因为交易成本太高而导致整个组合的价值下降，进而影响到套期保值的效率。因此，在实际进行套期保值时，应该综合权衡调整频率和交易成本，采用一定的调整策略。

一般有两种原则对套期保值的绩效进行评价：（1）风险最小化原则。由于套期保值本质上仍然是一个资产组合管理问题，根据马科维茨（Markowitz）资产组合理论，就是要对这一跨期、现两市场的资产组合寻求固定收益下的最小风险，这就是套期保值过程所遵循的"风险最小化原则"。（2）效用最大化原则。除了追求较低的收益率波动，投资者也会追求较高的收益率绝对值。采用"基于效用"的比较方法，可以综合考虑收益率大小、波动程度以及投资者风险厌恶程度。

二、金融期货套期保值概况

在一个有效的期货市场中，大多数的期货交易者应该是套期保值者。他们利用期货市场来对冲自身面临的某种特殊风险。下面主要考察外汇期货、利率期货、股指期货三个品种的套期保值方法。

（一）外汇期货套期保值

外汇期货交易是指在约定的日期，按照已经确定的汇率，用一种货币买卖一定数量的另一种货币。外汇期货买卖与合约现货买卖有共同点亦有不同点。合约现货外汇的买卖是通过银行或外汇交易公司来进行的，外汇期货的买卖是在专门的期货市场进行的。全世界的期货交易所主要有：芝加哥期货交易所、纽约商品交易所、悉尼期货交易所、新加坡期货交易所、伦敦期货交易所。外汇期货市场至少要包括两个部分：一是交易市场，另一个是清算中心。外汇期货的买方或卖方在交易所成交后，清算中心就成为其交易方，直至期货合同实际交割为止。

汇率和利率的大幅波动，使得持有者、贸易厂商、银行、企业等均需要采用套期保值，将风险降至最低限度。所谓外汇套期保值是指在现汇市场上买进或卖出的同时，又在期货市场上卖出或买进金额大致相当的外汇期货合约。在合约到期时，因汇率变动造成的现汇买本盈亏可由外汇期货交易上的盈亏弥补。在国际经济形势动荡的时期，外汇的套期保值显得尤为重要。

（二）利率期货套期保值

利率套期保值是指在期货市场上采取买卖利率期货临时替代买卖现货的套期保值行为，其目的是旨在把利率波动所带来的损失减少到最低限度。而与一般商品套期保值一样，通过利率套期保值，把两个市场的利率波动套在一起，以其中一个市场上所获得的盈利，弥补另一个市场上所发生的亏损，来达到锁住利率波动风险、实现利率保值的目的。

在市场经济条件下，利率作为调节经济的杠杆经常发生变化，特别是在西方国家的经济生活中，利率的剧烈波动是一个重要的经济现象。例如，1974年美国优惠利率为14%，到1976年下降为6%，1979年再度回升到15.7%；1980年4月和12月曾高达20%和21.5%。利率的波动给企业和金融机构的生产经营带来了极大的风险。利率期货的出现，适应了投资者避免利率波动风险的要求。1975年10月，美国芝加哥商品交易所首先推出了国民抵押协会的抵押存款证（GNMA）的利率期货交易，开创了利率期货交易的先河。随后，美国其他的期货交易所也纷纷推出各种利率期货合约。几年间，利率期货交易量取得了巨大的突破。与此同时，世界其他国家的交易所也纷纷引入利率期货交易。虽然利率期货的产生较之外汇期货晚了3年多，但其发展速度却比外汇期货快得多，其应用范围也远较外汇期货广泛。在期货交易比较发达的国家和地区，利率期货都早已超过农产品期货而成为成交量最大的一个类别。在美国，利率期货的成交量甚至已占到整个期货交易总量的一半以上。

（三）股指期货套期保值

股指期货套期保值和其他期货套期保值一样，其基本原理是利用股指期货与股票现货之间的类似走势，通过在期货市场进行相应的操作来管理现货市场的头寸风险。关于股指期货的操作，下文详细介绍。

第三节 金融期货的套期保值与基差交易

一、金融期货套期保值的应用

（一）外汇期货套期保值的应用

1. 外汇期货买入套期保值的应用。外汇期货买入套期保值是指在现汇市场处于空头地位的人，为防止汇率上升带来的风险，在期货市场上买进外汇期货合约。适合做外汇期货买入套期保值的情形主要包括：（1）外汇短期负债者担心未来货币升值；（2）国际贸易中的进口商担心付汇时外汇汇率上升造成损失。

【例 3－2】 美国某进口商 2 月 10 日从德国购进价值 125 000 欧元的一批货物，1 个月后支付货款，此时的现汇汇率为 0.3984 美元/欧元。市场上 3 月期欧元期货合约价格为 0.4010 美元/欧元。美国进口商担心的是欧元升值而使进口成本增加，该进口商进行买入套期保值。3 月 10 日，欧元果然升值，现汇汇率上升到 0.4114 美元/欧元，3 月欧元期货合约价格上升为 0.4130 美元/欧元。

整个过程见表 3－2。

表 3－2　　外汇期货买入套期保值（一）

现货市场	期货市场
2 月 10 日	2 月 10 日
现汇汇率：0.3984 美元/欧元，125 000 欧元折合 49 800 美元	买入 1 手 3 月欧元期货合约（开仓） 价格：0.4010 美元/欧元 总价值：50 125 美元
3 月 10 日	3 月 10 日
现汇汇率：0.4114 美元/欧元 125 000 欧元折合 51 425 美元	卖出 1 手 3 月欧元期货合约（平仓） 价格：0.4130 美元/欧元 总价值：51 625 美元
结果：损失 1 625 美元（约 3%）	结果：盈利 1 500 美元

通过在外汇期货市场上进行外汇套期保值减少了亏损 1 500 美元，实际损失 125 美元，基本上锁定了一个月后的支付价格。

【例 3－3】日本某出口公司 4 月 10 日向美国某公司出口一批电器，价值 300 万美元，2 个月后收回货款。4 月 10 日的现汇汇率为 138.80 日元/美元。在期货市场上，日元/美元的价格为 0.007204 美元/日元。日本公司担心未来美元贬值，在外汇市场上买入日元进行套期保值。整个过程见表 3－3。

表 3－3　　外汇期货买入套期保值（二）

现货市场	期货市场
4 月 10 日	4 月 10 日
现汇汇率：138.8 日元/美元，300 万美元折合 4.1640 亿日元	买入 33 手 6 月期日元期货合约（开仓） 价格：0.007204 美元/日元 总价值：2 971 650 美元
6 月 10 日	6 月 10 日
现汇汇率：135.5 日元/美元，300 万美元折合 4.0650 亿日元	卖出 33 手 6 月期日元期货合约（平仓） 价格：0.007380 美元/日元 总价值：3 044 250 美元
结果：损失 9 900 000 日元	结果：盈利 72 600 美元

该出口公司在现货市场上损失 9 900 000 日元，在期货市场上盈利 72 600 美元（折合 9 837 300 日元）。由于做了套期保值，现货市场上的大部分损失可由期货市场上的盈利来弥补。

2. 外汇期货卖出套期保值的应用。外汇期货卖出套期保值是指在现汇市场上处于多头地位的人，为防止汇率下跌的风险，在外汇期货市场上卖出期货合约。适合做外汇期货卖出套期保值的情形主要包括：（1）持有外汇资产者，担心未来货币贬值；（2）出口商和从事国际业务的银行预计未来某一时间将会得到一笔外汇，为了避免外汇汇率下跌造成损失。

【例 3－4】美国某出口商 3 月 10 日向加拿大出口一批货物，价值 500 000 加元，以加元结算，3 个月后收回贷款。市场上 6 月期加元期货合约价格为 0.8489 美元/加元。出口商担心的是 3 个月后加元汇率下跌，出口商做卖出套期保值。

如果 3 个月后加元贬值，整个过程见表 3－4。

表 3－4　　外汇卖出套期保值（一）

现货市场	期货市场
3 月 10 日	3 月 10 日
现汇汇率：0. 8490 美元/加元 500 000 加元折合 424 500 美元 （500 000 加元 ×0. 8490 美元/加元）	卖出 5 手 6 月期加元期货合约（开仓） 价格：0. 8489 美元/加元 总价值：424 450 美元 （100 000 加元 ×0. 8489 美元/加元 ×5 份）
6 月 10 日	6 月 10 日
现汇汇率：0. 8500 美元/加元 500 000 加元折合 425 000 美元	买入 5 手 6 月期加元期货合约（平仓） 价格：0. 8498 美元/加元 总价值：424 900 美元 （100 000 加元 ×0. 8498 美元/加元 ×5 份）
结果：盈利 500 美元	结果：损失 450 美元

若 3 个月后加元汇率上升，整个过程见表 3－5。

表 3－5　　外汇卖出套期保值（二）

现货市场	期货市场
3 月 10 日	3 月 10 日
现汇汇率：0. 8490 美元/加元 500 000 加元折合 424 500 美元 （500 000 加元 ×0. 8490 美元/加元）	卖出 5 手 6 月期加元期货合约（开仓） 价格：0. 8489 美元/加元 总价值：424 450 美元 （100 000 加元 ×0. 8489 美元/加元 ×5 份）
6 月 10 日	6 月 10 日
现汇汇率：0. 8460 美元/加元 500 000 加元折合 423 000 美元 （500 000 加元 ×0. 8460 美元/加元）	买入 5 手 6 月期加元期货合约（平仓） 价格：0. 8450 美元/加元 总价值：422 500 美元 （100 000 加元 ×0. 8450 美元/加元 ×5 份）
结果：损失 1 500 美元 （424 500－423 000）美元	结果：盈利 1 950 美元 （424 450－422 500）美元

当汇率价格向不同的方向变动时，卖出套期保值有减少亏损和增加盈利的效果。

【例 3－5】加拿大某进口公司 3 月 10 日从美国进口一批货物，价值 150

万美元，3 个月后支付货款。现汇汇率：1.121 加元/美元，市场上 6 月期加元期货合约价格为 0.8250 美元/加元。

该进口公司由于美元升值，为支付 150 万美元的货款需多支出172 650加元，成本增加 172 650 加元。套期保值后在期货市场上盈利 141 300 美元（约折合 187 519 加元），从而可以将现货市场上的损失弥补。

整个过程见表 3－6。

表 3－6　　外汇卖出套期保值（三）

现货市场	期货市场
3 月 10 日	3 月 10 日
现汇汇率：1.121 加元/美元 1 500 000 美元折合 1 818 000 加元	卖出 18 份 6 月期加元期货合约（开仓） 价格：0.8250 美元/加元 总价值：1 485 000 美元
6 月 10 日	6 月 10 日
现汇汇率：1.3271 加元/美元 1 500 000 美元折合 1 990 650 加元	买入 18 份 6 月期加元期货合约（平仓） 价格：0.7465 美元/加元 总价值：1 343 700 美元
结果：损失 172 650 加元	结果：盈利 141 300 美元

3. 交叉套期保值的应用。某出口公司担心英镑对欧元汇率下跌，该公司决定对英镑进行套期保值。由于不存在英镑对欧元的期货合约，只能进行交叉套期保值。

【例 3－6】 5 月 10 日，德国某出口公司向英国出口一批货物，价值 5 000 000英镑，4 个月后以英镑进行结算。5 月 10 日英镑对美元汇率为 1.2 美元/英镑，欧元对美元汇率为 2.5 欧元/美元，则英镑对欧元套算汇率为 3 欧元/英镑（1.2 美元/英镑 ×2.5 欧元/美元）。5 月 10 日英镑期货合约价格：1.1 美元/英镑，欧元期货价格：0.4348 美元/欧元。

整个过程见表 3－7。

表 3－7　　外汇期货交叉套期保值

现货市场	期货市场
5 月 10 日	5 月 10 日
现汇汇率：3 欧元/英镑 5 000 000 英镑折合 15 000 000 欧元	卖出 80 手 9 月期英镑期货合约（开仓） 价格：1.1 美元/英镑，总价值：5 500 000 美元 买入 120 手 9 月期欧元期货（开仓） 价格：0.4348 美元/欧元，总价值：6 522 000 美元
9 月 10 日	9 月 10 日
现汇汇率：2.5 欧元/英镑 5 000 000 英镑折合 12 500 000 欧元	买入 80 手 9 月期英镑期货合约（平仓） 价格：1.02 美元/英镑，总价值：5 100 000 美元 卖出 120 手 9 月期欧元期货（平仓） 价格：0.5 美元/欧元，总价值：7 500 000 美元
结果：损失 2 500 000 欧元	结果：英镑期货交易盈利 400 000 美元 欧元期货交易盈利 978 000 美元 总计：盈利 1 378 000 美元

该出口公司在现货市场上损失 2 500 000 欧元，在期货市场上盈利 1 378 000美元。当时欧元对美元的现汇汇率为 1.8500 欧元/美元，则期货市场上的盈利折合 2 549 300 欧元。

二、利率期货套期保值的应用

利率期货的套期保值可分为短期利率期货的套期保值和长期利率期货的套期保值两大类型。

1. 短期利率期货套期保值的应用。

（1）短期利率买入套期保值。短期利率买入套期保值是指交易者先在利率期货市场买入期货，以便将来在固定收益债券现货市场买进现货时不致因利率下降而给自己造成经济损失的一种套期保值方式。这种用期货市场的盈利对冲现货市场亏损的做法，可将远期价格固定在预计的水平上。

【例 3－7】某该基金经理打算一个月后购入 30 000 000 美元的美国国债，现在国债市场价格为 90 美元，由于现在资金没到位，担心一个月后国债价格上涨，因此在 CME 买进 30 手于同年 3 月份到期的国债期货合约，实行买入套期保值。事实证明，基金经理通过买入套期保值，减少亏损 172 500 美元。

整个过程见表3－8。

表3－8　国债期货买入套期保值

日　期	现货市场	期货市场
1月15日	贴现率为10%（国债市场价格为90）。准备把30 000 000美元投资于3个月期美国国债	以89.5的价格买进30手3月份到期的国债期货合约
2月15日	收到30 000 000美元，以92.5的价格买进3个月期的美国国债	以91.8的价格卖出30手3月份到期的国债期货合约
损益	30 000 000×（7.5%－10%）×90/360＝－187 500（美元）	（91.8－89.5）×100×25×30＝172 500（美元）
结果	－15 000（美元）	

（2）短期利率卖出套期保值。短期利率卖出套期保值是与短期利率买入套期保值相反的一种交易，它是指交易者先在期货市场卖出期货，当利率上升债券现货价格下跌时，以期货市场的盈利来弥补现货市场的损失，从而达到保值目的的一种套期保值方式。卖出套期保值主要适用于持有债券的投资者，他们担心将来债券价格下跌使自己遭受损失。卖出套期保值的另一种情况是，需要在将来借入款项的投资者用来防范利率的上升，控制借款成本。

【例3－8】为防止这3天内市场利率上升从而国债价格下跌而遭到损失，该证券商便在买进国债现货的同时卖出面值相同的国债期货，以实现保值。

整个过程见表3－9。

表3－9　国债期货卖出套期保值

日　期	现货市场	期货市场
8月5日	以93的价格买进面值总额为1亿美元的3个月期国债，共支付价款98 250 000美元	以92.6的价格卖出100手9月份到期的国债期货合约，合约总值为98 150 000美元
8月8日	以92.4的价格卖出面值总额为1亿美元的3个月期国债，共收取价款98 100 000美元	以92的价格买进100手9月份到期的国债期货合约，合约总值为98 000 000美元
损益	－150 000美元	150 000美元

（3）短期利率期货的交叉套期保值。短期利率国债期货的交叉套期保值主要有两种不同的情况：一种情况是用3个月期的国债期货来对期限不是3个月期的现货国债实行套期保值；通过到期日调整系数来调整套期保值所需的合约数。另一种情况则是用国债期货来对不是国债的其他短期金融工具实行套期保值，采用回归分析法，算出被作为套期保值对象的其他短期金融工具与国债期货合约的利率相关性，以此来调整套期保值所需的合约数。

【例3-9】 4月7日，某公司决定在一个月后通过发行90天期商业票据来筹措97 000 000美元资金，以用于短期周转。如当时商业票据的贴现收益率为12%，则该公司发行1亿美元面值的90天期商业票据即可筹足所需的资金。

为防范一个月后市场利率上升的风险，该公司决定用3个月期国债期货来作套期保值。根据回归分析，90天期国债与90天期商业票据的利率相关系数为0.86。于是，套期保值所需的期货合约数可计算如下：套期保值所需合约数 = 100 000 000/1 000 000 × 0.86 = 86（手）。

整个过程见表3-10。

表3-10　　短期利率期货的交叉套期保值

日　期	现货市场	期货市场
4月7日	90天期商业票据贴现率为12%。公司准备在1个月后发行面值总额为1亿美元的90天期商业票据，以筹措短期周转资金97 000 000美元	卖出86手6月份到期的3个月期美国国债期货合约，价格为91，合约总值为84 065 000美元
5月7日	90天期商业票据贴现率升至14%。公司发行面值总额为1亿美元的90天期商业票据，只筹得资金96 500 000美元	买进86手6月份到期的3个月期美国国债期货合约，价格为88.7，合约总值为83 570 500美元
损益	96 500 000 - 97 000 000 = -500 000（美元）	（91 - 88.7）× 100 × 25 × 86 = 494 500（美元） 或84 065 000 - 83 570 500 = 494 500（美元）
结果	-5 500美元	

通过以上交叉套期保值，将损失缩小为5 500美元，从而转移了绝大部分风险。

（4）短期利率滚动套期保值。短期利率滚动套期保值是指投资者在建立某种仓位后，在整个套期保值期间内，随着时间的推移，以新合约替换旧合约，逐次向前滚动以实现套期保值的形式。

【例 3－10】 某投资者于 1995 年 2 月 15 日计划从欧洲美元市场借入一笔分期偿还的贷款，总额为 1 亿美元；期限为 1 年，从 1995 年 5 月 16 日起，至 1996 年 5 月 15 日为止；贷款分四次偿还，每 3 个月偿还本金的 1/4（即 2 500 万美元），利息以 LIBOR＋0.5% 计算，每 3 个月重订一次。

为防范市场利率上升而加重利息负担的风险，该投资者决定用欧洲美元期货合约来做滚动套期保值。其具体过程见表 3－11。

表 3－11　　短期利率滚动套期保值

需保值的未清偿贷款本金	日　期	1995 年 6 月份合约	1995 年 9 月份合约	1995 年 12 月份合约	1996 年 3 月份合约
100 000 000	1995 年 2 月 15 日	－100			
75 000 000	1995 年 5 月 15 日	100	－75		
50 000 000	1995 年 8 月 15 日		75	－50	
25 000 000	1995 年 11 月 15 日			50	－25
0	1996 年 2 月 15 日				25

注：表中，“－”为卖出。

2. 长期利率期货套期保值的应用。

（1）利率期货套期保值比率的确定。套期保值比率是指为规避固定收益债券现货市场风险，套期保值者在建立交易头寸时所确定的期货合约的总价值与所保值的现货合同总价值之间的比率。确定合适的套期保值比率是减少交叉套期保值风险，达到最佳套期保值效果的关键。

在中长期国债期货的套期保值中，套期保值比率的确定是最重要、最复杂的一个环节，即在套期保值中，人们究竟应该如何确定所需买进或卖出的期货合约数。套期保值的成功与否取决于能否计算正确的套期保值比率，以及能否建立合适的利率期货头寸使现货头寸的风险能被期货头寸抵消。

由于固定收益债券的票面利率有许多种，且大都不等于利率期货合约标的资产（一般都是虚拟券）规定的利率。因此，在运用利率期货对固定收益债券进行套期保值时，固定收益债券现货的价值与所需利率期货合约的价值之间并不是 1∶1 的关系，规避等量不同品种债券的利率风险时，在利率期货市场上需要不同面值的期货头寸。而且基差风险的存在，会使套期保值的效果受到很大影响，较准确地运用套期比率，套期保值者则能够尽可能地降低基差风险的影响。

用利率期货进行套期保值的目的是降低利率变动对固定收益债券资产价格的影响，降低利率风险。因此在完美套期保值下，现货头寸价格波动的损失应正好被期货头寸的盈利冲抵，即：

套期保值债券价格波动 = 期货合约价格波动 × 套期保值比率

可得套期保值比率的计算公式：

套期保值比率 = 套期保值债券价格波动/期货合约价格波动

因此，套期保值比率应该等于现货价格变动程度与期货标的价格变动程度的比。如果套期保值债券的波动大于所用来进行套期保值期货合约的波动，那么套期保值比率应大于1。

例如，假定长期国债期货合约的标的债券是票面利率为3%的7年期虚拟国债，如果我们持有的债券票面利率为2.5%，期限是10年，那么同国债期货标的相比，该债券票面利率更高，期限更长，因此该债券价格受利率变化影响的程度更大，套期保值比率应大于1，即能够用较少数量的国债期货合约进行套期保值。如果债券价格波动性是期货标的波动性的2倍，那么每一单位的现货债券需要2倍金额的国债期货合约来为其保值。

（2）套期保值比率的计算。确定该比率最重要的是套期保值债券与利率期货合约波动的计算。在债券价格分析中，常用修正久期（Modified Duration）和基点价值（Basis Point Value，BPV）来衡量债券价格对利率的敏感度和波动性。相应的，确定利率期货套期保值比率比较典型的方法有修正久期法和基点价值法。

①修正久期法。麦考林久期是指投资者的加权平均回收期，也称久期或者持续期。一笔期现为 n 年的投资，如果在投资期限内有现金流入，则收回投资的期限即久期将短于 n 年。

债券的久期是债券是未来时期产生现金流的时间加权平均，其权重是各期现金流现值占现值总值的比重，通常以年为单位，其计算公式为：

$$D = \frac{\sum_{t=1}^{n} \frac{tc_t}{(1+r)^t}}{\sum_{t=1}^{n} \frac{c_t}{(1+r)^t}}$$

其中，D 为久期，c_t 为第 t 期的现金流，t 为收到现金流的时间，n 为现金流发生的次数，r 为到期收益率（等式后面的分母等于债券的价格）。

债券的久期与到期时间、票面利率、付息频率、到期收益率存在如下关系：第一，零息债券的久期等于它的到期时间；第二，债券的久期与票面利率呈负相关关系；第三，债券的久期与到期时间呈正相关关系；第四，债券的付息频率与久期呈负相关关系；第五，债券的到期收益率与久期呈负相关关系。

对于债券组合，其久期可以表示为组合中每只债券久期的加权平均，权重等于各债券在组合中所占的比重。

修正久期是指在市场利率变化100个基点时，债券价格的变动百分比。用于表示市场利率或收益率的变化引起的债券价格变动幅度，是用来衡量债券价格对市场利率变化敏感度的指标。

修正久期计算公式：

$$\frac{dp}{dr} \cdot \frac{1}{p} = -\frac{1}{1+r} \cdot \frac{1}{p} \cdot \sum_{t=1}^{n} \frac{tC_t}{(1+r)^t} = -\frac{1}{1+r} \cdot D = -D_m$$

$$D_m = D/(1+r)$$

债券的修正久期与到期时间、票面利率、付息频率、到期收益率存在如下关系：第一，票面利率、剩余期限、付息频率相同，但到期收益率不同的债券，到期收益率较低的债券其修正久期较大；第二，剩余期限、付息频率、到期收益率相同，但票面利率不同的债券，票面利率较低的债券其修正久期较大；第三，票面利率、到期收益率、剩余期限均相同，但付息频率不相同的债券，具有较低付息频率债券的修正久期较小；第四，票面利率、付息频率、到期收益率相同，但剩余期限不同的债券，到期期限较长的债券其修正久期较大。

利用修正久期计算套期保值比率。由于利率期货合约价格约等于最便宜可交割债券的修正久期除以转换因子，从而可以计算出最优的套期保值比率 h。

$$h = S_t \frac{S_t}{S_{CTD,t}} \cdot \frac{D_m}{D_{m,CTD}} \cdot CF_{CTD}$$

其中，S_t 代表套期保值债券价值，$S_{CTD,t}$代表最便宜可交割债券价值，D_m代表套期保值债券修正久期，$D_{m,CTD}$代表最便宜可交割债券修正久期，CF_{CTD}代表最便宜可交割债券转换因子。

②基点价值法。基点价值（BPV）是指债券收益率变化一个基点（0.01个百分点）时，所引起的债券价格的变化。即用修正久期度量的债券的近似基点价值 $= -0.01\% \cdot D_m \cdot P$。

基于 BPV 方法的套期保值比率 h 计算公式：

h = 套期保值债券价格波动/期货合约价格波动

=（套期保值债券价格波动/收益率波动）/（期货合约价格波动/收益率波动）

=套期保值债券 BPV/期货合约 BPV

假设同一种期货合约为 A、B 两种债券保值，具体做法：

首先，用 BPV 方法分别计算出 A、B 两种债券的套期保值比率。然后，用套期保值比率分别乘以 A、B 的现货头寸，从而计算出 A、B 的基准等价额（即用以给 A、B 保值的期货头寸）。最后，将两个值加总（多头为正值，空头为负值），即可计算出净风险暴露，从而算出需要用来为净风险暴露保值的期货头寸数量。

（3）长期国债利率期货的买入套期保值的应用。

【例 3-11】某投资者在 3 个月后（4 月 20 日）将收到 100 万元的资金，该笔资金可用于投资，于是他打算买入长期国债，该投资者认为目前（1 月 20 日）4.76%利率水平已经较高，到时利率可能会下跌，他计划投资的收益将减少，为使收益率维持在现有水平上，他在期货市场上买进 10 手长期国债合约，每个合约的面值为 10 万元，即他提前使用现货投资，在期货市场上购买等值的期货。3 个月后，当他把这笔资金投资到长期国债上时，利率实际上已经降低，国债价格随之上升。在这个例子中，机会损失是 2 万元。投资者把这笔资金投资到现货市场的同时卖出 10 手期货合约，冲销其期货交易。由于现货利率降低，期货价格随着现货价格上升而上升，卖出期货合约就会获利，冲抵了现货市场上的损失。

整个过程见表 3-12。

表 3-12　　长期国债利率期货的买入套期保值

日　期	现货市场	期货市场
1 月 20 日	投资者将于 4 月 20 日投资 100 万元于长期国债市场，息票利率是 4.25%、收益率是 4.76%，国债市场价格是 95.16 元	投资者买入 10 手 5 月份面值 10 万元长期国债期货，价格为 95.00 元
4 月 20 日	投资者买入 100 万元长期国债，息票利率 4.25%，由于利率下降，使国债价格上升为 97.16 元	投资者卖出 10 手 5 月份面值为 10 万元长期国债期货，价格为 97.00 元
交易结果	现货市场损失为 10 000 ×（97.16 −95.16）= 20 000（元）	期货市场盈利为 10 000 ×（97 −95）= 20 000（元）

在运用买入套期保值交易中，也可能会出现投资者的预测与市场实际走势不一致的情况，即利率出现不降反升的相反情况，则投资者将会在期货市场上发生损失，但这种损失会因在国债市场上的盈利而加以补偿，因此，仍能达到保值和规避风险的目的。

（4）长期国债利率期货的卖出套期保值的应用。

【例 3－12】 1 月 20 日，一个投资者持有票面价值为 10 万元的长期国债，打算 3 个月后卖出这项资产，在此期间，投资者面临着利率提高的风险，这将引起固定收益证券价格下跌，从而持有这项资产就会蒙受损失。为了避免预期利率提高的风险，投资者本可以立即卖出长期国债，投资到 2 个月的定期存款上，但因为期货交易成本很低，并且在期货市场上没有违约风险存在，投资者就在期货市场上卖出同等数量的长期国债，即卖出 1 手期货合约。这样他在现货市场上的多头资产就与期货市场上相反的空头资产相抵。

3 个月后，投资者在现货市场上卖出长期国债，由于利率像预测的那样提高了，投资者在现货交易中受到了损失。同时，他也要结清期货交易，即在套期保值交易开始时卖出一项合约，现在要买进一项合约。由于利率提高，期货合约的价格与现货价格一样下跌，投资者买进合约所支付的价格比他在卖出合约时所得到的价格低，因此，在结束期货交易时，他获得了一定的利润。由于现货和期货价格完全同步变化，现货交易受到的损失正好由期货市场上的利润抵消，其交易目的，即免遭利率变化的风险就达到了。

整个过程见表 3－13。

表 3－13　　　　长期国债利率期货的卖出套期保值的应用

日　期	现货市场	期货市场
1 月 20 日	投资者拥有息票利率 4.25%，票面价值总共 10 万元的长期国债，该国债的市场价格为 95.16 元，收益率为 4.76%	投资者卖出 1 手 5 月份的长期国债合约，价格为 95 元
4 月 20 日	卖出息票利率为 4.25%、票面价值为 10 万的长期国债，由于利率升高，债券价格变为 95.26	投资者买入 1 手 5 月份的长期国债合约，价格为 92 元
交易结果	现货交易损失为（95.16－92.16）×1 000 ＝3 000（元）	期货交易盈利为（95－92）×1 000 ＝3 000（元）

三、股价指数期货的套期保值的应用

1. 股价指数期货的买入套期保值。股价指数期货的买入套期保值主要是回避股市的上升而使一些投资者蒙受损失的风险。股价指数期货的买入套期保值适用如下场合：将来准备购买股票的投资者或临时将股票套现的投资者。

【例 3－13】 7 月 20 日，某基金经理预计在 8 月底可收到总额为1 200 000 美元的款项。他准备用这笔款项购买 A 公司股票和 B 公司股票。但由于资金将在 1 个多月以后才能取得，如果届时这两种股票的市场价格上涨，那么他用这笔款项将只能购得较少的股票。为避免这一可能的损失，他决定用主要市场指数期货作买入套期保值。

如果 8 月底市场行情上涨，投资者通过套期保值的效果如下：7 月 20 日，A 公司股票的市场价格为每股 25 美元，B 公司股票的市场价格为每股 15 美元，主要市场指数期货价格为 478。基金经理用 1 200 000 美元各买这两种股票 30 000 股。

整个过程见表 3－14。

表 3－14　　长期国债利率期货的卖出套期保值的应用

日　期	现货市场	期货市场
7 月 20 日	基金经理 1 200 000 美元各买这两种股票 30 000 股	买进 10 手 9 月份到期的主要市场指数期货合约 价值：478×250 美元×10
8 月 31 日	A 股票的市场价格每股 30 美元 B 股票的市场价格每股 18 美元 购买 A 公司股票和 B 公司股票各 30 000 股，则需要支付：1 440 000 美元	主要市场指数期货价格 574 卖出 10 手 9 月份到期的主要市场指数期货合约，价值：574×250 美元×10
损益	－240 000 美元	＋240 000 美元（574－478）×250 美元×10
套期保值结果：基金经理把 8 月底购买股票的价格锁定于 7 月 20 日的水平		

2. 股价指数期货的卖出套期保值。

（1）持有现货股票时的套期保值。

【例 3－14】 国内某证券投资基金在某年 9 月 2 日时，其收益率已达到 26%，鉴于后市不太明朗，下跌的可能性很大，为了保持这一业绩到 12 月，决定利用沪深 300 股指期货实行保值。假定其股票组合的现值为 2.49 亿元，并且其股票组合与沪深 300 指数的相关系数 β 为 0.9。假定 9 月 2 日时的现货指数为 3 400 点，而 12 月到期的期货合约为 3 650 点。该基金首先要计算卖出多少期货合约才能使 2.49 亿元的股票组合得到有效保护。

应该卖出的期货合约数 =249 000 000/（3 650×300）×0.9≈205（手）

12 月 2 日，现货指数跌到 2 200 点，而期货指数跌到 2 290 点（现货指数跌 1 200 点，跌幅约为 35.29%，期货指数跌 1 360 点，跌幅大致为 37.26%），这时该基金买进 205 手期货合约进行平仓，则该基金的损益情况为：股票组合市值缩水 35.29% ×0.9 =31.76%，市值减少为 1.699176 亿元，减少市值 0.790824 亿元；期货合约上赢得 205×1 360×300 =0.83（亿元），实现避险目的。

整个过程见表 3 -15。

表 3 -15　　股价指数期货的卖出套期保值（指有现货股票时）

日　期	现货市场	期货市场
9 月 2 日	股票总值 2.24 亿元，沪深 300 现指为 3 400 点	卖出 205 手 12 月到期的沪深 300 股指期货合约，期指为 3 650 点，合约总值为 205×3 650×300 =2.245（亿元）
12 月 2 日	沪深 300 现指跌至 2 200 点，该基金持有的股票价值缩水为 1.699176 亿元	买进 205 手 12 月到期的沪深 300 股指期货合约平仓，期指为 2 290 点，合约总值为 205×2 290 ×300 =1.4084（亿元）
损益	-0.790824 亿元	0.83 亿元

如果到了 12 月 2 日，股票指数和股指期货合约价格都上涨了，结果便是期货市场出现亏损，但股票组合升值，盈亏相抵之后，基本上仍能实现当初的愿望，即保持以往的收益率业绩。

（2）准备发行股票时的套期保值。

【例 3 -15】 在 2005 年 5 月 3 日，A 公司股票的市场价格为每股 25 美元。该公司决定于一周后以这一价格增发 20 万股股票，以筹措 500 万美元的资本，用于扩充生产规模。

若一周后股市下跌，公司发行股票筹得的资本则会减少。因此，该公司决定用同年 6 月份到期的 S&P 500 指数期货合约做卖出套期保值。5 月 3 日现货市场 S&P 500 指数为 456；期货市场 S&P 500 指数价格为 458。5 月 10 日，现货市场 S&P 500 指数为 442，期货市场 S&P 500 指数价格为 443。

整个过程见表 3－16。

表 3－16　　准备发行股票时的套期保值

日　期	现货市场	期货市场
5 月 3 日	S&P 500 指数为 456，A 公司计划于一周后发行股票 20 万股，每股 25 美元，计划收入 500 万美元	卖出 22 手 6 月份到期的 S&P 500 指数期货合约，价格为 458，合约总值为 503.8 万美元
5 月 10 日	S&P 500 指数跌至 442，A 公司发行股票 20 万股，每股 24.25 美元，实际筹得资本 485 万美元	买进 22 手 6 月份到期的 S&P 500 指数期货合约，价格为 443，合约总值为 487.3 万美元
损益	－15 万美元	＋16.5 万美元
结果	净收入 1.5 万美元	

（3）贝塔系数与股价指数期货的套期保值。

【例 3－16】 若股票组合总价值为 100 万美元，且该股票组合的 β_p 系数等于 1.2，当时标准普尔 500 种股票价格指数为 200.00 点，则进行套期保值的期货合约份数为：

$$N = \frac{V}{M \cdot P} \cdot \beta_p = \frac{1\ 000\ 000}{500 \times 200.00} \times 1.2 = 12\text{（手）}$$

【例 3－17】 1 月 5 日，某投资者计划将在 3 月进行金额为 100 万美元的 15 种工业普通股票的组合投资，3 月 S&P 500 股票指数期货合约的指数标价是 212.15，即期货合约的价值为 106 075 美元（212.15×500）。

$$N = \frac{V}{M \cdot P} \cdot \beta_p = \frac{1\ 000\ 000}{500 \times 212.15} \times 1.25 = 11.78 \approx 12\text{（手）}$$

3 月份收到投资资金 100 万美元时，这 15 种股票的平均价格上涨了 12.5%，交易所内 3 月 S&P 500 股票指数期货的指数标价则上升到 233.35 点。

整个过程见表 3－17。

表 3－17　　贝塔系数与股价指数期货的套期保值（一）

日　期	现货市场	期货市场
1 月 5 日	如果投资者收到投资资金 100 万美元时，可买入 100 万股票	买入 12 手 S&P 500 股票指数期货合约，指数 212.15，价值 106 075 美元×12

续表

日　期	现货市场	期货市场
3月份收到资金时	3 月份收到投资资金 100 万美元时，这 15 种股票的平均价格上涨了 12.5%，3 月份的投资蒙受了 12.5 万美元的机会损失	卖出买入 12 手 S&P 500 股票指数期货合约，指数 233.35，价值 116 675 美元 ×12
损益	-125 000（美元）	10 600 ×12 =127 200（美元）

【例 3-18】 某股票投资者持有市场总价值为 50 万美元的 10 种普通股票的投资组合。交易所内 12 月 S&P 500 股票指数期货标价为 225.65 点，β_p = 1.25439，则：

$$N = \frac{V}{M \cdot P} \cdot \beta_p = \frac{500\ 000}{500 \times 225.65} \times 1.25439 = 5.56 \approx 6\ (手)$$

12 份合同的总收益为 12.72 万美元，有效地抵补了现货市场上 12.5 万美元的机会损失。12 月 12 日，利率上升，现货币场上 10 种股票组合的市场价值变为 437 500 美元，交易所内 12 月 S&P 500 股票指数期货合约的标价为 203.10 点。

整个过程见表 3-18。

表 3-18　　贝塔系数与股价指数期货的套期保值（二）

日　期	现货市场	期货市场
9 月 8 日	投资者持有市场总价值为 50 万美元的 10 种普通股票的投资组合	卖出 6 手 12 月 S&P 500 指数期货 价格为 225.65 点 价值为 112 825 美元 ×6
12 月 12 日	现货币场上 10 种股票组合的市场价值变为 437 500 美元，损失了 62 500 美元	买入 6 手 12 月 S&P 500 指数期货 价格为 203.10 点 价值为 101 550 美元 ×6
结果	亏损率为 12.5%，即 62 500 美元	（112 825 -101 550） ×6 =67 650（美元）

期货市场上的收益 67 650 美元有效地抵补了现货市场资本损失 62 500 美元，尚可取得 5 150 美元净利润。

四、基差交易

理论上讲，套期之所以能保值，是基于现货与期货价格走向的一致性，且其价格差异收敛于到期日。但现实交易中，由于影响现货市场价格变动的各种因素对期货价格的影响存在一定的差异，即二者的变动幅度一般来说并不相同，正因为如此，在研究金融期货套期保值时，关注现货市场与期货市场价格之差，即基差，比关注金融现货市场价格的变动更有意义。

（一）基差定义

基差是指某一特定地点某种商品的现货价格与同种商品的某一特定期货合约价格间的价差。对于利率期货而言，基差就是用适当的转换因子调整后的利率期货合约价格与相应的现货价格间的差额，即：

基差 = 现货价格 - 期货价格（经适当的转换因子调整）

若不加说明，其中的期货价格应是离现货月份较近的期货合约的价格。基差是期货价格与现货价格之间实际运行变化的动态指标。若现货价格低于期货价格，基差呈负值，称之为远期升水，或现货贴水；反之，现货价格高于期货价格，基差呈正值，称之为远期贴水，或现货升水。

（二）基差特性

1. 基差具有相对稳定性。基差的波动性相对于价格波动的幅度较小，由于期货价格是建立在现货价格基础上，且期货价格与现货价格受一组相同因素的影响，所以二者之间具有一定的正相关性，因而基差波动相对于价格的波动要小。

2. 基差也具有一定的波动性。基差是现货价格和期货价格之间的差额，所有影响现货价格与期货价格的因素都会影响基差，但各因素对现货价格与期货价格的影响程度并不总是相同。当现货价格的波动幅度大于期货价格的波动幅度时，基差就会扩大；当现货价格的波动幅度小于期货价格的波动幅度时，基差就会缩小。此外，现货价格主要由当期的供求关系决定，期货价格不仅受当期供求关系的影响，而且受到远期供求关系的影响，因此，期货价格较现货价格具有更大的不确定性，导致基差的波动性。

3. 基差具有收敛性。由于期货价格收敛于现货价，因而随着结算日日益临近，基差有趋向于零的特征。

（三）基差风险

基差对一项套期保值交易结果至关重要。只要基差保持不变，即现货和期货价格变动的方向一致、程度完全相同，一个市场上的损失就可以正好由另一个市场的盈利所抵消。

现实市场中，期货价格与现货价格的变动方向基本一致，但变动的幅度往往不同，所以基差并不是一成不变的，虽然最终会因现货价格和期货价格的趋同性，基差在期货合约的交割月趋向于零，但随着现货价格和期货价格持续不断地变动，基差时大时小，这给套期保值者带来了一种新的风险——基差风险。在套期保值期间，基差的任何变动——加大或缩小，都反映出套期保值总的结果是盈利还是损失。套期保值者面临的现货价格变动风险，由现货价格和期货价格之间相关变动的风险所代替。采用利率期货进行套期保值，实际上就是把利率波动风险或利率波动导致的债券价格风险转化到了对基差风险的管理上。

从减小风险的角度看，基差的变动对套期保值者不利，因为这使风险无法得到彻底规避。另一类套期保值者参加期货交易是想从套期保值活动中获利，希望基差朝着有利于自己的方向变动。

基差风险有许多来源，一是利用交叉套期保值而不是直接套期保值，两个市场上的收益率差异存在着诸多不确定性因素。二是期限的不同，期货市场涉及的期限和希望用来套期保值的合约期限可能不一致。利率期货市场对短期国债期限和中长期国债期限的规定往往存在着缺口，而且在某一特定时期内，最便宜可交割债券也会发生变化，这些都产生了额外的不确定性。另外，期货市场的每日结算方式与现货市场结算方式之间的差异，也可能会成为增加基差风险的因素。

（四）基差变化与套期保值效果

基差是一个能集中反映现货价格和期货价格的变化情况及其关系的概念，现货价格和期货价格的任何变化都会集中反映到基差上来，套期保值交易实际上是用基差风险替代了现货价格风险。如果结束套期保值交易时的基差等于开始套期保值交易时的基差，那么，就能达到规避风险的保值效果。然而，基差不可能保持不变，任何影响现货价格和期货价格因素的变化，都会引起基差的变化。因此对于套期保值交易来说，基差是一个十分重要的概念，是套期保值能否成功的基础。

在期货合约到期前的最后几周，现货价格和期货价格会逐渐趋于一致，任何最初的远期升水或贴水都会逐渐减少，使基差有缩小的趋势。由于基差缩小，在现货升水中，现货价格和期货价格的一致有利于进行多头套期保值，同时基差缩小，远期升水则对空头套期保值者有利。

任何一种想要获利的套期保值交易，都要求对有关的现货和期货价格的变动进行预测。在做了套期保值交易后，交易者必须随时注意观察基差的变化情况。基差之所以会变化，是因为现货价格和期货价格的变化幅度不一致。同时，由于基差的变动相对稳定一些，这就为套期保值交易者观察现货价格和期货价格的变动趋势和幅度创造了极为方便的条件。只要交易者能够专心观察基差的变化情况，便可知现货价格和期货价格的变化对自己是否有利，并选择有利时机完成交易，就能获得理想的套期保值效果，甚至能获得额外收益。利用好基差变化的最佳时机，建立套期保值头寸或结束（平仓）对最佳保值效果的实现有着相当重要的意义。

以股指期货买期保值为例来说，当股票组合现货价格的升幅小于相应股指期货合约价格的升幅，或者股票组合价格的跌幅大于相应股指期货价格跌幅，即基差转弱时，投资者在股票市场上的盈利亏损与股指期货市场上的亏损或盈利相互抵扣时，还可以获得一定的基差利润，买期保值因此而成为盈利性保值。反之，当股票组合价格的升幅大于相应股指期货的升幅，或者股票组合价格的跌幅小于相应股指期货价格的跌幅，即基差增强时，投资者在现货市场上的盈利不足以弥补其期货市场上的亏损或其现货市场上的亏损不能得到其期货市场盈利的足够补偿，此种情况下，买期保值为亏损性保值，即损失基差利益的保值。如果股票组合价格的升幅与跌幅与相应的股指期货合约价格的升幅或跌幅完全相等，则基差维持原先水平，没有发生变化，在这样的情况下，股票市场上的盈利或亏损与股指期货市场上的亏损或盈利正好相互抵消，我们称之为完全保值，买期保值实际锁定的是当时股票的现货价格。

同理，对于股指期货卖期保值者而言，当基差弱化时，为盈利性保值；当基差强化时，为亏损性保值；当基差不变时，为完全保值。

（五）基差交易

由于基差变化幅度要远小于价格变动幅度，因此套期保值实质上是以较小的基差风险代替较大的价格风险。但由于影响基差的因素非常多，对基差的变化进行判断较为困难，在一定程度上影响套期保值交易的避险效果。套期保值者在交易时，如果基差走势不利将形成损失。经不断实践，国外市场上出现了一种以基差为轴心的交易方式——基差交易。采取这种方式，无论基差如何变化，都可以在结束套期保值交易时取得理想的保值效果。

基差交易是指以某月份的期货价格为计价基础，以期货价格加上或减去双方协商同意的基差来确定双方买卖现货价格的交易方式。这样，不管现货市场上实际价格是多少，只要套期保值者与现货交易的对方协商认可的基差，正好等于开始做套期保值时的基差，就能实现完全套期保值。如果套期保值者能争取到更有利的价格，还可以实现较好的盈利。

第四章
DISIZHANG

金融期货中的套利与投机

第一节
期货套利的类型与特点

一、期货套利的类型

一般来说，期货套利交易主要是指期货价差套利（价差交易、套期图利），即利用相关市场或相关合约之间的价差变化，在相关市场或相关合约上进行方向相反的交易，以期价差发生有利变化时将持有头寸平仓而获利的交易行为。

在价差交易中，交易者关注的是相关期货合约之间的价差是否在合理的区间范围。如果价差不合理，交易者可以利用这种不合理的价差对相关期货合约进行方向相反的交易，等价差趋于合理时再同时将两个合约平仓来获取收益。

价差套利根据所选择的期货合约的不同，又可分为跨期套利、跨品种套利、跨市套利和双重套利。

（一）跨期套利（合约内价差套利）

跨期套利是指在同一市场（即同一交易所）同时买入、卖出同种商品不同交割月份的期货合约，以期在有利时机同时将这些期货合约对冲平仓获利，是套利交易中最为普遍的一种策略。

根据套利者对不同合约月份中价格较高的一边的买卖方向不同，跨期套利可分为买入套利和卖出套利。根据所买卖的期货合约交割月份及买卖方向的不同，跨期套利可以分为牛市套利、熊市套利、蝶式套利、鹰式套利四种。

1. 买入套利与卖出套利。

(1) 买入套利 (Buy Spread)。如果套利者预期不同交割月份期货合约的价差将扩大 (Widen)，则套利者将买入其中价格较高的合约，同时卖出价格较低的合约，这种套利方式称为买入套利。如果价差变动方向与套利者的预期相同，则套利者就会通过同时将两份合约平仓来获利。

【例 4-1】(利率期货买入套利) 一位美国金融市场的投资者，对联邦国债市场进行了长期研究之后发现，在 4 月中旬，芝加哥期货交易所 7 月份交割的长期国债期货合约价格为 70.10 美元，10 月份合约价格为 70.03 美元，价差为 7 美分。该投资者预计，由于美国经济增长速度放缓，信贷需求压力减小，因此，美联储可能会降低利率，以提振美国经济，长期国债和长期国债期货价格将上涨，并且 7 月至 10 月间的国债期货合约之间的价差可能会进一步扩大。也就是说，7 月份期货合约的价格涨幅将大于 10 月份合约的价格涨幅，并且净持仓费用将降低。因此，该投资者决定进行跨期套利交易：买入 1 手近期月份期货合约，同时卖出 1 手远期期货合约。结果，到 6 月份，美联储果然下调利率，国债期货价格出现上涨，到 6 月 10 日，长期国债期货 7 月份合约价格上涨至 75.16 美元，10 月份合约价格涨至 74.10 美元，两种合约价差扩大到 1.06 美元，在此价格水平上，该投资者进行了对冲平仓。

交易过程见表 4-1。

表 4-1　　利率期货合约买入跨期套利交易　　单位：美元

	7 月份合约	10 月份合约	价　差
4 月 15 日	买入 1 手 7 月份合约，价格 70.10 美元	卖出 1 手 10 月份合约，价格 70.03 美元	价差 0.07 美元
6 月 10 日	卖出 1 手 7 月份合约，价格 75.16 美元	买入 1 手 10 月份合约，价格 74.10 美元	价差 1.06 美元
盈　亏	盈利 5.06 美元	损失 4.07 美元	价差扩大 0.99 美元

在该例中，近期月份期货价格涨幅超过了远期月份期货合约价格涨幅，因此套利者能够从中获取利润。如果投资者单独买入 7 月份长期国债期货合约，并在 6 月 10 日对冲平仓，他可以获得更大利润。但是，假如该投资者判断失

误，美联储为抑制战争可能带来的通货膨胀压力反而提高了联邦利率，那么利率期货价格将会出现与该投资者预期相反的走势，在这种情况下，单独买入7月份长期国债期货合约将造成很大损失，而进行跨期套利交易虽然使投资者的预期利润降低，但也有效减少了投资者判断失误所招致的损失，提高了投资者的风险承受能力。

【例4-2】（外汇期货买入套利）2月10日，某交易者在国际货币市场，预测美、德两国间的利差会扩大，于是买入1手6月期欧元期货合约，价格为0.5785美元/欧元，同时卖出1手9月期欧元期货合约，价格为0.5426美元/欧元。5月10日，该交易者分别以0.5733美元/欧元和0.5332美元/欧元的价格将手中合约对冲。交易过程见表4-2。

表4-2　外汇期货合约买入跨期套利交易

时　间	6月期欧元	9月期欧元
2月10日	买入1手6月期欧元期货合约（开仓） 价格：0.5785美元/欧元 总价值：72 312.5美元	卖出1手9月期欧元期货合约（平仓） 价格：0.5426美元/欧元 总价值：67 825美元
5月10日	卖出1手6月期欧元期货合约（平仓） 价格：0.5733美元/欧元 总价值：71 662.5美元	买入1手9月期欧元期货合约（开仓） 价格：0.5332美元/欧元 总价值：66 650美元
结果	损失650美元	盈利1 175美元

【例4-3】（股指期货买入套利）3月11日，某套利者发现IF0803合约为4 500点，IF0804合约为5 000点，两合约的价差为500点；而在IF0803合约到期前，套利者推测国家将出台利多政策，大盘将有望扭转疲弱局面，两合约价差也必将逐步扩大，在此预期下决定进行买入套利的操作，即在卖出IF0803合约的同时，买入IF0804合约。而到了21日，IF0803到期时或者在其到期前，两合约的价差一度持续在800点的水平而又缺乏继续扩大的信息支撑，则将两合约同时了结，从而获得300点跨期套利收益。

（2）卖出套利（Sell Spread）。如果套利者预期不同交割月份的期货合约价差将缩小（Narrow），套利者可通过卖出其中价格较高的合约，同时买入价格较低的合约来进行套利，这种套利方式称为卖出套利。

【例4-4】（利率期货卖出套利）某期货合约交易者注意到，在5月份至8月份之间，美国市场长期利率低于短期利率，并且相当平稳。但至8月末，市场长期利率上扬并高于短期利率，受此影响，在芝加哥期货交易所交易的10年期国债期货近期合约（12月份）的对远期期货合约（3月份）出现价格升水，价差为0.14美元，此种现象一直维持到10月份，不过价差缩小至0.05美元。该交易者预期长期利率将会进一步上扬，因此，国债期货价格将会下跌，且近期月份合约跌幅会小于远期合约跌幅，价差将会继续缩小。于是，该投资者决定做卖出跨期套利，并按72.13美元的水平买进1手3月份交割的10年期国债期货合约，同时按70.08美元的水平卖出1手12月份交割的10年期国债期货合约。随着时间的推移，至10月中旬，债券价格果然下跌，致使12月份合约与3月份合约间的价差明显缩小，至11月中旬，价差已缩小到1.31美元，于是该投资者进行了对冲平仓。

交易过程见表4-3。

表4-3　　利率期货合约卖出跨期套利交易

	12月份	3月份	价差
10月15日	卖出1手12月份交割的期货合约，价格70.08美元	买入1手3月份交割的期货合约，价格72.13美元	价差2.05美元
11月15日	买入1手12月份交割的期货合约，价格69.15美元	卖出1手3月份交割的期货合约，价格70.46美元	价差1.31美元
盈亏	0.93美元	-1.67美元	价差缩小0.74美元

在该跨期套利交易活动中，由于国债期货远期合约价格跌幅小于近期合约价格跌幅，投资者对国债期货市场价格走势及不同月份合约间价差变化做出了正确的判断，因此他能够获取卖出跨期套利利润。如果投资者仅卖出12月份合约，那么他就能获取更高的利润，但也将自己置于很大的风险中，如果他判断失误，国债期货价格不跌反升，那么他将遭受很大损失。进行跨期套利虽然冲销了部分利润，但同时也降低了可能面临的风险。

【例4-5】（股指期货卖出套利）假定利率比股票分红高3%。5月1日上午10点，沪深指数为3 000点，沪深300股指期货9月合约为3 100点，6月合约价格为3 050点，9月期货合约与6月期货合约之间的实际价差为50点，而理论价差为22.5点。

因此投资者认为价差很可能缩小，于是买入1手6月合约，卖出1手9月合约。5月1日下午2点，9月合约涨至3 150点，6月合约涨至3 120点，9月期货合约与6月期货合约之间的实际价差价差缩小为30点。在不考虑交易成本的情况下，投资者平仓后每张合约获利为 20 点 ×300 元/点 =6 000 元。

交易过程见表 4 -4。

表 4 -4　　　　股指期货卖出跨期套利交易

5 月 1 日上午 10：00	买入 1 手 6 月合约，价格为 3 050 点	卖出 1 手 9 月合约，价格为 3 100 点	价差 50 点
5 月 1 日下午 2：00	卖出 1 手 6 月合约，价格为 3 120 点	买入 1 手 9 月合约，价格为 3 150 点	价差 30 点
每张合约损益	+70 点	-50 点	价差缩小 20 点
最终盈亏	盈利 20 点 ×300 元/点 =6 000 元		

2. 牛市套利、熊市套利和蝶式套利。

（1）牛市套利（Bull Spread）。当市场出现供给不足、需求旺盛而导致较近月份的合约价格上涨幅度大于较远期的上涨幅度，或者较近月份的合约价格下降幅度小于较远期的下跌幅度，无论是正向市场还是反向市场，在这种情况下，买入较近月份的合约同时卖出远期月份的合约进行套利盈利的可能性比较大，称这种套利为牛市套利。

【例 4 -6】（股指期货牛市套利）假设当前 IF1003 合约价格为 3 500 点，IF1006 合约价格为 3 700 点，价差为 200 点。如果某投资者看空近一个月的股市，认为 3 月份、6 月份合约的价差将缩小，他可以选择同时买入 1 手 3 月合约，并卖出 1 手 6 月合约。在 3 月合约到期前，股市果然下跌，3 月合约的价格为 3 400 点，而 4 月合约的价格则变为 3 500 点，价差缩小为 100 点。套利者欲兑现这部分收益，按反方向买卖，即可平仓，共实现收益 100 点即 30 000 元。

交易过程见表 4 -5。

表 4 -5　　　　股指期货牛市跨期套利（一）

当前价格	买入 1 手 3 月份合约，价格为 35 00 点	卖出 1 手 6 月份合约，价格为 3 700 点	价差 200 点
日后价格	卖出 1 手 3 月份合约，价格为 3 400 点	买入 1 手 6 月份合约，价格为 3 500 点	价差 100 点
每张合约损益	-100 点	+200 点	价差缩小 100 点
最终盈亏	盈利（200 -100）点 ×300 元/点 =30 000 元		

如果投资者判断失误，IF1003 合约下跌 200 点，IF1006 合约下跌 100 点，价差增加至 300 点，当平仓时，共亏损 30 000 元。交易过程见表 4－6。

表 4－6 股指期货牛市跨期套利（二）

当前价格	买入 1 手 3 月份合约，价格为 3 500 点	卖出 1 手 6 月份合约，价格为 3 700 点	价差 200 点
日后价格	卖出 1 手 3 月份合约，价格为 3 300 点	买入 1 手 6 月份合约，价格为 3 600 点	价差 300 点
每张合约损益	－200 点	＋100 点	价差扩大 100 点
最终盈亏	盈利（100－200）点×300 元/点＝－30 000 元		

（2）熊市套利（Bear Spread）。当市场出现供给过剩，需求相对不足时，一般来说，较近月份的合约价格下降幅度往往要大于较远期合约价格的下降幅度，或者较近月份的合约价格上升幅度小于较远合约价格的上升幅度。无论是在正向市场还是在反向市场，在这种情况下，卖出较近月份的合约同时买入远期月份的合约进行套利，盈利的可能性比较大，称这种套利为熊市套利。

【例 4－7】（股指期货熊市套利）。假设当前 IF1003 合约价格为 3 500 点，IF1006 合约价格为 3 700 点，价差为 200 点。如果某投资者看多近一个月的股市，认为 3 月份、6 月份合约的价差将增大，他可以选择同时卖出 1 手 3 月合约，并买入 1 手 6 月合约。在 3 月合约到期前，股市果然大涨，3 月合约的价格为 3 600 点，而 6 月合约的价格则变为 3 850 点，价差扩大为 250 点。套利者欲兑现这部分收益，按反方向买卖，即可平仓，共实现收益 50 点即15 000 元。交易过程见表 4－7。

表 4－7 股指期货熊市跨期套利（一）

当前价格	卖出 1 手 3 月份合约，价格为 3 500 点	买入 1 手 6 月份合约，价格为 3 700 点	价差 200 点
日后价格	买入 1 手 3 月份合约，价格为 3 600 点	卖出 1 手 6 月份合约，价格为 3 850 点	价差 250 点
每张合约损益	－100 点	＋150 点	价差扩大 50 点
最终盈亏	盈利（150－100）点×300 元/点＝15 000 元		

如果该投资者判断失误，IF1006 合约上涨 100 点，而 IF1003 合约上涨 150

点，价差缩窄至150点，当平仓时，共亏损15 000元。交易过程见表4－8。

表4－8 股指期货熊市跨期套利（二）

当前价格	卖出1手3月份合约，价格为3 500点	买入1手6月份合约，价格为3 700点	价差200点
日后价格	买入1手3月份合约，价格为3 650点	卖出1手6月份合约，价格为3 800点	价差150点
每张合约损益	－150点	＋100点	价差缩小50点
最终盈亏	盈利（100－150）点×300元/点＝－15 000元		

由此可见，跨期套利能否获得收益决定于投资者的判断（无论是对股指走势的判断或是对合约价值是否低估的判断）是否正确，如果套利者的判断有误，则依然可能在“套利”过程中遭遇亏损。然而，与直接根据对股市走势的判断投机不同的是，跨期套利由于实际投资的是价差，因此风险要远小于投机。

（3）蝶式套利（Butterfly Spread）。蝶式套利策略涉及三个合约，依次为近月、中月和远月合约，是指买入（或卖出）近期月份合约，同时卖出（或买入）居中月份合约，并买入（或卖出）远期月份合约（居中月份合约的数量等于近期月份和远期月份数量之和），利用不同合约月份相关价格关系的变化谋取利润的套利行为。

蝶式套利的特点：①蝶式套利实质上是同种商品跨交割月份的套利；②蝶式套利由两个方向相反的跨期套利组成；③连接两个跨期套利的纽带是居中月份的期货合约，数量是两端之和；④蝶式套利必须同时下达3个买卖指令。

【例4－8】（股指期货蝶式套利）。假设当前IF1003合约价格为3 500点，IF1006合约价格为3 750点，IF1009合约价格为4 100点。如果某投资者认为IF1006合约的价格被低估，而IF1003和IF1009合约的价格相对高估，即3月份、6月份合约的价差和6、9月合约的价差均不合理，他希望从两个价差中获利，则可以选择卖出1手IF1003和1手IF1009合约同时买入2手IF1006合约。假设在IF1003合约到期前的价格为3 300点，IF1006合约的价格为3 600点，IF1009合约价格则变为3 800点，则该投资者蝶式套利的收益为60 000元。

交易过程见表4－9。

表 4-9　股指期货蝶式跨期套利

当前价格	卖出 1 手 3 月份合约，价格为 3 500 点	买入 2 手 6 月份合约，价格为 3 750 点	卖出 1 手 9 月份合约，价格为 4 100 点
日后价格	买入 1 手 3 月份合约，价格为 3 300 点	卖出 2 手 6 月份合约，价格为 3 600 点	买入 1 手 9 月份合约，价格为 3 800 点
每张合约损益	200 点	-300 点	300 点
最终盈亏	盈利（200-300+300）点×300 元/点=60 000 元		

在上例中，蝶式套利实际上由一个牛市套利（买 1 手 6 月合约，卖 1 手 3 月合约）和一个熊市套利（卖 1 手 9 月合约，买 1 手 6 月合约）组成。既然是一个牛市套利加一个熊市套利，为什么不分两次套利操作？因为如果将一个蝶式套利分成两个套利进行操作，有可能会丧失第二个套利的机会。这是由于第一次套利结束后，6 月合约的价格在套利行为的影响下即会趋于合理，即使 6 月合约的价格仍然被低估，其留给第二次套利的空间也大大变小。因此，一旦判断中间合约的价格与两头合约的价格相比被高估或低估，则应该采用蝶式套利来获取两个价差波动带来的利润。在具体操作中，可根据四个合约的不同走势，构建更为复杂的套利组合。

（4）鹰式套利（Eagle Spread）。鹰式套利是利用4 种不同期限合约之间的异常价差来获取利润的跨期套利策略。对于沪深 300 股指期货而言，就使用当月、次月、季月和次季合约。当投资者认为次月合约相对于当月合约被高估（低估），而季月合约相对于远月合约被高估（低估）时，可以同时进行当月合约与次月合约的卖出套利（买入套利）、季月合约与次季合约的买入套利（卖出套利），由此形成的跨期套利组合即为鹰式套利。

需要注意的是，虽然相对而言，跨期套利是一种最为简单的套利模式，但操作上有时也最不容易把握，这在于套利的时机往往稍纵即逝，没有在合适的时机入市，可能就再也无法入市了；若不能迅速决断，很可能很长时间形成的利差在瞬间消失。另外，还因为交割地位的差别有时会不断地强化某种价差的变化趋势，而无法使其逆转，这样，过分拘泥于绝对价差达到某一水平而进行的跨期套利，往往会因为出现新的不可逆极限价差导致套利失败。

（二）跨品种套利（合约间价差套利）

跨品种套利是指利用两种或三种不同种类但相互关联的金融期货合约价格差异进行套利，即同时买入或卖出某一交割月份的相互关联的金融期货合约，以期在有利时机同时将这些合约对冲平仓获利。

【例 4-9】（国债期货跨品种套利）2003 年第 1 季度后，美国失业率持续攀升，物价大幅下滑，经济增长低于预期，某投资者担心这会导致美国经济进一步降温，从而美国联邦储备局可能会进一步降低利率以抵制潜在的通货紧缩。该投资者认为利率的下调将会引起中长期债券价格的大幅波动，并会使得 5 年期国债和长期国债价差缩小，于是该投资者决定在 5 年期国债期货和长期国债期货之间进行跨品种套利交易。他在 4 月中旬以 110.25 美元的价格买进 1 手 9 月份交割的长期国债期货合约，同时卖出 1 手 9 月份交割的 5 年期国债期货合约。到 6 月 26 日，美联储果然宣布将利率降低 25 个基点，造成债券价格纷纷上扬，但 5 年期国债期货合约价格上涨幅度明显低于长期国债期货价格的上涨幅度，价差缩小。于是，该投资者在 6 月底将所持有的国债期货合约对冲获利。交易过程见表 4-10。

表 4-10　　国债期货跨品种套利交易

	5 年期国债期货合约	长期国债期货合约	价　差
8 月 15 日	卖出 1 手 5 年期国债期货合约，价值为 110.25 美元	买入 1 手长期国债期货合约，价值为 102.15 美元	8.10 美元
10 月 15 日	买入 1 手 5 年期国债期货合约，价值为 122.23 美元	卖出 1 手长期国债期货合约，价值为 117.04 美元	5.19 美元
盈亏	-11.98 美元	14.89 美元	价差缩小 2.91 美元

【例 4-10】（外汇跨币种套利）6 月 10 日，国际货币市场 6 月期瑞士法郎的期货价格为 0.5500 美元/瑞士法郎，6 月期欧元的期货价格为 0.4200 美元/欧元，那么 6 月期瑞士法郎期货对欧元期货的套算汇率为 1 瑞士法郎 =1.3 欧元（0.5500 美元/瑞士法郎/0.4200 美元/欧元）。某交易者预计今后瑞士法郎对美元汇率上涨幅度将高于欧元对美元汇率的上涨幅度，所以在国际货币市场买入 10 手 6 月期瑞士法郎期货合约，同时卖出 13 手 6 月期欧元期货合约。

之所以卖出 13 手合约是因为瑞士法郎期货合约与欧元期货合约的交易单位不同，前者是 125 000 瑞士法郎，后者则是 125 000 欧元，而两者的套算汇率为 1∶1.3。因此，为保证实际价值基本一致，前者买入 10 手合约，后者则要卖出 13 手合约。6 月 20 日，该交易者分别以 0.6555 美元/瑞士法郎和 0.5000 美元/欧元的价格对冲了手中合约。交易过程见表 4-11。

表 4-11　　外汇期货跨币种套利交易

时　间	瑞士法郎	欧元
6月10日	买入10手6月期瑞士法郎期货合约（开仓） 价格：0.5500美元/瑞士法郎 总价值：687 500美元	卖出13手6月期欧元期货合约（平仓） 价格：0.4200美元/欧元 总价值：682 500美元
6月20日	卖出10手6月期瑞士法郎期货合约（平仓） 价格：0.6555美元/瑞士法郎 总价值：819 375美元	买入13手6月期欧元期货合约（开仓） 价格：0.5000美元/欧元 总价值：812 500美元
结果	盈利131 875美元	亏损130 000美元

该交易者在瑞士法郎期货交易中盈利131 875美元，在欧元期货交易中损失130 000美元，通过跨币种套利交易获利1 875美元。

【例4-11】（股指期货跨品种套利）当交易者预期主要市场指数期货合约的价格上涨幅度将大于纽约证券交易所综合股票指数期货合约的价格上涨幅度时，买进主要市场指数期货，卖出纽约证交所综合股票指数期货；当交易者预期综合股票指数期货合约的价格上涨幅度将大于主要市场指数期货合约的价格上涨幅度时，则卖出主要市场指数期货合约，买进综合股票指数期货合约。

在跨品种套利中，投资者所关心的只是价差变动的情况，而不是绝对价格的变动情况。如果投资者发现两种相关股指期货合约间的价差大于其正常的价差，并预期此价差将缩小时，他就会买进被低估的合约，卖出被高估的合约，当价差缩小时，对冲合约，则可获得相应的利润；反之，如果投资者发现两种指数期货合约之间的价差小于其正常价差，并预期此价差将扩大时，他将会买进被高估的合约，卖出被低估的合约，当价差扩大时，对冲合约，则可获取相应的利润。

由此可见，在上述两种情况下，无论是价格上涨还是价格下跌，只要投资者对价差变动的预期准确，他都可获利。

（三）跨市套利（市场间价差套利）

跨市套利是指在某个交易所买入（或卖出）某一交割月份的某种期货合约的同时，在另一个交易所卖出（或买入）同一交割月份的同种期货合约，以期在有利时机分别在两个交易所同时对冲在手的合约而获利。从广义上说，跨市套利是利用金融商品价格因空间差而出现的差异及因空间差而导致的波动幅度和变动方向的差异来进行交易、获得收益的一种经济活动。这种套利可以在现货市场与期货市场之间、异地交易所之间以及国内交易所与国外交易所之间进行。

【例 4－12】（国债期货跨市套利）2003 年初，美国地方政府发行的免税市政债券为投资者带来的收益几乎与同类美国国债一样。但某投资者注意到，2003 年美国经济复苏有望，通货膨胀率在长期走低之后也有上升的势头，一些观察家认为美联储官员开始担心目前的处于底部的联邦基金利率很有可能引发很多影响经济发展的重大问题，联邦利率很有可能在将来某个时候调高，而市政债券则更容易受市场利率上升的影响。因此，该投资者决定利用这一机会在市政债券现货和 10 年期美国国债期货之间进行跨市套利交易。他于 2 月份在债券现货市场以 99.05 美元的价格卖空 1 手免税市政债券，同时在期货市场以 102.2 美元的价格买进 1 手 10 年期美国国债期货 9 月合约，二者价差为 3.15 美元。到 8 月份，美联储果然宣布提高联邦基金利率，市政债券和国债价格都出现下跌，分别跌至 95.6 美元和 99.95 美元，市政债券价格下跌幅度较大，二者价差扩大到 4.35 美元。于是该投资者买进市政债券，并将国债期货合约平仓。交易过程见表 4－12。

表 4－12　　债券期货跨市套利交易

	市政债券	10 年期国债期货合约	价差
2 月 15 日	卖出 1 手市政债券，价格为 99.05 美元	买入 1 手 10 年期国债期货合约，价格为 102.2 美元	价差 3.15 美元
8 月 15 日	买入 1 手市政债券，价格为 95.6 美元	卖出 1 手 10 年期国债期货合约，价格为 99.95 美元	价差 4.35 美元
盈亏	3.45 美元	－2.25 美元	价差扩大 1.20 美元

由于该投资者准确预见了利率变动趋势，套利是成功的。如果投资者仅卖空市政债券，那么他就能获取更高的利润，但也将自己置于很大的风险中，如果他判断失误，利率不升反降，那么他将遭受很大损失。进行跨市套利就能避免这一风险，即使出现利率下降的不利局面，投资者在市政债券上的损失也将会得到期货收益的弥补，因此虽然跨市套利交易冲销了部分利润，但同时也降低了可能面临的风险。

【例 4－13】（外汇期货跨市套利）4 月 10 日，某交易者在国际货币市场以 1 英镑＝1.43 美元的价格买进 2 手 6 月期英镑期货合约，同时在伦敦国际金融期货交易所以 1 英镑 = 1.45 美元的价格卖出 5 手 6 月期英镑期货合约。之所以卖出 5 手合约，是因为伦敦国际金融期货交易所与国际货币市场的英镑期货合约的交易单位不同，前者是 62 500 英镑/手，后者则是 25 000 英镑/手。因此，为保证实际价值基本一致。前者买进 2 手合约，后者则要卖出 5 手合约。5 月 10 日，该交易者以 1 英镑 = 1.46 美元的同样价格分别在两个交易所对冲手中合约。交易过程见表 4 - 13。

表 4 - 13　　外汇期货跨市场套利交易

时　间	国际货币市场	伦敦国际金融期货交易所
4 月 10 日	买入 2 手 6 月期英镑期货合约（开仓） 价格：1.43 美元/英镑 总价值：178 750 美元	卖出 5 手 6 月期英镑期货合约（平仓） 价格：1.45 美元/英镑 总价值：181 250 美元
5 月 10 日	卖出 2 手 6 月期英镑期货合约（平仓） 价格：1.46 美元/英镑 总价值：182 500 美元	买入 5 手 6 月期英镑期货合约（开仓） 价格：1.46 美元/英镑 总价值：182 500 美元
结果	盈利 3 750 美元	亏损 1 250 美元

该交易者在国际货币市场上盈利 3 750 美元，在伦敦国际金融期货交易所中亏损 1 250 美元，通过跨市场套利交易净盈利 2 500 美元。

注意：(1) 跨市套利是指利用在两个不同的交易所交易的相同合约之间的价格差价，在一个交易所建立一种合约多头（空头）的同时，在另一个交易所建立相同合约的空头（多头），以从中获利。(2) 在市场间价差套利中，投资者在两个不同市场所买进和卖出的也不一定是完全相同的金融期货合约。(3) 在市场间价差套利中，两个不同的市场既可在同一地区，也可在不同地区。(4) 套利并非在任何情况下都可无风险地获利。

由于跨市套利涉及在不同的市场进行交易，所考虑的因素至为复杂，除了价差水平，价差的相对运动趋势之外，还要考虑：(1) 涨跌停板的因素、保证金水平、汇率、资金流动顺利与否等。(2) 因不同的市场存在交易时差，无法使套利建仓和套利对冲做到完全同步，在市场剧烈波动的情况下，另一个套头来不及建仓和来不及对冲时带来的风险可能会让套利操作功亏一篑。(3) 追加保证金风险。套利在两个市场之间进行，必然会出现一边头寸盈利，而另一边头寸亏损的情况，盈利的部分不可能像同一个市场套利那样用盈利来冲抵亏损部分从而带来账面的大致平衡。按照交易规则，亏损的一边套头，如不能及时追加保证金，就要强行平仓，强平的结果会使套头数量减少，从而使得套利操作无法贯彻下去。有时还会出现一个市场上的头寸盈利，而另一个市场出现爆仓的现象。显然，那种由套利被动地演变成了单向投机，其风险有可能是很高的。(4) 外汇风险。本币与外币流动不通畅会延误建仓时机，汇率波动有时会使得亏损的一边因汇率因素而亏损得更多，而盈利的一边则因货币的贬值而缩水。

(四) 双重套利

相比较而言，双重套利交易是一种保守的交易方法，就是在进行套利交易时，必须同时进行两笔套利交易。一笔在达到事先预定的获利水平时，即进行实质的清算以求利润的实现。另一笔套利交易则进行比较长期的持有，以等待更大的价格波动。双重套利交易法可以使投机者控制一笔套利交易，以获取预期的利润，另一笔交易则等待更大的获利机会出现。操作套利交易时，必须时时注意大环境的变化。因为一些重大的、有影响的事件发生后，将导致套利投机者原来在市场所获利润因事件的发生而蒙受损失。使用双重套利交易法中的第二笔套利交易在倒转市场发生时，可能会带来意想不到的收益。所以，保守稳健的投机者在进行套利交易时，大都会采用双重套利交易法，在最大安全的基础上寻求另一获利良机。

二、期货套利的特点

套利交易的风险较低，而且所需缴纳的佣金和保证金较少——套利的佣金支出比一个单盘交易的佣金费用要高，但又不及一个回合单盘交易的 2 倍。由于同类商品或金融工具但不同交割月份的两种期货合约的价格在运动方向上是一致的，套利交易可以为避免始料未及的或因价格剧烈波动而引起的损失提供某种保护，因此其风险程度较单方向交易为小。另外，套利交易对履约保证金的要求比纯粹做多头或空头来得少，节省了资金的占用，使交易者在资金融通方面获得更大的便利。

套利不仅受到金融市场条件和各种套利风险的影响，而且投资者的投资心理特征也对套利具有限制作用。主要表现在以下两个方面：(1) 投资者的过度自信心理将会增加套利者的套利风险，从而会限制套利者进行套利的意愿，并使得套利具有有限性。(2) 投资者的自我归因偏差心理会进一步增加投资者的过度自信心理，从而会更加限制套利者进行套利的意愿，并使得套利具有有限性等。

第二节 金融期货套利的基本方法

一、金融期货套利的基本方法

目前境内上市的金融期货品种有股指期货和国债期货。以下以沪深 300 股指期货为主来详细介绍金融期货套利的基本方法。由于目前股指期货在几家期交所之间的上市品种都不相同，与国外市场也不相通，跨市场套利和跨品种套利还不能实现。

（一）股指期货期现套利的步骤

股指期货进行套利交易基本模式是“买股票组合，抛指数”或“买指数，抛指数”，其套利步骤如下：

1. 计算股指期货合约的合理价格。股指期货合约的合理价格是将股指期货合约的理论价格，代入相应的参数计算得到的。

2. 计算期货合约无套利区间。由于每个投资者所取参数不同，其无套利区间的范围也会有所差别。另外，由于套利机会转瞬即逝，所以无套利区间的计算应该及时完成，实际操作中一般会借助程序化交易进行。

3. 确定是否存在套利机会。通过跟踪期货合约价格走势与无套利区间进行比较，可以判断出是否存在套利机会。只有当期货合约的价格脱离出无套利区间时，才会出现可操作的套利机会。

4. 确定交易规模，同时进行股指合约与股票（或基金）交易。确定交易规模时应考虑预期的获利水平，交易规模的大小会涉及冲击成本的高低，交易规模越大，产生的冲击成本也可能越高。此外，还应考虑融资融券的可能性。

5. 了结头寸。当所获取利润，达到预期目标时，投资者同时了解期现头寸，套利完成。

股指期货比较常用的定价模型有：持有成本模型、连续时间模型、一般均衡定价模型、区间定价模型、无套利实务操作定价模型、不完全市场下股价指数期货的定价模型等。

当股指期货合约实际交易价格高于或低于股指期货合约合理价格时，进行套利交易一般可以盈利。但事实上，交易是需要成本的，这导致正向套利的合理价格上移，反向套利的合理价格下移，形成一个区间，在这个区间里套利不但得不到利润反而会导致亏损，这个区间就是无套利区间。只有当期指实际交易价格高于区间上界时，正向套利才能进行。反之，当期指实际交易价格低于区间下界时，反向套利才适宜进行。

（二）股指期货期现套利举例

【例 4-14】 2008 年 11 月 19 日，股票市场上沪深 300 指数收盘时为 1 953.12点。此时，12 月 19 日到期的沪深300 指数 IF0812 合约期价为2 003.6点。假设某投资者的资金成本为每年4.8%，预计2008 年沪深300 指数成分股在 0812 合约到期前不会分红，此时是否存在期现套利机会?

第一步，计算套利成本。

股票买卖的双边手续费为成交金额的 0.3%，即 1 953.12 点 ×0.3% = 5.86 点;

股票买卖的印花税为成交金额的 0.1%，即 1 953.12 点 ×0.1% =1.95 点;

股票买入和卖出的冲击成本为成交金额的 0.05%，即 1 953.12 点 × 0.05% =0.98 点;

股票组合模拟指数跟踪误差为指数点位的 0.2%，1 953.12 点 ×0.2% = 3.91 点;

一个月的资金成本约为指数点位的 0.4% (4.8/12)，1 953.12 点 ×0.4% =7.81 点;

期货买卖的双边手续费按 0.01% 计，为 0.2 个指数点;

期货买入和卖出的冲击成本计 0.01%，为 0.2 个指数点;

套利成本合计 TC = 5.86 + 1.95 + 0.98 + 3.91 + 7.81 + 0.2 + 0.2 = 20.9 (点)

IF0812 合约的价格为 2 003.6 点，2 003.6 点 - 1 953.12 点 =50.48 点 > 20.9 点，即：IF0812 期货合约的价格大于无套利区间的上界，市场存在正向套利机会。

第二步，实施套利操作。

根据套利可用资金 2 500 万元，设计投入 2 000 万元左右的套利方案。

期货保证金比例 12%，因此投入股票和期货的资金分别为 1 780 万元和

220 万元。

IF0812 合约价值为：2 003.6 ×300 ×1 =601 080（元），每手合约保证金为：601 080 元 ×12% =72 129.6 元，初步计算期货头寸规模：2 200 000 ÷72 129.6≈28（手）；即：在期货市场以 2 003.6 的价格卖出 IF0812 合约 28 手，投入初始保证金 601 080 ×12% ×28 =202.0（万元）。同时，收盘前买入事先计划好的沪深 300 指数成分股中权重排名前 100 位的股票组合，其市值约为 1 780 万元。剩余资金约 500 万元用于预备股指期货头寸的保证金追加需要。

第三步，套利监测。

2008 年 12 月 19 日，沪深 300 指数 IF0812 期货合约到期交割，收盘时沪深 300 指数价格为 2 052.11 点，而 IF0812 收盘价为 2 058.4 点，期货价格与现货价格收敛基本一致。交割结算价是 2 062.66 点。

第四步，依据信号平仓。

与 11 月 19 日相比，12 月 19 日收市前，沪深 300 指数上涨了 2 052.11 -1 953.2 =98.91（点），涨幅为 5.064%，此时在股票市场上卖出股票投资组合的全部股票，价值约为：1 780 ×1.05064 =1 870.14（万元）；收市后，在期货市场上以 2 062.66 点自动交割 28 手 IF0812 期货合约空头头寸，从而结束全部套利交易。

第五步，结算。

在股票市场上，卖出股票投资组合获利：1 870.14 -1 780 =90.14（万元）；在期货市场上，28 手 IF0812 期货合约交割后亏损：（2 003.6 -2 062.66） ×300 ×28 = -49.61（万元）；盈亏相抵后，总利润为：90.14 -49.61 =40.53（万元）。1 个月的盈利率 =40.53/2 500 ×100% =1.62%。年化回报率为 19.45%。

二、期货套利操作的注意要点

（一）一般套利操作的注意要点

为使期货套利者最大限度地规避可能产生的风险，提高获利的机会，期货套利交易者在实际操作过程中应该注意一些基本要点：

1. 套利必须坚持同时进出。进行套利时，必须坚持同时进出，也就是开仓时同时买入卖出，平仓时也要同时卖出买入。在实际操作中，套利者在进行套利开仓时，通常是同时买入和卖出的。但是在准备平仓的时候，许多套利者自以为是，先了结价格有利的那笔交易。这样他在套利中只剩下一只脚跛行，换句话说，也就是将套利交易做成了投机交易，假如市场真如他所愿，当然可以获利，但是一旦价格对其不利，将遭受更大的损失，结果不仅会逐渐将卖盘的获利消耗掉，而且会出现亏损，所以必须坚持同时进出。

2. 下单报价时明确指出价格差。根据国外交易所的规定，在套利交易中，无论是开仓还是平仓，下达交易指令时，要明确写明买入合约与卖出合约之间的价格差。套利的关键在于合约间的价格差，与价格的特定水平没有关系。以价格差代替具体价格，可以更加灵活，只要价差符合，可以按任何价格成交。

3. 不要在陌生的市场做套利交易。这实际上是一个常识问题。套利者一般是通过合约之间的价差赚取利润，对具体商品并无需求，因此，套利者通常关心的是合约之间的价差，而对交易的期货品种并没有浓厚的兴趣。但是，期货市场的跨期套利和跨市套利中，套利者就必须了解各个合约的具体要求，如涨跌停板限制、保证金水平、追加保证金要求等。在进行套利前，必须了解这些基本内容。

4. 不能因为低风险和低额保证金而做超额套利。套利确实有降低风险的作用，而且在国外交易所为了鼓励套利，套利的保证金数额比一般的投机交易低25%～75%。可是不要因为这样，就可以把交易数量盲目扩大。这样一来，如果价差并不向预期的方向发展，这时投资者面临的亏损额与他的合约数量是成正比的，无形中增加了风险。此外，超额套利后，佣金也随套利量的增加而增加，套利的优势也无法正常地发挥出来。

5. 不要用锁单来保护已亏损的单盘交易。锁单不是套利交易，锁单无法把握不同合约间的价差收益。在期货市场上进行交易，输赢是正常的，在出现亏损时就应该忍痛了结，不肯服输的投资者有时可能会出现更大的损失。但是在实际交易过程中，有的投资者买入一份期货合约后，价格出现节节下跌，本来应该迅速平仓出场。可他仍寄希望于奇迹发生，价格出现反弹，于是继续留在市场中观望。为了避免更糟的情况发生，他又卖出同一种期货合约以形成套利的模式。其理由是如果价格继续下跌，卖出的这份合约将可以补偿当初买入合约的一部分损失。事实上后来卖出的期货合约只能起到已有损失不再扩大的作用，先前买入期货合约的亏损已经客观存在，采用锁单的方法一般无法将其挽回。

6. 注意套利的佣金支出。一般来说，套利是同时做两笔交易，期货经纪商总是想从投资者的套利中收取双份的全额佣金。在如何征收套利的佣金上，各方看法不一，各个交易所规定也不同。按国外的惯例，套利的佣金支出比一个单盘交易的佣金费用要高，但又不及一个单盘交易的2倍。当投资者下达套利指令时，应明确表示，这是一笔套利。如果投资者不能做到将进行套利的两笔交易同时进场和出场，则期货经纪商和交易所是不会承认这是一笔套利交易的，佣金仍要按两笔单盘交易收取。虽然佣金费用占交易额的比例较小，但如果交易额巨大时，也是一笔不小的支出。

（二）跨市套利需注意的因素

在跨市套利的操作中，还应特别注意以下几方面因素：

1. 资金成本。资金成本是决定同一品种在不同交易所间价差的主要因素。投资者在进行跨市套利时，应着重考虑两地间的资金成本差价的关系。

2. 交割品级的差异。跨市套利虽然是在同一品种间进行，但不同交易所对交割品的品质级别和替代品升贴水有不同的规定，这在一定程度上造成了各交易所间价格的差别。投资者在进行跨市套利时，对此应有充分的了解。

3. 交易单位和报价体系。投资者在进行跨市套利时，可能会遇到交易单位和报价体系不一致的问题，应将不同交易所的价格按相同计量单位进行折算，才能进行价格比较。

4. 汇率波动。如果在不同国家的市场进行套利，还要承担汇率波动的风险。投资者在进行套利前，应对可能出现的损失进行全面估量。

5. 保证金和佣金成本。跨市套利需要投资者在两个市场缴纳保证金和佣金，保证金的占用成本和佣金费用要计入投资者的成本之中。只有交易者预计的套利收益高于上述成本时，才可以进行跨市套利。

应当指出的是，套利尽管从总体上来说，风险较小，但期货市场是复杂多变的，理论上风险较小不等于实践中风险就一定小，当套利遇到诸如现货交割月、市场供求状况急剧变化以及其他破坏正常价格关系的情况时，仍然具有相当大的风险性。对此，交易者应对自己的交易策略和模型进行认真的设计，反复验证，以确保成功率。

第三节
金融期货投机的策略与技巧

一、金融期货投机的策略

期货投机是指交易者通过预测期货合约未来价格的变化，以在期货市场上获取价差收益为目的的期货交易行为。所谓金融期货投机（Speculation），是指人们根据自己对金融期货市场的价格变动趋势的预测，通过看涨时买进、看跌时卖出而获取利润的交易行为。

期货投机交易的基本方法就是投机商利用自己所掌握的市场信息，对市场价格进行预测和判断，在市场行情看涨时用较低的价格买入期货，然后观察形势，待时机成熟时对冲买入合约，从中获利。或者在市场行情看跌时卖空期货，待时机有利时再买进进行对冲。其操作过程一般包括以下四个步骤：第一，收集市场信息，并分清信息的可信度；第二，推测市场价格走势，进行投机决策；第三，在期货市场做空头或者多头；第四，伺机对冲持有的期货合约，从中获利。从具体操作方向来看，期货的投机交易可以分为两类：多头投机交易和空头投机交易。

（一）金融期货的多头投机

金融期货的多头投机是指投机者预期某种金融期货的市场价格将上涨，从而买进该期货，以期在市场价格上涨后通过对冲（低价买入，高价卖出对冲）而获利的交易策略。

【例 4－15】（外汇期货多头投机）6 月 10 日，某投机者预测瑞士法郎期货将进入牛市，于是在 1 瑞士法郎＝0.7387 美元的价值买入 2 手 6 月期瑞士法郎期货合约。6 月 20 日，瑞士法郎期货价格果然上升。该投机者在 1 瑞士法郎＝0.7485 美元的价位卖出 2 手 6 月期瑞士法郎期货合约平仓。其盈亏如下：

$(0.7485-0.7387)\times 125\ 000\times 2=2\ 450$（美元）

在不计算手续费的情况下，该投机者以瑞士法郎期货的多头投机交易中获利 2 450 美元。

【例 4－16】（利率期货多头投机）假设 6 月 1 日一项为期 90 天、利率

8%为的美国短期国债以99.20美元的价格开始发行。而当时短期国债期货价格为94.00美元，市场利率为6%。若该投机者预计市场利率将会下降，他便会做多头，先买进合约，待利率真的下降并降到预期目标时，再以较高的价格卖出合约，从中获利。他于6月1日买入1手9月份到期的美国短期国债期货合约。随后，利率果然下降，短期国债期货价格上升。到8月5日，市场利率降至4%，短期国债期货价格升至96.00美元，于是该投机者便卖出相关期货，了结先前的头寸，从中获利。交易过程见表4-14。

表4-14　　利率期货多头投机交易（一）

现货市场	市场价格	市场利率
6月1日买入1手短期国债期货合约	94.00美元	6%
8月5日卖出1手短期国债期货合约	96.00美元	4%
获利	2美元	

但若投机者判断失误，市场利率的实际走向正好与该投机者的预期相反，那么，他在交易中就会出现亏损。交易过程见表4-15。

表4-15　　利率期货多头投机交易（二）

现货市场	市场价格	市场利率
6月1日买入1手短期国债期货合约	94.00美元	6%
8月5日卖出1手短期国债期货合约	92.00美元	8%
亏损	2美元	

（二）金融期货的空头投机

金融期货的空头投机是指投机者预期某金融期货合约的市场价格将下跌，从而先行卖空该合约，并于合约到期前候机平仓（希望高价卖出，低价买入对冲），以从价格下跌中获取利润的交易策略。

【例4-17】（外汇期货空头投机）3月10日，某投机者预测英镑期货将进入熊市，于是在1英镑=1.8930美元的价位卖出4手3月期英镑期货合约。3月15日，英镑期货价格果然下跌。该投机者在1英镑=1.8880美元的价位买入2手3月期英镑期货合约平仓。此后，英镑期货进入牛市，该投机者只得在1英镑=1.8950美元的价位买入另外2手3月期英镑期货合约平仓。其盈亏如下：

$(1.8930-1.8880)\times 62\,500\times 2=625$（美元）

（1.8930 - 1.8950）×62 500 ×2 = -250（美元）

在不计算手续费的情况下，该投机者从英镑期货的空头投机交易中获利375美元。

【例4-18】（利率期货空头投机）假设6月1日一项为期90天、利率为8%的美国短期国债以99.20美元的价格开始发行。而当时短期国债期货价格为94.00美元，市场利率为6%。某投机者认为市场利率将会上涨，决定做空头投机。他于6月1日卖出1手9月份到期的美国短期国债期货合约。随后，利率果然上升，短期国债期货价格下降。到8月5日，市场利率升至8%，短期国债期货价格降至92.00美元，于是该投机者便买进相关期货，了结先前的头寸，从中获利。交易过程见表4-16。

表4-16　　利率期货空头投机交易

现货市场	市场价格	市场利率
6月1日卖出1手短期国债期货合约	94.00美元	6%
8月5日买入1手短期国债期货合约	92.00美元	8%
获利	2美元	

从以上例子可以看出，投机交易是否成功，关键要看能否正确预期市场价格变动方向。只有正确估计期货价格的变动方向，并且市场价格与预期的情况相一致，那么投机交易才可成功。

二、金融期货投机的技巧

（一）金融期货投机的准备工作

1. 了解金融期货合约。为了尽可能准确地判断金融期货合约价格的未来变动趋势，在决定买卖金融期货合约之前，应对其交易品种、交割制度等进行充分的了解，在此基础上再针对金融期货合约未来的价格走势做出全面和谨慎的判断。对合约有足够的认识之后，决定下一步准备买卖的合约品种及数量。在买卖合约时切忌贪多，即使有经验的交易者也很难同时进行3种以上不同品种的金融期货交易。

2. 制定交易计划。交易计划通常就是把个人的交易方法、资金运用、风险控制情况和出市原则结合起来，很多投资者在期货市场中遇到的主要问题是缺乏明确的交易计划。在金融期货交易中，制定交易计划可以促使交易者考虑一些可能被遗漏或考虑不周或没有给予足够重视的问题。

3. 设定盈利目标和亏损限度。一般情况下，交易者应根据自己对盈亏的态度来设定可接受的最低获利水平和最大亏损限度，并把各种分析方法结合起来对期货合约进行预测，这样获利的潜在可能性应大于所冒的风险。交易者应该事先为自己确定一个最低获利目标和所期望承受的最大亏损限度，作好交易前的心理准备。

（二）金融期货投机的操作方法

1. 开仓阶段。

（1）入市时机的选择。

首先，可以通过基本分析法，仔细研究金融市场是处于牛市还是熊市。如果是牛市，还可分析升势有多大，持续时间有多长；如果是熊市，可分析跌势有多大，持续时间有多长。此时，技术分析法是一个比较合适的分析工具。

其次，权衡风险和获利前景。合理的做法是，只有在判断获利的概率较大时，才能入市。所以，投机者在入市时，要充分考虑自身承担风险的能力。

最后，决定入市的具体时间。因为金融期货价格变化很快，入市时间的确定尤其重要。即使对市场发展趋势的分析准确无误，如果入市时间不当，在预测趋势尚未出现时即已买卖合约，仍会使投机者蒙受惨重损失。技术分析法对选择入市时间有一定作用。投机者通过基本分析认为从长期来看金融期货价格将上涨（下跌），如果当时的市场行情却持续下滑（上升），这时可能是投机者的分析出现了偏差，过高地估计了某些供求因素，也可能是一些短期因素对行情具有决定性的影响，使价格变动方向与长期趋势出现了暂时的背离。建仓时应该注意，只有在金融市场趋势已明确上涨时，才买入期货合约；在金融市场趋势已明确下跌时，才卖出期货合约。如果趋势不明朗或不能判定市场发展趋势，就不要匆忙建仓。

（2）金字塔式买入卖出。如果建仓后金融市场行情与预料相同并已经使投机者获利，可以增加持仓。增仓应遵循以下两个原则：第一，只有在现有持仓已经盈利的情况下，才能增仓。第二，持仓的增加应渐次递减。

（3）合约交割月份的选择。投机者在选择金融合约的交割月份时，通常要关注以下两个方面的问题。其一是合约的流动性；其二是远期月份合约价格与近期月份合约价格之间的关系。

根据合约流动性的不同，可将金融期货合约分为活跃月份合约和不活跃月份合约两种。一般来说，期货投机者在选择金融合约月份时，应选择交易活跃的合约月份，避开不活跃的合约月份。因为活跃的合约月份具有较高的市场流动性，方便投机者在合适的价位对所持头寸进行平仓，而如果是不活跃的合约月份，投机者想平仓时，经常需等较长的时间或接受不理想的价差。

根据现货价格与期货价格之间的关系可将市场划分为正向市场和反向市场。其实，根据期货市场远期月份合约价格和近期月份合约价格之间的关系，也可将市场分为正向市场和反向市场。当远期月份合约的价格大于近期月份合约的价格时，市场处于正向市场；当远期月份合约的价格低于近期月份合约的价格时，市场处于反向市场。

在正向市场中，一般来说，做多头的投机者应买入近期月份合约；做空头的投机者应卖出远期月份的合约。在反向市场中，一般来说，做多头的投机者宜买入交割月份较远的远期月份合约，行情看涨时可以获得较多的利润；而做空头的投机者宜卖出交割月份较近的近期月份合约，行情下跌时可以获得较多的利润。不过，在因现货供应极度紧张而出现的反向市场情况下，可能会出现近期月份合约涨幅大于远期月份合约的局面，投机者对此也要多加注意，避免进入交割期而出现违约风险。

2. 平仓阶段。投机者建仓后应该密切注视金融市场行情的变动，适时平仓。行情变动有利时，通过平仓获取投机利润；行情变动不利时，通过平仓可以限制损失。

（1）限制损失、滚动利润。这一方法要求投机者在交易出现损失，并且损失已经达到事先确定的数额时，立即对冲了结，认输离场。过分的赌博心理，只会造成更大的损失。在行情变动有利时，不必急于平仓获利，而尽量延长持仓时间，充分获取市场有利变动产生的利润。投机者即使投资经验非常丰富，也不可能每次投资都会获利。损失出现并不可怕，怕的是不能及时止损，酿成大祸。

（2）灵活运用止损指令。只要止损单运用得当，就可以为投机者提供必要的保护。不过投机者应该注意，止损单中的价格不能太接近于当时的市场价格，以免价格稍有波动就不得不平仓。但也不能离市场价格太远，否则，又易遭受不必要的损失。止损单中价格的选择，可以利用技术分析法来确定。下面是在小麦期货交易中运用止损指令的例子。

3. 资金和风险管理。资金管理是指交易者对资金的配置和运用问题。它包括：投资组合的设计、投资资金在各个市场上的分配、止损点的设计、报偿与风险比的权衡、在经历了成功阶段或挫折阶段之后采取何种措施，以及选择保守稳健的交易方式还是积极大胆的交易方式等方面。资金账户的大小、投资组合的搭配以及在每笔交易中的金额配置等，都能影响到最终的交易效果。

（1）一般性的资金管理要领。

①投资额应限定在全部资本的1/3至1/2以内为宜。这就是说，交易者投入市场的资金不宜超过其总资本的一半。剩下的一半做备用，以应付交易中的亏损或临时性的支出。

②根据资金量的不同，投资者在单个品种上的最大交易资金应控制在总资本的10%~20%以内。这一措施可以防止交易者在同一市场上注入过多的本金，从而将风险过度集中在这个市场上。

③在单个市场中的最大总亏损金额宜限制在总资本的5%以内。5%是指交易者在交易失败的情况下，愿意承受的最大亏损。

④在任何一个市场群中所投入的保证金总额宜限制在总资本的20%~30%以内。这是为了防止交易者在某一市场群中陷入过多的本金。同一市场群，往往价格变动趋势比较一致。例如，黄金和白银是贵金属市场群中的两个成员，它们通常处于相似的趋势下。如果我们把全部资金头寸注入同一市场群的各个品种，就违背了多样化的风险分散原则。因此，我们应当控制投入同一市场群的资金总额。

上述要领在国际金融期货市场上是比较通行的，不过也可以对之加以修正，以适应各个交易者的具体需要。有些交易者大胆进取，往往持有较大的头寸；也有的交易者较为保守稳健，持有较少的头寸。

一旦交易者选定了某个金融期货品种，并且选准了入市时机，下面就要决定买卖多少手合约了。一般来说，可根据这样的方法操作，即按总资本的10%来确定投入该品种上每笔交易的资金。假定一个交易者有总资本180万元，按照10%的比例，可以投入每笔交易的资金为18万元。假设沪深300指数期货合约保证金要求为合约价值的10%。那么当交易点数为3 000点时，每笔交易资金/合约价值10% =2（手），即交易者可以持2手股指期货合约的头寸。

（2）风险管理。在金融期货的投机中，投机者可通过许多渠道和许多办法来避免或控制交易中的风险，但其中最关键和最有效的主要有如下几个方面：

①期货投机主张纵向投资分散化，即选择少数几个熟悉的品种在不同的阶段分散资金投入，来起到分散投资风险的作用。

②准确预测金融期货价格的变动，慎重做出交易的决策。常用方法有基本分析法和技术分析法。

③对获利的期望应适可而止，切忌贪得无厌。

④正确运用停损订单，保住既得利润，避免更大损失。

⑤一个成功的交易者所具备的三个充分必要条件是技术、原则与人性的结合。

三、套利与投机的区别

套利与投机都是以获利为目的的交易行为，都是通过低价买进、高价卖出以赚取其中的价差收益的交易行为。两者在交易的方式、利润的来源、承受的风险以及交易的成本等方面存在着不同。

（一）交易方式的不同

期货投机交易在一段时间内只做买或卖；而套利则是在同一时间买入和卖出相关期货合约，或者在同一时间在相关市场进行反向交易，同时扮演多头和空头的双重角色。

（二）利润来源的不同

期货投机交易只是利用单一期货合约绝对价格的波动赚取利润，而套利是从相关市场或相关合约之间的相对价格差异变动套取利润。

（三）承受风险的不同

期货套利交易赚取的是价差变动的收益，承担的风险较小。而普通期货投机赚取的是单一的期货合约价格有利变动的收益，承担的风险较大。

（四）交易成本的不同

期货套利交易成本一般要低于投机交易成本，收取的保证金的要小于普通期货投机。在国外，套利交易的佣金支出比单笔交易的佣金费用要高，比单独做两笔交易的佣金费用之和要低。

第五章
DIWUZHANG

金融期货的量化交易

量化交易是借助现代统计学和数学的方法，利用计算机技术从庞大的历史数据中海选能带来超额收益的多种“大概率”事件以制定策略，用数量模型验证及固化这些规律和策略，然后严格执行已固化的策略来指导投资，以求获得可持续的、稳定且高于平均的超额回报。量化交易在金融期货上的应用主要可以分为套利、单边投资和组合保险策略三类，通过不同的方法得到超额收益。

第一节 期货的量化套利

一、跨期套利

跨期套利区间的确定模式有两种：一是持有成本理论模式；二是统计套利模式。传统的持有成本模式就是在考虑时间价值等因素的基础上，用持有成本模型测算出两个期货合约的理论价差，然后再加上（或减去）交易成本，从而确定出两个合约的无套利区间。若期货价格超出此区间的上下临界值时，则存在套利机会。统计套利模式是基于对跨期合约间价差的观测，在统计意义下给出一定的价差合理区间，是目前国外投资机构运用得较多的一种确定套利区间的方法。其优点在于，它可根据投资者对风险的偏好，设置相应的套利区间，而且交易机会较持有成本理论模式要多。

（一）基于成本法的跨期套利

基于成本法的跨期套利策略与期现套利类似，主要由套利期间的交易成本和资金成本来确定套利边界。根据持有成本理论，合理价格等于现货价格加上持有成本，减去现金红利，以股指期货为例，考虑连续利率和现金分红率，则：

$$F_{T,t}=S_te^{(r-q)(T-t)}$$

其中，$F_{T,t}$为到期日为 T 的期货合约在 t 时刻的价格，S_t 为现货在 t 时刻的价格，r 为无风险利率，q 为指数现金分红率。

那么，到期日分别为 T_1 和 T_2（$T_2>T_1$）的两个期货合约的价差为：

$$F_{T_2,t}-F_{T_1,t}=S_te^{(r-q)(T_2-t)}-S_te^{(r-q)(T_1-t)}$$

计算价格的对数之差：

$$\ln F_{T_2,t}-\ln F_{T_1,t}=(r-q)(T_2-T_1)$$

如果不考虑交易费用，则 $(r-q)(T_2-T_1)$ 即为两个合约对数价格的价差，从该值可以看出，对于两个既定的期货合约，如果资金成本和现金分红率不变，则合约的合理价差为一个常数。如果合约实际交易价格的对数价差大于上述数值，则可实施正向套利；反之，则实施反向套利策略。

成本法跨期套利策略存在的问题：

1. 跨期套利一般仍然以价差回归到零值作为平仓条件，但是由于合约到期时间不同，跨期套利中的合约价差不像期现套利的期现基差具有强制收敛特性，因此可能出现近期合约到期时，价差仍未收敛的情况，此时套利策略变得更加复杂。

2. 在正向套利中，如果近期合约到期时，跨期价差仍然没有收敛，可以通过卖出近期合约，买入现货的方式，将跨期套利转换为期现套利，但如果此时的价差水平不能覆盖现货复制成本（远大于期货交易成本），则仍将面临较大的风险。

3. 在反向套利中，如果近期合约到期时，跨期价差仍然没有收敛，则面临强制性平仓的风险，此类情况一旦发生，跨期套利将可能出现亏损。

（二）基于协整的跨期套利策略

鉴于基于成本法的跨期套利在实际运用中存在诸多问题，投资者在实际操作中多采用统计法来进行跨期套利，即根据期货合约价格数据构建统计套利模型来实施交易。这样跨期套利实际上是一种带有风险的统计套利，这里介绍介于协整检验的跨期套利策略。

1. 协整概念（Cointegration）。在处理时间序列数据时，如果一个时间序列的均值或自协方差函数随时间而改变，那么该序列就是非平稳的。对于非平稳的数据，采用传统的估计方法，可能会导致错误的推断，即伪回归（Spurious Regress）。若非平稳序列经过 d 阶差分后变为平稳序列，那么该序列就为 d 阶单整序列。对一组非平稳但具有同阶单整的序列而言，若它们的线性组合为平稳序列，则称该组合序列具有协整关系。

在证券市场中，股票价格序列通常都是非平稳的序列，一个典型的体现是在期权定价中将其假设为服从随机游走的布朗运动，期货价格序列也同样具有非平稳特性，而证券收益率序列则通常具有平稳的特性，如果将期货价格取对数，那么对数价格序列就可认为是一个一阶单整序列，如果两个不同到期日的合约价格序列的线性组合能够通过平稳性检验的话，那么这两个期货合约就具有协整关系。

协整关系体现的是一种长期的稳定关系，如果两个不同到期日的期货合约具有协整关系，即表明两个合约在长期具有稳定的相关关系，而由于市场预期和定价效率等因素的影响，两个合约可能在短期内表现出偏离长期均衡的关系，这样就可以通过买入价格相对较低的合约，同时卖空价格相对较高的合约，在两者价格回归正常水平后平仓，以获得期间的价差收益。这就构成了跨期套利的基本原理。

2. 协整检验。利用协整关系进行跨期套利的前提条件是两个合约的价格序列满足协整关系，即首先需要进行协整检验，目前来说，协整关系检验的常用方法主要包括 EG 检验和 JJ 检验等。EG 检验是恩格尔（Engle）和格兰杰（Granger）于 1987 年提出的主要针对两个变量的协整检验法，一般分为两步，又称为 EG 两步法。

首先，利用 DF 或 ADF 等方法检验变量 Y_t、X_t 的单整性，如果两变量为同阶单整，则用 OLS 方法估计协整关系方程：

$$Y_t = a + \lambda X_t + \mu_t$$

将估计到的参数带入方程 $\hat{Y}_t = \hat{\alpha} + \hat{\lambda} X_t$

即可计算得到非均衡误差：$\hat{e}_t = Y_t - \hat{Y}_t$

然后，检验残差 $\hat{e}$ 的单整性，如果 $\hat{e}$ 为稳定序列，则认为变量 Y_t、X_t 为

（1，1）阶协整，如果 $\hat{e}$ 为一阶单整，则认为变量 Y_t、X_t 为（2，1）阶协整，以此类推。对于跨期套利来说，一般需要检验两只合约的对数价格序列满足（1，1）阶协整关系。

JJ 检验是 Johansen 和 Juselius 于 1990 年提出了一种用极大或然法进行检验的方法，通常用于多变量协整检验，在 Eviews 等统计软件中含有完整的检验工具包。

【例 5－1】本例通过研究 IF1005 和 IF1006 合约之间的协整关系来建立套利策略。

首先通过对 IF1005 和 IF1006 的对数价格序列做 ADF 检验发现，合约 IF1005 和 IF1006 的原对数价格序列都是非平稳的，而经过一阶差分后都变为平稳序列，即 IF1005 和 IF1006 的对数价格序列都是一阶单整序列。令 F_{1005} 和 F_{1006} 分别代表 IF1005 和 IF1006 的价格，建立回归方程：$\ln(F_{1006}) = \alpha + \beta\ln(F_{1005}) + \varepsilon$，利用 OLS 方法估计得到 $\alpha = 0.01145$，$\beta = 0.99999$。然后，对残差序列进行 ADF 检验，从 ADF 检验结果来看，残差序列满足平稳性要求。因此，可以得出：IF1005 和 IF1006 对数价格序列满足协整关系。

利用上述残差序列即可套利建立交易模型：既然残差序列是平稳序列，即其均值等于零，标准差为常数，可以通过设置一定的过滤门槛来触发交易。这里以残差的 2 倍标准差作为套利触发条件，以 4 倍标准差为止损线，以均值即零作为套利平仓条件（见图 5－1）。利用上述交易策略，对 IF1005 和 IF1006 合约进行跨期套利样本内检验。假设套利资金为 1 000 万元，交易成本为 0.04%，保证金水平为 15%，则在 2010 年 4 月 16 日至 5 月 21 日之间，总共可进行 4 次交易，考虑 3 倍的资金杠杆，累计收益可以达到 8.82%。

二、Alpha 套利

Alpha 套利策略源于股指期货期现套利，但本质上是 Alpha 对冲，即多头为股票组合、空头为股指期货的对冲策略。如果多头组合的表现比沪深 300 指数好，则 Alpha 套利可以获得稳定的超额收益。

根据资本资产定价（CAPM）模型，投资组合的总体收益可以分为两个部分：一部分来自于市场系统性风险相匹配的市场收益（也称为来自 β 的收益）；另一部分则来自于投资组合超越市场收益部分的超额收益（也称为 Alpha收益），用公式表示即为：

$$R_s = \alpha + r_f + \beta_s(R_m - r_f) \tag{1}$$

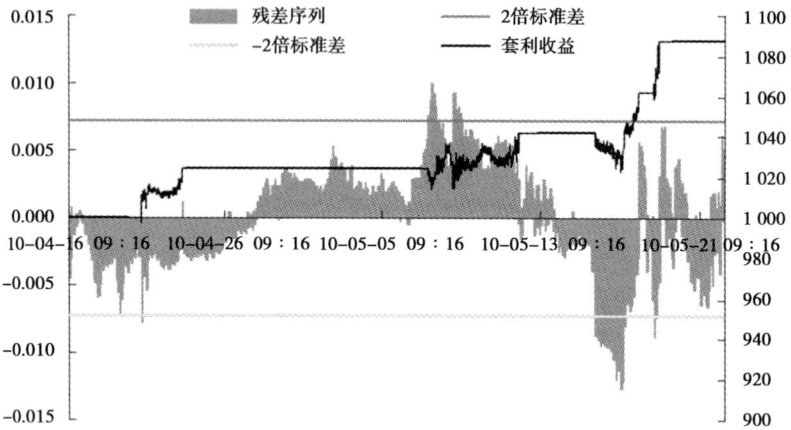

图 5－1　IF1006 与 IF1005 跨期套利收益图

其中，R_s 为投资组合的预期收益率，β_s 为投资组合的 β 值，R_m 为市场指数的预期收益，r_f 为无风险利率。

正向 Alpha 套利是指投资者通过选取相对走势最强的股票投资组合，并利用股指期货相应的空头对冲掉市场的系统性风险 β，从而在持有期内获取超额收益，我们通常所指的 Alpha 套利都是指的正向 Alpha 套利。如果选取相对走势最弱的股票投资组合进行融券卖空，并利用股指期货相应的多头对冲掉市场风险 β，以此获取超额收益的策略称之为反向 Alpha 套利。Alpha 策略的优势在于并不依靠对股票（组合）或大盘的趋势判断，而是研究其相对于指数的投资价值。

（一）多因子 Alpha 套利策略

多因子模型的基本思想就是找到某些和收益率最相关的因子，用因子作为选股标准，满足这些因子的股票则被买入，以此构建一个股票组合，期望该组合在未来的一段时间跑赢指数。

多因子 Alpha 套利策略实施可以分为五个步骤：构建因子库、因子筛选、因子打分、构建组合和建立 Alpha 对冲策略。

前四个步骤都与选股有关系（见图 5－2）。首先要构造和股价变动最为相关的因子库，通过历史回溯，观察这些因子和股票收益的相关性，再对因子进行进一步的筛选，把与股票收益相关性最显著的因子挑出来作为选股的依据，对这些因子打分加权后得到股票的总得分，选择得分最高的股票构造投资组合。

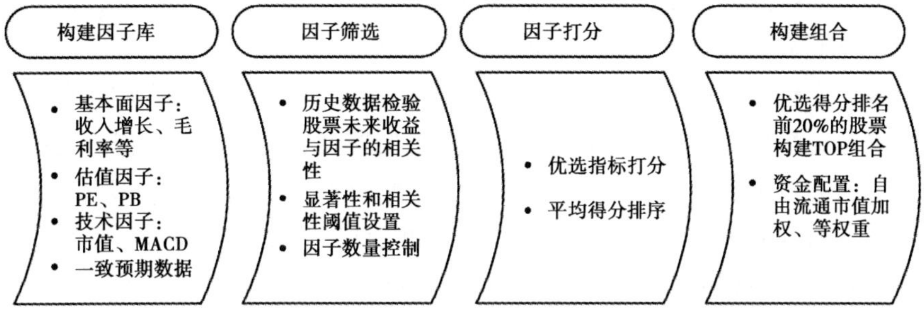

图 5－2　多因子 Alpha 套利选股步骤

在构建投资组合的 t 时刻，对市场上股票在 t 时刻可得的所有因子分别打分，可以采用排序的方法进行打分，对每一个因子，把所有股票的因子值进行排序，每只股票相对该因子的得分即为这个因子在全市场股票上的排序位置，如资产收益率作为一个备选因子，某只股票的资产收益率排序第 20 位，那么该股票在资产收益率这一个评判标准上的得分即为 20 分。如果某些股票无法得到某个因子的数据，那么计算可得数据的股票在这个因子上的平均得分，数据不可得的股票采用这个平均得分。

接下来考虑每个因子与股票收益率的相关性。针对每一个因子，分析 t 时刻因子得分与（$t+1$）时刻股票收益率的相关性。将不同时间点上，所有股票的面板数据统一对待，作为样本内数据进行分析。样本数据时间窗口选择具有一定技术性，时间窗口放大后包含更多的样本内数据，能够提高数据稳定性；但过大的时间窗口会忽略近期的市场特性。

根据样本内的股票因子得分情况与收益的相关性分析结果来确定选股指标，只要相关性分析结果显著，即把该因子作为选股标准之一，设置显著性水平位 0.1% 。由于相关性统计是采用滚动时间窗口的方式，故而选股指标的确定也是滚动得到，不同时期的选股指标以及指标个数都不尽相同。

在每一个构件组合的时刻上，确定了所有相关性显著的指标后，对这些指标得分按照等权重加权计算股票的综合得分：

$$w_i = \pm \frac{1}{n}$$

权重前面的符号，由指标得分与收益率相关性的方向决定。正相关，采用正的权重；负相关，采用负权重。所以，权重的绝对值之和为 1，但权重之和并不一定为 1。

通过上述方法，选择综合得分最高的一篮子股票作为投资标的，最终组合的权重按照股票的流通市值进行加权。

因子库包括基本面财务数据、估值指标、技术指标和分析师一致预期数据。财务类指标主要包括盈利指标和增长性指标两大类。估值类指标包括 PE、PB，并经过标准化处理，即股票相对于所属行业的估值水平。具体方法是，计算行业指数的 PE、PB 水平，将个股的 PE、PB 数据除以所述行业的行业指数估值数据，得到个股在行业内的估值水平的倍数。由于市场情绪也是决定股票涨跌趋势的重要因素，所以采用月度 MACD 作为市场情绪研判的一个标准，放在因子库中。分析师一致预期代表市场对未来的看法，从历史经验来看，市场热衷于追捧一致预期看好的股票，而摒弃预期不好的股票，因此在因子库中添加 5 个一致预期数据（见表 5－1）。

表 5－1　　　　基 准 因 子 库

<table>
<tr><td rowspan="10">盈利能力</td><td>1</td><td>ROA</td><td>偿债能力</td><td>16</td><td>资产负债率</td></tr>
<tr><td>2</td><td>ROE</td><td rowspan="2">估值</td><td>17</td><td>PE</td></tr>
<tr><td>3</td><td>EPS</td><td>18</td><td>PB</td></tr>
<tr><td>4</td><td>毛利率</td><td rowspan="6">技术面</td><td>19</td><td>1 个月收益率</td></tr>
<tr><td>5</td><td>净利润率</td><td>20</td><td>3 个月收益率</td></tr>
<tr><td>6</td><td>Delta（ROA）</td><td>21</td><td>6 个月收益率</td></tr>
<tr><td>7</td><td>Delta（ROE）</td><td>22</td><td>1 个月平均换手率</td></tr>
<tr><td>8</td><td>Delta（毛利率）</td><td>23</td><td>3 个月平均换手率</td></tr>
<tr><td>9</td><td>Delta（EPS）</td><td>24</td><td>MACD</td></tr>
<tr><td>10</td><td>Delta（净利润率）</td><td rowspan="6">一致预期</td><td>25</td><td>明年一致预测 EPS 增长率</td></tr>
<tr><td rowspan="3">资产运营状况</td><td>11</td><td>主营业务收入增长率</td><td>26</td><td>后年一致预期 EPS 增长率</td></tr>
<tr><td>12</td><td>总资产周转率</td><td>27</td><td>明年一致预期 PE</td></tr>
<tr><td>13</td><td>每股净资产</td><td>28</td><td>后年一致预期 PE</td></tr>
<tr><td rowspan="2">市值</td><td>14</td><td>流通市值</td><td rowspan="2">29</td><td rowspan="2">明年一致预期净利润增长率</td></tr>
<tr><td>15</td><td>总市值</td></tr>
</table>

通过相关性选股模型，可以得到沪深 300 样本股中所有股票的综合得分。在对股票进行筛选时，采用以下两种策略：

第一，行业间中性、行业内增强策略。将所有股票进行行业分类，每个月末进行组合调整，每期选取行业中得分最高的一定比例的股票，行业内股票以流通市值加权；行业间采用行业中性，采用沪深 300 的行业权重加权，构建沪深 300 全行业的股票优选组合。

第二，全样本优选策略。不考虑行业属性，选取样本股中得分最高的一篮子股票构建投资组合，股票采用流动市值加权。

直观来看，方法一通过行业中性的加权方式，能够减小对于指数的跟踪误差，策略的 Alpha 会具备较好的稳定性；而方法二则仅挑选基本面以及技术指标表现最好的一篮子股票构建组合，应该会具有更高的 Alpha 收益，但是波动性会更大。

【例 5－2】该策略在行业内对个股进行精选，采用的方法是相关性选股，样本内数据始终采用过去两年的滚动窗口数据。假设第 i 个行业有 n_i 只股票，参数 p 是各行业中优选出的股票比例，则第 i 个行业选出 $[n_i \times p]+1$ 只股票，其中 [ ] 是取整符号。

以 2008 年 1 月～2011 年 8 月为样本期，每个月末更新投资组合，共计 44 个月，对不同参数下组合相对沪深 300 的表现进行敏感性分析。比较来看，当每个行业选取 20% 的股票时，增强组合的信息比率最高，年化值达到了 1.82，胜率也高达 68.18%（见表 5－2）。

表 5－2　　策略 1 表现

股票数占比（%）	超额收益平均值（%）	超额收益波动率（%）	信息比率	胜率（%）	平均每期选出股票（只）	平均换手率（%）
10	12.34	7.86	1.57	50.09	44	109
15	10.65	7.63	1.40	61.36	55	104
20	12.77	7.03	1.82	68.18	70	100
25	10.65	6.97	1.53	70.45	84	97
30	10.23	6.57	1.56	68.18	96	94
35	9.39	6.74	1.39	68.18	111	88
40	8.53	6.44	1.33	68.18	125	83
45	8.21	5.76	1.43	65.91	137	77
50	7.64	5.34	1.43	70.45	155	71

【例 5－3】该策略选取得分排在最前面的一定数量的股票来构建增强组合，同样以 2008 年 1 月～2011 年 8 月为样本期，每个月末更新投资组合，共计 44 个月，参数是每期选出的股票个数，对不同参数下组合相对沪深 300 的

表现进行敏感性分析。综合比较，当每期选出 125 只股票时，组合的信息比率最高，年化值达到了 1.36，胜率也达到了 65.91%（见表 5-3）。

表 5-3 策略 2 表现

股票数量（只）	超额收益平均值（%）	超额收益波动率（%）	信息比率	胜率（%）	平均换手率（%）
44	15.01	14.45	1.04	65.91	111
55	15.80	13.53	1.17	63.64	103
70	13.89	11.90	1.17	65.91	98
84	10.84	10.92	0.99	63.64	94
96	10.77	10.02	1.07	56.82	91
111	12.00	9.38	1.28	59.09	88
125	12.24	8.98	1.36	65.91	85
137	10.37	8.62	1.20	61.36	82
155	9.26	7.24	1.21	68.18	76

（二）基于动量和反转策略的 Alpha 套利

股票的动量效应，指的是过去一段时间表现较好的股票或者股票组合在未来一段时间内仍然保持良好表现。反转效应是指在一段较长的时间内，表现差的股票在其后的一段时间内有强烈的趋势进行大的逆转，回复到正常水平，而在给定的一段时间内，最佳股票则倾向于在其后的时间内出现差的表现。利用动量效应和反转效应实施的投资策略分别称之为动量策略和反转策略。Alpha 动量与反转策略都是典型的积极主动性投资策略，两种策略在投资标的选择上正好相反，可以视为互补的一组策略，其可以应用于积极主动性投资基金或与其他策略配合运用形成组合策略。

根据（1）式可以得到股票 i 的收益率为：

$$R_i = \alpha + r_f + \beta_i (R_m - R_f) + \varepsilon_i \tag{2}$$

其中 α 反映了市场价格的误定程度，选取股票在一定观察期内的 Alpha 作为其动量的考察指标，在一定参数控制下，在股票池中选取观察期内 Alpha 最强的一些股票作为未来一段持有期的投资组合，利用股指期货相应的空头对冲掉市场的系统性风险 β，剩下的即为股票组合的 Alpha 收益，这就是基于动量策略的 Alpha 套利。同样，可以构建基于反转策略的 Alpha 套利。

在（2）式中，当 $\alpha>0$，表明市场对证券收益率的预期高于均衡的期望收益，因而市场价格偏低，可以买入；当 $\alpha<0$ 时，市场对证券的收益预期低于均衡的期望收益率，市场价格偏高，应当卖出。

【例 5－4】 本例选择的样本股为沪深 300 成分股，Alpha 值计算依据市场指数模型，利用历史 1 年数据进行计算。将 α 大于 0 和 α 小于 0 的组合分别进行排序，动量组合取自于正 α 值最大的前 30 只个股；反转策略组合取之于负 α 值最小的 30 只个股。检验时间为 2007 年 1 月 5 日～2010 年 10 月 31 日。交易成本设定为：单边佣金为 1.5‰，印花税为 1‰，冲击成本为 1‰，一个周期的买入与卖出成本共计为 6‰。

图 5－3～图 5－6 显示 2007 年到 2010 年间 Alpha 动量和反转策略组合滚动投资的累积收益与沪深 300 的比较结果。从图 5－3～图 5－6 中可以看出，在近 4 年的滚动投资中，Alpha 反转策略的累积收益远超过动量策略，但反转策略的超额收益主要来自于 2007 年和 2009 年两次牛市中。在牛市的早、中期，反转和动量都超越基准指数（见图 5－3、图 5－5），但反转策略超越动量策略。在牛市的晚期和牛熊转折期以及熊市中，反转策略和动量策略之间无明显优势，且两种策略与基准指数间也没有明显的优势。在熊市的后期和熊市转变为牛市阶段，反转策略会明显超越动量策略和基准指数（见图 5－4）。另外，从 2010 年开始，Alpha 动量策略明显超过反转策略（见图 5－6）。

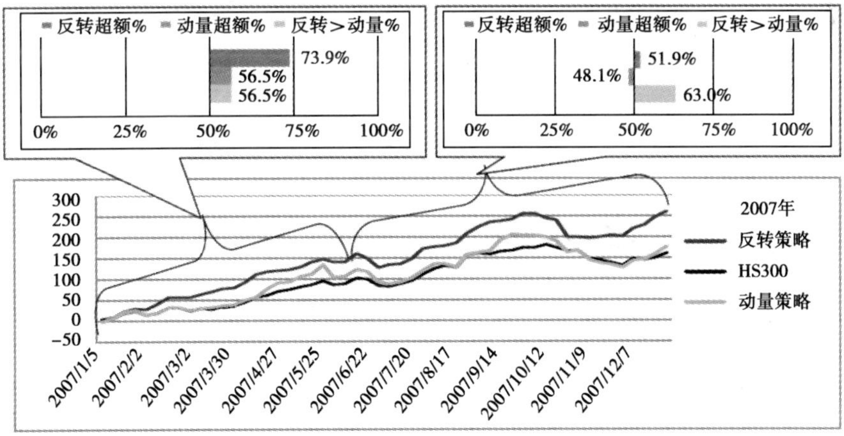

图 5－3　2007 年 Alpha 动量和反转策略收益比较

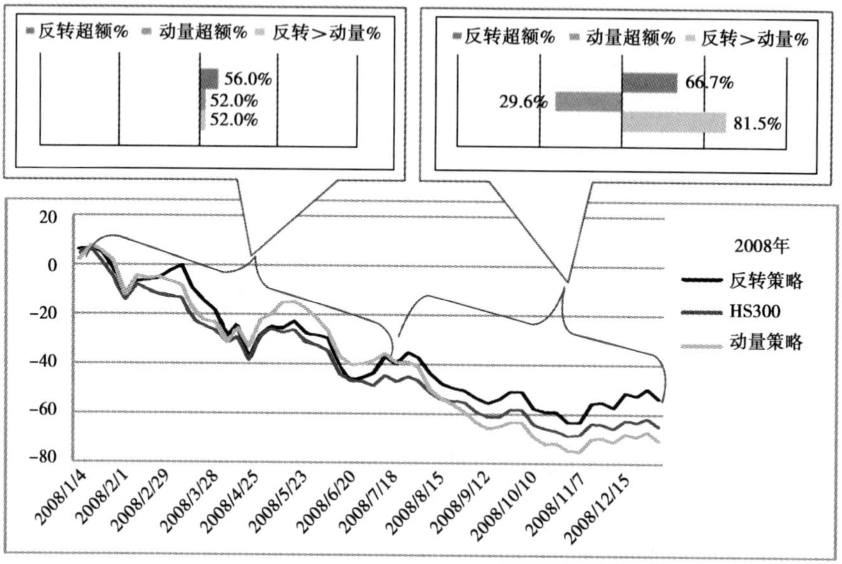

图 5-4 2008 年 Alpha 动量和反转策略收益比较

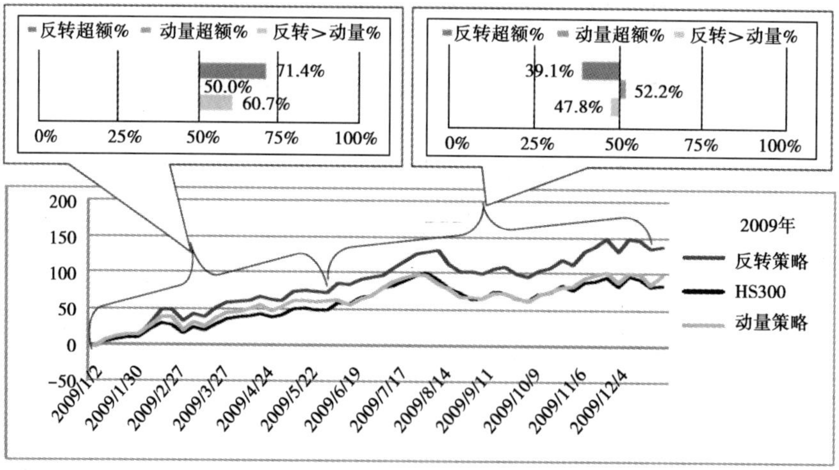

图 5-5 2009 年 Alpha 动量和反转策略收益比较

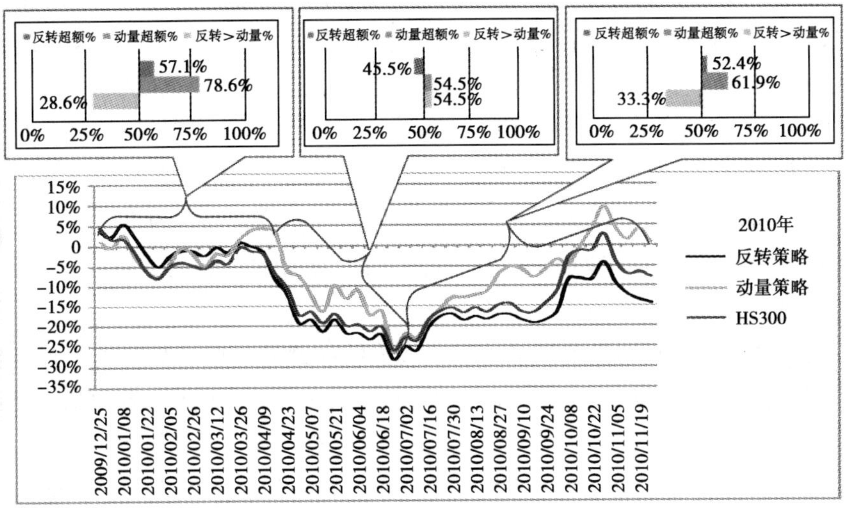

图 5－6　2010 年 Alpha 动量和反转策略收益比较

持有期的不同对两种策略收益的影响见表 5－4。结果表明，持有期的变化对反转策略的影响不大，仅在 2009 年持有期为 4 周时，超额收益与其他持有期出现较大差异。相比而言，动量策略对持有期的敏感性较强。2 周与 3 周比较接近，整体优于 1 周和 4 周。值得注意的是，不管持有期如何，反转策略的整体超额收益呈下降之势，而动量策略呈上升之势，并且一周动量策略超额收益呈直线上升。

表 5－4　　不同持有期对策略超额收益影响

持有期	2007～2010 年		2007 年		2008 年		2009 年		2010 年	
策略	反转	动量	反转	动量	反转	动量	反转	动量	反转	动量
1 周	167.55%	-37.11%	101.05%	-15.19%	11.21%	-9.22%	41.25%	1.29%	-6.58%	8.24%
2 周	218.27%	25.91%	108.11%	10.95%	15.14%	-3.78%	43.59%	9.44%	-2.73%	16.26%
3 周	137.79%	27.76%	66.88%	9.77%	8.52%	-5.15%	38.54%	15.17%	0.61%	22.15%
4 周	165.92%	16.88%	78.88%	-4.49%	19.32%	-3.34%	20.27%	9.54%	-3.42%	14.12%

根据以上的分析结果，投资者可以利用 Alpha 动量和反转策略在对市场走势判断的基础上灵活运用这两种策略。同时，投资者可以利用 Alpha 动量或反转策略，借助于股指期货实施 Alpha－Beta 分离策略以获得超越基准指数的绝对收益。

【例 5 – 5】本例在沪深 300 的成分股中，对个股在观察期内计算出的Alpha收益进行排序，利用排名靠前的股票构成股票组合，并利用股指期货相应的空头对冲掉市场的系统性风险 β，相当于在（1）式中消掉 β_s（$R_m - r_f$）留下 $\alpha + r_f$，从而在持有期内获取超额收益。

本例取样时间是从：2006 年 12 月 27 日 ~ 2011 年 7 月 15 日，共计四年半的数据。股票池为每一期的沪深 300 成分股，并随着成分股的变化而改变，选股策略每月调整一次，股指期货空头部分持有近月主力合约，每月移仓一次。若某月选不出股票，则放弃该月的操作。

为了防止一些短期过度波动的股票或连续涨跌停的股票被选入，而影响整个策略的稳定性与应用性，本例对一些参数进行了控制，控制参数包括股票数目和观察期天数。股票数目过少会影响策略的稳定性，无法起到投资组合分散风险的作用，也会增加操作的冲击成本，股票数量至少应该有 10 只，而过多的股票也可能使得动量不足，本例选取 40 只以内的股票。观察期天数过长，策略中的Alpha 动量减弱，一般 15 个交易日左右会使得收益率最佳（见图 5 – 7）。此外，还可对阿尔法、贝塔、波动率、相关系数、跟踪误差等进行控制。

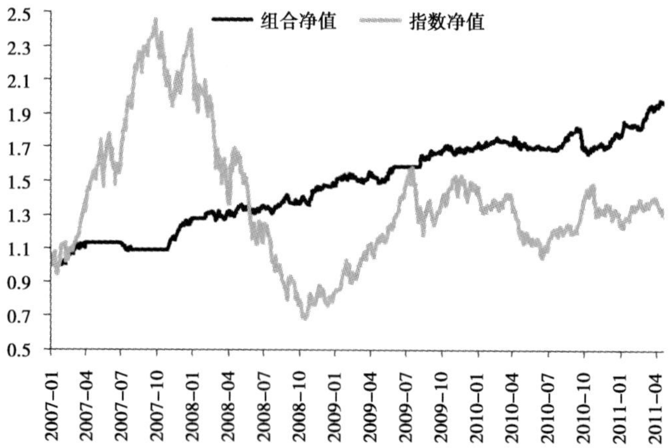

图 5 – 7　动量 Alpha 套利策略模拟组合净值与股指比较

该策略收益较好，盈利概率较高，由于策略对冲掉了系统性风险 β，因此整个组合的收益状况基本不受指数走势变化的影响，风险大大低于沪深 300 指数，具有较强的实用价值，适合机构等风险厌恶并追求稳定收益的投资者。需要注意的是，一般来说，股票的动量效应难以保持较长的时间，而较短的持有期可能令交易过于频繁，而交易成本较高，使总体收益有限。

（三）事件驱动 Alpha 套利策略

事件驱动 Alpha 套利策略是指在深入分析可能造成股价异常波动的事件基础上，充分利用事件发生前后股票价格波动，采用股指期货对冲掉系统风险后获取超额回报的投资策略。这样的事件非常多，如果从影响层面来划分，大致可分为三类：一是宏观事件，如宏观经济政策的调整、经济数据的发布等。二是产业或行业事件，如涉及单一或多个行业的产业振兴规划出台。三是微观事件，如上市公司公布财务报表等。

宏观事件驱动 Alpha 套利，是研究各种宏观事件对于不同板块股票的影响，即买入正向冲击股票组合，并卖空相应股指期货对冲系统性风险，进行正向 Alpha 套利；或者融券卖空负向冲击股票组合，买入股指期货对冲系统性风险，进行负向 Alpha 套利。对于宏观经济指标的事件研究是其中的一种重要策略，各种宏观指标位于不同的区间，会对特定类别的股票有影响，利用不同的影响可以设计各种 Alpha 套利策略。

常用的宏观指标见表 5－5。

表 5－5　　常用的宏观指标

编号	指标类型	包含指标
1	国民经济核算	GDP（同比）
2	工业指标	工业增加值（同比）、发电量（同比）、工业增加值高于预测值幅度
3	价格指标	CPI、PPI、RPI、CPI 高于预测值幅度、PPI 高于预测值幅度
4	预测数据	预测 CPI、预测 PPI、预测 M2
5	对外投资	进出口总额、进口总额、出口总额
6	货币供应	M_0、M_1、M_2
7	景气指标	宏观经济预警指数、宏观经济先行指数、消费者信心指数、企业家信心指数
8	PMI	PMI、PMI（非制造业）、汇丰 PMI、汇丰 PMI（非制造业）
9	市场情绪	A 股估值水平（PE）、A 股平均换手率、日均成交金额、A 股账户新增开户数

宏观指标的事件研究可以与多因子模型结合起来，研究板块轮动的效应，构建基于不同板块表现的 Alpha 对冲策略。首先根据各类因子的历史表现确定一组“有效因子”，这组因子将作为板块轮动组合的主要驱动来源，而后每一

期该“因子组合”将动态地调整，调整的依据是：随着各类宏观事件的发生，某些因子可能会被纳入，而某些因子可能会被剔除。纳入及剔除的情况取决于各类宏观事件下，板块轮动的规律。

例如，GDP 创新高时，经济过热的风险随之加大，估值高的股票有调整的风险，股价中短期反转及估值指标备受关注。预期 M_2 创新高，货币总供应偏宽松，市场在增量资金的带动下往往具备估值修复行情，而盈利及成长等基本因素表现不佳。进出口总额创新高，投资情绪极度乐观，中小企业生存环境得到改善，小盘股由于其成长性高，业绩想象空间较大而备受青睐；而蓝筹股由于规模较大，业绩虽稳定但利润增长的边际效益较低，因此盈利、成长以及运营类等方面的因子有效性并不显著。

行业事件针对性比较明确，相对比较容易分析相应的板块、股票和冲击效果，但是冲击的时点不好把握。

微观事件是大家研究最多、应用最广的一类事件驱动策略，这些事件大致可分为四类：公司业绩、股权结构变动、经营管理行为和分析师行为。公司业绩类事件包括财务报表公布、业绩预告、业绩快报等，其发生与市场走势没有显著关系，更多地体现季节性变动的特点。股权变动类事件包括大股东增持、管理层持股变动、限售股流通、大小非减持等，在市场处于低位时，大股东增持和高管增持发生频率较高，而在市场处于高位时发生的频率明显降低。大小非减持行为对股价产生负面作用是大概率事件，大非减持对股价产生打压的概率比小非减持更大。

经营管理类事件包括兼并收购、股权激励、股权质押等行为，并购交易所带来的业绩变化与股价波动之间存在着趋势性、非线性的关系，而业绩提升明确的兼并收购对公司股价投资收益存在正面促进作用。股权激励短期内对上市公司的业绩提升效果有限，在预案公告后 20 个交易日左右样本股价取得正收益的概率最高，预案公告日后股价的绝对收益和相对收益均值都呈递增之势，并在 90 个交易日前后取得阶段最高值。股权激励计划的终止对公司股价存在一定的打压作用，终止公告发布后 60 个交易日内股价很难获得正的投资收益。

微观事件驱动 Alpha 交易策略汇总见表 5 - 6。

表 5-6　　微观事件驱动 Alpha 交易策略汇总

事　件	观察变量	事件日	交易策略
净利润超过（低于）一致预期	净利润与一致预期值	财务报表公告日	净利润超过一致预期，股价上涨，正向 Alpha 套利；净利润低于预期，股价下跌，负向 Alpha 套利
业绩预告	上市公司业绩预告的类型	业绩预告公告日	业绩预告趋好，正向 Alpha 套利；业绩预告趋坏，负向 Alpha 套利
业绩快报	归属母公司股东的净利润同比增长率	业绩快报公告日	业绩快报趋好，正向 Alpha 套利；业绩快报趋坏，负向 Alpha 套利
盈利公告	净资产收益率和净资产收益率同比增长率	财务报表公告日	盈利增幅较大，正向 Alpha 套利；盈利降幅较大，负向 Alpha 套利
管理层持股变动	管理层持股比例的变化	公司报表公告日	管理层持股大幅增加，正向 Alpha 套利；管理层持股大幅减少，负向 Alpha 套利
大股东增持	大股东增持股票占流通股比例	相关公告的公告日	正向 Alpha 套利
限售股可流通	可流通股票占总股本比例	限售股可流通起始日	反向 Alpha 套利
大小非减持	减持股票占总股本比例	相关公告的公告日	反向 Alpha 套利
分红			
兼并收购	兼并收购公告	相关公告的公告日	正向 Alpha 套利
股权激励	股权激励方案	相关公告的公告日	股权激励方案实施，正向 Alpha 套利；股权激励方案终止，负向 Alpha 套利
股权质押	股权质押公告	相关公告的公告日	负向 Alpha 套利
分析师个股推荐评级	分析师个股评级：买入、强烈买入	研究报告发布日	分析师调高推荐评级，正向 Alpha 套利；分析师调低推荐评级，反向 Alpha 套利

第二节 单边投资策略

一、趋势交易

市场趋势就是一段时间内市场价格持续变动的方向，趋势的方向属性主要指该趋势所引导的市场价格变动方向。趋势交易是单边投资策略中最重要的一种，可以说市场就是由趋势组成。道氏理论是论证市场趋势最早和最经典的理论，该理论认为，股票会随市场的趋势通向变化以反映市场趋势和状况。根据时间周期的不同，道氏理论将趋势分成三类：主要趋势、次要趋势和短暂趋势，认为投资者最关心的是主要趋势，通常持续 1 年以上时间，有时甚至好几年。大趋势通常包括三个阶段：第一阶段称为积累阶段，即熊市末尾牛市开端，精明的投资商开始逐步减仓；第二阶段称为发展阶段，大多数技术性顺应趋势的投资者开始跟进买入，从而价格快步上扬；第三阶段为最后阶段，交易活跃，投机性交易量日益增长，市场上看似卖盘减少，但实际上精明的投资者预感到了价格即将下跌，开始逐步卖出。

在通常情况下，市场不会朝任何方向直来直去，市场运动的特征就是曲折蜿蜒，酷似一系列“前仆后继”的波浪，具有相当明显的峰和谷。所谓市场趋势，就是有这些波峰和波谷依次上升或下降的方向所构成的。无论这些峰或谷是依次递升，还是依次递减，或者横向延伸，其方向就构成了市场的趋势。市场趋势分为三类：上升、下降和横盘整理。可以把上升趋势定义为一系列依次上升的峰和谷；把下降趋势定义为一系列依次下降的峰和谷；把横盘整理趋势定义为一系列依次横向伸展的峰和谷。

我们通常所讲要“顺应趋势”，被大多数趋势交易者奉为圭臬。但是，趋势分为不同的层级，主要趋势、次要趋势和短暂趋势可能是相悖的，不同的交易者会去做不同时间周期的交易，所关注的趋势层级均不相同。作为股指期货的量化交易来说，由于可以实现程序化自动执行，能够抓住更加短暂的交易机会，时间跨度将更大，从高频交易、日内交易到数天、数周的交易，即各种时间长度都可以在股指期货中运用量化方法来做趋势交易。

量化趋势交易一般从三种角度来寻找出入场点。第一，根据价格形态，通过量化方法描述波峰和波谷的形态来确认趋势走向，构建交易策略。某些持续价格形态可以表示趋势的延续，诸如三角形、旗形、矩形等。支撑和阻力是趋势中的两个重要概念，在上升趋势中，价格在支撑点停止下跌，在阻力位上涨遇阻。将重要支撑点连接起来就构成趋势线，而阻力点连接则可画出通道线。量化方法描述趋势线的难点在于如何对待趋势线的细小穿越，如何将毛刺与突破进行有效区分，而判断趋势线何时失效也存在一定难度。第二，可以根据技术指标构建交易策略。有众多的技术指标来描述趋势强弱和走向，例如移动平均线、止损点（SAR）、布林通道等。诸如布林通道本身就可以构建量化交易策略，还可以将多个技术指标结合其他因素，构建各种量化交易策略。第三，可以根据 K 线形态来描绘市场趋势。单一 K 线判断走势有效性往往较差，而多个 K 线组合可以更好地形成对趋势的判断。

【例 5－4】（MACD 交易策略）MACD 又称指数平滑异同移动平均线，该指标利用了快、慢两条均线的变化来捕捉市场趋势，避免单根均线在反映市场趋势方面呈现的特点。构建 MACD 指标运用了指数平滑的概念，将历史价格进行加权平均，目的是提升了最近的收盘价格在均值中的比重。

MACD 指标计算首先要计算快速和慢速移动平均线，快速移动平均线的时间跨度较短，对价格变化比较灵敏，通常取 12 日指数加权移动平均，而慢速移动平均线的时间跨度较长，变化较慢，通常取 26 日指数移动平均线。DIF 为快速移动平均线与慢速移动平均线之差，DEA 为 DIF 的 9 日加权移动平均值。在实际操作过程中，MACD 指标的应用主要集中在对 DIF 与 DEA 聚合交叉与分离状况的分析，其通常遵循的基本原则为：当 DIF 上穿 DEA，两者形成“黄金交叉”时，即 MACD 由零轴下方向上突破零轴，说明市场上积聚的多头力量开始逐渐强于空头力量，这也意味着是市场买入信号产生。当 DIF 下穿 DEA，两者形成“死亡交叉”时，即 MACD 由零轴上方向下突破零轴，说明市场上空方力量逐步增强，卖空信号产生。

在实践中观察可以发现，DIF 与 DEA 在零轴上方金叉时通常预示着市场即将迎来较强行情。换言之，当 MACD 与 DIF 同时在零轴上方时，市场处于多头市中，以此作为买入的条件成功概率相对较高。而当 MACD 与 DIF 同时处于零轴下方时，市场疲弱，空头能量较高，之后市场出现下跌的可能性较大，这也意味着此时做空的可靠性较高。

根据 MACD 指标的特征及应用原则，构建如下的交易系统：

（1）入场原则：当 $DIF_t>0$ 且 $MACD_t>0$ 时，买入做多；当 $DIF_t<0$ 且 $MACD_t<0$，入场卖空。

（2）退出原则：当 $DIF_t>0$ 或 $MACD_t<0$，多头获利了结；当 $DIF_t<0$ 或 $MACD_t>0$，空头获利了结。

根据上述交易策略，利用2005年4月8日至2010年7月30日的沪深300指数日收盘价数据进行模拟交易。模拟结果显示期间共交易56次，其中多头交易31次，空头交易25次，且扣除成本后总累积收益率为6 387.91%，其中，单独多头交易累积收益率为3 062.32%，单独空头交易累积收益率为206.26%。

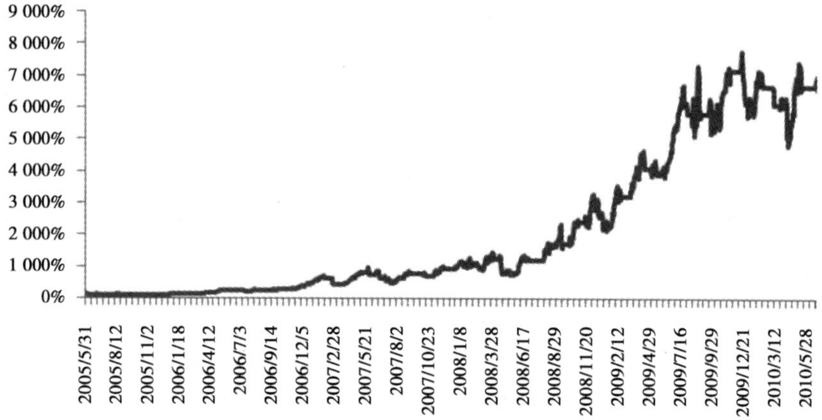

注：交易所费用设定为合约金额的0.005%，期货公司交易费用设定为0.01%。假设市场冲击成为成交金额的0.0002%。

图5-8 增强型MACD交易策略收益率

【例5-5】（分型通道趋势交易系统）该系统通过识别K线形态来确定顶和底。分型形态包括分型顶和分型底，形态见图5-9。三根连续的K线，第2根K线的高点是三根K线高点的最高者，低点亦是三根K线低点的最高者，那么这三根K线的组成形态即为分型顶；三根连续的K线，第2根K线的低点是三根K线低点的最低者，高点亦是三根K线高点的最低者，那么这三根K线的组成形态称为分型底。

图5-9 分型形态

记 c_1，c_2，…，c_n 为某一品种日内某一频率下 K 线的收盘价序列，h_1，h_2，…，h_n 为某一品种日内某一频率下 K 线的最高价序列，l_1，l_2，…，l_n 为日内某一频率下 K 线的最低价序列，nL 为分型通道计算窗口长度，定义

$vf_i=1$，当 $h_i>h_{i+1}$、$h_i>h_{i-1}$、$l_i>l_{i+1}$、$l_i>l_{i-1}$，$i=1，2，\cdots，n$

$vf_i=-1$，当 $h_i<h_{i+1}$、$h_i<h_{i-1}$、$l_i<l_{i+1}$、$l_i<l_{i-1}$，$i=1，2，\cdots，n$

其中，vf_i 为第 i 根 K 线处的分型顶底标记，为 1 时代表分型顶，为 -1 时代表分型底。

分型顶与分型底是市场卖方分力与买方分力相互较量后的结果，双方心理路程反应在形态走势上，分型顶的最高点与分型底的最低点具有极为重要的市场意义，可以通过这些更具市场意义的数据点来构架走势通道。

$$vH_i=\begin{cases}vH_{i-1}，若\ vf_{i-2}\neq 1\\ h_{i-2}，若\ vf_{i-2}=1\end{cases}，i=1，2，\cdots，n$$

$$vL_i=\begin{cases}vL_{i-1}，若\ vf_{i-2}\neq -1\\ l_{i-2}，若\ vf_{i-2}=-1\end{cases}，i=1，2，\cdots，n$$

其中，vH_i、vL_i 为分型形态高低点的连续变量，直观意义上来看，当前时刻的 vH_i 为最近一个顶分型的高点价格，直到出现新的顶分型为止，其后的取值又变为新的顶分型的高点价格，如此一致延续下去。当前时刻的 vL_i 为最近一个底分型的低点价格，直到出现新的底分型为止，其后的取值又变为新的底分型的低点价格，如此一致延续下去。

给定了这两个变量之后，我们可以进一步定义分型通道：

$vU_i=\max_{i-nL+1}\leqslant j\leqslant i\ (vH_j)$，$i=1，2，\cdots，n$

$vB_i=\min_{i-nL+1}\leqslant j\leqslant i\ (vL_j)$，$i=1，2，\cdots，n$

其中，vU_i、vB_i 分别为分型通道的上通道和下通道，且 nL 为分型通道计算窗口长度，是该策略唯一的一个参数，将 nL 默认值设置为 15。

给定了分型通道之后，即可根据如下的规则来触发买卖信号：

$$S_i=\begin{cases}1，若\ c_i\geqslant vU_i\\ -1，若\ c_i\leqslant vB_i\\ 0，\end{cases}$$

其中，S_i 表示 i 时刻的信号，1 表示买入信号，-1 表示卖出信号，0 表示无信号。上述模型触发之信号会连续同号，比如连续触发买入信号或者连续触发卖出信号，对首个信号采取开仓操作，然后依据我们的头寸跟踪策略跟踪头寸，

直到平仓离场为止，平仓之后再根据最新的买卖信号进行相应方向的开仓操作。

本例时间段为2010年4月16日至2012年2月20日，采用沪深300指数期货周期为15分钟K线，参数nL为15，冲击成本为0.4个指数点。可以看到策略总共交易了479次，其中106次获胜，373次失败，胜率为22.13%，期末累计收益率为48.17%，赔率为4.73，最大回撤为-7.33%（见表5-7）。

表5-7　分型通道策略在沪深300股指期货上的策略实证结果

考察指标	结果	考察指标	结果
累计收益率	48.17%	单次失败平均亏损率	-0.33%
交易总次数	479	盈亏比	4.73
获胜次数	106	最大回撤	-7.33%
失败次数	373	最大连胜次数	3
胜率	22.13%	最大连亏次数	20
单次获胜平均收益率			

二、反转交易

反转是与趋势相对而言，任何一个趋势的开端首先是对上一个趋势的反转。在实际交易过程中，趋势交易可以认为是确认趋势后进入的交易，即所谓“右侧交易”，而反转交易则是在新的趋势形成之前或者之初进入交易，即所谓“左侧交易”。在市场上实现有趋势存在，是所有反转形态的前提，原有趋势规模越大，随后反转形态也可能越大。对于反转交易而言，同样可以根据价格形态、技术指标、K线形态等方面进行量化交易策略的设计。

【例5-6】（基于跳空缺口的日内反转交易策略）跳空缺口是指开盘价处于前一天的价格范围之外，分为跳空高开缺口（开盘价高于前一天的最高价）和跳空低开缺口（开盘价低于前一天的最低价）。跳空缺口大多是由于前一天收盘之后到第二天开盘之前出现对行情走势有较大影响的事件或者消息，前一天市场没有对这些事件或者消息做出反应（或者反应不足），当天开盘对这些时间或者消息进行反应，如果当天开盘对这些事件或者消息的影响反应不足，则当天的走势有可能顺着缺口的方向走（高开高走或者低开低走），如果当天开盘对这些事件或者消息的影响反应过度了，则当天的走势有可能出现反转（高开低走或者低开高走）。

本例所说的基于跳空缺口的日内反转策略是指：如果出现跳空高开缺口，则进行做空交易，收盘平仓；反之，如果出现跳空低开缺口，则进行做多交易，收盘平仓。该策略寻找的是高开低走或者低开高走的走势。正如上文所说，如果跳空缺口对信息反应不足，则可能延续高开高走或者低开低走的走势，因此本例在出现跳空缺口的基础上加上趋势确认的信号过滤，当出现跳空缺口时（跳空缺口的大小作为参数进行过滤），且价格进入前一天的波动范围后（进入的大小可以作为参数进行过滤）才进行交易。

本例交易策略为：（1）如果出现跳空高开缺口，且价格盘中跌破前一天的最高价（认为当天走势出现了反转，看跌），则开仓做空；（2）如果出现跳空低开缺口，且价格盘中向上突破前一天的最低价（认为当天走势出现了反转，看涨），则开仓做多。

本例样本区间为2010年5月1日至2012年3月21日，研究对象沪深300指数进行模拟交易，初始资金为100万元，盈利再投资，保持杠杆比率为1，交易成本（佣金加冲击成本）设为0.04%。加入信号过滤的基于跳空缺口的日内反转策略有两个参数（缺口大小，缺口突破大小）。

基于跳空缺口的日内反转策略表现见表5-8。

表5-8 基于跳空缺口的日内反转策略表现

参数组合	(5，0)	(5，10)	(10，0)	(10，10)	(15，13)	(20，0)	(25，0)
累计盈亏金额（元）	131 080	226 354	91 524	170 059	102 393	-29 022	-38 678
年化收益率（%）	6.67	11.28	4.70	8.58	5.24	-1.53	-2.05
交易次数（次）	31	26	16	13	9	7	6
交易平均盈亏（元）	4 228	8 706	5 720	13 081	11 377	-4 146	-6 446
盈利交易次数（次）	20	20	12	12	7	4	3
亏损交易次数（次）	11	6	4	1	2	3	3
平均盈利/平均亏损（元）	0.923	1.100	0.622	0.959	1.889	0.507	0.566
最大单笔盈利（元）	40 732	41 417	39 376	40 039	38 234	22 663	22 495
最大单笔亏损（元）	-65 056	-28 268	-65 250	-16 187	-16 934	-61 811	-61 355
最大资本回撤（%）	-9.72	-4.11	-7.26	-1.50	-1.58	-6.13	-6.13
最大资本回撤值（元）	-103 046	-44 561	-77 237	-16 187	-16 934	-61 811	-61 355
最长资本回撤时间（天）	275	221	385	287	287	10	10
SHARPE	0.197578	0.507156	0.237518	0.903806	0.734428	-0.132604	-0.196269
最大交易间隔时间（天）	73	73	164	164	178	181	181
年化收益率/最大资本回撤	0.686	2.745	0.647	5.706	3.310	-0.250	-0.333

三、事件驱动交易

事件驱动也可用于股指期货单边投资交易中，事件来源主要是宏观事件，其中一类重要的交易策略是新闻交易。新闻交易指的是利用新闻公布对市场的冲击来进行量化交易的投资行为。经济报导或者其他新闻对特定市场有短期的冲击，新闻交易者通过分析和预测市场如何对特定新闻产生反应，制定合适的策略来获得收益。新闻交易依赖于分析新闻对市场方向的短期冲击，通过分析历史数据来预测未来的新闻如何影响价格。通常这些价格变动发生在新闻公布后的短时间内，新闻交易者必须快速对冲击做出反应才有可能盈利，对市场方向的判断和反应速度决定了盈利与否。在欧美市场，由于电子交易的推出，交易时间几乎延长至24小时，重大新闻事件对交易价格产生明显影响，大量投资者运用新闻交易策略进行自动化交易，获得新闻事件冲击前后市场价格变化的收益。目前在中国，由于交易时间较短，重要经济数据和新闻事件往往在非交易时间公布，无法运用新闻交易策略获利。但是部分经济数据在交易时间公布，会对市场产生即时影响。

【例5-7】（本例以汇丰PMI为例，分析如何建立新闻交易策略）汇丰Markit制造业PMI由汇丰和英国Markit Economics Limited共同编制，每月中旬收集数据，采用分层抽样法，按地理分布，并根据区域及行业对国内工业生产的影响，采用标准行业分类法（SIC）予以分层抽样，调查的结果反映当月对比上月的变化。初值通常在每月23日附近公布，而终值原则上是在每月初第1个工作日发布。2012年10月起发布时间由原来的北京时间10点30分提前至9点45分。

本例选取的PMI样本数据从2011年3月开始，一直到2013年4月，总共26期。详细情况见表5-9。

表5-9　汇丰PMI终值和预览值（2011年2月~2013年4月）

月　份	初值日期	终值日期	时　间	汇丰PMI终值	汇丰PMI预览值
2011年3月	2011/3/24	2011/4/1	10：30：00	54.50	0.00
2011年4月	2011/4/19	2011/4/29	10：30：00	51.70	51.50
2011年5月	2011/5/23	2011/6/1	10：30：00	51.80	52.50
……	……	……	……	……	……
2012年9月	2012/9/20	2012/9/28	10：30：00	47.90	47.80

续表

月　份	初值日期	终值日期	时　间	汇丰 PMI 终值	汇丰 PMI 预览值
2012 年 10 月	2012/10/24	2012/11/1	9：45：00	49.50	49.10
2012 年 11 月	2012/11/22	2012/12/3	9：45：00	50.50	50.40
2012 年 12 月	2012/12/14	2012/12/31	9：45：00	51.50	50.90
2013 年 1 月	2013/1/24	2013/2/1	9：45：00	52.30	51.90
2013 年 2 月	2013/2/25	2013/3/1	9：45：00	50.40	50.40
2013 年 3 月	2013/3/21	2013/4/1	9：45：00	51.60	51.70
2013 年 4 月	2013/4/23	2013/5/2	9：45：00	50.40	50.50

人们往往不太会关心一个经济数据本身大小，而是关注实际情况与预期是否一致，以及相对于之前是变好还是变坏了。因此这里我们针对 PMI 取两个变量：一个是本月预览值相对于上月终值的变化（见图 5－10）；另一个是当月终值与预览值的差值（见图 5－11）。

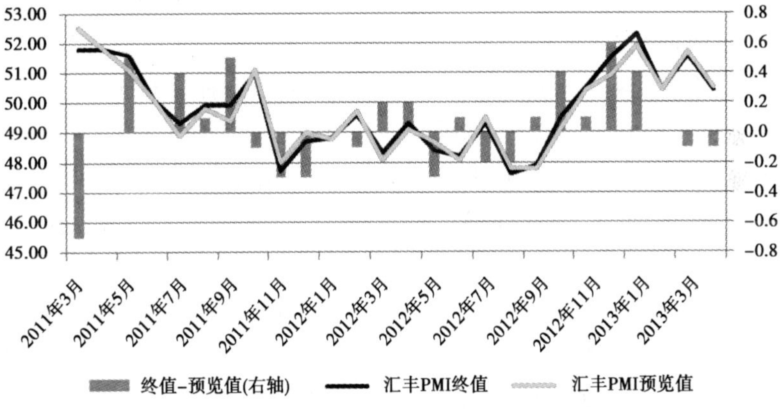

图 5－10　汇丰 PMI 终值、预览值及二者之差（2011 年 3 月～2013 年 4 月）

为了下面我们计算方面，我们给出上述变量的基本公式如下：

$$x_{1n} = PMIC_n - PMI_{n-1}$$

$$x_{2n} = PMI_n - PMIC_n$$

其中 x_{1n}、x_{2n}代表第 n 期针对汇丰 PMI 的两种不同变量，PMI_n、$PMIC_n$ 分别表示第 n 期的汇丰 PMI 终值和预览值。

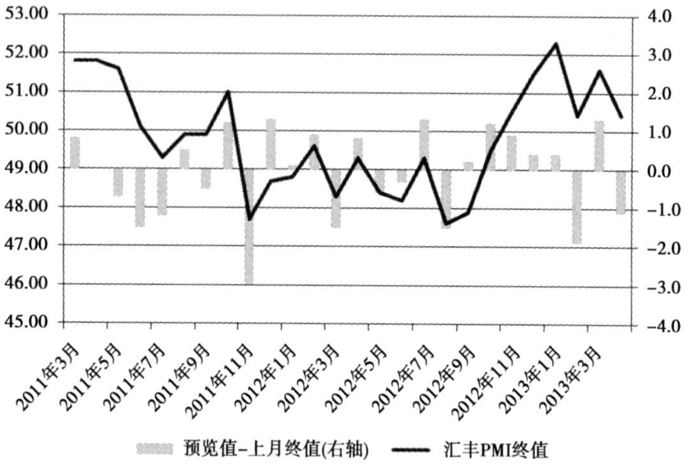

图 5－11　汇丰 PMI 终值及月度变化（2011 年 3 月 ~ 2013 年 4 月）

定义涨跌幅为收盘价比值的自然对数：

$$r_{t,i}=100\times\ln\left(\frac{C_t}{C_{t-i}}\right)$$

其中，$r_{t,i}$表示 t 时刻相对于 $t-i$ 时的涨跌幅，如果 $i=1$ 表示当前线相对于前一根线的涨跌幅。

本例选取股指期货上市以来的主力连续合约 1 分钟的数据。通过对以 x_1、x_2 与涨跌幅进行回归，我们可以得到回归方程，利用回归方程可以对下一期的涨跌幅进行预测，并依此可以制定相应的交易策略。具体如下：

（1）利用前面 12 期的 PMI 数据和公布前后的涨跌幅进行线性回归，得到相应的回归方程和 R^2。

（2）计算汇丰 PMI 终值公布后 1 到 10 分钟内，每分钟收盘价相对于数据公布时收盘价的涨跌幅，利用这 10 组不同的涨跌幅分别进行回归，选取 R^2 最大的回归结果，作为预测下一期涨跌幅的回归方程。

（3）利用回归方程计算出预测涨跌幅 r_i，当 $r_i>0$ 时，我们在数据公布后立即做多；而当 $r_i<0$ 时，则在数据公布后立即做空。持仓时间为 R^2 最大时对应的分钟数。

利用 x_1、x_2 分别于涨跌幅进行回归，我们可以得到两个相应的交易策略，我们分别定义为策略 1 和策略 2。二者相应的结果见表 5－10 和表 5－11。

表 5-10　　策略 1 回归参数及相应效果

日　期	入场时间	a	b	R^2	持仓时间（分钟）	单次盈利（点数）	累计盈利（点数）
2012/3/22	10：30：00	0.027153	-0.01846	0.133756	1	3.00	3.0
2012/4/23	10：30：00	0.030856	-0.021524	0.164773	1	0.60	3.6
2012/5/24	10：30：00	0.032103	-0.018791	0.184809	1	(1.00)	2.6
2012/6/21	10：30：00	0.032437	-0.01845	0.186637	1	1.80	4.4
2012/7/24	10：30：00	0.046385	-0.02014	0.331698	2	4.00	8.4
2012/8/23	10：30：00	0.056846	-0.011663	0.39893	2	6.80	15.2
2012/9/20	10：30：00	0.071242	-0.022744	0.458674	2	0.40	15.6
2012/10/24	9：45：00	0.069634	-0.017615	0.458562	2	2.60	18.2
2012/11/22	9：45：00	0.0763	-0.008331	0.510835	2	3.80	22.0
2012/12/14	9：45：00	0.097544	-0.008092	0.481078	2	(1.40)	20.6
2013/1/24	9：45：00	0.05869	-0.017783	0.605383	1	(2.80)	17.8
2013/2/25	9：45：00	0.056865	-0.032508	0.539856	1	3.00	20.8
2013/3/21	9：45：00	0.142623	0.0158636	0.703934	4	4.20	25.0
2013/4/23	9：45：00	0.132413	-0.004273	0.676825	3	5.80	30.8

表 5-11　　策略 2 回归参数及相应效果

日　期	入场时间	a	b	R^2	持仓时间（分钟）	单次盈利（点数）	累计盈利（点数）
2012/3/1	10：30：00	0.15664	0.0004047	0.416451	3	2.40	2.4
2012/3/30	10：30：00	0.204761	-0.026229	0.331968	4	3.00	5.4
2012/5/2	10：30：00	0.213339	-0.01582	0.331899	4	0.40	5.8
2012/6/1	10：30：00	0.253766	-0.0022	0.433521	4	(2.20)	3.6
2012/7/2	10：30：00	0.243761	-0.010338	0.376333	4	2.40	6.0
2012/8/1	10：30：00	0.296474	-0.007371	0.449656	4	2.00	8.0
2012/9/3	10：30：00	0.271821	-0.02249	0.508337	4	3.20	11.2
2012/9/28	10：30：00	0.383443	0.0003183	0.500375	4	6.80	18.0
2012/11/1	9：45：00	0.494982	0.0105681	0.686933	4	1.20	19.2
2012/12/3	9：45：00	0.46465	0.0146559	0.644779	4	1.40	20.6
2012/12/31	9：45：00	0.496674	0.0887753	0.485416	6	5.40	26.0
2013/2/1	9：45：00	0.462094	0.0880445	0.470424	6	1.00	27.0
2013/3/1	9：45：00	0.045608	0.0886405	0.453851	6	(4.80)	22.2
2013/4/1	9：45：00	0.472982	0.0784052	0.522672	7	(3.80)	18.4

整体来看，策略 1 和策略 2 都取得了一定的正收益，且胜率都达到了 79%，即 14 次中有 11 次盈利，3 次亏损，也就是上述两个 PMI 变量对于股指价格的冲击是显著的。但从累计收益、单次收益、最大回撤来看，策略 1 要优于策略 2；但是从 R^2 的均值来看，策略 2 要略占优（见表 5-12）。

表 5-12　　策略 1 和策略 2 对比

	累计收益	单次平均收益	平均持仓时间	R^2 均值	胜率	最大回撤
策略 1	30.8	2.20	1.79	0.4168	79%	-4.2
策略 2	18.4	1.31	4.57	0.4723	79%	-8.6

四、模式识别交易

模式识别是信息科学和人工智能的重要组成部分，主要应用领域是图像分析与处理、语音识别、声音分类、通信、计算机辅助诊断、数据挖掘等学科。模式识别的主要任务是通过计算机自动识别输入数据的特有特征，将具有某一类特征的数据作为一种特定模式，并根据模式种类做出相应反应。

模式识别在交易领域的运用是与技术分析紧密联系在一起的，两者都是基于统计学原理。在交易领域，技术分析的主要任务是预测未来行情，例如把某种 K 线形态或者指标作为看涨的“模式”，其他的是“震荡”或是“下跌”的模式。运用技术分析的思想，通过对交易数据的模式识别可以实现对行情走势的计算机识别，进而实现直接交易或者交易辅助行为。而对于非交易数据（例如基本面数据）在模式识别中的应用还处于探索阶段。

模式识别是尝对图表定量分析的一种途径，主要是要提取出输入数据的特征，比如价格要上涨的“模式”是价格突破 5 日均线，那么可以把“价格突破 5 日均线”的模式归为一类，进而统计突破后一定时间内上涨的概率，统计样本需要足够大。技术分析中的很多结论由 K 线形态、量价结合得出的，这些事量化技术分析的难点所在。比如“射击之星”、“头肩顶”、“上升三角形”等，这些形态主要由技术分析师的主观判断得出。而主观判断很难精确的量化描述此类问题：“头肩顶”可以细分为几类？各类形态在未来 20 个交易日下跌概率有多大？而模式识别可以通过严格定义各种形态，从而更加精确的度量某种价格走势的正确率。此外，模式识别还可以运用数据挖掘方法，通过识别归纳历史价格的数据特征而对行情做出判断。

【例 5-8】（K 线形态的量化）K 线形态的分析是技术分析的一个重要内

容，有不少K线形态出现后，技术分析者可以很容易确定后市走势，即使会出错，出错概率也比较低。但是，投资者经常感到困惑的是，虽然在事后技术分析可以解释的头头是道，但在实际操作时仍然存在较大的不确定性，很大程度上依据于自己的经验或者主观臆断来判断后市。为此，本例将K线形态进行量化，找出历史上与之最相近的K线形态，根据这些样本的后市表现来判断当前市场的走势。

本例将K线形态分为上涨形态的下跌形态，再用K最近邻法（K-Nearest Neighbor，KNN法）将最近的样本进行归类，基本思想是：对于未知类标号的样本，按照欧氏距离找出它在训练集中的K个最近邻，如果这K个最近邻中的多数样本属于同一个类别，就将它判决为那个类别。KNN是一种非参数方法，仅选择了与当前形态最相近的K类形态，可以减小非相近的样本对分类的干扰。

本例以上证指数2003年1月2日~2012年12月31日的日数据作为样本，以过去5个交易日的K线数据、周收益率及均线乖离率和过去5年的样本进行匹配，从而判断当前的形态是上涨形态还是下跌形态。若为上涨形态，做多指数；否则，做空指数。K线数据包括“开盘价/昨收盘价-1”、“收盘价/开盘价-1”、“最高价/开盘价-1”及“最低价/开盘价-1”，均线乖离率包括当日的周、月、季、年均线的乖离率，共计25个指标。

最近邻法是选出与当前的25个指标欧氏距离最近的K个样本，若后市上涨的样本较多，则认为当前K线形态为上涨形态，否则为下跌形态。本例回测了10年，从表5-13可以看出，如果只能做多，当K=1时效果最好，单边交易收益率可达534%（不考虑交易成本），年化收益率为20%，年均交易次数58次，上涨准确率为56.4%。但是，最大回撤较大，达到35%。如果既做多又做空，则收益率可达16倍以上，年化收益为33%。所选的K值较小，主要原因是所用的指标太多，如果选择的K值过大，所选的样本可能和当前的样本相去甚远。

表5-13　最近邻法策略表现　单位:%

	年化收益	最大回撤	上涨准确率	近两年总收益	近两年最大回撤	近两年上涨准确率	年均交易次数（次）
单边交易	20.3 (13.5)	34.87	56.35	17 (2.9)	13.22	53.85	58
双边交易	33.0 (18.5)	38.2	54.2	64.1 (26.9)	10.56	54.53	

注：括号中的数字是扣除0.1%双边交易成本后的收益。

第三节 投资组合对冲策略

对于持有股票投资组合的投资者、基金经理来说，通常需要考虑运用股指期货来对冲市场下跌风险，股指期货对冲是一种线性工具，在对冲投资组合风险时候放弃掉了市场上涨的潜在收益。这里介绍三种对冲策略，通过对冲比例的合理调整，来实现更加有效的对冲。这三种对冲策略分别是：基于期权的组合保险策略、固定比例投资组合保险策略和时间无关组合保护策略。

一、基于期权的组合保险策略

在国际市场上通常采用的套期保值工具有两种，一种是期货，一种是期权。期货与期权的最大区别在于，期权合约买入方有权利但无义务来执行合约。期权的买入方拥有选择在到期日执行合约或是放弃合约的权利。对于期货合约来讲，一旦选择交割，则买卖双方均无不执行合约的权利。因为行权的差异，这两种衍生产品的收益也表现出不同的特点：运用期货来进行套期保值，在不考虑基差风险的情况下，其总收益是固定的。而运用看空期权来进行套期保值收益则不是固定不变的：当现货价格下跌，低于期权的执行价格时，总收益将被锁定在执行套保策略时的收益；当现货价格上升，总收益则会随着现货价格的上升而增加。也就是说，当运用期权而非期货来进行套期保值的时候，投资活动可能发生的损失被限定在一个可控位置，同时又保留了整个投资向上的盈利空间。比较而言，利用期货进行套期保值虽然避险成本相对较低，但是在价格上涨的趋势当中却很容易将投资组合价值锁定在低位，从而丧失了价格进一步上升带来的收益，这对投资者较为不利；利用期权进行避险则可以有效解决这一问题。

国际上基于期权产品的投资组合保险策略（OBPI，Option Based Portfolio Insurance）已相当成熟，但在国内市场，由于期权类型的衍生品工具的缺失，使得我们无法采用此类工具进行套期保值操作，但是可以利用其他金融工具来模拟欧式看跌期权的价格特征，从而间接实现 OBPI 策略。

用其他现有的金融工具来模拟期权，这一过程被称之为复制性期权或人造期权。期权与复制性期权最大的不同是期权一旦购入，保值者所要做的只是持有与现货数量相同的期权合约至到期日并行权，中间并不牵扯诸如盯市等操作。而人为构造期权则需要时时关注现货价格走势并对因此导致的期权的价格变动做出反应，及时调整模拟仓位已达到拟合期权收益的目的。

要构造复制性期权来设计套期保值策略，首先要对期权产品本身的特点有一定的了解。现货价格和期权价格之间的关系用希腊字母Δ来表示，即当现货价格变动1个单位时，期权的价格将变化Δ个单位。所以，当现货价格发生变动的时候，我们只需要在期权市场上持有1/Δ份相反的头寸便能够抵消现货市场上的损失。但是要注意的是，Δ的值不是一个恒定不变的常量，当现货价格发生变化时，Δ的值也是随之发生变化的。因而采用期权作为避险手段的时候，我们要时时注意Δ值的变化情况。如果该系数变化太大，那么先前的套保比例Δ就必须调整到新的数值。

假设投资者持有价值为 P 的股票投资组合，其收益率 R_i 可以通过 CAPM 模型表示为市场收益率 R_m 的函数：

$$R_i = \alpha + r_f + \beta_i (R_m - R_f) + \varepsilon_i$$

要对冲组合的系统风险，只需要对冲 β_i 份股指风险，为了简化起见，下面例子中忽略 β 系数及跟踪误差，直接对沪深300指数进行对冲保值。

【例5-9】 由前述原理可知，当Δ值发生变动时，投资者需要根据Δ值的变动情况调整股指期货持仓比例。本例风险投资组合采用沪深300现货指数，期货合约选择现货持有时点的最近季月合约为保值工具，这样做的原因是最近季月合约的流动性较为充足，且对于长期保值仅需按季进行迁仓，进一步节省了交易成本。

在数据选择沪深300股指期货仿真交易数据，样本周期自2008年1月2日至2010年1月19日，其中2008年1月2日至2008年8月8日数据为确定各输入参数的前验样本区间，实际保值介入时点选择自2008年8月11日至今。假定期初持有投资组合价值为1亿元。

各参数设定见表5-14。

表5-14

无风险利率（r）	现货价（S）	行权价（K）	到期时间（T-t）	波动率（σ）
2.25%	沪深300现指	介入时点 保值目标位	当季合约到期时间 年化比例	经调整的动态 年化波动率

通过上述参数可以运用布莱克—斯克尔斯（Black - Scholes）公式计算看跌期权的 Δ 值，每天根据最新的 Δ 值调整卖出的股指期货相对于现货头寸的比例。

在保值介入时点设定保险底值（1 亿元），套期比例设定为 100%，则保值效果见图 5 - 12。从图 5 - 12 可以看出，无论后市行情如何变化，当现货价值低于设定的保险底值时，总投资组合价值被锁定在了保险底值附近，未随现货行情进一步下跌，而当市场回暖，现货价值高于保险底值时，总投资组合价值则是紧密跟随现货价格走势的。可见，该策略起到了期权的保值效果。

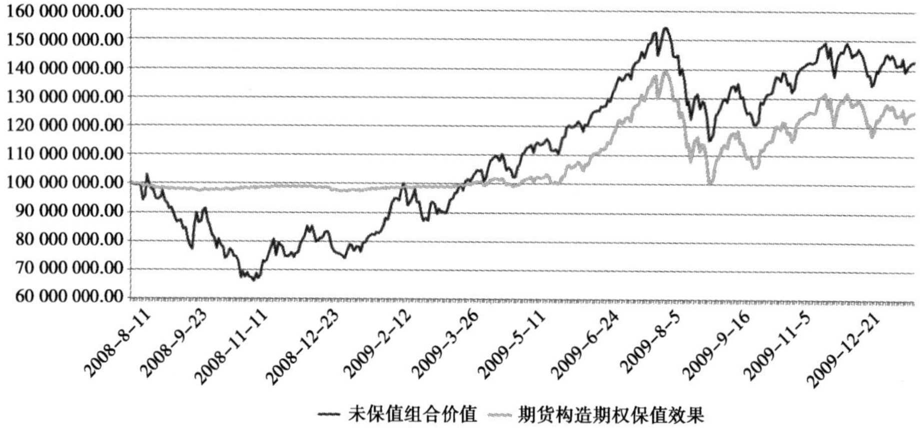

图 5 - 12　运用 OBPI 策略对冲效果

二、固定比例投资组合保险策略

固定比例投资组合保险策略策略（CPPI，Constant Proportion Portfolio Insurance）的主要思想是投资者根据风险偏好设定期初参数，以此为基础动态调整风险资产与固定收益资产比例，从而使投资组合价值维持在风险下限之上，达到组合保险的目的。CPPI 策略的实际上是当风险资产价格上涨时，买入风险资产，增加整个资产组合中的风险资产份额。当风险资产价格下跌时，卖出风险资产，降低整个资产组合中的风险资产份额。

CPPI 理论公式如下：

$A_t = D_t + E_t$

$E_t = \text{Min}\ [m\ (A_t - F_t),\ A_t]$

其中 A_t 为第 t 期的资产组合总价值；D_t 为第 t 期的无风险资产价值；E_t

表示第 t 期的风险资产价值；m 为风险乘数，反映了投资者对风险的偏好程度和承受程度，乘数越大说明投资者风险偏好程度越高，会导致整个投资组合中投资于风险资产的比例越大，投资组合总价值的风险也会增大，在风险资产价格上升时就越能充分的享受到收益上升的好处，但若风险资产出现亏损，则组合的价值下跌得也越快。F_t 为风险下限，表明投资者要求的最低保证金额。F_t 设定的越高，投资组合的受保本的比例就越高。缓冲垫 $A-F$ 是指投资组合机制与最低保证金额之间的差值。

在 CPPI 策略的具体运用中，影响 CPPI 最终保本效果的关键因素是确定 F 和 m 两个参数。F 的作用是确定整个资产组合的最低价值，F_t 设定的越高，投资组合的受保本的比例就越高。m 的作用是确定整个组合价值对于风险资产价值变化的敏感程度，当股票价格上涨时，买入股票数量成倍数（m）增加，组合总资产增加速度变快；当股票价格下跌时，卖出股票数量成倍数（m）增加，买进债券数量相应增加，组合总资产减少速度减小，当股价持续下跌时组合总资产趋近于风险下限（F）。

期初时，需要满足 $0\leqslant m(A-F)\leqslant A$，CPPI 的风险资产比例与缓冲垫有着固定的 m 倍的函数关系，因此在两次调整区间内，如果 CPPI 组合中的风险资产跌幅超过 $1/m$ 时，就把缓冲垫跌穿了，即出现所谓的缺口风险（Gap Risk），此时保本失败。理论上，只要把调整阀值限制在 $1/m$ 之内就能实现保本。

【例 5-10】（CPPI 的调仓策略）假设投资者持有股指期货头寸，准备运用 CPPI 来进行调仓，m 参数设为 4，初始投资组合的价值为 100，风险下限设定为 90%。

在 $t=0$ 时刻，投资者确定减仓，则按照 CPPI 策略，投资者应该持有 40 的股指期货仓位（按照名义价值计算），60 的现金仓位。$t=0$ 时刻减仓幅度为 60%。

在 $t=1$ 时刻，股指相对 $t=0$ 时刻下跌 10%。此时原先价值 40 的股指期货下跌为 36。按照 CPPI 的计算，此时股指期货的仓位应调整到 $[(60+36)-90]\times 4=24$。即在股指下跌 10% 的市场情况下，在 $t=1$ 时刻。股指期货头寸应该继续减少 60%，由原先的 40 减仓至 24。现金资产有 60 上升到 $(96-24)=72$。

在 $t=2$ 时刻，股指价格相对 $t=1$ 时刻由下跌了 20%。则此刻整个资产组合的价值为 $24\times 80\%+72=91.2$。按照 CPPI 的计算方法，此时股指期货的仓位应调整到（91.2 - 90）×4 = 4.8。现金资产价值由 72 上升到 86.4。

在 $t=3$ 时刻，股指上升 20%。则此时资产组合的价值为 4.8 ×1.2 + 86.4 = 92.16。此时股指期货仓位应上调至 8.64。现金资产价值由 86.4 下降到 83.7。

从该例子可见，CPPI 策略能够很好地保障投资的安全性，同时具有收益增厚能力。策略中会让资产组合中始终保持一定比例的风险资产，并能够按照市场的变化灵活调整（放大或是缩小）风险资产的比例，满足投资者在减仓过程中既要保证资产安全、控制损失，又要能够避免完全踏空、留有余地的要求。此外，CPPI 不需要频繁调仓，且操作简单，不掺杂过多的主观因素，无需对后市做出预测。

三、时间无关组合保护策略

时间不变性投资组合保险策略（TIPP，Time - Invariant Portfolio Protection）的基本思路与 CPPI 策略相同，差别在于风险下限的设定与调整：

1. 在 CPPI 中，风险下限（Floor）在期初设定且保持不变；但在 TIPP 中，风险下限 F_t 为固定风险下限比例（Floor Percentage）和该时刻资产组合价值的乘积与初始风险下限中的较大值，风险下限 F_t 只上不下。根据固定的风险下限比例设定某一时点的风险下限，当投资组合上涨时，风险下限提高；相反，当投资组合下跌时，风险下限维持原水平不变，即风险下限随时间变化而不断提高。

2. 与 CPPI 相比，TIPP 策略享受风险资产价格上升的能力变差，当风险资产价格上升时，TIPP 策略比 CPPI 策略增加了无风险资产的投资比重。综合而言，TPPI 策略较 CPPI 策略更加保守。

3. TIPP 策略在投资初期的投资业绩显得更加重要。如果 TIPP 在投资初期的业绩不好，整个资产组合价值初期没有增加，则 TIPP 的风险下限就无法提高，而整个投资组合中无风险资产权重偏大，会进一步遏止整个投资组合价值的上升幅度和速度，使得整个投资组合价值上升愈加困难。

第六章
DILIUZHANG

外 汇 期 货

第一节
外汇汇率与外汇风险

一、外汇与汇率

（一）外汇

外汇是国际贸易的产物，是国际贸易清偿的支付手段。根据我国外汇管理局的定义，外汇是指下列以外币表示的可以用作国际清偿的支付手段和资产：（1）外币现钞，包括纸币、铸币；（2）外币支付凭证或者支付工具，包括票据、银行存款凭证、银行卡等；（3）外币有价证券，包括债券、股票等；（4）特别提款权；（5）其他外汇资产。总之，外汇的含义比较广泛。狭义来说的外汇通常指代的是各国不同的货币，比如美元、欧元和日元等。广义的外汇，则是一国所拥有的以外币计价的资产。人们通常所说的外汇，则是指狭义的外汇。

从交易的角度来说，为了便于分析，我们一般将外汇市场上交易量最大的几种货币分为以下几类：

1. 商品货币。主要包括澳元和加元，因为这两种货币所属国家有大量的资源以供出口，商品货币的价格同大宗商品特别是所属国主要出口资源的价格紧密相关。

2. 投机货币。主要是指英镑和日元，因为这两种货币的交易量和波动性都较大，与欧元和美元相比，这两种货币的短期波动中有较多的人为因素。

3. 避险货币。包括美元和瑞士法郎，美元得益于美国强大的军事和经济实力，而瑞士是传统的中立国。在政治经济动荡时期，避险资金的流入常能推高这两种货币的价格。

4. 欧系货币。一般由欧洲国家发行的货币统称为欧系货币。因为欧洲各国经济环境和经济政策相互影响，欧系货币之间具有一定的联动性。

5. 美系货币。主要指和美国经济往来密切的国家发行的货币，这些国家的货币易受美元价格的影响。

（二）汇率

汇率是一个国家的货币兑换成另外一个国家货币的比率。同时，汇率也是一种货币表示另外一种货币的价值，又称为汇价或外汇行市。汇率使得一国的货币与他国正常兑换有了定价的能力。汇率因为表示两种货币之间的关系，因此传统意义上产生了两种标价的方式：直接标价法和间接标价法。

1. 直接标价法。直接标价法是指需要以多少单位的本国货币来购买一单位的外国货币。在直接标价法下，固定数额的外国货币，若其折算得到的本国货币数额减少，则说明本国货币在升值，外国货币在贬值，外汇汇率下跌。若其折算得到的本国货币增加，说明本国货币在贬值，外国货币在升值，外汇汇率上升。在直接报价法下，外国货币为基准货币，本国货币为报价货币。在国际外汇市场上，日元、瑞士法郎、加元等国家均采用直接标价法进行标价。

2. 间接标价法。间接标价法是指需要以多少单位的外国货币来购买一单位的本国货币。在间接标价法条件下，固定数额的本国货币，若其折算所得的外国货币多，则说明本国货币在升值，外国货币在贬值，外汇汇率上升，若其折算所得的外国货币少，说明本国货币在贬值，外国货币在升值，外汇汇率下跌。在间接标价法下，本国货币为基准货币，外国货币为报价货币。在国际外汇市场上，欧元、英镑、澳元等均为间接标价法。

3. 美元标价法。除了直接标价法和间接标价法之外，还有美元标价法，主要用于外汇市场上交易行情表。在美元标价法下，各国均以美元为基准来衡量各国货币的价值即以一定单位的美元为标准来计算应该汇兑多少他国货币的表示方法；而非美元外汇买卖时，则是根据各自对美元的比率套算出买卖双方货币的汇价。

（三）汇率制度

汇率制度是指一个国家政府对本国货币汇率水平的确定、汇率的变动方式等问题所作的一系列安排和规定。经济结构决定论认为，一国选择哪种汇率制度，应从该国的经济结构特征去考虑。汇率制度传统上按照汇率变动的幅度分为固定汇率制度和浮动汇率制度两大类。

1. 固定汇率制度。固定汇率制度是指一国的货币当局把本国货币与其他货币的汇率维持在固定的比率，波动幅度限制在一定的范围之内，保证汇率的稳定。当汇率波动超过幅度范围，中央银行需要进行赶回，使其保持在规定的幅度内。通常对汇率的调节会采取下列手段：

（1）运用货币政策。运用货币政策调整本国的利率或货币供给等方式，导致外汇供求状况改变，进而引起汇率变动。

（2）调整外汇黄金储备。当局通过调整本国黄金储备的方式来达到管理汇率水平。当然这取决于本国黄金储备量。

（3）实行外汇管制。当局借助行政等手段来对对外汇市场进行管理。

（4）向相关机构借款。一国出现临时性的国际收支不平衡后，向相关国际组织，例如国际货币基金组织申请借款，来达到恢复正常汇率情形。

2. 浮动汇率制度。浮动汇率制度是指汇率完全由市场的供求决定，政府不加任何干预的汇率制度。实际上完全由市场来决定的浮动并不存在，各国实际都会适度进行干预。鉴于各国对浮动汇率的管理方式和宽松程度不一样，该制度又有诸多分类。按政府是否干预，可以分为自由浮动和管理浮动。按浮动形式，可分为单独浮动和联合浮动。按被盯住的货币不同，可分为盯住单一货币浮动以及盯住合成货币。

二、汇率决定理论

（一）购买力平价理论

1. 购买力平价理论。购买力平价理论的基础是一价定律。一价定律，简单来讲，就是完全相同的两种商品，在不同地方的买卖价格应该相同，严格的一价定律成立的前提是不同地方的商品是同质的，并且在国际间自由流动的成本可以忽略不计。驱动一价定律成立的基础是套利者的逐利行为。需要注意的是，一价定律是建立的理想模型，现实世界中存在各种交易成本，价格维持在一定的范围之内，该区间的范围取决于交易成本的大小。同样的，由于交易成本的存在，一价定律只在一定范围内成立。

一价定律从另一个角度表明了在均衡状态下，各个国家的市场汇率应该与可以自由流动的同质商品的国际价格一致。绝对购买力平价理论是指本国货币与外国货币之间的均衡汇率与本国与外国货币购买力或物价水平之间的比率相等。绝对购买力平价是购买力平价的早期理论。

绝对购买力平价理论用数学公式表示为：

$S = P_1 / P_2$

S 是本国货币比上外国货币表示的汇率，P_1 是一篮子商品本国货币的购买价格，P_2 是一篮子商品外国货币的购买价格。

2. 相对购买力平价理论。相对购买力平价理论是绝对购买力平价理论的延伸。绝对购买力平价理论关注的各国物价的“绝对”水平，影响的是各国货币的比值，相对购买力平价理论考察的是由于各国通货膨胀率的不同，导致了各国物价水平的变动不一致，从而使各国货币的比值产生变动。

绝对购买力平价理论用数学公式表示为：

$S = P_1 / P_2$

S 是本国货币比上外国货币表示的汇率，P_1 是一篮子商品本国货币的购买价格，P_2 是一篮子商品外国货币的购买价格。

将上式两边对数化：

$Ln(S) = Ln(P_1) - Ln(P_2)$

差分后得到相对购买力平价的数学表达式：

$D(S) = D(P_1) - D(P_2)$

$D(S)$表示汇率的变化，$D(P_1)$表示本国货币购买力的变化，$D(P_2)$表示外国货币购买力的变化。货币购买力的变化体现在通货膨胀率的差异上。

（二）利率平价理论

1. 无抛补利率平价。无抛补利率平价是指在资本具有充分国际流动性的条件下，投资者的套利行为使得国际金融市场上以不同货币计价的相似资产的收益率趋于一致。无抛补利率平价中套利者的套利行为是有一定风险的，即期汇率、本币利率和外币利率是固定的，而到期时的汇率是不确定的，因此此时的套利实际上是一种投机行为，预期汇率的实现与套利者的风险偏好有关，套利者对风险越厌恶，参与无抛补套利行为要求的收益就越高，到期汇率与预期汇率就相差越大。

一般的形式表示为：

$(1 + r) = (1/S) \cdot (1 + r_f) \cdot E_S$

其中 r 为本国利率，r_f 为外国利率，S 是用直接标价法即 1 单位外国货币能够兑换的本国货币表示的汇率，E_S 是未来的预期汇率。

当 E_S 与 S 相差不大时，我们有：

$E_S/S=E_S-S$

并可以将上式简化得：

$E_S-S=r-r_f$

当 $r>r_f$ 时，$E_S>S$，因为我们采用的是直接标价法，意味着本国货币的贬值幅度等于本国货币利率高于对手货币利率的幅度。

无抛补利率平价的含义在本国利率高于（低于）外国利率的差额等于本国货币的预期贬值（升值）幅度。

与其他经济学假设不同，无抛补利率平价理论成立所依赖的以下几个假定条件与现实较为相符：

（1）套利者作为一个整体有足够的资金可用于套利，从而可以推动扭曲的汇率迅速回调至均衡状态，实际情况来看，目前国际上的以各种对冲基金为首的投机资本相当充裕。

（2）资本的国际流动不受限制。

（3）交易成本较低，从而套利者的套利行为可以将汇率的偏差限定在交易成本确定的范围内。

2. 抛补利率平价。与无抛补利率平价相比，抛补的利率平价并未对投资者的风险偏好做出假定，即套利者在套利的时候，可以在期汇市场上签订与套利方向相反的远期外汇合同（掉期交易），确定在到期日交割时所使用的汇率水平。

如果用一般化的数学公式，我们可以进行如下的推导：

$(1+r)=(1/S)\cdot(1+r_f)\cdot F$

其中 r 为本国利率，r_f 为外国利率，S 是用直接标价法表示的即期汇率，F 是远期汇率。

同样，在 F 与 S 相差不大时，我们有：

$F/S=F-S$

当 $F>S$ 时，因为采用的是直接标价法，代表本币远期汇率相对即期汇率贬值，我们称为本币远期汇率贴水，外币远期汇率升水。当 $F<S$ 时则是本币远期汇率升水，外币远期汇率贴水。

将上式简化得：

$F-S=r-r_f$

这是抛补利率平价学说的标准表达式，它表明本币远期汇率贴水（升水）的幅度等于国内利率高于（低于）国外利率的差额。

三、外汇风险

（一）外汇风险概念

外汇风险，又叫做汇率风险，在不同的货币兑换中，因汇率在一定时间内发生了始料未及的变动，导致与预期不同的损失、背离等之类负面影响的结果。从事对外贸易、国际性跨国公司等在经营、投资或者负债时候可能遇到此类风险。

（二）外汇风险种类

1. 外汇交易风险。外汇交易风险指在以外币计价的经济交易中，不同币种相互兑换时，因汇率的非预期波动而导致交易主体的预期收益蒙受损失的可能。其起源于尚未结清的、以外币定值的应收或应付款项，主要反映以外币定价合同的本币价值，因债权债务款项的结算或清偿发生在汇率变动以后而可能受到的损失或影响。与交易风险密切相关的是国际贸易及国际资本流动，如进出口信贷期满后将要进行的付汇或收汇，外币贷款本息的偿付或收取，海外投资的股息、红利、特许权使用费等收益的汇寄以及资本的回收等。

其中对外贸易交易或结算风险是目前企业最常遇到的外汇交易风险，即以即期或延期付款为条件的商品或劳务进出口贸易中，在货物装运或服务提供后，货款或服务费用尚未收支的期间，外汇汇率变动所带来的风险。若本币汇率升值，出口企业将承受出口收入减少的风险；若本币汇率贬值，进口企业则承受进口支出增加的风险。

2. 经济风险。汇率变动导致企业未来收益发生变化，造成现金流损失的风险。例如本币升值对出口企业造成未来收益减少。

3. 国家风险。国家风险也称为政治风险，它是由于一国强制力而造成的损失。往往在那些政治风险较大或者政策变动较大的国度发生。

4. 会计风险。会计风险又称折算风险，可以说是企业的外币资产、负债在折算记账本位币时，由于交易日或上一个会计报表日的记账汇率与期末（月末、季末或年末）的折算汇率不同，而使外币资产、负债账户上的折合记账本位币金额产生差异的风险。通常情况下，会计风险被普遍认为是跨国公司在编制合并会计报表时母公司会计报表上的汇兑损益变化，但实际上外汇汇兑损益包括已实现的汇兑损益和未实现的汇兑损益，其对产生会计风险的影响是不同的，所有以外币进行贸易及持有外币的企业都可能涉及会计风险，因此，会计风险不仅仅表现在跨国企业之中，只是同一般的企业相比，跨国公司的海外分公司或子公司所面临的折算风险更为复杂。

（三）影响汇率波动的因素

1. 国际收支。国际收支是指一国在一定时期内（通常为一年）全部对外经济往来的系统的货币记录。它包括：（1）一个经济体和其他经济体之间的商品、劳务和收益交易；（2）一个经济体的货币黄金、特别提款权的所有权的变动和其他变动，以及这个经济体和其他经济体的债权债务的变化；（3）无偿转移以及在会计上需要对上述不能相互抵消的交易和变化加以平衡的对应记录。简单来说，如果将一个国家看成一家公司，这家公司和其他公司（其他国家）的所有经济往来就是国际收支。而一国的国际收支账户可以看成该公司的利润表，记录了该国与其他国家经济往来的货币价值。

国内企业将商品或劳务出口后收到外币，外币在国内无法使用，因此有将外币兑换成本币的需求，而当国内企业进口商品或劳务时需要将本币对换成外币用于向国外企业支付货款，综合起来看，当一国的出口超过进口（即经常项目顺差）时，外汇市场上将本币对换成外币的意愿增强，意味着对本币的需求增多，将导致本币的升值压力。同样的，国外的投资者想要购买国内的资产或者有价证券，需要先将外币兑换成本币，而国内投资者向国外投资时，需要将本币对换成外币，当一国的金融账户顺差时，在外汇市场上有超额的将外币兑换成本币的意愿，本币的需求增加将带来本币的升值压力。也就是说，无论是经常账户还是金融账户，当出现顺差时意味着外汇市场上对本币将有升值的倾向。反之，当国际收支账户上出现逆差时，外汇市场上的供给增加，从而导致本币贬值的压力。

在完全的浮动汇率制下，国际收支平衡有一种自动调节的稳定机制，当一国出现国际收支顺差，外汇市场上对本币需求增加，本币升值，导致国际市场上用本国货币标价的商品相对价格升高，竞争力下降，出口减少，顺差减少，该过程将持续至国际收支平衡。反之，当一国出现国际收支逆差，外汇市场上本币的供给增加，本币贬值，本国商品的国际市场价格下降，竞争力上升，出口增加，该过程将使逆差持续减少至国际收支平衡的状态。

2. 货币政策。货币政策是指中央银行为实现既定的经济目标（稳定物价，促进经济增长，实现充分就业和平衡国际收支）运用各种工具调节货币供应量和利率，进而影响宏观经济的方针和措施的总和。货币政策调节的对象是货币供应量，即全社会总的购买力，具体表现形式为：流通中的现金和个人、企事业单位在银行的存款。流通中的现金与消费物价水平变动密切相关，是最活跃的货币，一直是中央银行关注和调节的重要目标。

当一国的货币当局采用扩张性的货币政策时，由于流通中的货币数量增加，而货币需求相对稳定，导致本国货币购买力的下降，此时，相对本国产品而言，国外产品更具吸引力，从而在外汇市场上对外币的需求增加，这将导致本币的贬值，根据购买力平价理论，这种将本币换成外币的行为一直会持续至本币贬值到与其购买力相符，这就是在浮动汇率制下发生的事情。而在固定汇率制下，本国的货币当局为了维持本国货币汇率稳定，需要在外汇市场上进行干预，通过其所掌握的外汇储备购入本国货币。在这种情况下，外汇市场上会持续产生：（1）将本币兑换成外币的市场行为和；（2）将外汇储备兑换成本币的官方行为，国内市场的本币会持续通过外汇市场流入货币当局，直到本币的购买力与固定汇率应该反映的购买力相符为止。

3. 货币冲销。货币冲销是指实行固定汇率的中央银行，为了维持既定的汇率目标，通过在公开市场进行对冲操作，或回收再贷款、控制信贷规模以及提高准备金率等综合手段，抵消因维持汇率目标而导致的货币供给总量扩张。在浮动汇率制度下，中央银行一般不对外汇市场进行干预。而在固定汇率制度下，政府必须通过干预市场来维持汇率稳定。

4. 财政政策。与货币政策类似，财政政策也是以逆经济周期干预为基础，努力维持一国经济的稳定运行，分为扩张性的财政政策和紧缩性的财政政策，在经济衰退期，政府通过减税、增支进而扩大财政赤字的财政分配方式，增加和刺激社会总需求，而在经济过热的时候，主要通过增税、减支进而压缩赤字或增加盈余的财政分配方式，减少和抑制社会总需求。

财政政策对汇率的影响则不确定，当一国政府采用扩张性的财政政策时，政府支出增加，需要注意的是，政府本身不是生产机构，并没有收入来源，政府支出主要来源于两个渠道，一是以往年度的财政盈余，可以想象成一个实力雄厚的消费者将以前的银行存款拿出来使用，这笔存款进入流通领域后将导致通货膨胀率的上升，根据之前的分析，本国汇率将会由于本币购买力下降而有贬值的倾向。二是发行国债或向中央银行借款，金融市场上对资金的需求增加将导致货币的价格——利率的上升，此时持有本币的收益上升，对本币需求的增加将导致本币的升值。从长期来看，如果一国扩张性的财政政策能使一国的国民收入增加将导致本币的升值。

第二节 外汇期货及其交易特点

一、期货与远期合约的差异

远期（Forward）合约是在交易双方约定在未来某一时刻以约定的价格买入（或卖出）某一特定产品的合约。在远期合约中，约定买入某一产品的一方称为多头（或长头寸），而约定卖出某一产品的一方称为空头（或短头寸）。

期货（Futures）合约与远期合约相似，两者都是交易双方约定在未来的某一时刻买入或卖出某一产品交易合约，但是两者在许多方面存在差异。远期合约是买卖双方私下拟定的未来交易合约，双方可以就合约价格、合约标的物[①]的数量、合约期限、交割时间和交割方式等一系列细节进行沟通和商讨。由于上述的种种特性，远期合约一般在场外市场（即 OTC 市场）进行交易。与远期合约不同的是，期货合约是交易所设计的，并且能够在交易所进行场内交易的标准化合约。在交易所规定的时间内，期货合约采取公开竞价的交易方式进行，具有较强的交易竞争性和更高透明度。对于同一种标的物的期货合约，通常有多个不同到期日的期货合约同时交易，为市场提供了多期限的投资工具。买卖双方通过交易所和期货结算机构进行交易，并不知道交易对方的身份。同时，交易所为了保证期货合约能够在市场上正常交易，为期货合约设定了一系列标准特性和对交易双方的风险管理措施。

远期与期货合约的区别见表 6－1。

表 6－1　　远期与期货合约的区别

	远期	期货
交易地点	场外市场交易，双方私下拟定的合约	交易所市场交易，中央结算机构负责双方结算
合约细节	买卖双方商议的合约	标准化合约

① 标的物：指的是合约中所指的物品或商品。

续表

	远期	期货
交易方式	缴纳定金	保证金交易
到期日	通常只有一个到期日	有多个到期日
结算时间	到期日结算	每日结算
合约结束方式	通常是交割或者现金结算	通常以对冲平仓
流动性	低	高

二、外汇期货特点

（一）标准化合约

期货合约是由交易所统一制定的标准化远期合约。在期货合约中，标的物的数量、规格、交割时间和地点都是既定的（见表6-2），交易双方不需要对上述细节事先商量，也不能通过协议而改变合约细节。这种标准化合约为交易双方节省了交易成本、提高了交易的效率和市场的流动性，为期货交易带来了极大的便利。

表6-2　欧元期货合约

合约月份	6个连续的季度月
交易单位	125 000 欧元
最小变动价位	0.0001，每合约12.50美元；价差套利最小变动价位减半
每日价格波动限制	不设价格波动限制
交易时间	周一至周五：上午7：20~下午2：00，场内公开叫价 周一至周四：下午5：00~次日下午4：00，全球电子交易系统 （周五下午4：00收市，周日下午5：00重新开市） 周日：下午5：00至次日下午4：00，全球电子交易系统
最后交易日	交割日前第2个营业日（通常为周一）的上午9：16
交割日	合约交割月份的第3个星期三
交割地点	结算所指定的各货币发行国银行
初始保证金	2 475 美元（约为合约大小的2%）

（二）场内集中竞价交易

期货交易实行场内交易，所有的买卖指令必须在交易所内进行集中竞价成交。只有交易所会员才能进场交易，其他交易者只能委托交易所会员由其代理进行期货交易。在我国期货市场中，投资者一般通过期货公司在各大交易所进行交易。在集中竞价中，通常最低卖价和最高买家之间会存在微小的差异，我们称之为买卖价差（Bid - Ask Spread）。

（三）保证金交易

期货合约与现货和远期合约最大的区别在于期货交易实行保证金交易制度。交易者在买卖期货合约时只需按照所买卖合约的价值，缴纳一定比例（一般为5% ~15%）保证金作为履约保证，即可拥有此合约。这种合约价值等于数倍保证金的交易也被称为“杠杆交易”。期货保证金交易这一特点使期货交易具有高收益和高风险的特点。保证金比率越低，杠杆的效应就越大，高收益和高风险的特征就越明显。

（四）双向交易

期货交易采用双向交易的方式。交易者可以进行买入建仓，即通过买入期货合约开始交易，也可以通过卖出建仓，即通过卖出合约开始交易。前者也被称为“买多”，后者也被称为“卖空”。双向交易带给了市场参与者双向的交易机会。当市场价格上升时，可以通过低买高卖来获利；当市场价格下降时，可以通过高卖低买来获利。

（五）对冲了结

交易者在进行买入建仓或卖出建仓后，大部分都不是通过交割来结束交易，而是通过进行反向对冲操作进行了结。如在买入建仓后，可以通过卖出同等数量的同一期货合约来解除履约责任；在卖出建仓后，可以通过买入同等数量的同一期货合约来解除履约责任。

（六）当日无负债结算制度

期货交易实行当然无负债结算制度来控制交易双方的违约风险。当日无负债结算制度也被称为逐日盯市制度（Marking - to - Market）。结算部门在每日交易结束后，按照当天的结算价①对交易者结算所有持仓合约的盈亏、交易保证金及手续费、税金等费用。对应收应付的款项实行净额的一次划转，并相应增加或减少保证金。如果交易者的保证金低于维持保证金的标准，这需要追加保证金，做到“当日无负债”，否则将会被强行平仓。当日无负债制度可以有效地防止交易双方的违约风险，保证期货市场的正常运转。

---

① 结算价：指的是当天交易结束后，对未平仓合约进行当日交易保证金及当日盈亏结算的基准价，通常为当日某时间段内价格的加权平均。

三、外汇现货交易与外汇期货的差异

在了解比较外汇现货与外汇期货的之前，我们必须先了解外汇现货中实盘交易和保证金交易（虚盘交易）。

实盘交易，指的是持有货币或货币等价物（如现金和旅行支票）的双方进行的交换，如我们持有人民币去银行换取外币，就是实盘交易的一种。

机构间的实盘交易，主要是在银行之间或者银行代理的大客户之间的实盘交易，一般在买卖成交后两个营业日内完成资金的交割。

外汇保证金交易（又称为虚盘交易）是从期货的保证金交易衍生而来的，指的是交易者在专门从事外汇保证金交易的公司（如银行、外汇交易商或经纪商），签订委托买卖外汇的合同，并缴付按合同金额一定比率的保证金（一般不超过 10%），并可以按数十倍的融资倍数买卖外汇。外汇保证金交易的具体操作与我们上文所讲的期货保证金交易相似，以合约的形式做出了买卖外汇的承诺，并在汇率波动之间获取合约带来的利润或承担亏损，并通过价差进行现金差额了结。外汇保证金交易并不要求交易者拥有货币的现钞，而这种双向交易、高杠杆高收益的特征吸引了众多投资者的参与。

既然外汇保证金交易和外汇期货交易都是以保证金机制和买卖合约进行的外汇交易，那么两者的区别在哪呢?

第一，外汇期货交易是对外汇某一远期汇率进行的价格交易，因此与外汇现货标的即期汇率相比，外汇期货的价格是市场预计汇率远期的价格。

第二，外汇期货是一种有期限的合约，而外汇保证金交易没有到期的期限限制。在期货交易中，交易者必须在合约到期前的通过对冲了结或者在合约到期时的以交割现货的方式结束合约。如果交易者在合约到期时想继续持有期货头寸，则需要进行展期，即将到期的合约平仓同时开仓远月份合约。在期货合约接近到期时，会出现成交量减少和价格往现货价格收敛（价格波动同时降低）的情形，因此进行展期时要面临额外的风险。在外汇保证金交易中，只要交易者维持一定比例的保证金，其所拥有的头寸可以长期持有。

第三，外汇期货是交易所设计并在交易所内（场内）进行交易的合约。所有的交易者，无论是追求利润的投机者还是规避风险的投机者，都必须通过交易所会员参与交易。交易所通过收取一定的手续费的形式，为买卖双方进行撮合成交[1]，而交易所本身并不参与交易的任意一方。为了保证交易双方的履约，交易所会成立独立的中央结算中心，为交易双方的盈亏进行每日结算。同时，各国政府会成立相应的监管部门，对期货交易所和期货交易进行监管。

而在外汇现货保证金交易中，实行的是场外的做市商机制[2]，即交易者进行交易时的对手方是做市商而不是其他交易者。市场上存在着大大小小的做市商，大的有 JP 摩根、花旗等大银行，小的也有专门从事外汇保证金交易的交易商和经纪商。小做市商在交易者手中得到头寸时，也会把部分头寸拿到大做市商进行交易，以规避风险。交易者在进行交易时并不需要支付手续费，做市商为交易者报以一个买价和一个卖价，而买卖价格之间的价差就是做市商收入的来源。外汇现货保证金交易与外汇期货的区别见表 6－3。

表 6－3　　外汇现货保证金交易与外汇期货的区别

	外汇现货保证金交易	外汇期货
交易地点	场外市场交易，做市商制度	交易所市场交易，中央结算机构负责双方结算
合约细节	标准化合约，但交易商允许交易非整数手数	标准化合约
交易方式	保证金交易	保证金交易
到期日	无到期日	有多个到期日
结算时间	每日结算	每日结算
合约结束方式	现金结算	通常以对冲平仓
交易币种	任何国家的币种	少数主要币种
交易时间	工作日 24 小时	交易所的营业时间

由上文可以看出，外汇现货保证金交易和外汇期货交易最大的区别在于交易地点的不同。对于外汇现货保证金交易而言，交易者需要寻找一个合适的做市商进行交易。然而，市场上大大小小的外汇交易商有成千上万，单凭着有限的信息，交易者很难找到一个合适的做市商。同时，监管部门难以监管数目众多的交易商，只能采取最低净资产等设置门槛的准入制度进行控制，但对于交

① 撮合成交：指计算机交易系统对交易双方指令进行自动配对并产生双方同意的成交价格，全球交易所皆采用这种成交方式。

② 做市商：指为市场某一产品同时提供买价和卖价的公司。

易中产生的交易商欺诈客户、私自挪动保证金等问题难以有效监管。

值得注意的是，在做市商制度中，做市商自营报价并自负盈亏，与客户进行对赌协议。换句话说，就是客户的对手方永远都是做市商，客户的亏损就是做市商的盈利，而客户的盈利就是做市商的亏损。做市商主要是靠买卖报价的点差来实现盈利。因此，做市商可能会让客户处于不利的位置来进行交易。这种方式存在很大的风险，如果交易商无法偿还客户的盈利或由于自身经营问题而破产倒闭时，交易者则有可能无法拿回放置在交易商处的资金。

四、外汇期货的交割

交割（Delivery）是指期货合约到期时，按照期货交易所的规则和程序，交易双方通过该合约所载标的物所有权的转移，或者按照结算价进行现金差价结算，了结到期未平仓合约的过程。其中，以标的物所有权转移方式进行的交割称为实物交割；按结算价进行现金差价结算的交割方式称为现金交割。

期货交割制度是促使期货价格和现货价格须向一致的保证。因为期货在交割日的价格与现货是相等的，所以当交割日前市场的期货价格和现货价格出现严重偏离时，交易者就会在期限两个市场进行套利交易：当期货价格过高而现货价格过低时，交易者卖出期货合约，同时买入现货商品，使现货需求增多，价格上升，期货价格下降，期限价差缩小；当期货价格过低而现货价格过高时，交易者则买入期货合约，卖出现货商品，使期限价差趋于正常水平。通过交割的保证，期货、现货两个市场得到相互联动，使期货市场发挥出价格晴雨表的作用。

在外汇期货合约中，实物交割和现金交割各分天下，其中主要的外汇期货交易所芝加哥商业交易所的大部分合约采取实物交割方式，只有小部分合约采取现金交割方式。如芝加哥商业交易所（CME）交易所中的巴西货币雷亚尔（Brazilian Real）期货合约和纽交所伦敦国际金融期货交易所（NYSE－LIFFE）的欧元期货合约就是采取现金交割制度，而芝加哥商业交易所中的欧元、日元、澳元的外汇期货合约都是采用实物交割制度。

下面，我们通过芝加哥商业交易所（CME）的外汇期货的实物交割规则来详细了解实物交割的过程。

（一）交易所

芝加哥商业交易所允许其结算会员参与最终交割，非会员必须通过结算会员客户的形式参与结算交割。外汇期货实物交割需要通过芝加哥商业交易所允许的美国本土银行和另一间外币所在国的本地银行之间进行。同时，芝加哥商业交易所通过在其美国代理银行中的建立两个账户用于买卖方之间的中转，一个是美元账户，另一个是代理银行在外币所在国的当地分支的外币账户（或通过代理银行在外币所在国的联系银行的外币账户进行）。

（二）买方交易者

在最后交易日前，买方必须安排准备汇入美元的银行和准备接受外币的外币所在国当地银行，并把相应的账户信息通知芝加哥商业交易所的结算中心。

在最后交易日前两个交易日，结算会员必须把准备用于交割的现货头寸上报给结算中心。

最后交易日当天，结算会员代表其会员提交买方交割协议，协议应详细说明交割合约的数量、用于支付美元的账户信息，和用于接收外币的外币所在国当地的银行账户信息。

最后交易日后的第 1 个交易日，买方向结算中心在美国代理银行的美元账户汇入美元，结算中心把美元汇入卖方用于接收的银行账户，同时买方在外币所在国的当地银行账户收入卖方通过结算中心代理银行所支付的外币。

（三）卖方交易者

在最后交易日前，卖方必须安排准备汇入外币的外币所在国当地银行和准备接受美元的美国当地银行，并把相应的账户信息通知芝加哥商业交易所的结算中心。

在最后交易日前两个交易日，结算会员必须把准备用于交割的现货头寸上报给结算中心。

最后交易日当天，结算会员代表其会员提交卖方交割协议，协议应详细说明交割合约的数量、用于支付外币的账户信息，和用于接收美元的美国当地银行账户信息。

最后交易日后的第 1 个交易日，卖方向结算中心代理银行在外币所在国的当地分支的外币账户汇入外币，结算中心把外币汇入买方用于接收的银行账户，同时卖方的美国当地银行账户收入买方通过结算中心代理银行所支付的美元。

对于现金交割的外汇期货，步骤则简单得多。交易所只需要按照规则计算出结算价，并根据结算价对买卖方的保证金进行相应的增减。

第三节 外汇期货的套期保值与套利

一、传统规避外汇风险的方法

一般来说，企业在外汇风险管理中常用的方法有：货币选择法、货币保值条款、提前错后法、平衡法、组对法、BSI 法、LSI 法、价格调整法和易货贸易法等。

（一）货币选择法

货币选择法就是在对汇率变化进行正确预测的基础上，选择适当的计价和结算货币以规避风险。该方法是经济主体通过涉外业务中计价货币的选择来减少外汇风险的一种管理手段。在国际收支中，所使用的计价货币不外乎有两类：硬货币和软货币。所谓软货币，是指汇率疲软且有贬值趋势的货币。所谓硬货币，是指汇率坚挺且有升值趋势的货币。

在实际的交易中，选择哪种货币作为计价货币是一个比较复杂的问题，它涉及交易双方的实力和一些国际惯例。一般而言，在国际经济活动中，当对方国家货币是硬货币时，向对方国家出口商品应力争使用对方货币结算，从对方国家进口商品应力争使用本国货币或软货币结算。而当对方国家货币是软货币时，向对方国家出口商品应力争使用本国货币或硬货币结算，从对方国家进口商品应力争使用对方货币结算。

但由于各货币的软硬并不是绝对的，软硬有时会出现转变，交易双方都想争取到对自己有利的合同货币是不可能的。因此，货币选择法有时做不到或做到了也并不能保证经济主体避免交易风险的损失。

（二）货币保值条款

货币保值条款是防范汇率风险常用的一种手段。即在交易谈判时，双方协商在合同中（往往是长期合同中）加入适当的保值条款，以防汇率多变的风险。在合同中规定了一种（或一组）保值货币与本国货币之间的比价，如支付时汇价变动超过一定幅度，则按原定汇率调整，以达到保值的目的。常用的货币保值条款有：黄金保值条款、硬货币保值条款、一篮子货币保值条款等。

布雷顿森林体系崩溃以后，各国货币与黄金脱钩，黄金平价失去作用，浮动汇率制取代了固定汇率制。因而国际经济活动中的外汇风险大大增加，为此，有的国家采用市场黄金价格来保值。

其具体做法是：在订立合同时按签约日的黄金价格将支付货币的金额折合为若干一定数量的黄金，到支付日再将特定数量的黄金按当时的金价转换成一定数量的计价货币。如果黄金价格上涨，则支付货币金额要相应增加，反之，则相应减少。实行黄金保值条款的前提是黄金价格保持稳定，目前黄金价格本身不断波动，这种方法已不能起到避免风险的作用。

硬货币保值法，可以将其理解为上例中的黄金换成了某种硬货币。即在合同中订明以硬货币计价，用软货币支付，记录两种货币当时的汇率，在执行合同过程中，如果由于支付货币的汇率下浮，则合同中的金额要等比例调整，按照支付日的支付货币的汇率计算。这样，实收的计价货币金额和签订合同时相同，支付货币下浮的损失可以得到补偿。

一篮子货币保值法的含意是多种货币的组合。在浮动汇率制下，各种货币的汇率每时都在变化，但变动的幅度和方向并不一致。用一篮子货币保值就是在合同中规定用多种货币对合同金额进行保值。

（三）提前错后法

提前错后法是指在国际支付中，通过预测支付货币汇率变动趋势，提前或错后了结外币债权债务关系，来避免外汇风险或获取风险报酬。

提前错后法包括以下四个方面：

1. 出口商（外币债权人）在预测外币汇率将要上升时，争取延期收汇，以期获得该计价货币汇率上涨的利益。

2. 进口商（外币债务人）在预期外币汇率将要下降时，争取提前付汇，以免受该计价货币贬值的损失。

3. 出口商（外币债权人）在预测外币汇率将要下降时，争取提前收汇，以免受该计价货币贬值的损失。

4. 进口商（外币债务人）在预期外币汇率将要下降时，争取延期收汇，以期获得该计价货币汇率上涨的利益。

汇率变化与结汇日期变化关系见表 6－4。

表 6-4　　汇率变化与结汇日期变化关系

交易商	预计外币上升（本币贬值）	预计外币下跌（本币升值）
出口商（收进外币）	推迟收汇	提前收汇
进口商（支付外币）	提前付汇	推迟付汇

（四）配对管理法

配对管理法是使外币的流入和流出在币种、金额和时间上相互平衡的以规避外汇风险的方法。主要有平衡法和组对法两种。

平衡法是指在同一时期内，设立一个与受险货币币种相同、数量相同、方向相反的交易，以避免外汇风险的方法。如法国某公司有 2 000 万日元的 5 月期应收账款，如果它能签订 5 个月付款的 2 000 万日元进口合同，便能消除原有敞口头寸，使自己避免外汇风险。平衡法有很大的局限性，因为一个公司向某国出口时未必需要从该国进口，特别是一个公司要与多个国家发生涉外业务，它很难对每个国家都能做到消除涉外业务中的敞口头寸。

组对法是企业针对某种外汇的敞口头寸，创造另一种外汇的反向资金流动以消除外汇风险的管理办法。组对的货币通常是维持固定汇率的货币，例如，荷兰盾和比利时法郎之间在当代仍维持固定汇率制。由于这样的货币种类有限，组对货币也包括汇率变动趋势大体相同的货币。

（五）BSI 法及 LSI 法

BSI 法，即借款—即期合同—投资法（Borrow - Spot - Invest），指有关经济主体通过借款、即期外汇交易和投资的程序，争取消除外汇风险的风险管理办法。

其操作步骤为：拥有应收账款的出口商，为了防止汇率变动，先借入与应收外汇等值的外币（以此消除时间风险）；同时，通过即期交易把外币兑换成本币（以此消除价值风险）；然后，将本币存入银行或进行投资，以投资收益来贴补借款利息和其他费用。届时应收款到期，就以外汇归还银行贷款。可见，利用 BSI 法，从理论上讲，可完全消除外汇风险。

LSI 法，即提早收付—即期合同—投资法（Lead - Spot - Invest），是指具有应收外汇账款的公司，征得债务方的同意，请其提前支付货款，并给其一定折扣。

其操作步骤为：具有应收外汇账款的公司，在征得债务方同意后，以一定折扣为条件提前收回货款（以此消除时间风险）；并通过在即期外汇市场上将外汇兑换成本币（以此消除价值风险）；然后，将换回的本币进行投资，所获的收益用以抵补因提前收汇的折扣损失。

（六）价格调整法

价格调整法是指承担外汇风险的进出口商人通过在贸易谈判中调整商品价格，以减少使用外币结算给自己带来的损失的外汇风险管理办法。价格调整法，主要有加价保值和压价保值两种。加价保值法主要用于出口交易中。它是出口商接受软币计价成交时，将汇价损失摊入出口商品的价格中，以转移外汇风险。压价保值法用于商品进口交易中，进口商在进行硬币计价的国际贸易中，通过压低进口商品的价格来减少硬币升值可能带来的损失。

（七）易货贸易法

易货贸易是指在换货的基础上，把进口和出口直接联系起来，把等值的出口货物和进口货物直接结合起来从而消除外汇风险的方法。

但是易货贸易法有需要双重巧合的缺陷，即一方打算卖出的商品必须在质量、数量、时间上都符合对方需要，而且对方打算卖出的商品在各方面都正好符合本方需要。这种双重巧合在现实生活中是很难遇到的。

二、套期保值规避外汇风险的方法

套期保值就是在期货市场买进（卖出）与现货数量相当、交易方向相反的期货合约，在未来某一时间通过卖出（买进）期货合约对冲交易，从而补偿因现货价格不利变动带来的实际损失，使现货经营成本维持在理想水平。也就是说，套期保值是以规避现货价格风险为目的的期货交易行为。

套期保值为什么能规避价格风险，达到锁定成本、保证利润的目的呢？传统套期保值理论揭示了期货市场上存在两个基本逻辑原理：

第一，同种商品的期货价格走势与现货价格走势一致。现货市场与期货市场虽然是两个各自独立的市场，但由于某一特定商品的期货价格和现货价格在同一时空内，会受到相同的经济因素的影响和制约，因而一般情况下两个市场的价格变动趋势相同。套期保值者就是利用这两个市场上的价格关系，分别在期货市场和现货市场做方向相反的买卖，以便在一个市场上获利，同时弥补在另一个市场上亏损，以达到锁定成本保护利润的目的。

第二，现货市场与期货市场价格随期货合约到期日的临近，两者趋向一致。我们可以把现货价格和期货价格的差作为持有成本来看，主要由融资利息、仓储费用和收益组成，也可以认为期货价格等于现货价格的预期值加上风险溢价。但是，越接近交割日，上述的成本越少，导致期货市场价格与现货市场价格随期货合约到期日的临近趋向一致。如果期货价格明显高于现货价格，就会有投资者低价买入现货，然后高价卖出期货，从而推动期货价格降低现货价格升高，最终两者趋向一致，反之亦然。正是上述原理的作用，使得套期保值能够起到为商品生产经营者最大限度地降低价格风险的作用，保障生产、加工、经营活动的稳步进行。

传统套期保值理论，认为商品的期货价格和现货价格受相同因素的影响，期货和现货的价格走势基本保持一致；在期货合约到期时由于套利行为将使商品的期货价格和现货价格趋于一致。这样，就可以用一个市场的利润来对冲另外一个市场的损失。即套期保值者参与期货交易的目的不在于从期货交易中获取高额利润，而在于用期货交易中的获利来补偿在现货市场上可能发生的损失；或用现货市场的获利弥补期货亏损。

但是，现实是期货价格变动与现货价格并非完全同步，故这种简单传统的套期保值策略无法达到完全消除风险的目的，因此，市场将传统套期保值理论称为简单套期保值。它的意义更在于揭示出套期保值作为一种风险管理策略和方法的作用机制。

在实践发展基础上，产生了选择性套期保值理论，又被称为基差套期保值策略或选择性套期保值策略。由于现实中的投资者是以利润最大化为追求目标，而非简单地追求风险性最小。在现实经济中，期货价格和现货价格之间的变动常常不完全一致。现货价格和期货价格之间的差距定义为基差，用基差的大小来判断是否进行套期保值操作，即基差策略基差套期保值策略：认为套期保值的核心不在于能否消除价格风险，而在于能否通过寻找基差方面的变化或预期基差的变化来谋取利润，或者说通过发现期货市场与现货市场之间的价格变化来寻找投机获利的机会。在这种意义上，套期保值是一种套期获利行为，只有当套期保值者认为有获利机会时，才会去进行套期保值。

套期保值虽然是一种风险对冲策略和方法，但并不是任何时候都可以随便操作的。套保效果客观存在着不确定性，应选择合适时机开展套期保值。套期保值策略的核心在于通过期货、期权等金融工具的采用，达到对风险进行有效对冲和管理的目的，因此，理想境界当然是所用工具尽可能带来正效益，才会取得最优保值效果。这种认识的形成，有助于使企业的风险管理更具主动性，也符合企业效益最大化、风险最小化原则。

套期保值可分为买入套期保值和卖出套期保值。买入套期保值是指通过期货市场买入期货合约以防止因现货价格上涨而遭受损失的行为。用期货盈利来弥补未来采购现货成本升高的损失。卖出套期保值则指通过期货市场卖出期货合约以防止因现货价格下跌而造成损失的行为。用期货盈利来弥补未来销售现货因价格下跌损失。

【例 6 –1】 某国内进出口公司签订了一份外贸合同，约定在 3 个月后将受到一笔 2 000 000 美元的出口货款，为了防范人民币兑美元的升值风险，该公司决定在中国香港交易所使用外汇期货对美元风险头寸进行套期保值。即期美元/人民币的汇率为 6. 8350 元/美元。

由于该公司担心因人民币兑美元升值而造成出口货物后收到美元结汇时候形成汇兑损失，因此应当卖出美元/人民币期货，成交价为 6. 8370。

卖出套期保值过程见表 6 –5。

表 6 –5　　卖出套期保值过程

	套期保值相关计算
期货合约面值	10 万美元
保证金比例	1. 50%（中国香港交易所规定每手合约保证金约为 8 000 元人民币，按照 1 美元 = 6. 3000 元人民币的汇率计算，保证金水平约为 1. 27%，在此我们按照 1. 50% 计算）
需进行风险管理的头寸	2 000 000 美元（200 万美元）
卖出期货合约的手数	200/10 = 20（手）
保证金	20 × 10 × 1. 50% = 3（万美元）

3 个月后，美元/人民币即期汇率变为 6. 6400 元/美元，该企业买入平仓美元兑人民币期货合约 20 手，成交价为 6. 6410。

套期保值效果评估见表 6 –6。

表 6 –6　　套期保值效果评估

	损益计算
期货市场损益	20 × 10 ×（6. 8370 – 6. 6410）= 39. 2（万元人民币）
现货市场损益	200 ×（6. 6400 – 6. 8350）= –39（万元人民币）
套期保值后总损益	39. 2 – 39 = 0. 2（万元人民币）

可以看出，3 个月内人民币兑美元有明显升值，该企业在现汇市场上亏损

了 39 万元人民币，但是通过期货市场进行套期保值，该企业在期货市场上获得了 39.2 万元人民币的收益，弥补了现汇市场上亏损，较好地规避了汇率风险。

传统的汇率风险规避方法虽能在一定程度上回避汇率风险，但其应用往往受到诸多限制。如货币选择法、货币保值条款、提前错后法、价格调整法必须合同双方达成一致，但在实际中，由于合同双方地位不对等，汇率风险较大的一方往往无法在合同中加入规避风险的条款，如国内一些产品附加值不高的出口型企业在面对国外进口商时，往往处于弱势，无法在合同中加入对自己有利的条款；平衡法、组对法、易货贸易法则需要巧合发生，如有一笔美元收入的同时，恰好有一笔美元的支出。

而利用金融衍生工具套期保值的办法来规避外汇风险，则不受合同对手方及巧合事件的限制。首先，由于有投机者的存在，交易所中交易的外汇衍生品，往往成交规模较大，流动性较好，能够满足大部分外汇套期保值者的需要；其次，借助良好的流动性及 T+0 的交易模式，套期保值者可以根据自身经营情况的变化及时的调整衍生工具的头寸，使企业降低风险管理成本，提高收益；再次，外汇金融衍生品具有高杠杆的特点，套期保值者利用其管理风险，资金占用较少，管理成本也较低。

三、外汇套利

（一）外汇套利的成本

1. 外汇套利的交易成本。交易成本是指达成交易所要付出的成本。在外汇期货和外汇现货中，交易成本各有不同。对于外汇期货，交易成本主要是指交易所和期货经纪商收取的佣金、中央结算公司收取的过户费等买卖期货产生的费用。在部分费用是灵活变通的，因为对不同的投资者，交易所或期货经纪商会给予不同的优惠，因此他们的交易成本也有所不同。

对于外汇现货而言，交易成本有不同的计算方式。对于在收取佣金的外汇交易商处交易的投资者而言，交易成本与期货交易相似，就是支付给外汇交易商的佣金和其他一些费用。但是对于在其他收取点差的外汇交易商处交易的投资者而言，交易成本就是点差，即买卖价差。举个例子，如果买卖差价是 10 个点，那么当投资者进行正向套利买入现货时，投资者想卖出现货时候就必须付出 10 个点的价差，这就是外汇现货的交易成本。值得注意的时，在外汇期货中也有买卖价差的存在，但是一些主力合约（市场主要买卖的合约）价差往往比较小，因此并不是交易成本的主要构成部分。

2. 交易成本。外汇套利除了交易成本外还包括保证金成本。对于全球不同的市场，保证金产生的利息归属不同。有些市场保证金利息属于投资者，而有些市场保证金利息属于期货经纪商或交易所。因此，保证金带来的资金使用成本也是交易成本的其中一部分。

3. 冲击成本。冲击成本也称为流动性成本，主要是指规模大套利资金进入市场后对市场价格的冲击，使交易未能按照预订价位成交，从而多付的成本。

因此，在计算外汇的无套利区间时，上限应该由期货的理论价格加上期货和现货的交易成本和冲击成本、下限应由期货的理论价格减去期货和现货的交易成本和冲击成本来得到。

（二）外汇套利的特点

对于不同的期货品种，外汇套利有不同的特点。例如对于商品期货的期现套利来说，关键在于对现货的买卖。对于外汇的期现套利，情况则相对简单。因为外汇现货的市场比较活跃，而且交易者可以通过全球许多的外汇交易商买卖外汇现货，因此买卖现货的途径较多。

此外值得注意的是，现货买卖中是有利息收入或支出的。例如交易者如果买入欧元/美元，那么交易者将支出欧元的利息同时收入美元利息，由于两个利息不同，因此交易者收入或付出的利息也不同。根据两国的利率差，交易者根据买卖方向收取或者支付利息。

（三）跨市套利的特点

在期货市场上，许多交易所都交易相同或相似的期货商品。如在第二章我们提到，芝加哥商业交易所（CME）、纽交所伦敦国际金融期货交易所（NYSE - LIFFE）和东京金融交易所（Tokyo Financial Exchange）都推出了多种币种的外汇期货合约。一般来说，因为市场、合约大小和流动性等不同，这些品种在各交易所间的价格会有一个相对稳定的差额，一旦这一差额发生短期的变化，交易者就可以在这两个市场间套利，购买价格相对较低的合约，卖出价格相对较高的合约，一起在期货价格趋于正常时平仓，赚取低风险利润。

值得注意的时，外汇市场是一个全球市场，在期货交易中，每个交易所都会因为其所在时区的不同，导致开盘和收盘的时间对于不同时区有所不同。因此，套利者考虑在不同交易所间进行套利的时候，应该考虑到时区带来的影响，应选择在交易时间重叠的时段进行交易。

此外，交易者还需要留意不同交易所合约之间的交易单位和报价体系的不同。跨市套利虽然是在同一品种间进行的，但是由于合约交易大小和报价体系不同的原因，交易者应将不同交易所合约的价格按相同计量单位进行折算，才能进行价格比较。

四、套汇交易

套汇交易就是利用在不同外汇市场（或外汇交易商）直接的价格差异，在汇率低的市场买进，在汇率高的市场卖出，利用低买高卖赚取差额利润。

例如，如果一个外汇交易商对欧元/美元的卖价报价为 1.3350，而另一个外汇交易商的买价报价为 1.3360，那么交易者就可以从第一个交易商中买入欧元，然后在第二个交易商处卖出欧元，赚取 10 个点位的无风险利润。

与套利交易相似的是，套汇交易需要价差不合理地存在，这是套利交易和套汇交易的前提。在套利交易中，交易者需要估计价格的无套利区间，当价差偏离无套利区间时，才会存在套利盈利的可能性。在套汇交易中，需要两个外汇市场中存在不合理的报价，才会存在套汇盈利的可能性。

（一）套汇类型

1. 直接套汇。直接套汇又称两地套汇，是指当两个不同地点外汇市场上某种货币汇率出现差异时，外汇交易者同时在这两个市场买贱卖贵，从中赚取差价利润的交易行为。

2. 间接套汇。间接套汇又称为三角套汇，是利用三种相关币种之间的交叉汇率报价差异来实现无风险盈利的套汇交易。

在外汇市场交易时，经常会出现两个币种同时交易的情况。交叉汇率就是两种币种间的汇率，而这种汇率是用两种币种各种与一个公共币种的汇率计算所得。

在现实生活中，三角套汇的机会也是十分罕见的。首先，因为有买卖价差的存在，使外汇的买卖交易产生成本，这种成本会使三角套汇的机会消失。即使这种三角套汇机会存在，市场上的套汇行为也会使机会很快地消失。

（二）套利交易和套汇交易之间的不同点

1. 套利交易是在两个不同合约间进行的套利。这两个合约，可以是相同的外汇品种但到期时间不同的合约（跨期套利与期现套利），也可以是相同的外汇品种但交易场所不同的合约（跨市套利）。在套汇交易中，是在两个相同品种的外汇中，或者三个不同品种但存在三角关系的外汇中进行的交易，且在套汇交易中的外汇品种到期期限应该一致（同是现货或同是到期时间相同的期货合约）。

2. 套利交易是一种在价差不正常时开仓，并等待价差回归正常水平后平仓的操作。因此套利交易需要在一定时间内持有合约。而在套汇交易中，买卖是瞬时且同时发生的。交易者在低价位买进同时在高价位卖出，不需要在一定时间内持有仓位。同时因为套汇交易的机会十分难得，因此买卖之间的间隔时间越短，那么套汇交易的成功机会就越大。

3. 套利交易是有风险的交易。套利交易是交易者根据价差未来变化的判断而进行的交易，只有当未来价差走势与交易者判断一致时，套利交易才能获得盈利。如果价差走势与交易者判断相反，那么套利交易将会产生亏损，因此套利交易是有风险的。而在套汇交易中，只要两个交易商间出现套汇的机会，交易者就能通过套汇交易实现盈利，而不需要承受市场的风险。

4. 套利交易的机会比套汇交易多。套利交易是交易价差的变化，而价差是时时刻刻存在的。只要判断对了价差的发展，套利交易就能盈利。而套汇交易需要交易商之间的报价差异，而这种差异会稍纵即逝，因此套汇交易的机会比套利交易少。

第四节 外汇期货在企业风险管理中的应用

随着经济全球一体化的不断深入，外汇汇率波动也愈加频繁，相关企业若对汇率波动所带来的风险认识不足，或没有有效的风险防范办法，则易遭受巨大的汇率风险。例如，在 20 世纪 90 年代，中国不少企业拥有较多的日元外债，当日元升值时，这些企业的利润便被上涨的日元汇率所吞噬。想要在日益激烈的国际竞争中站稳脚跟，国内的企业需要全方位的加强汇率风险意识，首先是观念的改变，汇率波动造成的损失并非是国内企业传统认为的“不可抗拒的力量”，而是可以进行管理的；其次是方法上，当我们进入浮动汇率时代后，如何规避汇率波动以保障企业的稳定经营，已经成为企业无法回避的问题。

一、进出口企业

进出口企业所面临的外汇风险主要来自于汇率的波动：出口型企业出口产品收取外币货款时，将面临本币升值或外币贬值的风险；进口型企业进口产品、设备支付外币时，将面临本币贬值或外币升值的风险。因此，进出口企业对外汇风险规避策略的要求是：能够平抑汇率波动风险以减少收支外币不确定性带来的风险。

【例 6－2】某企业从欧洲客商处引进了一批造纸设备，合同金额为 1 000 000 欧元的银行贷款，即期欧元/人民币汇率为 8.9450 人民币元/欧元，合同约定 3 个月后付款。

此时该企业面临的是风险是人民币兑欧元的贬值风险。前面我们介绍过，进口企业是天然的本币空头套期保值者，因此该企业应该在期货市场根据自身外汇敞口大小，选择空头套期保值即卖出（做空）人民币/欧元期货对汇率风险进行规避。

考虑到 3 个月将支付欧元货款，因此该企业选择 CME 期货交易所 RMB/EUR 主力期货合约进行卖出套期保值，成交价为 0.1117。

卖出套期保值见表 6－7。

表 6－7　　卖出套期保值过程

	套期保值相关计算
期货合约面值	100 万元人民币
保证金比例	2%
需进行风险管理的头寸	1 000 000 欧元
卖出期货合约的手数	1 000 000/0.1117/100 = 8.95（手）≈9 手
保证金	9 × 1 000 000 × 0.1117 × 2% = 20 106（欧元）

3 个月后，欧元/人民币即期汇率变为 9.6350 元/欧元，该企业买入平仓 RMB/EUR 期货合约 9 手，成交价为 0.1037。

套期保值效果评估见表 6－8。

表 6－8　　套期保值效果评估

	损益计算
期货市场损益	9 × 1 000 000 ×（0.1117 − 0.1037）= 72 000（欧元） 利用 3 个月后人民币即期汇率可计算对应的人民币损益为：72 000 × 9.6350 = 693 720（元人民币）
现货市场损益	1 000 000 ×（8.9450 − 9.6350）= −690 000（元人民币）
套期保值后总损益	693 720 − 690 000 = 3 720（元人民币）

可以看出，3 个月后人民币兑欧元汇率向着不利于该进口企业的方向变动，若不采取风险规避措施，该企业将损失 690 000 元人民币，通过卖出 RMB/EUR 期货合约进行套期保值，该企业在外汇期货市场上获得 693 720 元人民币的收益，弥补了该企业的损失，较好地对冲了欧元外汇风险。

【例 6 -3】 某公司为一家国内原材料进口公司，其主要从澳大利亚和美洲地区进口相关的原材料，因而其外汇储备主要为澳元和美元。该公司过去在澳大利亚获得一项长期业务，签订了每年价值为 100 万澳元的订单，约定在每年第 2 季度末完成付款和收货。随着国内经济快速发展，国内对原材料进口量增加，该公司和澳大利亚出口方经过协商，双方约定将该项业务中的合同金额增加至 300 万澳元。之后该原材料进出口公司和美国某制造公司还签订一系列贸易合同，进口价值为 60 万美元的设备和技术，约定在 6 月底交付货款。从当年 4 月的外汇走势来看，因人民币升值态势未改，中长期的美元/人民币汇率处于下跌之中，而澳元/人民币汇率走势也同样跟随下跌。进入当年 5 月底，美元/人民币处于 6.30 附近波动，澳元/人民币汇率似有进入走高的可能。面对未来可能澳元对人民币升值导致以人民币计算的进口成本增加，该公司如何应对此类情况？

对于该家公司而言，主要业务为进口，因此本币贬值会对公司有较大的影响，但是随着近年来汇率改革之后，人民币一直处于升值进程之中，一般对进口公司而言都是有利的。但是对于一些货币而言，其和人民币之间的汇率走势在某些时候下较为独立，例如在本例中，澳元/人民币汇率走势在 5 月底朝着澳元升值的方向进行，对于该公司则需要用一个风险管理方案来规避远 1 个月后可能的澳元升值给公司带来汇兑上的损失。

根据该国内公司需求和现状，其主要风险是规避远期澳元升值带来的汇兑损失，而在 6 月底有 60 万美元的进口，美元/人民币汇率稳定在 6.30 附近使得该公司并不需要立刻入场对 60 万美元进行套期保值。因此，我们提出如下方案供该公司参考：

买入澳元/美元外汇期货，同时介入美元/人民币远期合约。

①买入 6 月底到期的澳元/美元外汇期货，规避 300 万澳元的汇率风险。

②介入 1 个月后到期的美元/人民币远期合约，其大小为 300 万澳元对应的美元金额再加上 60 万美元。以约定的汇率买入美元，卖出对应的人民币。

具体操作来看，以 CME 集团的澳元/美元外汇期货合约大小为例，300 万澳元须用30手期货合约来规避。5月底，该公司买入30手澳元/美元外汇期货合约，价格为0.9810。根据计算，按照入场价格对应的美元金额为：0.9810×300=294.3（万美元）。因此介入美元/人民币远期合约的大小为294.3+60=354.3（万美元）。

某金融机构报价见表6-9。

表6-9　　金融机构报价

	买价/卖价（单位：元/美元）
即期美元/人民币	6.2980/6.3030
1个月美元/人民币远期汇率	6.2810/6.2870

该公司和该金融机构签订1个月期限的美元/人民币远期合约，约定以6.2870汇率价格买入354.3万美元，卖出对应的人民币。

1个月后，6月底，澳元/人民币汇率升至6.35附近，其他相关汇率即期报价见表6-10。

表6-10　　相关汇率即期报价

	买价/卖价
美元/人民币（单位：元/美元）	6.2890/6.2950
澳元/美元（单位：美元/澳元）	1.0095/1.0125

该公司的美元/人民币的远期合约到期，该公司以6.2870的汇率购入354.3万美元，公司付出人民币金额为：354.3×6.2870=2 227.484（万元）。同期到期交割澳元/美元期货合约，以0.9810的价格买入300万澳元，付出美元294.3万元。剩余的60万美元用于支付进口的设备和技术。这意味着支付300万澳元和60万美元所花费的成本在人民币2 227.484万元左右。若不进行相关套保，则该公司须花费的成本为人民币约：300×6.35+60×6.2950=2 282.70（万元），比实际多花费人民币55.216万元，约占总成本的2.5%左右。具体比较见表6-11。

表 6－11 不同方案下资金差异情形表

	风险管理方案下（1）	无风险管理方案下（2）	两者差异
澳元：150 万元	澳元/美元期货多头：汇率 0.9810 美元/人民币远期合约：汇率 6.2870	6 月底澳元/人民币即期汇率：约 6.35	
	所需支出人民币金额：300 × 0.9810 × 6.2870 = 1 850.264（万元）	所需支出人民币金额：300 × 6.35 = 1 905（万元）	情形①较情形②少支出人民币：54.736 万元
美元：30 万元	美元/人民币远期合约：汇率 6.2870	6 月底美元/人民币即期汇率：6.2950	
	所需支出人民币金额：60 × 6.2870 = 377.22（万元）	所需支出人民币金额：60 × 6.2950 = 377.7（万元）	情形①较情形②少支出人民币：0.48 万元
			情形①较情形②总共少支出人民币：54.736 + 0.84 = 55.216（万元）

二、对外投资

近年来，随着我国经济发展和与国际社会联系愈发密切，在海外的投资数量也与日俱增。对外投资已经逐渐成为部分企业的一个重要业务和盈利点。对于这些对外投资类型企业，他们可能面临如下的问题：

1. 汇率波动风险。与普通的进出口企业类似，对外投资的企业或面临远期投资购汇时汇率风险，或面临着获取收益结汇时的汇率波动风险。若汇率波动较大，那么投资收益会面临巨大的影响。由于不同的项目面临的资本投入量和频率的不同，因此看似通常的汇率风险也会比较复杂。

2. 投资项目的不确定性。有可能是一国国内政策出现变化或者市场竞争等，这些同样是对外投资企业面临的风险。这里的不确定性主要是项目是否立项、中标以及到期收益面临可能的提前或者延迟收益。值得注意的是，并非所有不确定性都和外汇有关。

因此，对于对外投资类型的企业而言，它们对外汇衍生品上面需要能够帮助他们实现平抑汇率波动风险以及减少投资不确定性带来的风险。对外投资可以说是我国逐步走向全世界融入全球经济的重要一步，在未来会有更多相关企业需要运用外汇衍生品来解决面临的问题。

【例 6 -4】国内某小型投资公司，其部分业务为套利方式投资海外股票、商品市场，由于其资金持有期有限，以中短期投资获取收益为主。经过其投资决策层讨论，针对近年来各市场的复苏情况，分别在制定了投资计划，预期 3 个月后可稳定收取总计 200 万美元和 200 万欧元的收益。但是由于近年来人民币升值的因素存在，该公司担心其投资收益在汇兑环节上会有一定程度的损失。因此需要采取一定方式用来规避相关外汇风险。

对于该小型投资公司而言，若汇率上出现巨大波动则很可能给自身海外投资带来损失。因此对于此类投资公司而言，可以通过外汇衍生品来提前锁定汇率或者规避波动风险。因此对于该公司有如下方案可以选择：

方案一

介入美元/人民币和人民币/欧元期货合约

因须防范 3 个月后人民币升值的可能，因此建立美元/人民币期货空头、人民币/欧元期货多头（因目前 CME 集团没有设立欧元/人民币期货合约，只有人民币/欧元期货合约)。通过该方案可以规避本币升值带来的投资收益减少。

方案二

介入美元/人民币和欧元/人民币外汇远期合约

介入 3 个月后到期的美元/人民币远期合约，以约定的汇率卖出 200 万美元，买入对应的人民币金额。介入 3 个月后到期的欧元/人民币外汇远期合约，以约定的汇率卖出 200 万欧元，买入对应的人民币金额。此方案能够锁定远期的相关汇率，规避本币升值带来的投资收益减少。

方案三

介入欧元/美元汇率掉期，介入美元/人民币远期合约或期货合约

此方案考虑到将欧元汇率波动风险转移至美元上，并通过美元/人民币远期合约或期货合约规避人民币对美元升值的风险。介入欧元/美元期限为 3 个月的汇率掉期：即期买入 200 万欧元，根据汇率卖出对应美元。同时接入期限为 3 个月的欧元/美元外汇远期合约，以约定的汇率卖出 200 万欧元，获得相应的美元金额。最后根据两者美元金额，买入美元/人民币远期合约，锁定远期结汇时候的汇率。

从整体来看，这三个方案均有各自的优势。对于该小型投资公司而言，其最主要的外汇上的需求就是降低投资获得收益时候因人民币升值带来的汇兑损

失。可以根据自身财务能力、抗风险能力以及对外汇风险预估程度不同角度对上述三个方案进行比较。选择外汇期货合约的话从操作层面上较为简单，且不乏灵活性，而且场内交易降低了违约风险以及流动性风险，因此建议实施方案一。

三、对外融资

对外融资企业在海外的融资业务涉及许多外汇交易，或有通过股权市场，或有通过债券市场等方式进行融资，此类企业可能面临的问题有：

1. 融资可能的利息还款。通过债券之类的方式进行融资需要按时偿付利息，面对汇率的波动极容易给企业带来财务成本上的负担。

2. 汇率风险。融资过程中，对融入资金的运用可能面临汇率风险，以及在一些债券或者银行贷款中需要面临的外汇本金还款，可能会面临汇率波动风险。

【例 6-5】 国内某中型电子设备制造公司因需要将自身业务需要，打算开拓海外市场用来拓宽自身产品销量。由于近年来和欧洲、非洲等地的各个国家或地区采取了密切的合作伙伴关系，该公司产品也是价廉物美，因此销量较好。随着在欧洲的销量增加，该公司打算在意大利、法国和南非建立分厂降低运输成本和产品价格，短期（1 年内偿还）需要约 100 万欧元和 50 万美元的资金。对于该公司而言其主要收入货币为人民币和美元，其现金流也较为紧张，因此该公司向国内银行贷款了 100 万欧元和 50 万美元，约定在 9 个月后偿还本金和利息。近年来由于美元/人民币汇率单向下跌的趋势较为明显，人民币对美元处于长期升值过程之中，因此对于持有美元的外债，该公司将会从人民币对美元的升值过程中获利。而欧元/人民币汇率因为短期内欧洲地区情形转为稳定，因此欧元/人民币汇率走势处于稳中有升的境地，公司如持有欧元负债，并不有利。

面对这样的情形，该公司为规避远期欧元对人民币升值形成的影响，可以采取如下方案：

方案一

介入欧元/人民币远期合约或人民币/欧元期货

通过此方式可以完全锁定欧元对人民币升值风险。因目前暂时没有欧元/人民币期货，故只能介入人民币/欧元期货。介入 9 个月后到期的欧元/人民币远期合约，以约定的汇率买入 100 万欧元，卖出对应的人民币。或者买入人民币/欧元期货空头。因为要防范的是欧元/人民币汇率上升的风险，因此在人民币/欧元期货上建立空头头寸。

方案二

介入欧元/美元远期合约或欧元/美元期货

通过此类方式，将远期的欧元和美元之间的汇率进行锁定，等于未来还款的时候全部是用美元。因其主要资金收入包含美元，且人民币仍然处于对美元的升值通道之中，因此使用该方案也可。

最终方案确定取决于公司财务方面的要求，因为期限为 9 个月，故介入外汇远期合约或外汇期货均可，若期限时间较短，因外汇期货流动性较高且开仓平仓较为方便，且降低了大部分违约风险，则可适时介入外汇期货。

第七章
DIQIZHANG

国 债 期 货

第一节 债 券 与 利 率

一、债券的定义

债券是政府、金融机构、工商企业等直接向社会借债筹措资金时，向投资者发行，承诺按一定利率支付利息并按约定条件偿还本金的债权债务凭证。债券的本质是债的证明书。债券购买者与发行者之间是一种债权债务关系，债券发行人即债务人，投资者（债券持有人）即债权人。债券是一种有价证券。由于债券的利息通常是事先确定的，所以债券是固定利息证券（定息证券）的一种。

概括来说，债券包含了以下四层含义：（1）债券的发行人是资金的借入者；（2）购买债券的投资者是资金的借出者；（3）发行人（借入者）需要按照债券的约定条件进行还本付息；（4）债券是债的证明书，具有法律效力。债券购买者与发行者之间是一种债权债务关系，债券发行人即债务人，债券持有人即债权人。

二、债券的基本要素

（一）基本要素

债券尽管种类多种多样，但是在内容上都要包含一些基本的要素（见图

7－1）。这些要素是指发行的债券上必须载明的基本要素：（1）面值；（2）到期期限；（3）付息方式；（4）票面利率；（5）发行人名称。

图 7－1　1992 年农业银行发行的金融债

如图 7－1 所示的农行金融债，正面显示的是其面值为 100 元，发行方为农业银行。背面显示了其到期期限为 3 年，票面利率为 9.5%，付息方式为到期一次性还本付息。下解释债券的各项要素。

1. 债券面值，指债券的票面金额，指在到期日偿还给持有人的本金金额，面值构成持有人在未来的现金流入。

2. 票面利率（报价利率，名义年利率），指利息占票面金额的比率。

3. 债券到期收益率，指以特定价格购买债券并持有至到期日所能获得的收益率。它是使未来现金流量现值等于债券购入价格的折现率。

注意：（1）只有持有至到期日才能计算到期收益率；（2）到期收益率仅

仅是针对债券而言的，因为股票没有到期日，因此不存在到期收益率。

4. 债券到期收益率的应用。

（1）当债券的到期收益率大于必要报酬率（资金成本）时应当购买；反之，应当出售。

（2）平价发行的每年付息一次的债券到期收益率等于票面利率。

（3）溢价发行，必要报酬率小于票面利率，到期收益率小于票面利率。

（4）折价发行，必要报酬率大于票面利率，到期收益率大于票面利率。

（二）分类

债券主要分为利率债与信用债。利率债是指风险很低的国债、金融债和央票等。信用债是依靠企业的信誉而发行的债券，包括企业债、公司债、短期融资券、中期票据、分离债、资产支持证券、次级债等品种。

我国债券市场各品种份额结构见图 7－2。

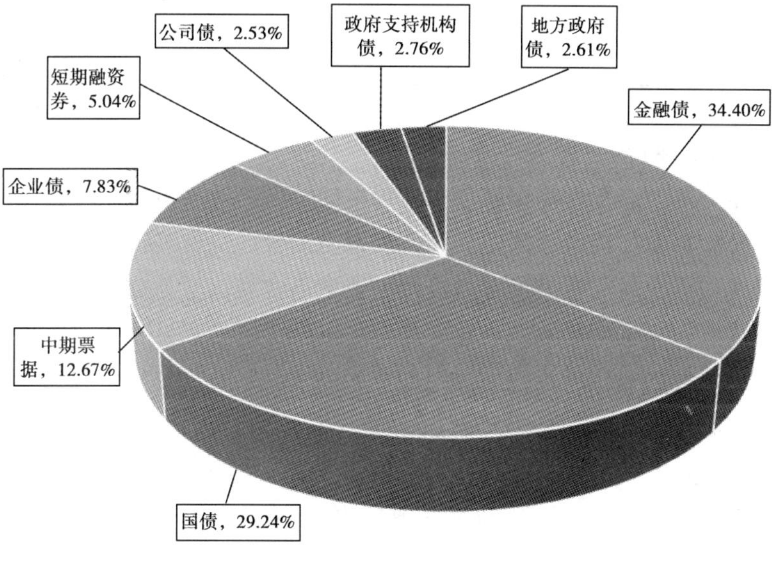

图 7－2 我国债券市场各品种份额结构图（2013 年 8 月 29 日）

三、债券的全价、净价与应计利息

债券价格计算公式所计算出的价格是债券的全价，该价格包含了所有现金流的现值，当然也包含了应计利息，即：

全价＝净价＋应计利息

（一）应计利息

债券发行后，投资者可能会在预定的息票支付日之间进行交易，在这种情况下，买方需要向卖方支付截至交易日的应计利息，因为买方在下一付息日会获得全额息票收入，而卖方出售了债券，在付息日无法收到任何息票收入，而卖方应该获得持有债券期间的息票收入，因此买方需要向卖方做出一定"补偿"。从上一次息票支付日到交易日当天的利息收入成为应计利息。具体计算见表7－1。

表7－1 债券的应计利息

债券交易日	2012/12/9
息票支付日	2013/1/25
息票率	4%
从上次息票支付日到今日	47天
付息频率	1年1次
应计利息	0.5151%

（二）债券净价

债券净价是债券全价减去应计利息得出的价格。通常市场上的债券价格都是净价交易。目前我们所看到的债券价格都是净价。全价等于净价加上应计利息。记账式债券交易采用净价方式报价，即以不含自然增长应计利息的价格进行报价并成交。净价交易方式中的交易价格不包含应计利息，其价格的形成及变动能够更加准确地体现国债的内在价值、供求关系及市场利率的变动趋势。

（三）债券全价

债券买卖资金采用全价法交割，买入全价＝买入净价＋应计利息，卖出全价＝卖出净价＋应计利息，应计利息＝票面利率/365×已计息天数×债券面值（100）。与投资者进行资金清算时，按全价计算：结算金额＝买卖净价＋应计利息

【例7－1】7月17日，020006债券起息日为6月6日，持有天数为1个月零11天，即41天，100元面值年利率为2%的债券内含利息为100×2%/365×41＝0.22（元），若卖出净价为100元，卖出全价即为100.22元。净价交易是以净价挂牌，按照全价计算实际的资金收付。

柜台债券交易实行净价交易，其意义在于净价能真实地反映债券价值的变动情况，有利于投资人分析和判断债券走势。因为在债券价值不变的情况下，

随着持有天数的增加，全价自然上升，若只观察全价，则产生债券升值的错觉。只有净价变动，才表明债券价值变动。[例 7-1] 中债券从发行日至今日的卖出净价一直为 100 元，没有任何升值，但全价却上升至 100.22 元。

四、债券投资重要指标

（一）债券久期

久期的概念最早是麦考利（Macaulay）在 1938 年提出来的，所以又称麦考利久期（简记为 D）。麦考利久期是使用加权平均数的形式计算债券的平均到期时间。它是债券在未来产生现金流的时间的加权平均，其权重是各期现金值在债券价格中所占的比重。

具体的计算将每次债券现金流的现值除以债券价格得到每一期现金支付的权重，并将每一次现金流的时间同对应的权重相乘，最终合计出整个债券的久期。因此麦考利久期的单位是年。

麦考利久期公式：

$$MacD = \sum_{i=1}^{n} t_i \frac{CF_i \cdot e^{-yt_i}}{V}$$

$MacD$ 是麦考利久期；

t_i 是 i 次现金流的时间；

V 是债券价值；

CF_i 是第 i 次现金流的数量；

y 是收益率。

久期的计算公式就是一个加权平均数的公式了，因此，它可以被看成是收回成本的平均时间。

【例 7-2】 债券的信息和现金流见表 7-2 和见表 7-3，计算麦考利久期。

表 7-2　　债券信息

票面	100 元
到期日	2015/12/31
估值日	2013/1/25
息票率	4%
付息频率	每年 1 次
到期收益率	3.8%

表 7-3　　债券现金流表

息票支付日	2013/12/31	2014/12/31	2015/12/31
现金流（元）	4	4	104
从计价日（2013/1/25）起到息票支付日的时间（年）	0.931506849	1.931506849	2.931506849
到期收益率（%）	3.8	3.8	3.8
现金流现值（元）	3.863421084	3.72198563	93.22892715

麦考利久期 =（3.863421084 ×0.931506849 +3.72198563 ×1.931506849 +93.22892715 ×2.931506849）÷债券全价

=2.8179（年）

在实际的债券分析中，久期已经超越了时间的概念，投资者更多地把它用来衡量债券价格变动对利率变化的敏感度，即衡量当收益率变化一定程度时，债券价格变化多少。而且经过一定的修正，以使其能精确地量化利率变动给债券价格造成的影响。由此我们就有修正久期这个概念。

修正久期公式：

$$MalD(y) = -\frac{1}{V}\cdot\frac{\partial V}{\partial y} = -\frac{\partial ln(V)}{\partial y}$$

$$MalD = \frac{MacD}{(1+y/k)}$$

其中，k 是一年付息次数；

V 是债券价格；

y 是收益率；

$MacD$ 是麦考利久期。

决定久期即影响债券价格对市场利率变化的敏感性包括三要素：到期时间、息票利率和到期收益率。

【例 7-3】（修正久期计算示例）在［例 7-2］中，债券的修正久期是多少？

修正久期 = 麦考利久期/（1 + 收益率/付息频率）=2.7148

修正久期是债券价格对收益率的一阶导数，其经济含义可以理解为：假如修正久期是 2.7148，当收益率下降 1% 时，债券价格上升 2.7148%。修正久期越大，债券价格对收益率的变动就越敏感，收益率上升所引起的债券价格下降幅度就越大，而利率下降所引起的债券价格上升幅度也越大。可见，同等要素条件下，修正久期小的债券比修正久期大的债券抗收益率上升风险能力强，但当收益率下降时，收益能力较弱。

正是久期的上述特征给我们的债券投资提供了参照。当我们判断当前的利率水平存在上升可能，就可以集中投资于短期品种、缩短债券久期；而当我们判断当前的利率水平有可能下降，则拉长债券久期、加大长期债券的投资，这就可以帮助我们在债市的上涨中获得更高的溢价。

久期可以带来债券投资管理中的一个极其重要的策略——“免疫策略”。根据该策略，当交易主体债券组合的久期与债权的持有期相等的时候，该交易主体短期内就实现了“免疫”的目标，即短期内的总财富不受利率波动的影响。其原理是：把债券组合久期调整为0，这样收益率变动就不会影响债券的价值。

（二）债券的凸性

我们之前介绍了衡量债券价格对收益率变化敏感程度，即久期。使用久期的确能较好地近似衡量收益率变化时债券价格大致变化了多少。但是，当收益率发生较大变化时，使用久期来计算债券价格的变化也会有一定误差。

【例7－4】 根据表7－2，我们知道其修正久期为2.7148，全价为100.8143。

如果收益率上升10个基点，即从3.8%上升到3.9%，重新计算的债券价格是100.5412，按照久期调整的价格是100.8143－0.1%×2.7148×100.8143＝100.5406，两者之间差距不大；如果收益率上升100个基点，即从3.8%上升到4.8%，重新计算的债券价格是98.1278，按照久期调整的价格是100.8143－1%×2.7148×100.8143＝98.0774，有5分的差距。

从上述例子中可以看出，当收益率发生大规模移动时，使用久期来计算债券价格的变化会有一定误差。其原因是久期本身也会随着收益率变化，因此为了更精准地衡量债券收益率变化对债券价格造成的影响，我们需要引入一个新的概念——凸性。债券的凸性是1984年史丹利·迪勒（Stanley Diller）提出的概念，是对债券价格曲线弯曲程度的一种度量。严格地讲，凸性是指债券到期收益率发生变动而引起的债券价格变动幅度的变动程度。凸性是债券价格对收益率的二阶导数。凸性越大，债券价格曲线弯曲程度越大，用修正久期度量债券的利率风险所产生的误差越大。凸性也是债券久期对利率敏感性的测量。在价格—收益率出现大幅度变动时，它们的波动幅度呈非线性关系。由久期做出的预测将有所偏离。凸性就是对这个偏离的修正。

（三）凸性的性质

1. 凸性随久期的增加而增加。若收益率、久期不变，票面利率越大，凸性越大。

2. 对于没有隐含期权的债券来说，凸性总大于0，即利率下降，债券价格将以加速度上升；当利率上升时，债券价格以减速度下降。

3. 含有隐含期权的债券的凸性一般为负，即价格随着利率的下降以减速度上升，或债券的有效持续期随利率的下降而缩短，随利率的上升而延长。因为利率下降时买入期权的可能性增加了。

（四）基点价值

基点价值（DV01，BPV）用来衡量收益率变化一个基点（1bp = 0.01%）时债券价格的波动性。不同剩余期限的债券，收益率变化引起的债券价格变化也不同。

五、投资债券的风险

收益总是伴随着风险，债券也不例外。相比于股票而言，债券有着收益较小，风险也较小的特点，所以债券更适合于投资风格稳健、相对风险偏好较低的投资者。利率债的风险主要来自于利率风险，即利率的变动导致债券价格与收益率发生变动的风险。信用债除了利率风险外，还要承担信用水平变动带来的信用风险。

1. 利率风险。由于市场利率上升（要求收益率上升）而导致债券价格下跌的风险。

2. 信用风险。由于信用评级变化而导致的信用债价格下跌的风险。

3. 流动性风险。将手中的债券出售，但由于市场成交不活跃造成的无法随时变现。

4. 违约风险。由于债券发行人违约导致不能按照之前的约定获取本金和利息的风险。

在对冲利率风险的工具中（见图7－3），国债期货和国债期权都是场内交易，相比于利率互换、远期、信用缓释工具（CRM）等具有流动性好、杠杆高（资金利用率高）、无交易对手方风险等优点。

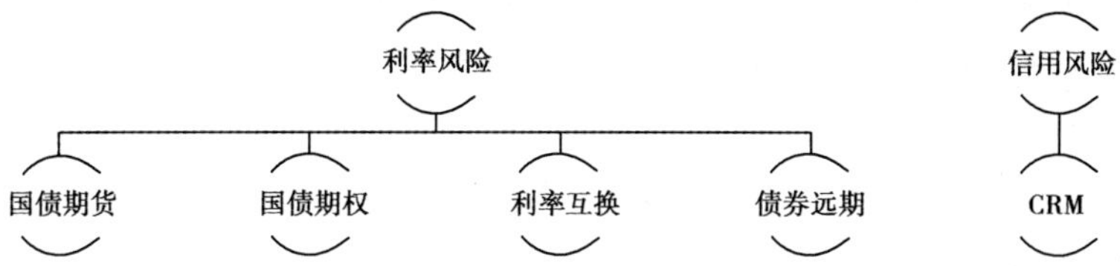

图 7－3 债券投资风险及其对冲工具

第二节 债券发行与交易

一、债券的分类和特点

按交易场所分类，国债交易场所主要由银行间债券市场、交易所债券市场、商业银行柜台记账式国债三个市场组成。其中，银行间债券市场国债交易量最大且逐年递增，参与的机构投资者居多。交易所债券市场 2011 年之前参与的机构主要有券商、基金、个人投资者等，随着 2011 年中国银监会、中国证监会批准上市商业银行参与交易所债券业务后，国债交易量不断增长。商业银行柜台记账式国债，主要面向个人和非金融类企业客户，现阶段规模较小。

我国不同市场的国债交易量见表 7－4。

表 7－4 我国不同市场的国债交易量

年份	银行间债券市场国债交易量（亿元）	上海证券交易所国债交易量（亿元）	柜台记账式国债交易量（亿元）
2005	10 873	2 773	66
2006	12 569	1 537	43
2007	21 447	1 262	36
2008	36 300	2 076	30
2009	40 206	2 055	63
2010	76 730	1 590	34
2011	86 376	1 243	28

数据来源：上海证券交易所。

由于国债的发行主体为中央政府，信用等级最高，以及国债免征利息所得税的因素，一般而言，国债的收益率比中央银行票据、政策性金融债、企业发行的中短期票据收益率低。就国债期限而言，一般期限越长，国债债券收益率越高。2012 年 3 月 31 日，银行间各品种、期限的债券收益率见表 7－5。

表 7－5　银行间各品种、期限的债券收益率（2012 年 3 月 31 日）

期限（年）	国债收益率曲线（%）	央行票据收益率曲线（%）	政策性金融债收益率曲线（%）	中短期票据收益率曲线（AAA）（%）	固定利率企业债收益率曲线（AAA）（%）
0.5	2.77	3.27	3.45	4.20	4.19
1	2.84	3.31	3.49	4.26	4.24
2	2.85	3.36	3.63	4.54	4.52
3	2.92	3.34	3.65	4.67	4.64
4	3.08		3.81	4.73	4.70
5	3.12		3.86	4.79	4.76
7	3.40		4.01	5.00	4.98
8	3.49		4.15	5.05	5.06
10	3.50		4.25	5.18	5.15
15	3.77		4.50		5.35
20	4.03		4.77		5.61
30	4.13		4.87		5.71
50	4.30				

数据来源：上海证券交易所。

二、国债一级发行市场

我国各类型债券发行模式见图 7－4。

我国国债的招标方式主要采用混合式招标。我国国债发行的招标规则，借鉴了国际资本市场中的“美国式”、“荷兰式”规则，发展出混合式招标方式。以利率为招标标的，全场加权平均中标利率为当期国债票面利率，低于或等于票面利率利率的标位，按面值承销，高于票面利率一定数量以内的标位，按各中标标位的利率与票面利率折算的价格承销。高于票面利率一定数量以上的标

图 7－4　各类型债券发行模式

位，全部落标。国债竞争性招投标时间一般为上午 9：30～10：30。

2013 年 9 月 11 日（含）起，2013 年财政部招标发行的 5、7 年期记账式国债（含续发行，下同）竞争性招标时间调整为招标日上午 10：35～11：35，追加投标、债权托管时间顺延。有专业人士认为，财政部调整招标时间，或为适应国债期货市场。国债期货交易时间为 9：15～11：30 和 13：00～15：15，一周最后交易日为 9：15～11：30；交易所债券市场交易时间为 9：30～11：30 和 13：00～15：00；银行间债券市场交易时间为 9：00～12：00 和 13：30～16：30。而以往财政部国债招标发行时间固定在上午 9：30～10：30，这样国债招标发行时间与各市场的交易时间存在时间差。如果还是按照以往的国债招标发行时间，部分机构投资者往往能在第一时间知晓结果，然后迅速做出利于自己的操作。但个人投资者获取消息滞后，这就存在信息不对称的问题。

三、国债混合式招标实例

【例 7－5】某期国债竞争性招标量为 250 亿，全部承销商最低竞投标位是 3.60%，假设竞投标位到 3.67 时，竞投数量累计量达到 250 亿元。由此计算 3.60% 至 3.67% 利率区间的全场加权平均中标利率为 3.64%，所以此期国债的票面利率为 3.64%，3.67% 命名为最优中标利率（见表 7－6）。

表 7－6 国债混合式招标实例

标位	投标利率（%）	投标量（亿元）	加权平均中标利率%
1	3.60%	20	3.64%
2	3.61%	20	
3	3.62%	30	
4	3.63%	30	
5	3.64%	30	
6	3.65%	30	
7	3.66%	40	
8	3.67%	50	
9	3.68%	60	落标
10	3.69%	60	落标
11	3.70%	70	落标
12	3.71%	70	落标

四、交易所债券市场与银行间债券市场

（一）交易所债券市场

1. 场内市场：上海证券交易所、深圳证券交易所。个人、机构投资者均可参与。多大采用集中竞价系统撮合成交，也有大宗交易平台、固定收益平台。

2. 交易时间：周一～周五，遇法定节假日调整除外，上午 9：30～上午 11：30，下午 13：00～下午 15：00。

3. 申报价格最小变动单位为 0.001 元，一般为 0.01 元。

4. 交易单位：交易单位为手，1 手相当于 10 张债券，即 1 000 元债券面值；单笔申报最大数量不超过 1 万手，即 1 000 万元。

（二）银行间债券市场

1. 场外市场：银行间债券市场。机构投资者参与，采用大宗交易方式。

2. 交易时间：周一～周五，遇法定节假日调整除外，交易时间上午 9：00～上午 12：00，下午 13：30～下午 17：30。

3. 报价变动单位：固定利率、贴现债券一般以收益率方式进行报价，收益率精确到小数点第 4 位，通常报价精确到 1 个基点。浮动利率债券一般以价格方式进行报价，债券价格精确到为 0.0001 元，通常报价精确到 0.01 元。

4. 交易单位：最低交易量为债券面值 10 万元，一般最低交易量为债券面值 1 000 万元，交易变动单位为 1 000 万元。

5. 交易方式：询价交易、点击成交、经纪商撮合成交。

银行间债券市场国债询价报价过程见图 7－5。

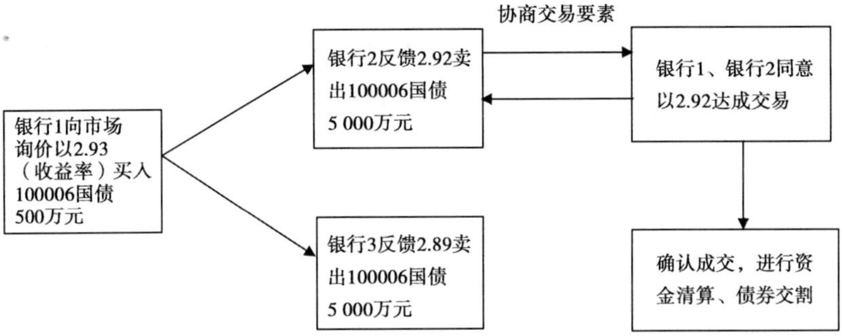

图 7－5 债券询价交易实例

五、股票和债券组合交易实例

在预期经济回落，股市下跌的过程中，国债作为避险品种，其表现优于股市。投资者在证券公司开立证券账户后，即可参与交易所国债交易。

【例 7－6】 假设 2011 年 8 月 31 日投资海南橡胶（601118）10 000 股，每股股价 15.30 元，初始投资金额 153 000 元，2012 年 3 月 30 日收市每股股价 6.71 元，市值评估 67 100 元，浮亏 85 900 元。

假设 2011 年 9 月 1 日投资 02 国债（13）600 手，即 6 000 张，债券价格 93.15 元，票面利率 2.6%，应计利息 1.1728 元，初始投资金额元 565 937 元，2012 年 3 月 30 日收市国债价格 96.1 元，债券浮盈（96.1－93.15）×600 000/100＋600 000×2.6%×211/365＝26 720（元）。

图 7－6 是 2011 年 9 月初至 2012 年 3 月底期间，投资者买入股票和国债获得收益的比较。

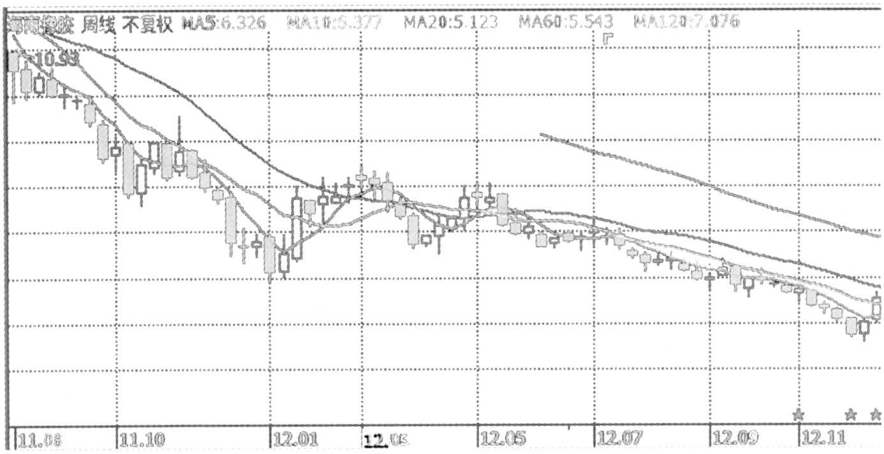

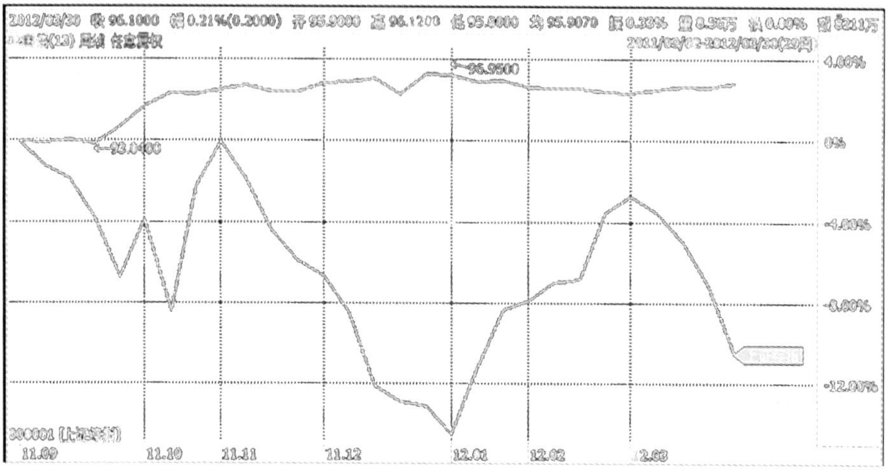

图 7－6　股票（海南橡胶）和债券（组合交易实例）

第三节
国债期货合约及合约解读

一、国债期货合约

2013 年 9 月 6 日，经国务院批准，中国证监会批复，国债期货正式在中国金融期货交易所（简称中金所）挂牌上市。自 1995 年暂停国债期货交易之后，国债期货又再次回到中国资本市场的大舞台。

中金所 5 年期国债期货合约见表 7－7。

表 7－7　　中金所 5 年期国债期货合约

合约标的	面值为 100 万元人民币、票面利率为 3% 的名义中期国债
可交割国债	合约到期月首日剩余期限为 4～7 年的记账式附息国债
报价方式	百元净价报价
最小变动价位	0.002 元
合约月份	最近的 3 个季月（3 月、6 月、9 月、12 月中的最近 3 个月循环）
交易时间	09：15～11：30，13：00～15：15

续表

最后交易日交易时间	09：15～11：30
每日价格最大波动限制	上一交易日结算价的±2%
最低交易保证金	合约价值的2%
最后交易日	合约到期月份的第2个星期五
最后交割日	最后交易日后的第3个交易日
交割方式	实物交割
交易代码	TF
上市交易所	中国金融期货交易所

二、国债期货合约解读

（一）合约标的

通常的商品期货和股指期货都会制定一个特定的、确实存在的现货作为其交割标的物。但是由于债券的特殊性，不同的债券有不同的现金流、票面利率、到期期限等，如果按照这些要素对可交割债券做出规定，则会造成仅有某一种、相对于整个债券市场总量很少的债券能够进行交割，这显然是不够有效的。为了解决这一问题，国债期货在设计时引入了虚拟标准券的概念，按照国际上较成功的期货合约的方法，采用现实中不存在、虚拟的、剩余期限固定的“名义标准债券”作为交易标的，现实中的债券可以用转换因子折算成标准券进行交割。我国国债期货拟定：以面值100万元，票面利率为3%的虚拟国债作为标准券，其他实际存在的债券均按照一定的转换比例折算成相应数量的虚拟国债用于交割。

（二）转换因子

真实国债和虚拟“名义标准债券”之间的转换比例就被称作“转换因子”，其计算方法为将该债券的未来现金流按照3%的利率向国债期货交割日进行贴现，得到的现值即为其转换因子。中金所在每一个合约上市前会公布所有可交割券的转换因子，每个可交割券的转换因子在合约存续期内保持不变。在合约存续期间，如有新发行国债成为可交割券，中金所会在国债上市交易前公布其转换因子。

（三）滚动交割和集中交割

自交割月第1个交易日至最后交易日的前1个交易日的滚动交割：买方和卖方提出交割申请，按照“申报时间优先”原则选取买方和卖方进入交割；

最后交易日未平仓合约自动进入交割程序，即最后交易日的集中交割。

跨市场交割时，中金所账户作为桥梁，通过转托管业务将待交割国债由一个托管机构转至另一个托管机构，实现国债的跨市场过户。

交割的过程：在T日申报（集中交割就是在交割日统一申报）后，T+1日空方交券，T+2日多方缴款，中金所进行配对，T+3日多方收券（见图7-7）。

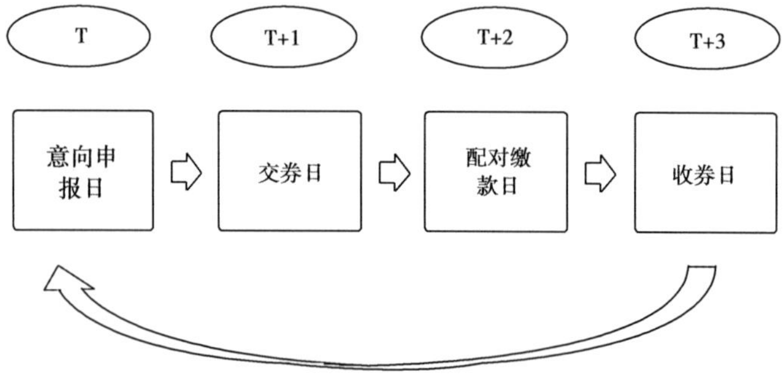

图7-7 交割流程图

（四）交割买卖价格

交割买卖价格=交割结算价×交割券转换因子+交割日应计利息

【例7-7】9月10日，市场的交割结算价为102元，甲决定交割A债券，A券的转换因子为1.0126，该券当天应计利息为0.9元。每张债券A券收到的现金为102×1.0216+0.9=105.1032（元）。甲卖出1份国债期货合约，付出1万张A债券，收到的现金为1 051 032.00元。

（五）中金所风控措施

国债期货各项风控措施见图7-8。梯度保证金制度为平时2%保证金，到了交割月前一个月中旬升至3%，进入交割月升至5%（见图7-9）。持仓限额对散户为平时1 000手，到了交割月前一个月中旬降为500手，进入交割月降为100手（见图7-10）。

会员限仓制度防止持仓过度集中的风险，客户限仓制度有效防止过度投机，交割月限仓可以有效减小逼仓风险。

套期保值、套利额度分为产品额度和临近交割月份合约额度。产品额度是指同一产品各合约同一方向的套期保值或者套利最大持仓数量。临近交割月份合约额度是指采用实物交割方式产品的某一合约在临近交割月份某一方向的套期保值或者套利最大持仓数量。

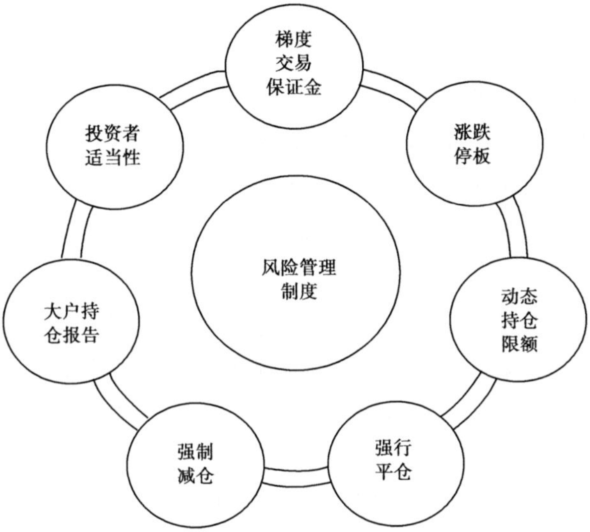

图 7－8　国债期货各项风控措施

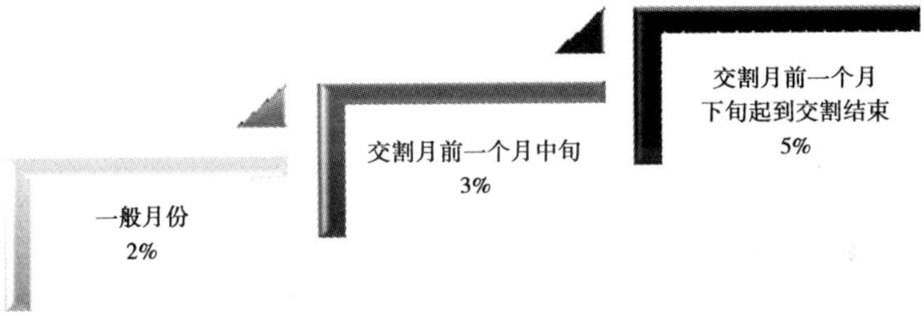

图 7－9　梯度保证金

图 7－10　持仓限额制度

三、国债期货基差的计算方式

（一）国债期货的基差

所谓国债基差，就是债券现货价格和其期货价格与转换因子乘积的差，即：

$B=P-(F\cdot C)$

B 代表国债现货和期货价格的基差；

P 代表每面值 100 元的国债的现货价格，即净价；

F 代表每面值 100 元的期货合约的期货价格；

C 对应该期货合约和债券的转换因子。

当国债现货相对于国债期货价格过高时，国债期货展现出正基差；当国债现货价格相对期货过低时，出现负基差。交割时，基差应该为 0，交割的过程是多方支付 $F\cdot C$ + 应计利息，空方将债券交付多方（成本是 P + 应计利息），因此在完成交割后，由于交割头寸被交割了，因此基差也变为 0。

【例 7-8】 债券 070010 的转换因子为 1.0554，TF1303 的价格为 97.144，070010 的价格为 105.2218（全价），应计利息为 0.7374。

基差计算的具体过程如下：

$P=105.2218-0.7374$

$F=97.144$

$C=1.0554$

$B=P-F\cdot C=1.9586$

所以基差是 1.9586

（二）国债期货的净基差

净基差是扣除持有期收益的基差，即：

净基差 = 基差 - 持有期收益

【例 7-9】 一个合约的基差是 30bps，持有期损益是 45bps，那么净基差则为 -15bps。我们假设国债期货基差通过交割可以收敛为 0，基差的多头可以从基差的变化中遭受 30bps 的损失，由于多头是持有债券的，因此持有期可以获益 45bps，累计可以获益 15bps。而如果仅仅从基差角度考虑，该交易不能赚钱，从净基差角度考虑，该交易能赚钱。净基差更好地衡量了国债期货基差交易的损益。尤其当债券在合约存续期间有付息的时候，基差会明显低估做多基差的套利空间，净基差则是一个更好的指标。

四、最便宜可交割券（CTD）

（一）交割期确定最便宜可交割券

在交割期，期货合约的空头有权利选择一只券给期货合约的多头，而多头支付的价格则是按照空头所选择的这只债券的转换因子所计算的期货调整价格，再加上应计利息支付给合约的空头。

【例 7－10】 期货合约价格 97.318，可交割债券详细信息见表 7－8。

表 7－8　可交割债券信息

债券代码	价格	转换因子	基差
100002	99.81152	1.0267	－10.487
130003	99.75281	1.0255	－4.680
120016	98.80496	1.0144	8.558
120010	98.27286	1.0078	19.578
080025	97.36364	0.9947	56.142

假如期货空方当天就面临交割的问题，对空方来说，首先需要判断是否需要交割，如果确定需要交割，再看交割的损益，选择交割中获益最大、损失最小的券用于交割。交割损益就是基差的相反数，即选择 100002 这个券交割可以获得 10.487bps 的收益，选择 120016 用于交割会导致 8.558bps 的亏损。

当然，也可以从另一个通俗的角度来理解，例如 100002 这个券转换因子 1.0267，可以理解成一份 100002 债券可以转换成 1.0267 份国债期货，所以在考虑每份国债期货的交割成本，成本为 99.81152/1.0267＝97.2158（这个成本代表以该债券为交割券时，用该债券价格推导出的理论期货价格）。而 080025 虽然债券价格较低，但是算上转换因子之后，成本却达到 97.36364/0.9947＝97.8824。因此，100002 这个券的交割成本比较低，适合用于交割，在这 5 个券中，属于最便宜可交割券。

（二）交割日之前最便宜可交割券确定方法

交割日之前最便宜可交割券确定主要有三种方式：隐含回购率法、净基差法、经验法则法。

1. 隐含回购率（IRR）法。隐含回购率是指买入国债，持有并用于期货交割所得到的假定收益率。隐含回购率越高，意味持有债券并用于交割的回报越高，收益率高的话，就是相对的价格低，因此就是最便宜可交割券。因此，隐含回购率越高，这个债券就相对便宜。

【例 7－11】 表 7－9 中隐含回购率最高的 100002 就是 TF1303 合约的最便宜可交割券。

表 7－9　　可交割债券信息

债券代码	价格	转换因子	基差	IRR
100002	99. 81152	1. 0267	－13. 464	13. 9698%
130003	99. 75281	1. 0255	－7. 698	9. 7130%
120016	98. 80496	1. 0144	5. 518	－0. 1274%
120010	98. 27286	1. 0078	16. 787	－8. 4375%
080025	97. 36364	0. 9947	56. 806	－38. 7476%

如果在持有至交割期间没有付息，隐含回购率公式如下：

$$IRR=\left(\frac{F_t \cdot CF+AI_T-(P_t+AI_t)}{P_t+AI_t}\right)\cdot\frac{365}{T-t}$$

其中，F_t 为 t 时刻国债价格；

CF 是转换因子；

AI_t 是 t 时刻应计利息，同理 AI_T 是 T 时刻应计利息；

T 是到期日。

对于该公式，投资者可以这么理解，$\frac{365}{T-t}$是年化的计算，将收益率年化，P_t+AI_t 是投入的成本，即净价＋应计利息，$F_t\times CF+AI_T-(P_t+AI_t)$ 是期间的投资收益，即期货结算的收入，$F_t\cdot CF+AI_T$ 是购买债券的成本。IRR 可以理解为：

$\frac{\text{投资收益}}{\text{投入的成本}}\times$年化因子。

如果持有至交割期间含有利息，假设债券持有期间的付息可以以隐含回购率为再投资收益率，那么可以解出隐含回购率有如下公式：

$$IRR=\left(\frac{F_t\cdot CF+AI_T+\sum_{i=1}^{n}CPN_i-(P_t+AI_t)}{(P_t+AI_t)\cdot(T-t)+\sum_{i=1}^{n}(CPN_i\cdot(T-t_i))}\right)\times 365$$

其中，CPN_i 在持有债券至交割期中的第 i 次付息；

t_i 是第 i 次付息的时刻，记为 t_i。

如果假设债券持有期间的付息再投资不能得到任何回报，或者不再投资，即再投资收益为 0，那么：

$$IRR = \left(\frac{F_t \cdot CF + AI_T + \sum_{i=1}^{n} CPN_i - (P_t + AI_t)}{(P_t + AI_t) \cdot (T - t)} \right) \times 365$$

由于隐含回购率也是一种到期收益率的概念，到期收益率是假设在投资收益率和到期收益率是一样的，因此我们假设再投资收益率为隐含回购率从理论上讲是合理的假设。不过在现实世界中，在隐含回购率比较高时，再投资收益率往往会低于隐含回购率，在隐含回购率比较低尤其是低于0时，再投资收益率往往会高于隐含回购率。因此，从再投资收益率的角度来说，隐含回购率和真实市场上得到的回报可能存在区别。除此之外，受到交易交割成本，市场冲击等影响，实际的回报要低于隐含回购利率。

但是如果假设在再投资回报为0，这是一个比较谨慎的假设，因为再投资回报一般可以获得债券逆回购的回报。一个较为谨慎的回报不会夸大投资回报，但是可能让投资者错失一些机会。在具体使用上，建议投资者需要综合考虑资金的再投资回报。

2. 净基差（BNOC）法。净基差是扣除持有期收益的基差，即净基差 = 基差 - 持有期收益

使用净基差寻找 CTD 的方式就是净基差法，净基差值最小的券是 CTD。基差的目的是显示出期货和现货价格的相对关系，但是受到债券付息和资金成本的影响，基差不能精准地衡量基差交易的损益，而净基差扣除了持有期的损益（包含债券利息和资金成本）。从基差的角度来看，一个债券的基差越低，就是越便宜，净基差扣除了持有期损益后，衡量损益上要比基差更好，因此一个净基差更低的债券意味着这个债券价格相对低。一个可交割券如果净基差最低，那么它相对其他券就相对便宜。

【例 7 - 12】 TF1303 合约的交割券见表 7 - 10。

表 7 - 10　　可交割债券

债券代码	价格	转换因子	基差	IRR	BNOC
100002	99.81152	1.0267	-17.023	19.8476%	-17.308
130003	99.75281	1.0255	-11.125	14.4139%	-11.368
120016	98.80496	1.0144	2.902	1.4095%	2.705
120010	98.27286	1.0078	14.474	-9.2297%	14.308
080025	97.36364	0.9947	53.031	-45.6739%	52.919

从隐含回购率的角度来说，100002 是 CTD，其次是 130003；从 BNOC 的角度来说，100002 的 BNOC 最小，也是 CTD，130003 次之。

一般来说，BNOC 和 IRR 是同向指标。BNOC 不是收益率的概念，没有衡量收益率，因此当两个债券的 BNOC 差不多时，价格的差距会导致收益率有变化。那个时候 IRR 算法可能会显示出与 BNOC 不一致的顺序，不过收益率（IRR）和绝对收益（BNOC）相比，收益率在固定收益中更为认可。资金应当投向收益率高的投资，因此市场普遍认为 IRR 是一种更能被接受的指标。

3. 经验法则法。经验法则法主要有两个。

法则 1：如果收益率比国债期货虚拟券票面利率高，那么高久期债券会成为 CTD，如果收益率比国债期货虚拟券票面利率低，那么低久期债券会成为 CTD。

这个法则的理由如下：

转换因子会使得各个债券的收益率和虚拟券票面利率（如 3%）相同时，它们的转换价格（即债券净价/转换因子）都等于 100。久期是衡量债券价格对收益率变化的敏感程度，如果收益率上升，那么高久期债券价格下降得比较多，低久期债券价格下降比较少，反之如果收益率下降，那么高久期债券价格上升比较多，低久期债券债券价格上升比较少。综合起来的话，如果所有交割券收益率等于 3%，任何一只债券都是一样的，都是最便宜可交割券，如果所有债券收益率上升相同幅度并超过 3%，那么高久期债券由于价格下跌较多，变得便宜，久期最高的债券成为 CTD，如果所有债券收益率下降相同幅度并低于 3%，那么低久期债券价格上升较少，久期最低的债券成为 CTD。

法则 2：对久期相同的债券来说，收益率高的国债相对便宜。这个法则的理由是：由于各个债券不太可能拥有相同的收益率，如果出现久期相同，但收益率不同的情况时，考虑到债券价格和收益率有负相关的关系，那么收益率高的债券会相对便宜。

经验法则使用了收益率平行移动的假设，假设所有债券的收益率都变化相同幅度，这个假设同市场是不一致的。不过经验法则仍然在大部分时间内是正确的，例如我国国债期货仿真阶段 2012/2 ~ 2013/2 这段时间内，一直都是久期长的债券占据 CTD，因为各个债券的收益率高于 3%，经验法则是正确的。经验法则的优势是可以用于快速判断 CTD，不需要进行复杂的计算，通常是准确的。缺点是存在一定假设，精确性不如 IRR 法和 BNOC 法，没有衡量出进行国债期现结合交易的获利空间和盈利能力。

五、三种投资模式

按照交易目的进行分类，通常将金融期货投资模式分为套期保值、套利、投机三类。其中，套期保值类交易者的目的是为了规避利率风险，以国债期货对冲其对应现货的利率风险，达到锁定收益的目的，进行套期保值的交易者通常是持有大量债券现货的机构如银行、保险等；套利者的交易目的则是利用期货与现货、或者不同期限的期货之间的价差波动，捕捉市场机会，获取无风险收益，他们在为自己赚取收益的同时实际上也帮助市场维持期现价差在一个合理的区间内，同时也为其他交易者提供了流动性，通常进行套利的投资者包括证券、私募等；投机者则根据自己对利率走势的判断，进行方向性的交易，因为国债期货具有高杠杆、流动性好的特点，成为投机者的理想工具，进行投机的交易者多为私募或个人交易者。三类投资者的模式和性质见表 7－11。

表 7－11　　三种不同投资模式

投资模式	投资目的	主要投资者类型	收益风险特征	投资方法
套期保值	对冲债券现货风险	银行、保险	和现货共同构成的投资组合不再承担利率风险	同时持有债券现券和国债期货，保持较低的组合对利率风险的暴露
套利	获取无风险收益	证券公司、私募	风险较低，无风险收益	根据期货、现货之间的价差，进行价差交易
投机	利率走势方向投机	私募、个人	风险较高，取决于投资经理判断的准确性	根据投资者对利率走势的判断，进行方向交易

六、国债期货上市对机构的意义

（一）机构运用国债期货的优势

1. 高杠杆：2% 保证金代表着 50 倍杠杆。杠杆高，代表着资金利用率高。

2. 国债充抵保证金。《期货交易所管理办法》七十一条、七十二条规定，国债可以充抵期货保证金，最高不超过 80%。

3. 真正意义上的做空。在国债期货之前债券买断式回购也能间接地做空，但是由于种种原因限制，比如会计制度等，买断式回购市场交易量并不大，成交不活跃，很难找到合适交易对手。所以国债期货可以说是真正意义上带来债券做空机制。

4. 高流动性。之前的债市衍生品都是场外的，都存在流动性差的问题，在行情不好的时候，存在找不到交易对手，市场冷清的问题。而国债期货的高流动性正好可以配合其他衍生工具，比如利率互换 IRS 等，平滑收益曲线。另外在大规模置换债券投资组合的时候，也可以运用国债期货来充当市场润滑剂。

（二）银行为何需要国债期货

银行债券交易流动性受到超预期的货币政策的冲击非常明显，譬如 2013 年 6 月份的“钱荒”。在债券大熊市的时候，流动性往往匮乏，出现买卖成交清淡，利率波动大风险大，而此时国债期货交易往往异常活跃，通过国债期货可以有效对冲利率风险。

从图 7－11 中看到，国有五大银行的债券交易金额在逐年下降，而城商银行总的债券交易金额大于股份制银行，股份制银行又远远大于五大银行。这与不同类型银行的资金成本有关，五大银行资金成本最低，各地网店最多，属于资金出借方。股份制银行资金成本高些，城商行最高，正因为资金成本高，所以必须要通过债券投资来追逐更高的收益。

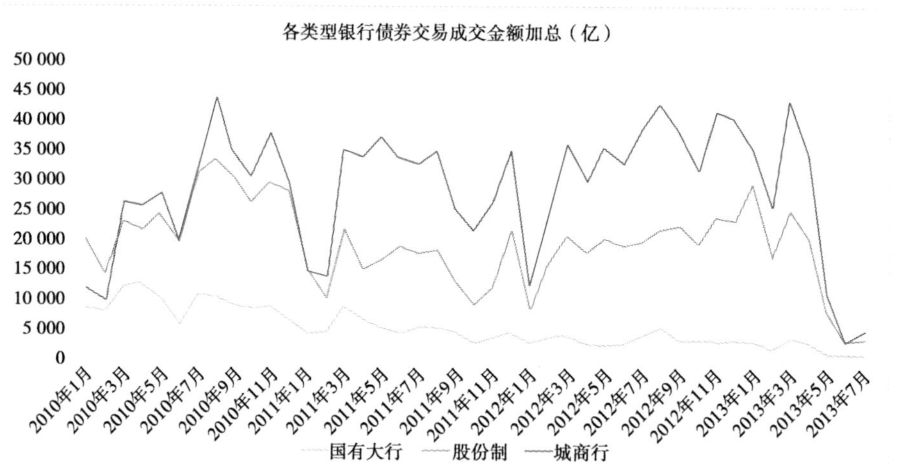

图 7－11　大、中、小银行债券交易成交金额加总（2010 年 1 月～2013 年 8 月）

在图 7－11 中，很明显，中小型银行受到各种债市利空的冲击远大于大行。这也说明了，中小银行相比于五大银行，利率风险带来的损失更大，更需要对冲利率风险。

（三）中小银行更需要国债期货

1. 中小银行国债承销的亏损有望改善。在 2011 年末公布的 2012～2014

年记账式国债承销团名单中，17 家机构被授予记账式国债承销团甲类成员资格，38 家机构被授予乙类成员资格。

对于国债投资规模相对较小且又属国债承销团成员的中小商业银行来说，其对某些新发行的国债并无实际需求但迫于国债承销团考核压力又必须买足基本承销额国债期货的推出，被动持有的债券就可以通过做空国债期货，使其在承担承销团义务的同时减少因为被动投资而引起的库存波动风险。

2. 对中小银行资本充足率的影响。对中小银行来说，由于其资本充足率相对较低，可供出售类科目估值损失会造成其资本充足率的下降，进而迫使银行调整投资策略，降低信用债券投资规模，以补充资本充足率。因此，银行账户可以利用国债期货对冲可供出售科目的利率风险，以减小估值带来的资本充足率波动的压力。

第四节 国债期货交易策略

一、方向性交易策略

投资者根据各种手段预测国债期货价格走势，通过低买高卖或高卖低买获取价差收益的期货交易行为。

【例 7－13】汪某是债券市场投资者，11 月 1 日，由于宏观经济运行状况不是很好，但他没有足够的资金进入债券现货市场，希望能够通过国债期货进行投资，当时 TF1303 合约价格为 96.270，并准备在两个月之后卖出。

具体操作过程见表 7－12。

表 7－12　　国债期货交易

日期	国债期货价格	头寸	交易金额	保证金比例	投入本金
11 月 1 日	96.270	买入开仓	962 700.00	4%	38 508.00
1 月 3 日	98.818	卖出平仓	988 180.00		
盈亏			25 480.00		89.38%

本次操作投入本金38 508元，获利25 480元，收益率89.38%，如果在现券市场获得同样收益，小汪需投入962 700元，收益率为26.47%。

备注：国债期货市场能够像现券市场一样进行趋势投资，其变动总趋势与现券整体走势也基本一致，并且由于期货市场保证金制度的存在，能够更大限度地提高资金使用效率。

二、久期管理策略

国债期货可以被债券投资者用来迅速调整债券组合的久期。利率在下降通道时，需要增加久期，买入国债期货；利率在上涨通道时，需要降低久期，卖出国债期货，减少组合久期。完全套保可看做将组合久期调整为零。

【例7－14】 任某是保险资产管理者，他判断通货膨胀水平将会出现较大水平上升，预期后市收益率曲线将会整体上移20bp，于是他准备将现有久期为7的保险资产组合调整到5的水平，这样既不影响保险的现金流支出情况。9月5日，国债期货DV01为600万，保险投资组合价值1 000万。

具体操作过程见表7－13。

表7－13　久期管理

日期	投资组合久期	收益率变化	头寸
4月5日	7	+20bp	
4月5日	4	+20bp	卖出5手期货合约

原投资组合在收益率上升20bp时损失14万，而卖出5手期货合约的投资组合在收益率上升20bp时盈利为6万，整体上看损失减少了6万。

备注：期货市场中套期保值功能的发挥并不是完全对冲风险，而是提供了一个可以对冲风险的工具，借助于这样的投资工具能够使得原来投资组合的风险达到预期可控的水平。

三、资产配置：股票资产与债券资产配置、转换

利用国债期货高杠杆、低资金成本的特点，债券投资者可以通过持有国债期货替代国债。某一基金管理人计划将1 000万元股票资产转换为国债：卖出股票，买入国债，选择做多国债期货（10手——20万保证金），并同时做空股指期货（14手——126万保证金）（见图7－12）。

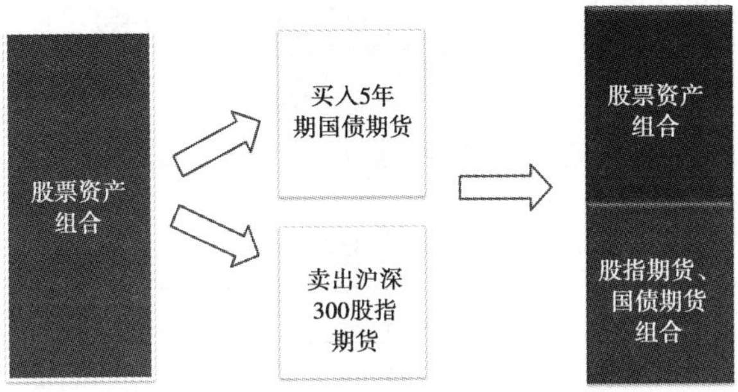

图 7－12 股票和债券组合投资

四、套期保值策略

套期保值是指投资者在期货市场和现货市场利用其有共同趋势的特点，希望能够通过期货市场头寸的改变，使得整个投资头寸达到预期目标水平，而达到规避由于利率风险的变动，出现超出预期的风险水平。

【例 7－15】（未来购买债券，担心价格上涨，买入套保）债券投资经理将于 6 月中旬收回一笔投资共 1 亿元。他准备将这笔收回的款项都投入到债券市场。但是，他预计所有债券的利率在 6 月之前都会下跌，因而打算通过国债期货将未来投资债市的成本维持在当前（3 月份）债券市场的价格水平。3 月份债券行情见表 7－14。

表 7－14 3 月份债券行情

债券组合的市场价格	1 亿元
CTD 券的价格	96.80
6 月份到期的国债期货合约	97.660
债券组合的修正久期	8
CTD 券的修正久期	6.8
CTD 券的转换因子	0.9912

交易策略如下：

3 月份时，在 98.002 的价位买入 TF1306 合约。如果预测正确，该头寸将在更高的价格平仓获利，从而在很大程度上抵消了所购债券价格的预期上涨。

用修正久期法计算对冲比例：

$$对冲比例 = \frac{100\ 000\ 000}{968\ 000} \times \frac{8}{6.8} \times 0.9912 = 120.47\ (手)$$

3 月份时，建立对冲头寸，在 97.660 价位买入 120 手 TF1209 合约。

6 月份市场变动情况见表 7－15。

表 7－15　　6 月份债券行情

债券组合的市场价格	101 590 000
CTD 券的价格	98.12
6 月份到期的国债期货合约	98.988

不出所料，6 月份市场到期收益率下跌了 20 个基点（0.20%），进行了平仓。

交易结果见表 7－16。

表 7－16　　套保交易过程　　单位：元

日期	债券组合价值	6 月份到期合约	
3 月份	100 000 000	在 97.660 价位上买入 120 手合约	－117 192 000
6 月份	101 590 000	在 98.988 价位上卖出 120 手合约	＋118 785 600
	损失 = －1 590 000		利润 =1 593 600

头寸统计见表 7－17。

表 7－17　　头寸统计　　单位：元

利润（多头 TF1306 期货头寸）	+1 593 600
损失（更高的债券买入价格）	－1 590 000
对冲结果	+3 600

增加的 1 590 000 元的额外支出被期货交易上的盈利所抵消，并有 3 600 元的盈余。

【例 7－16】（未来卖出债券，担心价格下跌，卖出套保）投资经理计划在未来的 2 个月内缩减前债券组合的规模。在 3 月份时，其债券组合价格为 10 亿。担心市场利率可能会上升，从而导致按计划卖出债券的价格会下跌。3 月份行情见表 7－18。

表 7－18　**3 月份行情**

债券组合的市场价格	1 000 000 000 元
CTD 券的价格	96. 80
6 月份到期的国债期货合约	97. 660
债券组合的修正久期	8
债券组合的基点价值	800 000 元
CTD 券的修正久期	6. 8
CTD 券的转换因子	0. 9912
CTD 券的基点价值（1 万张）	658. 24 元

交易策略如下：

3 月份，在 97. 660 价位上卖出 6 月到期的国债期货合约，可以在将来更低价位上买回而获利，从而抵消在债券现货市场的价格亏损。

用基点价值法计算对冲比例：

$$对冲比例 = \frac{900\ 000}{658.24} \times 0.9912 = 1\ 204.7\ （手）$$

3 月份在 97. 660 价位上卖出 1 205 手合约，以此对冲债券组合。

6 月份市场变动情况见表 7－19。

6 月份市场到期收益率上升了 30 个基点（0. 30%），买回 1 205 手国债期货，进行了平仓。

表 7－19　**6 月份债券行情**

债券组合的市场价格	976 000 000
CTD 券的价格	94. 825
6 月份到期的国债期货合约	95. 666

交易结果见表 7－20。

表 7－20　**套保交易过程**　单位：元

日期	债券组合价值	6 月份到期合约	
3 月份	100 000 000	在 97. 660 价位上卖出 1 205 手合约	+1 176 800 000
6 月份	976 000 000	在 95. 666 价位上买入 1 205 手合约	－1 152 800 000
	损失 = －24 000 000		利润 =24 028 000

头寸统计见表 7-21。

表 7-21 头寸统计 单位：元

利润（空头国债期货头寸）	+24 028 000
损失（更高的债券买入价格）	-24 000 000
对冲结果	+28 000

增加的 24 000 000 元的额外支出被期货交易上的盈利所抵消，并有 28 000 元的盈余。

五、套利交易策略

套利（对冲交易）是通过多空组合（买入某种资产并卖空另一种资产）来谋取不同资产间相对估值变动收益（注意是相对而言，并不是绝对值之间的比较）；其产生的原因是资产之间相对估值出现偏差，有效的前提是这种估值偏差能为市场所纠正。换句话说，套利策略如果若想行之有效，需要两个条件：一是当前的相对估值偏离了历史规律；二是未来的相对估值仍能回归至历史规律。这是套利的核心。

比如跨期套利，顾名思义就是利用标的物相同但到期时间不同的合约间价格变化差异，买进近期合约，卖出远期合约；或卖出近期合约，买进远期合约，待价格关系恢复正常时，再分别对冲以获利。总之，总体的思路是卖出相对昂贵的品种，买入相对便宜的品种。

国债期货的套利主要分为：

1. 期现套利。比如 IRR > REPO 资金成本时，进行正向无风险套利，国债期货和债券 1∶1 比例套利；基差套利，债券和国债期货的比例为 1∶CF。

2. 跨期套利。如预期利率曲线的非平行移动，导致的合约间价差变动，进行套利；如不同合约的 CTD 有可能不一样，因此合约价格跟随的券不一样，可以进行跨期套利。

3. 跨品种套利。如 2 年期和 5 年期国债期货间套利；如不同国家国债期货之间进行套利，此时需判断两个国家的国债利差走势，并可需结合外汇期货进行交易策略设计。

套利者可以通过在现货和期货市场上寻找债券定价或利率衍生品定价出现偏差的机会，以此来建立无风险的头寸。正向套利是指期货与现货的价格比高于无套利区间上限，套利者可以卖出期货，同时买入相同价值的现货；当期现价格比回落到无套利区间之后，对期货和现货同时进行平仓，获取套利收益。卖出债券同时买入期货合约，则称为反向套利。在两种策略中，投资者在被市值低估的现货或者期货上建立多头头寸。尽管套利被认为是无风险的，但交易中收到一系列因素影响，其中某些因素具有一定风险。这些因素包括价格变化、保证金变化、CTD 券变化等等。

【例 7－17】 2013 年 9 月份，某机构发现 2013 年 12 月到期 5 年期国债期货价 106 元（合约 A），2014 年 3 月份到期 5 年期国债期货价 110 元（合约 B），两者价差 4 元。假设现在投资者预测一个月后合约 A 的涨幅会超过合约 B 的涨幅（也就是说相对而言，合约 A 比合约 B 便宜），那么，这个投资者就可以进行跨期套利，方式是买入 10 张合约 A（价格 106 元），同日卖出 10 张合约 B（价格 110 元）。如果届时走势如之前判断一致，假如说，到期时合约 A 的价值为 112 元，而合约 B 的价值为 114 元，那么这个机构可以双向平仓，即卖出合约 A，每张合约获利 112－106＝6（元），同时买入合约 B，每张合约亏损 114－110＝4（元）。那么这个投资者通过这一组操作的获利为（6－4）×10＝20（元）。假设保证金为 4%，总保证金为（106＋110）×10×0.04＝86.4（元），按投入的保证金计算，4 个月的总收益为 23%，年化收益约为 70%。

【例 7－18】 债券投资经理当天发现 6 月份到期的国债期货合约存在价格低估，行情见表 7－22。

表 7－22　　国债期货合约行情

估价日	2013 年 5 月 16 日（当天）
CTD 券	利率为 3.75%，2019 年到期的国债
CTD 券价格	98.50
应计利息	1.28
转换因子	1.018
货币市场利率	3.6%
理论期货价格	96.758
期货交易价格	97.222
期货交割日	2013 年 6 月 18 日

交易策略如下：买入 CTD 券，同时卖出国债期货合约进行套利（见表 7－23）。

表 7－23　　套利过程

交易	金额（元）	计算（元）
买入 CTD 券	997 800	=（98.50＋1.28）×10 000
至期货交割日的融资成本	3 247.63	=997 800×0.036×33/365
债券投资总额	1 001 047.63	=997 800＋3 247.63

持有到期并交割后盈利情况见表 7－24。

表 7－24　　交割情况

交易	金额（元）	计算（元）
卖出国债期货	972 220	=97.222×10 000
最终期货结算价格	96.922	
保证金利润	3 000	=（97.222－96.922）×10 000
交割价格	1 002 965.96	=（96.922×1.018＋应计利息 1.63）×10 000

将空头头寸上的盈利加上交割价格，减去债券投资总额，所得结果即为套利交易的利润。

合计利润＝1 002 965.96＋3 000－1 001 047.63＝4 918.33（元）

所以把握住这次正向套利的机会，盈利 4 918.33 元。

跨品种套利策略，顾名思义，就是同时买入和卖出的合约拥有不同的标底资产。这种策略主要是基于不同期限国债之间的收益率变化不同而产生。对于一条收益率曲线而言，如果 10 年期国债收益率上升得比 5 年期或 2 年期国债收益率快，那么收益率曲线会“变陡”；反之，收益率曲线会“变平”。一般来说，由于不同期限的国债对利率变化的敏感度不同，产品间套利策略中的空头和多头的交易合约数必须根据合约的修正久期调整权重。

由于目前国内上市的只有 5 年期的国债期货，所以这种策略暂时还没法实现或者只能用相关的现货合约来替代。为了说明的方便，下面我们举个理论上的例子还看看这种策略如何操作，并且暂时不考虑由于久期调整造成的合约数量配比不同的问题。

【例 7－19】 2013 年 9 月，某机构判断收益率曲线将变平，这意味着长期国债收益率将比中期国债收益率下降的得更慢（或上升的更慢），也就是说长期国债价格会比中期国债价格上升的少（收益率和价格呈反比），或者说长期国债价格相对于中期国债价格相对昂贵，所以可以考虑做空 10 年期国债期货，做多 5 年期国债期货进行套利操作。此时，2013 年 12 月到期的 10 年期国债期货价格 111 元（合约 A），而同时到期的 5 年期国债期货价格仅 106 元（合约 B）。于是该机构卖出 10 张合约 A，同时买进 10 张合约 B。假设两种合约面值均为 100 万元，如果届时判断正确，比如说 10 年期国债的收益率下降了 10 个基点，5 年期国债的收益率却下降了 20 个基点。合约 A 的价格为 113 元，合约 B 的价格为 109 元，那么该机构双向平仓，即买入合约 A，每张合约亏损 113 - 111 = 2（元），同时买入合约 B，每张合约盈利 109 - 106 = 3（元），那么这次操作的盈利为（3 - 2）×10 = 10（元）。考虑到合约乘数为 10 000，所以总盈利为 10 × 10 000 = 10（万元）。

六、信用债对冲策略

信用债对冲策略是通过用国债期货对冲掉信用债的利率风险，以单独获取信用利差收益。

如在欧债危机最深时买入意大利国债期货，卖空德国国债期货。危机缓解时，双边平仓。再如某信用债价格从 98 欧元跌至 95 欧元，其间利率收益减少 4 欧元，信用利差增加 1 欧元，持有者投资者总体亏损 3 欧元。如果用国债期货对冲掉利率的负收益，可单独获得信用利差增加的 1 欧元钱的收益。

七、国债回购杠杆套利策略

具体做法是，先拿国债现货到债券回购市场质押融资，拿到资金再购买国债进行二次质押融资，如此循环操作两三次，整个套利资金规模被放大 2 ~ 3 倍。在扣除质押国债融资所支付的成本（通常是初期债券回购利率）后，即使国债期货无风险套利收益达到约 4%，但考虑到杠杆融资，投资本金的实际收益率将达到 8% ~ 12%。

已经有市场上发行的国债期货量化投资产品条款规定，基金管理人被允许采取不超过 3 倍的融资杠杆，进行各种无风险套利投资。比如私募基金自己投 20% 资金，既然是国债期货无风险套利，产品净值亏 20% 应是小概率事件。投资者决定参与国债期货的杠杆化套利投资，应考虑“最坏情况”，无风险套利模型有时也是“纸上谈兵”。比如多数私募基金将跨期套利作为国债期货无风险套利的一项主要策略，但在国债期货开盘首日，TF1403 合约成交量远远低于 TF1312 合约，两者之间的跨期套利策略几近失效。随着未来国债期货市场成熟，越来越多私募基金参与期现套利，参与者越多，价差套利空间越低，反而拉低国债期货无风险套利的整体回报率。

第五节 国债期货与其他利率产品组合策略

一、国债期货+债券远期

国债期货和债券远期都是今天定下未来买卖债券的价格，但是它们也有不同。国债期货加上债券远期可以组合成新的交易策略，比如根据国债期货实时行情，判断出债券远期价格，然后寻找交易对手，谈到一个优于国债期货的远期价格，再在国债期货开相反头寸。

二、国债期货+买断式回购

国债期货卖空基差交易=买断式回购逆回购（做空现货）+买入国债期货

目前我国质押式回购市场已经非常发达，买断式回购市场却一直不活跃。国债期货推出使得买断式回购融券卖空功能有了“用武之地”。如果国债现货市场价格持续偏高，投资者可能借用买断式回购和国债期货实现基差套利。

三、国债期货+利率互换

利率互换初衷是为了交换不同的借款利率，以节省成本；期货初衷是规避利率波动风险，以锁定成本或收益。银行在从事场外衍生品交易时会面临选择交易对手困难等问题。利率互换浮动利率支付者，在利率上行情况下，其面临较大的利息付出损失；对于固定利率支付者，在利率下行情况下面临损失；而反向平盘却难以找到合适的交易对手，这时就需要国债期货这一场内利率衍生品进行对冲。

国际市场上对利率互换的定价是通过利率期货价格获得远期利率，并贴现计算浮动现金流现值，由于固定现金流现值与之相等，从而获得固定利率的报价，在我国尚未正式推出利率期货的情况下，利率互换定价困难，而短期品种定价相对而言较为容易，因此目前市场以1年期及以下的品种为主。从国内实际交易的产品来看，IRS主要针对短端利率（融资和利息）风险，而期货可能瞄准的是中长期国债收益率（4~7年）风险。期货的实物交割制度可能致使其对现货的影响要比利率互换大——从已有实际成交数据来看，利率互换的规模对参考利率应无多大影响，而将要推出的国债期货则不然，追逐CTD券很可能使得某只或者某一期限的现券估值受到冲击。

四、国债期货+国债预发行

2013年10月10日，7年期国债预发行将率先在上海证券交易所上市。预发行交易（When-Issued Trading）是指证券虽已被授权核准发行，但尚未正式发行，市场就对该证券先行买卖的行为，买卖双方约定在标的证券发行后按事先约定的价格进行资金和证券交割。国债预发行交易就是以即将发行的记账式国债为标的进行的债券买卖行为。国债预发行交易有利于提高国债市场的价格发现功能，并降低承销商的风险。

国债预发行交易方式有两种：一种是价格招标——续发行的固定利率附息国债、贴现国债；另一种是利率招标——初始发行的固定利率附息国债。

国债预发行两种模式的比较见表7-25。

表7-25　　国债预发行两种模式

	价格招标国债	利率招标国债
交易品种	续发行的关键期限附息国债	初始发行的关键期限附息国债
申报标的	价格（P）	收益率（R）
最终结算价格	国债预发行实际成交价格	根据债券收益率公式套算出的“理论成交价格” （即票面利率为发行利率C，到期收益率为成交利率R，折算出的债券的理论价格）
结算金额	参与者资金结算金额 = $\sum$ 买入面值×买入成交价格P/100 - $\sum$ 卖出面值×卖出成交价格P/100	参与者资金结算金额 = $\sum$ 买入面值×理论成交价格P/100 - $\sum$ 卖出面值×理论成交价格P/100
结算模式	以实券交收为基础的净额结算 如果卖出方到期违约，则进行现金结算，并加收补偿金（1‰）	

资料来源：上海证券交易所。

五、预发行交易结算基本流程

（一）国债发行公告日（I－5日）（I日为国债招标日）

1. 财政部发布国债发行公告。

2. 上交所根据财政部国债发行公告发布国债预发行业务通知。

（二）国债预发行交易期（I－4日至I－1日）

投资者可进行国债预发行交易。券商在接受投资者委托时通过柜台系统冻结相应客户保证金。中国证券登记结算有限责任公司于每个交易日日终核算应收保证金金额并于次日向结算参与人收取，同时对预发行交易的应收付国债进行清算。

（三）国债招标日（I日）

国债承销团成员在国债招标完成后向上交所提交该期国债在中国证券登记结算有限责任公司的托管量和场外分销计划量。国债招标日闭市后，中国证券登记结算有限责任公司对国债预发行交易进行证券交收。中国证券登记结算有限责任公司将国债承销团成员在中国证券登记结算有限责任公司的托管数量扣减其场外分销计划量后，用于预发行交易国债的交收。同时，对于国债预发行交易进行资金清算。对于续发国债的预发行交易，同期存量国债可用于其交收。

（四）国债预发行交易交收日（I＋1日）

中国证券登记结算有限责任公司完成资金交收。

预发行交易的交易期间为从该期国债招标日前4个法定工作日（I－4）至该期国债招标日前一工作日（I－1）中的本所交易日。

（五）交易时间

集中竞价交易时间为：上午9：15～上午9：25；上午9：30～上午11：30；下午13：00～下午15：00。

预发行交易结算基本流程见图7－13。

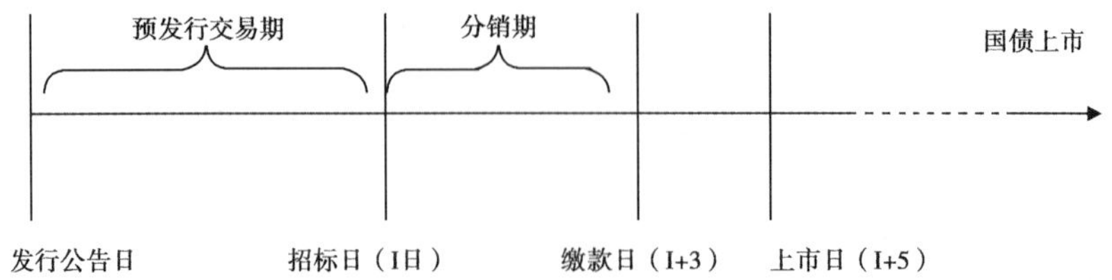

图7－13　预发行交易结算基本流程

国债预发行为国债期货套利策略带来更多机会。以目前市场的收益率水平推算，新发行的7年国债很可能会取代130015成为国债期货的最便宜可交割券。但需要注意的是，可交割国债相对于国债期货的转换因子与其票面利率有关，而对于新发国债而言，其票面利率需由招标日的投标结果决定，在预发行过程中还是个未知数，这将给相关的国债期货定价产生不确定性。不过，专业投资者只要能很好地控制潜在的风险，那么这些不确定性往往意味着更多的套利机会。

从交易标的价格上看，国债期货和预发行券种之间有很强的价格相关性。这就使国债期货成为7年期国债预发行的天然套保配对品种。另外，预发行采用保证金制度，同国债期货的保证金制度相匹配，通过放大杠杆，使得通过国债预发行和国债期货之间的套利交易更具吸引力。国债预发行会给国债期货带来新的市场需求。两者在价格发现功能上也是相辅相成的。

六、国债期货 + 国债 ETF

国债ETF和国债期货可以进行基差交易套利。由于两者标的不一致，存在期限错配问题，国债期货和国债ETF之间并不能运用传统的套利策略。但由于国债ETF一篮子债券组合现货价格和经过转换因子调整后的国债期货价格存在着价差，利用到期日两者价格趋于收敛的趋势，投资者可以运用此原理进行套利操作。

（一）标的期限错配

目前市场上仅有的国泰君安国债ETF和嘉实国债ETF，均属于被动管理型指数基金，所跟踪的标的是5年期国债指数。而国债期货合约标的为面额为100万元人民币，票面利率为3%的5年期名义中期国债。其可交割券种包括在交割月首日剩余期限4~7年、可用于交割的一篮子固定利率国债。

由于国债期货交割日价格收敛于最便宜可交割券（CTD）价格，而非国债指数所代表的一篮子可交割券的加权平均价格，但是久期最高的债券，价格更倾向于最便宜可交割券，而最便宜可交割券的期限往往接近7年。可以看出，国债期货跟踪标的的久期更真实于接近于7年期国债，而国债ETF重仓的现券并不集中于较长期限国债，久期接近于5年期国债。二者标的存在期限错配问题，因此，国债期货和国债指数之间并不存在必然的收敛性。

由于国债久期的不同，导致各券种票面利率、到期时间等各不相同，故须通过转换因子折算为合约标的名义标准券。转换因子由中金所在合约上市时公布，其数值在合约存续期间不变。但国债 ETF 与国债期货进行套利，需要通过收益率 β 法或者其他统计套利法进行期现货头寸调整，而非简单的 1∶1 期现套利。

国债期货反映的是投资者预期的未来约定时间的国债合约价格。所以国债期货可交割券和经转换因子调整后国债期货存在着一个投资者预期的价格差，称为基差，基差 = 现券价格 - 期货价格 × 转换因子。

投资者可以通过关注基差，寻找低买高卖的套利机会。如果资者认为基差会上涨，则买入现券，卖出期货，待基差如期上涨后分别平仓；如果投资者认为基差会下跌，则卖出现券，买入期货，待基差如期下跌后分别平仓。

（二）两种套利模式

1. 期现套利。通过比较最便宜可交割券（或其他可交割券）与经转换因子调整后国债期货价格间的基差，利用到期日两者价格趋于收敛的趋势，进行相应的买入基差/卖出基差操作以获取无风险收益。由于国债 ETF 是一篮子可交割券的组合，所以需要计算国债 ETF 相对国债期货合约的基差，而不是个券的基差。

当基差为负时，买入基差操作，建立国债现货多头，建立国债期货空头，锁定负基差，当组合持有到期时基差上升至趋于零，获取收益。当基差为正时，进行上述步骤的反向操作（见图 7 - 14）。

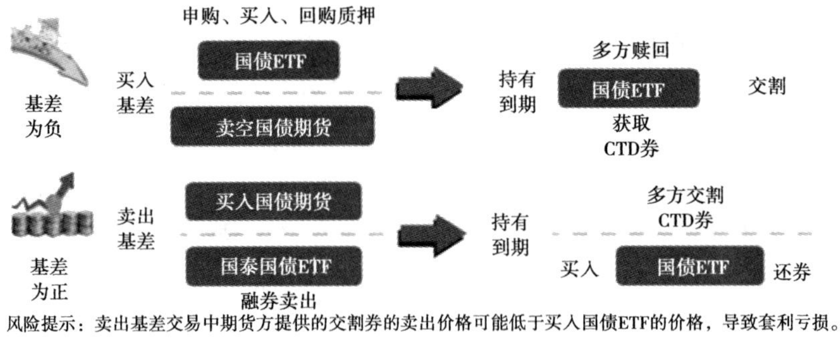

图 7 - 14　运用国债 ETF 和国债期货进行期现套利

2. 基差套利。相对于持有到期的期现套利来说，国债 ETF 流动性和实时报价更适用于基差交易，通过基差波动获得利润。

针对国债 ETF 的一篮子可交割券组合，根据市场行情数据，实时计算国债 ETF 相对各国债期货合约的基差。通过对于基差的历史均值的分析，预期组合的基差会扩大时，买入国债 ETF 现货，同时卖空相应数量国债期货合约，预期组合的基差会缩窄时，融券卖空国债 ETF 现货，同时买入相应数量国债期货合约，根据基差波动方向及市场情形及时平仓（见图 7－15）。

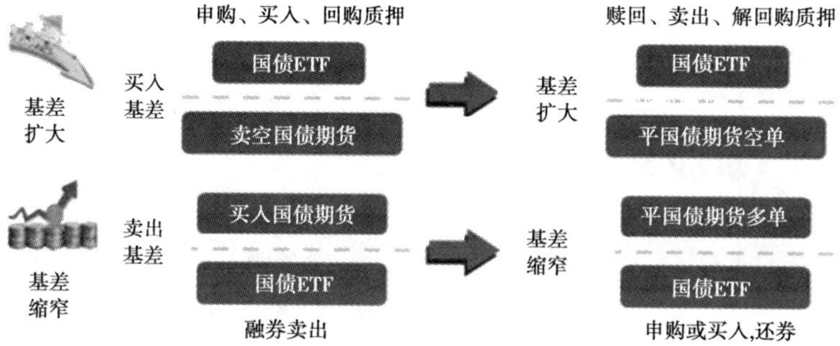

图 7－15 运用国债 ETF 和国债期货进行基差套利

不同于上述二种套利模式的是，如果国债期货上市初期，如果出现负基差，可进行买入基差操作，持有到期交割，获取无风险收益。但在套利卖出基差交易中，由于期货方可任意选择 CTD 券进行交割，CTD 券一般都是最便宜的，交割券的卖出价格可能低于买入国债 ETF 的价格，导致套利出现亏损。

第八章 DIBAZHANG 股票指数期货

第一节 股票指数期货的特点与作用

一、股票指数期货及其交易特点

（一）股票指数期货

股票指数期货（Stock Index Future）是一种以股票价格指数作为标的物的金融期货。它出现于20世纪80年代，也是目前金融期货市场上最热门和发展最快的一种期货交易品种，全世界经济比较发达的国家，有股票市场的国家，几乎都上市了股指期货。股票指数期货同其他期货品种的产生一样，是由投资者规避股票价格剧烈波动风险而出现的，它是股票市场不断发展的产物。

股票指数期货交易最早出现在美国的堪萨斯农产品交易所。当时，堪萨斯农产品交易所依据的股票指数是阿尔德·伯恩哈德公司编制的标准普尔股票指数。起初，股票指数期货的交割是一个很难解决的问题，1981年“欧洲美元存单”存在的期货交割问题通过现金交割方式得到解决以后，股票指数期货的交割问题也得到解决。之后，伦敦、悉尼、中国香港等证券期货交易所先后仿效美国，推出了指数期货合约，开始了股票指数期货的交易。

股票指数期货不仅给没有股票资产的人进行投机操作提供了获利的机会，而且给拥有股票资产和将要购买或卖出股票的人提供了转移股票价格风险、避免或减少经济损失的手段。股票指数期货的出现，引起了投资界的极大关注，特别是那些基金经理们，更是将股票指数期货视为协助他们管理有价证券市场风险的有效工具。股票指数期货自问世以来，取得了突飞猛进的发展，交易规模不断扩大，避险的功能也日益完善。目前，它已成为世界各大金融期货市场上交易最活跃的期货品种。

（二）股票的价格指数

股票指数期货是以股票的价格指数作为交易的标的物。股票的价格指数（Share Price Index）是反映股票价格一般水平及其变化情况的综合指标，它显示出股市中各类股票市场价格的总体水平及其变动，通常选定一组有代表性的股票作为成分股。它具有两项功能：一是记录股市每日的价格变动；二是反映股市的整体价格水平。股价指数通常以某一年份特定日期的股价作为基期股价，并将相应的股价指数定为100，用以后各期的股票价格和基期价格比较，计算其升降的比例。股价指数的编制方法主要有以下三种：价值加权法、价格平均法和平均加权法。价值加权指数是以成分股的总市值占全部成分股市值总和的比例为权重而计算出的一种加权平均指数。价格平均指数是以所有成分股价格的平均值的变动来度量的一种平均指数。平均加权指数是规定投入每一成分股的金额保持相等，来反映因成分股价格变动而导致总市值变动程度的一种平均指数。

股票价格指数是新闻媒介的财经消息中经常报道的一项非常重要的统计资料，是投资者做出股票投资决策的重要参考依据之一，是反映各国经济状况的晴雨表。

（三）股票指数期货交易及其特点

股票指数期货合约的大部分内容与商品期货合约相似，它也是一种标准化的可转让协议，在合约条款中统一规定了每一指数点代表之价值、到期日以及交割结算方式，主要的不同之处在于交割方式。因实际交收成分股股票有很大的困难，因此采用到期日“现金结算”的方式，亦即以到期日的现货股票指数为依据，采用日内价格平均的方法确定“现金结算价”，对到期日闭市后的未平仓合约统一平仓，并调整结算盈亏。这种现金结算的方式也能确保在到期日的期、现价格趋于一致，体现了期货交易的本质特征。

股票指数期货交易是在集中的市场通过公开竞价来买卖股票指数期货合约。其交易的标的物是相应的股价指数，并以股价指数作为合约的价格尺度，人为赋予股价指数的每个点代表特定的货币价值，从而使指数期货合约具有了合约金额。而股价指数的上下变动可使合约总金额产生变动，使合约的买卖双方产生收益或损失。股票指数期货与相关的现货股票指数之间的关系，正如同商品期货价格与现货价格之间的关系，其买卖方式与盈亏计算方式以及保证金制度等都与商品期货交易相似。

由上面的内容可以归纳出股票指数交易的特点如下：

1. 股票指数期货具有期货和股票的双重特性。

2. 股票指数期货的主要功能是防范股票市场的系统性风险。

3. 股票指数期货交易实际上是把股票指数按点数换算成现金进行交易。

4. 股指期货是保证金交易，具有以小搏大的杠杆效应。

5. 股票指数期货到期后采用“现金结算”，而不是用股票作实物交割。

二、股指期货与股票交易的区别

虽然股票指数期货（简称股指期货）是以股票为基础资产衍生出来的，但在交易制度上存在着明显的区别（见表 8 - 1）。

表 8 - 1　　股指期货和股票交易的区别

	股指期货	股票
交易对象	股指期货合约	股票
交易方式	保证金交易	全额交易
交易限制	当日开仓可以当日平仓	当日买入不能当日卖出
结算方式	当日无负债结算	无当日无负债结算
到期日	有，不能无限期持有	发行股票的上市公司只要没有摘牌，股票就可以永久交易下去，既可以短期持有，也可以长期投资
买卖顺序	双向交易	一般投资者需要先买后卖

1. 在到期日上，股指期货合约都有到期日，不能无限期持有，到期必须进行现金交割。股票则不同，一般而言，只要上市公司没有摘牌，其股票可以永久交易下去，投资者可以无限期的持有股票。

2. 在交易方式上，股指期货采用保证金交易，即在进行期货交易时，投资者不需要支付合约价值的全额，只需支付一定比例的资金作为履约保证。股票交易则需要支付股票价格的全部金额。

3. 在结算方式上，股指期货交易采用当日无负债结算。交易所每日要对交易保证金进行结算，如果账户保证金不足，必须在规定的时间内补足，否则会被强行平仓，而股票交易采取全额交易，并不需要投资者追加保证金。

4. 在交易方向上，股指期货交易可以先买后卖，也可以先卖后买，是双向交易。股票是先买后卖，股票市场的做空也是需要先融券才能卖出，因此，股票交易是单向交易。

三、沪深 300 股票指数期货合约

（一）沪深 300 股票指数

沪深 300 股票指数（简称沪深 300 指数）诞生于 2005 年 4 月 8 日，由上海、深圳两个证券交易所正式向市场发布，它以 2004 年 12 月 31 日为基期，基点为 1 000。沪深 300 股票指数选取规模大、流动性好的股票作为样本股，对符合选择条件的股票最近一年的日均成交额由高到低排名，选取 300 只股票作为成分股，进行指数计算和编制，编制后进行指数修正，并定期进行调整。沪深 300 指数有以下特点：

1. 囊括了沪深两个证券市场具有代表性的股票，市场覆盖率高，能较充分代表沪深市场股份变动情况，与上证 180 指数与深证 100 指数相关性高。

2. 主要成分股权重比较分散，有利于防止市场可能出现的指数操纵行为。

3. 成分股行业分布相对均衡，抗行业周期性波动较强。

4. 集中了多数质地较好的公司股票，剔除了 ST 股票、股价波动异常或有重大违规行为股票，是市场中主流投资的目标，能反映主流投资动向。

（二）沪深 300 股指期货合约

沪深 300 股指期货合约于 2009 年 10 月 8 日上市，其合约内容见表 8－2。

表 8－2　　沪深 300 股指期货合约

合约标的	沪深 300 指数
合约乘数	每点 300 元
合约价值	沪深 300 指数点 ×300 元
报价单位	指数点
最小变动价位	0.2 点
合约月份	当月、下月及随后两个季月
交易时间	上午 9：15～11：30，下午 13：00～15：15
最后交易日交易时间	上午 9：15～11：30，下午 13：00～15：00
每日价格最大波动限制	上一个交易日结算价的 ±10%

续表

合约交易保证金	合约价值的 15%
交割方式	现金交割
最后交易日	合约到期月份的第 3 个周五，遇法定节假日顺延
最后结算日	同最后交易日
手续费	成交金额的万分之零点五
交易代码	IF

（三）沪深 300 股指期货合约解读

1. 标的指数。选择沪深 300 指数作为股指期货交易标的主要是因为：沪深 300 指数覆盖了沪、深两个市场，具有较好的市场代表性，市场覆盖率高，成分股行业分布相对均衡，以此为标的的指数能较好地发挥套期保值效果，可以满足投资者的风险管理需求。

2. 合约乘数。股指期货合约价值以标的指数点数与某一既定的货币金额的乘积来表示，即：合约价值 = 指数点 × 每点金额，每点金额我们称之为合约乘数。沪深 300 指数期货的合约乘数为每点 300 元。假设沪深 300 指数期货合约价格为 3 000 点，则合约面值为 90 万元。沪深 300 指数合约乘数较大，体现了服务机构投资者的理念，同时也限制了散户投资者进入市场。

3. 最小变动价位。沪深 300 指数期货合约的最小变动价位为 0.2 点。在设定最小价格变动单位时要考虑：第一，相对精细地刻画市场行情的需要。如果最小变动价位过大，那么股指期货行情跳跃性大，难以精细地刻画市场行情变化。第二，适应投资者套期保值及套利的跟踪偏差需要。最小变动价位越接近于现货指数，套期保值与套利的偏差就会养活，有利于减少到期日是股指期货与现货价格的偏差。

4. 合约月份。沪深 300 指数期货合约月份为当月、下月及随后的两个季月，共 4 个月份合约同时交易。沪深 300 指数期货采用近月与季月合约相结合的方式，在半年内有 4 个合约同时运作，具有长短兼济、相对集中的效果。

5. 交易时间。沪深 300 指数期货的交易时间为上午 9：15～11：30，下午 13：00～15：15，当月合约最后交易日交易时间为上午 9：15～11：30，下午 13：00～15：00。从国外实践来看，多数指数期货市场采取的是早开盘迟收盘的做法。早开盘的好处在于：（1）期货市场可以对上日收盘后到第二天开盘前的市场信息作出反应，有效地发挥价格发现的功能；（2）期货市场早开盘可以帮助现货市场在未开盘前建立均衡价格，从而降低现货市场开盘时的波幅。期货市场比现货市场迟收盘的好处在于：（1）降低现货市场收盘时的波幅；（2）在现货市场收盘后，为投资者提供对冲工具；（3）方便投资者根据现货股票资产及价格情况进行套期保值策略调整。

6. 价格限制。涨跌停板是指期货合约在一个交易日中的交易价格波动不得高于或者低于规定的涨跌幅度，超过该涨跌幅度的报价将视为无效。涨跌停板一般是以合约上一交易日的结算价为基准加减最大波动幅度确定的。通过制定涨跌停板制度，能够锁定会员和投资者每一交易日所持有合约的最大盈亏，能够有效地减缓一些突发性事件和过度投机行为对期货价格的冲击。

涨跌停板主要根据现货市场涨跌停板幅度与标的指数历史波动幅度和确定的。由于股票现货市场每日的涨跌幅度最大为10%，为了与现货市场保持一致，股指期货合约的涨跌停板为上一交易日结算价的10%。最后交易日不设涨跌停板，有利于期货价格和现货价格收敛。交易所可以根据市场情况调整各合约的涨跌停板幅度。

7. 合约交易保证金。根据对我国股票市场历史数据的分析及上市初期严格风险的要求，沪深300指数期货合约交易保证金定为15%。交易所有权根据市场风险情况进行调整。结算会员、非结算会员可根据市场情况，在交易所规定的保证金标准的基础上，对投资者加收一定数量的保证金。

8. 最后交易日和最后结算日。股指期货的最后交易日是指到期月份合约能够进行交易的最后一天，在最后交易日收盘后，所有未对冲平仓合约都将进入交割。最后结算日是指股期货合约按照逐日盯市原则进行结算的最后一天，在最后结算日，所有未平仓合约以最后结算价进行结算并全部平仓。最后结算价由沪深300指数最后两小时现货指数的算术平均价确定。

沪深300指数期货合约最后交易日设在到期月份的第3个周五，如遇法定节假日顺延。将最后交易日设在第3个周五而不是选在月末，主要是为了避免股票市场月末效应与股指期货到期效应的重叠，增加股票市场的波动性。最后结算日与最后交易日为同一天。

四、股指期货的功能与作用

股指期货作为20世纪80年代国际金融市场上最为重要的金融创新，目前已经是世界上交易量和流动性最好的金融衍生产品之一，也是股市上有效的风险管理工具，它对于完善金融市场产品结构，稳定市场走势，培育机构投资者群体，丰富投资品种等都具有重要的作用。

1. 股指期货具有对冲市场风险的功能。股票市场是一个拥有巨大投资风险的市场，对于投资者来说，股票市场的风险分为两大类，一种是非系统性风险，也就是某一支特定股票的市场价格波动风险。这种风险可以通过多元化分散投资来减少损失。另一种风险是系统性风险，主要是市场上大部分股票一起涨一起跌，俗称“大盘风险”。如果大部分股票都在跌，多元化分散投资也没法避免损失。系统性风险涉及的面很广，给投资者带来的损失也会比较严重。对市场运行也会造成不利影响，市场风险没有释放和化解的渠道，风险总是不断积聚，造成的后果就是市场运行的大起大落。

股指期货是一种规避大盘波动风险的金融工具。如果股市处于下跌通道，投资者已经持有股票，可以在股指期货市场选择做空，也就是先卖出股指期货合约，如果指数进一步下跌，再买入相同数量的股指期货进行平仓，高卖低买获取收益，用以弥补持有股票的亏损，通过两个市场的反向交易，避免了价格下跌造成的损失。

2. 股指期货有利于扩大股票市场规模，促进市场交易活跃。股指期货有利于改善股票现货市场的规模和结构，增加股票市场流动性。从总量上看，可促进股票市场成交量提升，使交易更加活跃。从结构上看，可以改善股票市场资金流向，资金会更多地投向蓝筹股。从内容上看，会改善成分股流动性，提高股票合理的估值水平。从国际市场的情况看，韩国、中国香港、中国台湾等国家和地区股指期货推出后，股票市场交易量都有明显提高。有了股指期货，股票市场的风险释放起来更加容易，市场运行的稳定性大大增加，资金进入股票市场的积极性进一步提高。

3. 股指期货有利于机构投资者丰富投资手段和交易策略。股指期货交易机制灵活，多空双向交易改变了单向盈利模式，保证金机制降低了投资成本，提高资金使用效率，可以更快的帮助投资者优化资产配置。股指期货，不仅可以单独使用，还可以作为资产组合中的重要构成，与其他金融工具结合使用。不仅可以通过套期保值交易规避风险，也可以通过套利交易获取无风险收益，还可以通过投机交易承担高风险获取高回报。交易方式的多样化，能够满足不同风险偏好的投资者的投资需求。

第二节 股票指数期货交易策略

一、股指期货的套期保值

（一）股指期货卖出套期保值与买入套期保值

股指期货为拥有股票资产和将要购买或卖出股票者提供了转移风险的套期保值工具。其套期保值的基本原则是：持有股票想长期持有或将来卖出者，为避免或减少股票价格下跌带来的损失，可在期货市场上作空头，即卖出指数期货；而将来要买入股票者，为防止在实际购买时股价已经上涨的风险，可在期货作多头，即买入股指期货。这种套期保值的原理是代表股市整体变动水平的股票价格指数与相应的指数期货的变化趋势是同方向、同幅度，在股票现货市场与指数期货市场作等量相反的操作就可以抵消风险（见表 8－3）。

表 8－3　　股指期货卖出套期保值与买入套期保值

类型	定义	应用
买入套期保值（多头保值）	预期股市短期内会上涨，为了控制购入股票的成本，先在股指期货市场买入股指合约，等资金到位后再进行股票投资。	1. 看好大盘，但是资金短缺 2. 控制短期集中建仓的市场冲击成本 3. 早盘时间段提前买入
卖出套期保值（空头保值）	预测股价将会下跌，为避免股价下跌带来的损失卖出股指期货合约。	1. 规避股票持仓较重价格下跌的风险 2. 应对基金分红或大规模赎回 3. 对冲机构或基金对冲调仓风险 4. 预防有限制条件股票解禁变现时的风险 5. 预防股票交易时间之外的风险

（二）股指期货套期保值与 β 系数的关系

1. β 系数。股指期货与商品期货在套期保值操作中有一个很大的差别，即在商品期货中，期货合约交易的对象与现货交易中的对象是一致的，比如，

100 吨大豆，对应着 10 手期货合约（每手合约 10 吨）。然而，在股指期货中，只有买卖指数基金或严格按照指数的构成买卖一揽子股票，才能做到对应。事实上，对绝大多数的股市投资者而言，并不总是按照指数成分股来构建股票组合。要有效地对投资者所买卖的股票组合进行保值，需要确定一个合理买卖股指期货合约的数量，这需要引入股票和指数之间的相关系数——β 系数。β 系数指的是个股或股票组合与指数相比的活跃程度，用于表示个股或股票组合的涨跌与指数同方向涨跌的倍率。

β = 股票组合的价值变化/沪深 300 指数的价值变化

β 系数反映的是某一投资股票相对于大盘指数的表现情况。当 β = 1 时，股票或者股票组合与指数的涨跌幅度完全相同，风险相当；而当 β > 1 时，股票或股票组合的涨跌变化幅度将大于指数的变化，风险也高于整个市场；当 β < 1 时，情况恰好相反。如果 β 是负值，则显示其变化的方向与大盘的变化方向相反：大盘涨的时候它跌，大盘跌的时候它涨。

假设某一股票组合的 β 值为 +1.22，意味着沪深 300 股指期货合约值每上涨 1%，则股票组合值上涨 1.22%。如果 β = +0.85，表明沪深 300 股指期货合约值每上涨 1%，则股票组合值只上涨 0.85%。但如果 β 值为 -1.22 时，则说明当股指期货合约值每涨 1% 时，它可能跌 1.22%。同理，指数如果跌 1%，它有可能涨 1.22%。所以，涨跌剧烈的股票 β 值通常大于 1，而走势平缓股票的 β 值则小于 1。β 系数也是根据历史数据计算得到的，因此也可能在未来发生变化。在套期保值操作中，对 β 系数的跟踪计算和监控十分重要。

2. 股票及股票组合的 β 值。目前很多股票数据分析软件都能提供各种股票的 β 值数据，而股票组合的 β 值等于组合中的各股票的 β 值的加权平均数。β 系数是根据历史资料计算得到的，计算的数据越多越详尽，得到的数值可靠性就越高。

3. 股指期货套期保值中合约数量的确定。有了 β 系数，就可以计算出要冲抵现货市场中股票组合的风险所需要买入或卖出的股指期货合约的数量：

买卖期货合约数 = 现货总价值/（期指期货点数 × 每点乘数）× β 系数

其中，公式中的“股指期货点数 × 每点乘数”实际上就是一手期货合约的价值。从公式中不难看出：当现货总价值和期货合约的价值已定下来后，所需买卖的期货合约数就与 β 系数的大小有关，β 系数越大，所需的期货合约数就越多；反之，则越少。

（三）股指期货套期保值操作

1. 卖出套期保值。

【例 8－1】 某年 12 月，某投资者管理的分散化的股票投资组合价值为 15 200万元，这一投资组合的 β 值为 0.9，沪深 300 指数次年 03 期货合约当时的点位为1 950点，合约乘数为每点 300 元。合约的保证金为合约价值的 15%。该投资者考虑到收益率已较高，且后市走势不太明朗，为避免股票价格下跌造成的损失，决定卖出套期保值，通过卖出沪深 300 指数次年 03 合约以达到锁定利润的目的。

需要卖出的次年 03 期货合约的数量：

期货合约数量＝投资组合价值/（指数点位×合约乘数）×投资组合的 β 值

＝152 000 000÷（1 950×300）×0.9＝233.85（手）

取整数 233，即投资者需要卖出 233 手沪深 300 指数期货 03 合约，以保证股票投资组合不受价格下跌的。最低需要存入的起始保证金数额见表 8－4。

表 8－4　保证金数额

卖出	233 份	沪深 300 指数期货合约	3 月份到期	1 950 点
起始保证金	1 950×300×15%×233			2 045 万元

市场变动情况 A：

股票市场的价格确实下跌了，沪深 300 指数 03 期货合约在 2 月底是 1 780 点。投资者持有的股票投资组合价值降低为 14 173 万元。投资者认为市场经过调整之后有望重拾上升轨道，决定指数合约接近到期之前平仓。以 1 780 点的价格买入 3 月份到期的沪深 300 指数期货合约。股票投资盈利情况见表 8－5。沪深 300 指数期货合约盈利情况见表 8－6。

表 8－5　股票投资盈利情况

股票投资		
	上年 12 月时卖出	15 200 万元
	次年 2 月底时的价值	14 173 万元
	亏损	－1 027 万元

表 8－6　股指期货盈利情况

沪深 300 指数期货合约			
	上年 12 月时卖出	233 × 1 950 × 300	13 630.5 万元
	次年 2 月底买入平仓	233 × 1 780 × 300	12 442.2 万元
	盈利		+1 188.3 万元

投资者卖出套期保值实现的总体盈利见表 8－7。

表 8－7　卖出套期保值盈利情况

套期保值组合		
	股票头寸上的损失	－1 027 万元
	指数期货上的盈利	+1 188.3 万元
	套期保值的效果	+161.3 万元

投资者通过套期保值操作，在股票市场下跌的过程中，持有股指期货的空头头寸，既避免了股票价格在高位难以出货的流动性风险，也对冲了持有股票的损失。

市场变动情况 B：

投资者对市场的判断错误，股票市场的价格没有下跌，而是继续上涨，沪深 300 指数期货 03 合约在 2 月底是 2 067 点。投资者持有的股票组合价值上升为 16 350 万元。投资者认为市场可能继续保持牛市，因此决定在股指期货合约到期之前，将期货空头头寸平仓，以 2 067 点的价格买入沪深 300 指数 03 期货合约，结束套期保值操作。股票投资盈利情况见表 8－8。股指期货盈利情况见表 8－9。

表 8－8　股票投资盈利情况

股票投资		
	上年 12 月时的价值	15 200 万元
	次年 2 月底时的价值	16 050.7 万元
	盈利	+850.7 万元

表 8－9　　股指期货盈利情况

沪深 300 指数期货合约			
	上年 12 月时卖出	233 ×1 950 ×300	13 630.5 万元
	次年 2 月底买入平仓	233 ×1 780 ×300	14 448.33 万元
	损失		－817.833 万元

投资者卖出套期保值实现的总体盈利见表 8－10。

表 8－10　　卖出套期保值盈利情况

套期保值组合		
	股票头寸上的盈利	+850.7 万元
	指数期货上的损失	－817.83 万元
	套期保值的效果	－32.87 万元

投资者对市场的判断出现了错误，虽然失去了从股票投资组合中获取利润的机会，还造成了 32.87 万元的损失，但通过套期保值操作，还是锁住了股票投资组合前期实现的利润。

无论股票市场下跌还是上涨，利用股指期货进行套期保值的交易策略，投资者可以锁定前期实现的利润。

2. 买入套期保值。在投资者预期股票市场将要上涨，但买入股票的资金暂时还没有到位时，投资者也可以通过股指期货先在期货市场上建立多头头寸来套期保值。

【例 8－2】 股本值为 28 000 万元，新设立的投资组合 β 值为 0.87。投资这一组合需要的资金要等 3 个月后，公开发行信托计划完成才能到位。因此，投资者决定买入 3 个月后到期的沪深 300 指数期货 0703 合约进行套期保值，避免在股票市场价格上涨中踏空行情，将来购买股票的成本提高。次年 03 合约交易的价格为 1 950 点，合约乘数为 300 点，保证金为 15%。

投资者需要买入的期货合约数：

期货合约数量＝投资组合价值/（指数点位×合约乘数）×β 值

＝280 000 000/（1 950×300）×0.87＝416.41（手）

取整数为 416，即投资者需要买入 416 手沪深 300 指数期货 03 合约以保证将来股票投资组合构建的成本不受价格上涨的影响。需要存入的起始保证金最低数额见表 8－11。

表 8－11　　保证金数额

买入	416 份	沪深 300 指数期货合约	次年 3 月份到期	1 950 点
起始保证金	1 950×300×15%×416			3 650 万元

市场变动情况 A：

到了次年 3 月份，03 合约上涨到 2 057 点，投资者在该合约到期之前平仓，结束套期保值。股票投资盈利情况见表 8－12。股指期货盈利情况见表 8－13。

表 8－12　　股票投资盈利情况

股票投资		
	上年 12 月时价值	28 000 万元
	次年 3 月时的价值	29 347 万元
	股票购买的成本提高	1 347 万元

表 8－13　　股指期货盈利情况

沪深 300 指数期货合约			
	上年 12 月时买入	416×1 950×300	24 336 万元
	次年 2 月底卖出平仓	416×2 067×300	12 442.2 万元
	盈利		+1 460.16 万元

投资者买入套期保值实现的总体盈利见表 8－14。

表 8－14　　买入套期保值盈利情况

套期保值组合		
	股票头寸提高的购买成本	1 347 万元
	指数期货上的盈利	1 460.16 万元
	套期保值的效果	+113.16 万元

由于资金未能及时到位造成股票购买的成本提高了 1 347 万元，可以从股指期货头寸中获得的利润得到补偿。尽管在 3 月份之前缺乏足够的资金，投资者仍然可以从预测市场的走势中获利。

市场变动情况 B：

到了次年 3 月份，股票市场在期间出现下跌，03 合约下跌到 1 820 点，投资者在期货合约到期之前平仓，结束套期保值操作。股票投资盈利情况见表 8－15。股指期货盈利情况见表 8－16。

表 8－15　　股票投资盈利情况

股票投资		
	上年 12 月时价值	28 000 万元
	次年 3 月时的价值	26 368 万元
	股票购买的成本下降	1 632 万元

表 8－16　　股指期货盈利情况

沪深 300 指数期货合约			
	上年 12 月时买入	416 × 1 950 × 300	24 336 万元
	次年 2 月底卖出平仓	416 × 1 820 × 300	22 713.6 万元
	盈利		－1 622.4 万元

投资者买入套期保值实现的总体盈利见表 8－17。

表 8－17　　买入套期保值盈利情况

套期保值组合		
	股票头寸减少的购买成本	1 632 万元
	指数期货上的损失	－1 622.4 万元
	套期保值的效果	－9.6 万元

无论股票市场下跌还是上涨，通过利用股指期货进行套期保值的交易策略，投资者锁定了将来购买股票的成本。

通过以上两个例子，介绍了使用股票指数期货做套期保值的通常的交易策略，这些策略使投资者将市场的价格成功地锁定在当前的水平，使现在持有的股票组合头寸或将来计划购入的股票组合不受保值期间市场价格上下波动带来的负面影响。

通过利用股指期货进行套期保值操作，无论价格上涨还是下跌，投资者获得了防范系统性风险的保证。

（四）股指期货套期保值具体应用

1. 私募基金运用股指期货规避股市短期风险。

【例8-3】某私募基金在8月7日前持有的股票资产市值约为2亿元。综合各种因素，该基金的管理人判断未来一个月市场将有可能发生幅度较大的调整。但是，该私募基金的投资风格倾向于发掘市场主流资金视野之外的中小企业板股票并重仓持有，其持仓股票普遍流动性不高；同时，基金管理人对市场的中期走势仍然看好。在这种情况下，如果简单卖出股票，一个月后还要买回，从而承担两笔交易费用。更重要的是，由于该基金管理人相信这些股票的价值很快就会获得市场认可，因此不愿意直接抛出股票。在这种情况下，可以借助股指期货来规避短期市场风险。

具体做法是：

首先，基金管理人需要判断持仓股票和沪深300指数的走势是否具有较高的关联程度，或者说，系统风险是否成为持仓股票组合风险的主要因素。如果股票组合和沪深300指数的关联度比较高，那么经过套期保值操作之后，资产组合的价值波动将会大幅下降；否则，如果二者关联度较低，那么套期保值的效果就不明显。在国内A股市场，由于沪深300指数是由总市值最大的一批股票构成的，因此该指数和大市值股票的关联程度比较高，与小市值股票的关联程度要低一些。

其次，需要估算持股组合对指数涨跌的敏感程度，即β值。基金管理人要根据持仓股票的总市值和股票组合对指数的敏感程度，以及指数期货的合约价值，计算出进行套期保值需要的合约数量，并建立期货空头头寸。

需卖出的期货合约数量＝持仓股票总市值×持股组合β系数/每张期货合约的市值

即：$N = P \cdot \beta / F$

基金管理人通过有关软件查出持有股票组合的β系数为1.12，而8月7日沪深300指数期货12月合约的开盘价格为3 744点，即每张合约的市值为112.32万元，因此需要卖出的期货合约数量为：

200 000 000×1.21/1 123 200＝199.43（手）

即该基金需要建立约199手IF0909合约的空头头寸，即可规避对其股票组合未来一个月的系统风险。

2. 指数基金运用股指期货规避股票短期风险。

【例8-4】10月10日，某位投资经理管理着沪深300指数基金，市值1亿元人民币。由于沪深300指数不断攀升，该指数基金也大幅升值。该投资经理打算在今后两个月内保住这个战果，将现在的股票指数基金组合转化为无风险收益组合。理由有两个：一是对目前取得的投资回报已经非常满意；二是预计市场在两个月内见顶并可能有一次比较大的调整。

参考上海证券交易所国债交易数据，当时国债组合年无风险收益率为3.80%左右，沪深300指数年平均红利率为2%（注：通过统计300家成分股的历年分红来确定。此项参数随取样年限变化而变化，各家机构测算出来的参数可能有所不一样，它既是套期保值成功的关键，也是套利精确以及否的关键），该投资经理计划使用沪深300指数期货12月合约，因为该合约在12月的第3个星期五到期（也就是12月22日到期），该合约10月9日的收盘价为8 802点。

该投资经理不打算实际卖出所持股票，理由如下：一是打算长期持有沪深300成分股而且不打算采取先卖出后等下跌后再买回的策略；二是该基金招股说明书对持股比例有下限规定，故不能实际抛售股票；三是公司的投资政策不允许融券卖空；四是不愿失去所持股票的投票权或控制权；五是股票交易成本太高。

那么，怎样才能达到规避股票短期风险的目的？

步骤一，先计算计划做空的股指期货合约数量。

10月10日距12月22日共73天，约0.2年。未取整的期指合约数量：

$$N = P/F = 100\ 000\ 000 \times (1 + 3.80\%)^{0.2} / (8\ 802 \times 300)$$
$$= 100\ 000\ 000 \times 1.007487 / 2\ 640\ 600 \approx 38.15\ （手）$$

步骤二，对计划做空的数量取整后为38手期货合约，实际转化为无风险资产组合的现值如下：

$$38 \times 8\ 802 \times 300 / (1 + 3.80\%)^{0.2} = 100\ 342\ 800 / 1.007487$$
$$\approx 99\ 597\ 116\ （元）$$

73天后该国债组合增值到100 342 800元。

步骤三，实际效果相当于为投资于国债而卖出股票指数基金的数量 = 取整后的期指合约 × 乘数/（1 + 红利率） $= 38 \times 300 / (1 + 2\%)^{0.2} = 11\ 400 / 1.00397 = 11\ 354.92$（手）

注意：这时，我们可以把指数基金的交易价格看成是股价指数，而把份数看成是交易的数量。由于平均红利率的因素影响，这个数量将在两个月内升值为11 400手。

步骤四，两个月后，股指期货到期，该投资经理的盈亏情况如下：

（1）现有股票持仓市值：38（张）×300（元/点）×当时沪深300指数

（2）股指期货持仓盈亏：38（张）×300（元/点）×（8 802 − 当时沪深

300 指数）

（3）整个投资组合，投资效果相当于 10 月 10 日时投资于无风险资产组合 99 597 116 元，73 天后，按照 3.80% 的收益率增长到 100 342 800 元。

投资结果评估：无论沪深 300 指数上涨还是下跌，当前的股票持仓 1 亿元经过套期保值处理，将其中的 99 597 116 元转变为无风险资产组合，73 天后，它将按照 3.80% 的年收益率增值到 100 342 800 元，整个组合将增值至 100 745 684元，达到了两个月内套期保值的目的，而且没有违反该投资经理对投资决策的种种限制。

由于对股指期货合约数量取整的原因，这里不能把 100 000 000 元精确转为国债组合，只能近似转化 99 597 116 元，已经基本达到了套期保值的目的。

3. 股票型基金为控制仓位而实施的套期保值。

【例 8 -5】某开放式股票型基金管理资产市值规模为 100 亿元。3 月中旬，基金经理认为市场已经完成顶部的构筑，并看空未来半年的行情开始减仓。但是，按照合同约定，基金持有股票的市值比例不能低于总资产市值的 60% 。这就意味着，即使基金管理人对未来走势做出了准确判断，仍然要以至少 60% 的仓位承担市场下跌。在这种情况下，基金管理人可以借助卖出股指期货合约来进一步降低有效仓位。

与私募基金、非流通股股东相比，公募基金用沪深 300 股指期货进行套期保值效果更好。因为公募基金管理的资金规模较大，持有的股票也通常以大市值股票为主，其组合与沪深 300 指数成分股有一定的重叠。在这种情况下，基金持股组合的走势和指数走势的差异相对比较小。

该公募基金的管理人根据套期保值的操作步骤，首先计算持股组合与沪深 300 指数的关联程度，得到相关系数为 0.76，然后计算得到持股组合的 β 系数约为 0.96。如果该基金计划把股票有效仓位降低到 35% ，则需要建立的期货空头合约的市值为：

$(60\% - 35\%) \times 100 \times 0.96 = 24$（亿元）

要在此数据基础上进行套期保值，该基金还需要解决一个问题，就是合约的选择。由于基金经理看空未来半年的市场行情，最适合的合约似乎是半年后到期的 9 月合约，但这种操作将受到合约流动性的制约。大多数时候，股指期货市场上交易最活跃的合约是当月合约，而最远月份的合约通常流动性很差。如果管理人选择 9 月合约，将很难完成 24 亿元市值的期货合约的交易。

在这种情况下，基金管理人可以持有近月合约到期移仓的方法来实现对长期头寸的套期保值。在本例中，基金管理人经过测算，认为当月合约的平均流动性足以支持价值 24 亿元的期货合约的正常交易，因此先在 4 月合约上建立空头头寸（此时 3 月合约临近到期，4 月合约马上就会成为当月合约）。当日某时沪深 300 指数期货 4 月合约的价格为 4 500 点，可以很容易计算出需要卖空的合约数量：

2 400 000 000/（4 500 × 300）≈1 778（手）

到 4 月中旬，4 月合约又临近到期，此时基金管理人需要进行一次移仓操作，也就是把持有的 4 月合约空头平仓，同时开立 5 月合约的空头头寸。移仓操作当日，4 月合约价格为 3 600 点，1 778 手合约的总市值为：

1 778 × 3 600 × 300 = 19.2（亿元）

而此时 5 月合约价格为 3 650 点，需要卖空的 5 月合约数量为：

1 920 000 000/（3 650 × 300）= 1 754（手）

基金管理人继续持有 5 月合约到 5 月中旬，再进行同样的交易，转换成 6 月合约。通过这样的操作，基金的股票仓位可以一直在期货合约空头的保护之下，从而实现套期保值操作的连续性。

在本例中，基金管理人在 3 月中旬建立 4 月合约空头头寸时，合约市值为 24 亿元；而到 4 月中旬进行移仓操作时，合约市值已经变成 19.2 亿元。市值下跌会给基金带来损失吗？显然不会，因为基金持有的是空头，建立期货头寸的目的是为了规避股票下跌的风险。

4. 上市公司股东在限售期内利用套期保值锁定股票市值。股指期货的推出为大小非股东提供了转移风险、套期保值的机会和手段。大小非股东如何通过股指期货来实现套期保值？简单的说，股指期货的存在就如同为大小非股东提供了发行认股权证的机会。比如 A 股东持有 1 000 万股浦发银行的非流通股票，认为股价将下跌，但因为有股指期货，他可以不立刻抛售浦发银行，而是做空相对应的股指期货来预防未来股市下跌带来的风险。

【例 8-6】某股票的非流通股股东持有总股本的 3%，根据承诺，该股东的股票将在某年 1 月中旬解禁流通。该股东从上年 5 月就看空市场，但无法出售手中的股票，因此打算利用股指期货来规避下跌风险。

与私募基金不同的是，非流通股股东希望进行套期保值并不是投资组合，而是单一股票。如果这支股票不是沪深 300 指数的成分股，那么它和沪深 300 指数的相关性远小于若干股票构成的组合。在这种情况下，进行套期保值可能无法收到预想的效果。而如果股票价格下跌、指数反而上涨的话，甚至会在两个方向上都发生亏损。

不过，两类资产之间的相关系数并不是一成不变的。随着投资期限的延长，单个股票和沪深 300 指数的相关系数会逐渐增加。在 A 股市场，即使日收益率和沪深 300 指数几乎完全不相关的股票，其月收益率和沪深 300 指数也会呈现一定的相关性，而季度收益率则可能显著相关了。因此，如果投资期限比较长的话，股指期货仍然可以用来规避单个股票的系统性风险。经过测算可以发现，如果投资期限超过 3 个月，A 股市场几乎所有的股票与沪深 300 指数的相关系数都超过 60%。当然，在实际操作中，需要根据具体股票的历史数据进行计算。

在本例中，如果该股东所持有的股票份额为 1 000 万股，实施套期保值交易时股价为 8 元/股，股票对沪深 300 指数的 β 系数为 1.18。根据历史数据，计算出该股票 3 个月以上的收益率与沪深 300 指数的相关系数达到 0.65。由于非流通股的锁定期超过 6 个月，所以可以采取沪深 300 指数期货作为规避该股票下跌风险的工具。假设其于 5 月 14 日在 12 月股指期货合约上开设空头，卖出价格 6 050 点，当时股价为 8.00 元/股，则应卖空的合约数量为：$80\,000\,000 \times 1.18/(6\,050 \times 300) \approx 52$（手）。

到 12 月 10 日，股票价格下跌到 4 元/股，而 12 月合约价格跌到 2 774 点。此时该股东持有的资产市值为：

$$4 \times 10\,000\,000 + (6\,050 - 2\,774) \times 300 \times 52 = 91\,105\,600 \text{（元）}$$

股价下跌并没有带来损失。由于 12 月合约即将到期，此时该股东如果继续看空市场，就可以选择移仓至新的合约，直至股票解禁卖出。

5. 股票发行承销商运用股指期货规避一级市场的发行风险。由于新股从一级市场发行到二级市场上市往往要经过路演、发行、认购、申请上市和挂牌上市这几个阶段，时间跨度往往较长，因此投资银行经常利用套期保值策略来规避一级市场的发行风险。随着新股发行管理办法的改革，我国的新股发行方式将会日益国际化和市场化，证券公司的承销风险会不断加大。国际上成功运用套期保值策略规避一级市场的发行风险的案例，将为我们国内的证券公司和投资银行提供很好的借鉴作用。

【例 8-7】某证券公司与某一拟上市的公司签订协议，1 个月内按照 20 元/股的价格包销 3 000 万股该公司股票。考虑到今后一段时间证券市场会持续低迷，于是该证券公司希望对冲股票发行承销风险，于是在股指期货市场卖出相应数量的期货合约。具体做法如下：

1. 计算股票发行承销的金额：20 元/股 ×3 000 万股 =6 亿元。

2. 计算套保头寸：假设此时股指期货市场上，未来 1 个月内到期交割的沪深 300 股指期货合约当天的价位为 10 000 点，则设该期货合约 1 手的合约价值为：10 000 ×300 =3 000 000（元）=300 万元。需要卖出合约数量为：6 亿元/300 万元 =200 手。

3. 在股票发行当天的同时平掉期货头寸。在 1 个月期间，到了股票发行期的当天前后，此时股指期货合约价位下跌到 9 600 点，该证券公司将 200 手期货合约再买入平仓，获利（10 000 −9 600）×300 ×200 =24 000 000（元）。同时，由于受到整个证券市场行情低迷的影响，所承销的股票最终的发行询价结果为 19.2 元/股，并以此价格发行完毕。为此证券公司共损失了（20 −19.2）元/股 ×3 000 万股 =2 400 万元。由于采取了套期保值措施，此次发行股票证券公司没有受到损失。

二、股指期货的套利

（一）股指期货期现套利

1. 股指期货期现套利原理。利用股指期货合约到期时向现货指数价位收敛的特点，一旦两者偏离程度超出交易成本，通过买入低估值一方，卖出高估值一方，当两市场回到均衡价格时，再同时进行反向操作，结束交易，套取差价利润。

正向套利：当期货合约价格高于无套利机会区间上限时，买入股票组合，同时卖出期货合约；待基差收敛后，双向平仓。

反向套利：当期货合约价格低于无套利机会区间下限时，卖出股票组合，同时买入指数期货；待基差收敛后，双向平仓。

2. 股指期货期现套利交易流程。

预估套利成本—发现套利机会—实施套利操作—监视基差变动—了结套利头寸

套利成本包括交易税费、冲击成本、跟踪误差、资金成本等等。在实际应用中，期货理论价格和现货价格的差异已经反映在资金成本里，所以只需要比较基差和总套利成本即可。

当基差 < 套利成本，进行正向套利。当基差 > 套利成本，进行反向套利。

当基差满足平仓条件，即可了结套利头寸并获取收益。

如果持有至期货合约到期，基差将归零，也可以获取套利收益。

如果市场发生剧烈波动，则可能带来保证金风险，因此套利交易需要预留备用的保证金。

3. 股指期货期现套利的操作。

【例 8 -8】 某年 11 月 19 日，股票市场上沪深 300 指数收盘时为 1 953. 12 点。此时，如果 12 月 19 日到期的沪深 300 指数 IF1012 合约期价为 2 003. 6 点。假设某投资者的资金成本为年 4. 8%，预计该年沪深 300 指数成分股在 1012 合约到期前不会分红，此时是否存在期现套利机会？

第一步，计算套利成本。

股票买卖的双边手续费为成交额的 0. 1%，1 953. 12 ×0. 1% =1. 95（点）

股票买卖的印花税为成交金额的 0. 1%，1 953. 12 ×0. 1% =1. 95（点）

股票买入和卖出的冲击成本为成交金额的 0. 05%，1 953. 12 ×0. 05% =0. 98（点）

股票组合模拟指数跟踪误差为指数点位的 0. 2%，1 953. 12 ×0. 2% =3. 91（点）

1 个月的资金成本约为指数点位的 0. 4%，1 953. 12 ×0. 4% =7. 81（点）

期货买卖的双边手续费为 0. 2 个指数点，0. 2 点

期货买入和卖出的冲击成本为 0. 2 个指数点，0. 2 点

套利成本合计 TC =1. 95 +1. 95 +0. 98 +3. 91 +7. 81 +0. 2 +0. 2 =16. 98（点）

第二步，发现套利机会。

IF1012 合约的价格为 2 003. 6 点，2 003. 6 点 -1 953. 12 点 >16. 98 点，即：IF1012 合约的价格大于无套利区间的上界，市场存在正向套利机会。

第三步，实施套利操作。

套利可用资金 2 500 万元，设计投入 2 000 万元左右的套利方案。

期货保证金 12%，因此投入股票和期货的资金分别为 1 780 万元和 220 万元。

IF1012 合约价值为：2 003. 6 ×300 ×1 =601 080（元）

每张合约保证金为：601 080 元 ×12% =72 129. 6（元）

初步计算期货头寸规模：2 200 000 ÷72 129. 6≈28（手）

即：在期货市场以 2 003. 6 的价格卖出 IF0812 合约 28 手，投入初始保证金 601 080 ×12% ×28 =202. 0（万元）。

同时，收盘前买入事先计划好的沪深 300 指数成分股中权重排名前 100 位的股票组合，其市值约为 1 780 万元。剩余资金用于预备股指期货头寸的保证金追加需要。

第四步，监视基差变动。

12 月 19 日，沪深 300 指数 IF1012 期货合约到期交割，收盘时沪深 300 指数价格为 2 052. 11，而 IF1012 收盘价为 2 058. 4，期货价格与现货价格收敛基本一致。交割结算价是 2 062. 66。

第五步，了结套利头寸。

与 11 月 19 日相比，12 月 19 日收市前，沪深 300 指数上涨了 2 052. 11 - 1 953. 2 = 98. 91（点），涨幅为 5. 064%，此时在股票市场上卖出股票投资组合的全部股票，卖出市值约为 1 862 万元；收市后，在期货市场上以 2 062. 66 点自动交割 28 手 IF1012 期货合约空头头寸，从而结束全部套利交易。

盈亏统计：

在股票市场上，卖出股票投资组合获利：1 862 - 1 780 = 82（万元）

在期货市场上，28 手 IF1012 期货合约交割后亏损：(2 003. 6 - 2 062. 66) × 300 × 28 = - 496 104（元）≈ - 49. 61（万元）

盈亏相抵后，总利润为：82 - 49. 61 = 32. 39（万元）。

（二）股指期货跨期套利

1. 多头跨期套利。当股票市场趋势向上时，投资者发现，交割月份较远的期货合约价格往往会比近期月份合约价格更容易迅速上升，即涨幅会大一些，此时投资者可以考虑卖出近期月份合约的同时买进同等数量的远期月份合约，等到未来价格上升后，远月合约与近月合约的价差将变大，再买入近期合约平仓的同时卖出远期合约平仓，从而赚取多涨的那部分价差（见图 8 - 1）。这种交易行为称为多头跨期套利。可见，多头跨期套利赢利的条件是股票市场趋势要向上，此时的操作策略是“卖近买远”。但如果对股票市场趋势判断错误，即股票市场趋势向下，则很明显多头跨期套利就会出现亏损。

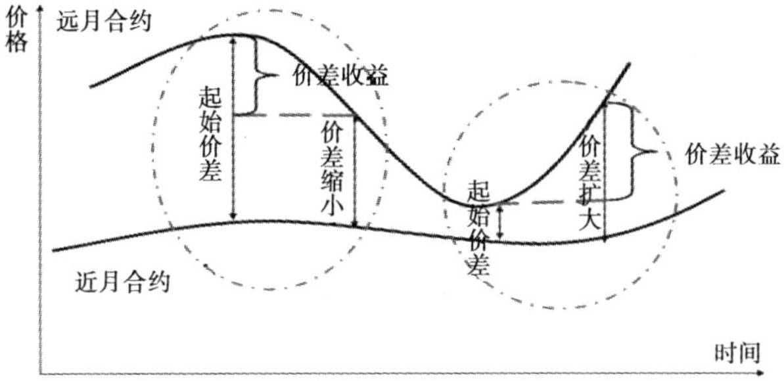

图 8 - 1　股指期货跨期套利原理

【例 8－9】2 月 8 日，股指期货近期合约 3 月合约与远期合约 6 月合约两者价格基本持平，偶尔 3 月合约价格还高于 6 月合约。此时投资者判断当时市场仍处牛市当中，正常情况下，远期合约的价格应高于近期合约且远期合约上涨幅度也应大于近期合约。因此，该投资者抓住这个机会进行多头跨期套利。他采取的套利策略为：卖出 3 月合约的同时，买进 6 月合约。该跨期套利操作过程见表 8－18。

表 8－18　　股指期货多头跨期套利过程分析

套利时间	股票市场沪深 300 指数	股指期货市场		两者价差
		3 月合约	6 月合约	
2 月 8 日	收盘价 2 410.60 点	以 2 385.0 点收盘价卖出开仓 10 手	以 2 462.0 点收盘价买入开仓 10 手	2 385.0 － 2 462.0 ＝ －77.0（点）
3 月 16 日	收盘价 2 604.23 点	以 2 605.2 点收盘价买入平仓 10 手	以 2 976.0 点收盘价卖出平仓 10 手	2 605.0 － 2 976.0 ＝ －370.8（点）
盈亏计算	指数上涨 2 604.23 － 2 410.60 ＝ 193.63（点）	亏损 2 385.0 － 2 605.2 ＝ －220.2（点）	盈利 2 976.0 － 2 462.0 ＝ 514.0（点）	价差扩大 370.8 － 77.0 ＝ 293.8（点）
盈亏相抵后：（514.0 － 220.2）×300×10 ＝ 881 400（元）				

2. 空头跨期套利。当股票市场趋势向下时，交割月份较远的期货合约价格往往会比近期月份合约价格更容易迅速下跌，即跌幅会大一些，此时投资者可以考虑买入近期月份合约的同时卖出同等数量的远期月份合约，等到未来价格下跌后，远月合约与近月合约的价差将缩小，再卖出近期合约平仓的同时买入远期合约平仓，从而赚取多跌的那部分价差。这种交易行为称为空头跨期套利。可见，空头跨期套利赢利的条件是股票市场趋势要向下，此时的操作策略是“买近卖远”。但如果对股票市场趋势判断错误，即股票市场趋势向上，则很明显空头跨期套利就会出现亏损。

【例 8－10】6 月 20 日，7 月合约为 4 605 点，9 月合约为 5 208 点，两者价差达 600 余点，差价过大。价差区间缩小的可能性远大于价差区间扩大的可能性。特别是投资者判断当时市场已处于熊市当中，远期合约下跌幅度应大于近期合约。因此，该投资者抓住这个机会进行空头跨期套利。他采取的套利策略为：买入 7 月合约的同时，卖出 9 月合约（见图 8－2）。

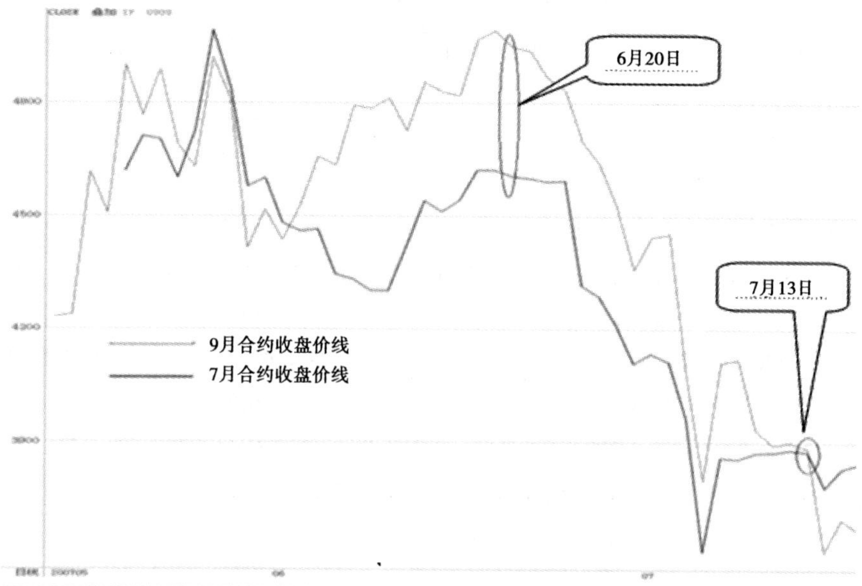

图 8－2　股指期货空头跨期套利价差图

该跨期套利操作过程见表 8－19。

表 8－19　　股指期货空头跨期套利过程分析

套利时间	股票市场 沪深 300 指数	股指期货市场		两者价差
		7 月合约	9 月合约	
6 月 20 日	收盘价 4 157.60 点	以 4 605.0 点收盘价买入开仓 10 手	以 5 208.0 点收盘价卖出开仓 10 手	4 605.0 － 208.0 = －603.0（点）
7 月 13 日	收盘价 3 820.12 点	以 3 876.8 点收盘价卖出平仓 310 手	以 4 153.2 点收盘价买入平仓 10 手	3 876.8 － 4 153.2 = －276.4（点）
盈亏计算	指数下跌 3 820.12 － 157.60 = －337.48（点）	亏损 3 876.8 －4 605.0 = －728.2（点）	盈利 5 208.0 －4 153.2 = 1 054.8（点）	基差缩小 603.0 － 276.4 = 326.6（点）
盈亏相抵后：（1 054.8 －728.2） ×300 ×10 =979 800（元）				

3. 蝶式跨期套利。蝶式套利是跨期套利另一种不太常用的形式，它也是利用不同交割月份的价差进行套期获利，由两个方向相反、共享居中交割月份合约的跨期套利组合构成。蝶式跨期套利的原理是套利者比较三个相邻的期货

合约价格时，认为中间月份的期货合约价格与两边月份合约价格之间的相关关系出现了差异。投资者同时进行三个不同月份的合约买卖，通过中间月份合约与前后两月份合约的价差的变化来获利。例如，卖出 1 手近期合约，同时买入 2 手中期合约，同时再卖出 1 手远期合约，或买入 1 手近期合约，同时卖出 2 手中期合约，同时再买入 1 手远期合约，这种套利做法称为蝶式跨期套利。

我们以沪深 300 股指期货 3、4、6 月合约为例介绍蝶式套利如何操作。

【例 8－11】 假设当前 3 月交割的合约的价格为 1 570 点，4 月交割的股指期货价格为 1 550 点，6 月交割的股指期货价格为 1 500 点。如果某投资者认为 4 月合约的价格被高估，即 3、4 月合约的价差和 4、6 月合约的价差均不合理，他希望从两个价差中获利，则可以选择买入 1 手 3 月合约、1 手 6 月合约，并卖出 2 手 4 月合约。假设在 3 月合约到期前某时间的价格为 1 530 点，6 月合约的价格为 1 460 点，而 4 月合约的价格则变为 1 490 点。

该蝶式套利操作过程见表 8－20。

表 8－20　　股指期货蝶式跨期套利过程分析

时间	蝶式跨期套利操作策略			收益计算
当前时间	1 570 点买入 1 手 3 月合约	1 550 点卖出 2 手 4 月合约	1 500 点买入 1 手 6 月合约	1 530－1 570＝－40（点） （1 550－1 490）×2＝＋120（点） 1 460－1 500＝－40（点） 盈亏合并： （120－40－40）×300 ＝12 000（元）
未来某时	1 530 点卖出平仓 1 手 3 月合约	1 490 点买入平仓 2 手 4 月合约	1 460 点卖出平仓 1 手 6 月合约	

在该例中，蝶式套利实际上由一个熊市套利（买 1 手 3 月合约，卖 1 手 4 月合约）和一个牛市套利（卖 1 手 4 月合约，买 1 手 6 月合约）组成。

严格来讲，跨期套利不是无风险套利，投资者需要对不同到期月的期货合约的价差做出预测，具有一定的投机性，但因为交易行为是建立在价差的基础上的，所以风险通常要小于纯粹的投机交易。跨期套利的重点在于判断不同到期月合约的价差将来是扩大还是缩小，而不是整个市场未来的走势。

表 8－21 给出如何对近期和远期股指期货进行操作，以实现多头跨期套利和空头跨期套利。

表 8－21　　跨期套利操作总结

跨期套利操作小结		
	套利机会促发点	套利操作
多头套利	当前价差低于正常水平，预期价差将增大	卖近期合约，买远期合约
空头套利	当前价差高于正常水平，预期价差将减小	买近期合约，卖远期合约

三、股指期货投机交易

根据交易者买卖的方向可将投机分为两类：做多投机和做空投机。

（一）做多投机

投资者预测股指将上涨，买入某一月份的股指期货合约，一旦股指上涨后再卖出获取差价。如某日投资者买入 10 手沪深 300 指数期货合约，当时期货价格是 2 100 点。到了下一交易日，该合约价格上涨至 2 200 点，该投资者估计涨势已快到尽头，于是卖出先前买入的期货，按照 1 个指数点 300 元计算，获利 30 万元。当然，如果投资者的预测与期价实际走势相反，他将出现亏损。如在第 2 个交易日，该合约价格不涨反跌至 2 000 点，该投资者估计股指还将下跌，于是卖出先前买入的期货，结果他会亏损 30 万元。

（二）做空投机

投资者预测股指将下跌，于是预先卖出某一月份的股指期货合约，一旦股指下跌后再买入先前卖出的期指从中获取差价。如某日投资者预测沪深 300 指数将下跌，于是卖出 10 手合约，当时期货价格是 2 300 点。过了 3 个交易日，沪深 300 指数期货合约价格果然下跌至 2 200 点，该投资者估计股指将回升，于是买入先前卖出的期货，获利 30 万元。反之，如果投资者的预测错误，他将出现亏损。

（三）投机的分类

根据交易者持有股指期货合约时间的长短，投机可分为三类：

第一类是中长线投机者。此类交易者在买入或卖出股指期货合约后，通常将合约持有一周甚至几周，待价格对其有利时才将合约对冲平仓。中长线投机获利方式是建立在对市场整体走势正确判断的基础上，并不重视每日盈亏的次数比例，更重视盈亏的整体质量。

但中长线投机对投资者的大势判断和心理素质要求很高，既要认准大方向，咬定青山不放松；又要经得起大风大浪，即使股市上蹿下跳，也要沉着镇定。与此同时，投资者的操作风格也极大地影响了投机策略制定。每个交易中都不得不在保守与大胆两个极端之间选择自己的风格。从长期来看，对于中长线投机者，保守的交易作风更可取。

第二类是短线交易者，一般进行当日或某一交易时段的股指期货买卖，其持仓不过夜。短线炒作是利用价格的频繁波动赚取微利，又通过多次交易的微利积累在市场中获取丰厚回报。短线交易由于回避了中长线趋势性交易的隔夜风险，如今在期货市场中有着较大的交易规模。

短线交易，对投资者的技术分析水平要求较高，进出场容不得半点犹豫，一旦没有及时跟随市场的节奏平仓，哪怕只有一次犹豫，这一天就可能全盘皆输。短线交易的胜负往往取决于几个点，快速止损和获利平仓的敏感度会超出普通股票投资情况。因此，短线日内投机策略中最重要的影响因素是投资者本身心理素质，这一策略既需要投资者具有极好的整体市场感觉和良好把握盘面的能力，又要求投资者具有良好的执行能力和投资纪律，而且投资者对这个市场越熟悉、越有感觉，操作的成功率会越高。

第三类是逐小利者，又称“抢帽子者”，他们的技巧是利用价格的微小变动进行交易来获取微利，一天之内他们可以来回做很多次的买进卖出交易。这种交易策略关心的不是市场大趋势，甚至不是短暂的趋势，而只关心价格的瞬间波动。因此，投资者运用这种交易策略，除了拥有良好的盘面感觉，还必须拥有交易手续费低廉的优势。

（四）投机交易的策略

股指期货的投机交易以投资分析为基础，在综合权衡风险和收益的基础上运用基本面分析、技术分析和数量方法制订投机交易的策略。影响股指期货投机交易策略最本质的因素是投资者对股票市场未来一段时间走势的预测和判断。

制定股指期货投机交易策略通常分为三大环节：

1. 预测市场走势方向是股指期货投机交易策略中极为关键的第一个步骤，是对交易者洞察能力的极大考验。通过对宏观经济、行业状况的深入研究，交易者判断股指期货市场到底受其影响是看涨还是看跌，从而确定投资者应该以多头头寸建仓还是空头头寸建仓这一基本问题。如果对股指期货市场走势预测错误，那么交易的后果就是亏损。

2. 交易时机的选择是指确定具体的建仓和平仓时点，是体现交易者智慧的环节。尽管交易者已经正确的判断了市场方向，但是如果建仓时机选择的不好，那么依然可能蒙受损失。因此，在股指期货交易中，建仓点和平仓点的时机抉择必须极为精确，这一步在整个投资过程中可能最为困难。另外，时机抉择的问题几乎完全是技术性的，即使交易者是基本面派，当其确定具体的建仓和平仓时点过程中也依然必须借助于技术分析的工具。

3. 资金管理是指资金的配置问题，这是反映投资者风险意识的环节。这一环节包括投资组合的设计，在市场上如何分配资金的比例参与股指期货，止损值的设置，在盈利或者损失之后采取的措施，以及保守稳健的交易方式还是积极冒险的方式等。

股指期货投机交易策略制定流程图见图 8－3。

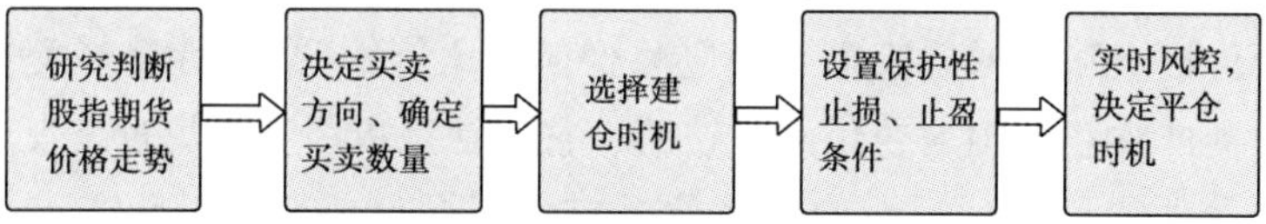

图 8－3 股指期货投机交易策略制定流程图

第三节 机构投资者对股票指数期货的应用

一、股指期货在资产配置中的应用

股指期货的资产配置通常分为战略性资产配置、战术性资产配置与市场条件约束下的资产配置。

（一）战略性资产配置

战略性资产配置是指确定股票、债券或其他资产的长期配置比例，从而满足投资者的风险收益偏好以及投资者面临的各种约束条件。投资者确定的战略性资产配置不因短期资本市场的条件变化而波动，但短期资本市场条件的变化肯定会改变投资者的战略性资产配置。例如，如果股票市场价格相对债券市场或其他资产的市场价格发生变化，那么投资组合中股票的比例就会上升。为了重新建立预定的战略性资产配置，投资者需要改变资产组合的头寸，这可以通过股指期货交易进行。

在战略资产配置制定后的实施阶段，投资者可以按照战略资产配置中规定的比例，分别买入股指期货和债券期货。利用期货低成本建立头寸。在期货头寸建仓完成后，投资者可以逐步买入实际资产，并逐步将期货头寸平仓。

在战略资产配置完成后的维持阶段，资本市场条件的变化会改变投资者的战略性资产配置。投资者可以在期货市场上分别建立股指期货及债券期货头寸迅速恢复其资产分配的原有比例。同样，在逐步从现货市场建立相应的股票及债券头寸后，期货头寸可以分别进行平仓。

（二）战术性资产配置

战术性资产配置是指利用发现的资本市场机会来改变战略性资产配置，如预期股票价格上涨时增持股票（相应减少债券比例）。战术性资产配置是因为某种大类资产收益的预期变化而驱动的。它经常是指由于市场过度反应而导致的“反向”买卖模式——在价值高估时出售而在价值低估时购买。战术性资产配置也可以通过股指期货等衍生品进行。

若投资者短时间内看空市场或某行业板块，则可以在期货市场上卖空股指期货；若投资者短时间内看多市场或某行业板块，则可以在期货市场上买入股指期货；若在市场发生调整或投资者改变其想法后，在期货市场上进行平仓操作就可以恢复原有的资产结构。

例如，许多证券投资基金，所投资的资产主要是股票、债券和货币市场工具，并且这三种资产都有一定的投资比例。随着不断变化的预期通胀率、公司赢利能力的信息，以及不断调整的利率政策等市场变化，每一种资产的收益和风险会发生变化，实际的资产组合比例会偏离计划目标，证券投资基金需要重新配置不同资产的投资比例，把组合内部分债券转换为股票，或股票转换为债券等。在这种情况下，股指期货是最有效的方式。如一个证券投资基金计划的资产配置比例是50%的股票和50%的债券，随着股票价格的上升，现在的资产组合配置比例变成60%的股票和40%的债券，为了维持计划的投资目标而不降低资产组合的收益，证券投资基金的管理人可以通过卖出股指期货使资产组合的配置比例达到意愿的水平，而不需要调整现有的资产组合，且具有市场冲击成本低、资金成本低的优点。

对于证券投资基金来说，由于市场热点的变化，基金重仓股可能面临很大的流动性风险，如果基金同时面临赎回的风险，基金所持有的股票变现将带来基金净值较大幅度的下降，而通过股指期货来进行调整，基金管理人既可以维持投资组合的流动性，又不降低投资组合的收益。

对比两种资产配置策略我们可以发现，战术资产配置策略只须在期货市场上通过买卖股指期货来实现，无须在股票市场上进行股票的交易。战略资产配置则需要开始时在期货市场上进行，随后在现货市场进行永久性交易。

（三）市场条件约束下的资产配置

虽然投资者的目标是使风险可控下的收益最大化，但绝大多数投资组合的行为都要受到众多条件的约束。如果基金经理希望将全部资产都投资于股票，而法规限制其必须保持5%的货币性资产，为了满足约束条件的同时而达到投资目标，投资组合经理可以持有5%的货币性资产的同时持有期货头寸，以期货头寸替代5%的股票组合，从而达到投资目标。

这种衍生品的使用方法对指数基金尤其重要。由于5%现金比例的硬性法律要求，我国现有的指数基金（不包括ETF）最多只能保持95%的股票投资比例，而无法100%跟踪相应的标的指数，这是目前指数基金普遍与标的指数产生一定偏离的主要原因。随着股指期货的推出，这种局面可以得到改善。例如指数基金可以保持94%的股票仓位，同时用0.6%的资金投资股指期货，通过股指期货的杠杆效应可以补充另外6%的股票仓位；而剩余5.4%的现金资产可以满足5%的最低现金要求。

【例8－12】假设一投资者李某需经常平衡其投资组合内国债与股票的投资分配比例。某年国内股市恢复性上涨，令他考虑增持股票组合，同时减持国债组合。在9月初，李某持有2 000万元指数成分股组合以及2 000万元国债组合。李某看好股市前景，打算把股票组合分配增至75%，国债组合减至25%。这就需要增持1 000万元指数成分股的同时，减少1 000万元国债。

李某采取的配置策略如下：打算卖出最早到期的1 000万元国债，买入9月下旬到期交割的沪深300股指期货。以上述期货交易操作取代买入1 000万元成分股的现货市场交易操作活动（手续费略）。

假如9月2日，李某所管理的国债市价为101.125元，当天股票市场上的沪深300指数为2 890.93点，沪深300股指期货9月合约价格则为2 895.2点。

首先李某计算所需买入的9月合约数量＝10 000 000/（2 895.2×300）＝11.513（手）

由于股指期货交易须为1手的整数倍，因此买入12手需资金：

2 895.2×300×12＝10 422 720（元）＝1 042.272万元

于是当天收盘前，李某卖出1 042.272万元的国债，同时买入12手9月合约。

到了9月18日（第3个星期五）9月合约最后交割日结算时，沪深300现指为3 199.69点，9月期货合约的最终交割价为3 242.69。股票市场上涨了3 199.69 - 2 890.93 = 308.76（点），相当于308.76/2 890.93 × 100% = 10.68%的回报；当天国债市价为101.205元。相当于（101.205 - 101.125）/101.125 ×100% =0.079%的回报。

而此时重新配置后的投资组合总价值 = 期货合约价值 + 股票价值 + 国债价值 =3 242.69 ×300 ×12 +2 000 ×10 000 ×1.1068 + （2 000 - 1 042.272） × 10 000 ×1.079 =1 167.3684 ×10 000 +2 213.6 ×10 000 +1 033.3885 ×10 000 =4 414.3569（万元）

如果采用传统的到股票市场买入一篮子股票的做法而不买入期货合约，所得到的投资组合的价值此时应为：

（2 000 +1 042.272） ×10 000 ×1.1068 + （2 000 - 1 042.272） ×10 000 ×1.079 =4 400.5752（万元）

结论：在进行新的资产配置过程中，利用买进股指期货来替代在股票市场上买入一篮子股票操作，两者所得到的最终结果相近，但前者所需要的时间、劳力及交易费用则大大降低。

二、股指期货在投资组合β值调整策略中的应用

β作为衡量证券相对风险的指标，在资产管理的应用中有着非常重要的地位。β大于1的证券，意味着其风险大于市场投资组合的风险，收益也相对较高，被称为进攻型证券；β小于1的证券，其风险小于市场投资组合的风险，收益也相对较低，被称为防守型证券；β值等于1的证券则被称为中立型证券，风险和收益与市场水平相当；如果β值接近于0，那么该证券的风险就很低，收益则接近于无风险收益率。在资产管理的日常工作中，投资者一般根据市场的不同状况，选择不同类型的证券进行投资。在牛市行情中，投资者一般倾向于持有进攻型证券，以图获得超过市场平均水平以上的收益；在熊市阶段，投资者一般倾向于持有防守型证券，尽量降低投资风险。

如何应用股指期货改变投资组合的β值以增强获利能力呢？按照上述原理，我们可以将股指期货作为一项资产加入到由传统的股票和债券所构成的投资组合中去，起到调节该投资组合的总体β值以增加投资组合回报的作用。

【例8-13】 假如某机构将总资金的一部分投资于一个股票组合，这个股票组合的β值为β_s，占用资金S。剩余资金投资于股指期货，一张合约的价值

为 F，共买入 N 张多头合约，保证金比率假设为 12%，那么股指期货占用的资金为 $P = F \cdot N \times 12\%$。此外，股指期货价格相对于沪深 300 指数指数也应该有一个 β 值，设为 β_f（得到方式与个股相同）。股票组合的 β_s 数值和股指期货的 β_f 我们都可以计算出来或在有关信息软件上查到。根据投资组合的 β 值公式 $\beta = \sum x_i\beta_i$，得到该组合的总 β 值原本应为：$\beta = \beta_s \cdot S/M + \beta_f \cdot P/M$。但有关学者研究表明，由于股指期货的杠杆效应，实际上从资金占用的角度看，股指期货的 β 值还要把杠杆效应考虑进去，而股指期货的杠杆比率为保证金比率（x）的倒数，因此，该投资组合合理的总 β 值应为：$\beta = \beta_s \cdot S/M + (\beta_f/x) \cdot (P/M)$。

假设上述投资组合中的股票组合部分其 β_s 为 1.10，而股指期货的 β_f 为 1.05，则有以下几种情况：

（1）如果该机构看好后市，将 90% 的资金投资于股票，其余 10% 的资金做多股指期货（保证金率为 12%）。根据 β 计算公式，其投资组合的总 β 值为：

$0.90 \times 1.10 + 0.1/12\% \times 1.05 = 1.865$

一段时间之后，如果沪深 300 指数上涨 10%，那么该机构的资产组合市值就相应地上涨了 18.615%。

（2）如果该机构非常看好后市，将 50% 的资金投资于股票，其余 50% 的资金做多股指期货。根据 β 计算公式，其投资组合的总 β 值为：

$0.50 \times 1.10 + 0.5/12\% \times 1.05 = 4.925$

如果后市沪深 300 指数上涨 10%，那么该机构的资产将相应地上涨 49.25%，远远跑赢大市。

（3）如果该机构对后市比较看淡，将 90% 的资金投资于基础证券，其余 10% 的资金做空股指期货。根据 β 计算公式，其投资组合的总 β 值为：

$0.90 \times 1.10 - 0.1/12\% \times 1.05 = 0.115$

如果后市沪深 300 指数下跌 10%，那么该机构的资产将相应地下跌 1.15%，股指期货对股票组合起到了套期保值作用。

（4）如果该机构对后市非常看淡，将 50% 的资金投资于基础证券，其余 50% 的资金做空股指期货。根据 β 计算公式，其投资组合的总 β 值为：

$0.50 \times 1.10 - 0.5/12\% \times 1.05 = -3.825$

如果后市沪深 300 指数下跌 10%，那么该机构的资产反而会上涨 38.25%，该机构通过股指期货达到了反向投机的目的。

虽然股指期货对投资组合的 β 值有非常灵活的调整能力，通过使用股指期货工具，投资者的获利能力得以大大增强，但是，上述研究模型假设了投资者是满仓操作的，即客户保证金全部被持有的头寸占用。如果方向判断得不准确，股指期货价格向不利的方向变动，投资者将很容易面临被强迫平仓的风险，所以在实际应用中要注意保证金比率的控制。此外，收益和风险是相生相伴的，β 值放大或者变为负值以后，如果投资者对方向的判断准确，收益将大幅增加，如果方向判断错误，亏损幅度也会相应扩大。股指期货增强了投资者获利的能力，但并不代表投资者使用了股指期货工具就能增加投资收益。在有效的市场里，收益和风险是相结合的，愿意承担高风险才可能获得高收益。

三、股指期货在指数化投资中的应用

指数化投资主要是通过投资代表性较强、流动性较高的股票指数成分股，来获取与目标指数走势一致的收益率。

就投资策略而言，指数化投资最为突出的特点便是与传统的主动管理型投资的区别，主动管理型是基于对市场总体情况、行业轮动和个股表现的分析，试图通过时点选择和个别成分股的选择，在基本拟合指数走势的同时，获取超越市场的收益率；被动投资策略则是指投资者在投资期内按照某种标准买进并固定持有一组证券，而不是在频繁交易中获取超额利润。指数化投资正是一种被动型的投资策略，即建立一个跟踪基准指数业绩的投资组合，获取与基准指数相一致的收益率和走势。

被动型管理策略主要就是复制某市场指数走势，最终目的为达到优化投资组合与市场基准指数的跟踪误差最小，而非最大化收益。那么如何复制指数，如何界定跟踪误差的业绩评价成为指数化产品策略的核心内容。

（一）进行股指期货指数化投资

在股指期货出现以前，唯一可以实行指数化投资的途径是通过按该指数中权重比例购买该指数中的所有股票，或者购买数量较少的一篮子股票来近似模拟市场指数。由于个股的股本变动、股利发放、股票分割、资产剥离或并购等均会影响股票组合对标的指数的跟踪误差，还有其他诸如投资组合的规模、流动性、指数成分股的调整、即时平衡持股交易等也会增加基金经理人对标的指数跟踪的难度，以现金基础的复制指数组合出现高跟踪误差就不足为奇了。相对的，股指期货的出现允许投资者创造一种所谓的“合成指数基金”。这种替代实际购买股票的方法是利用买卖股指期货和固定收益债券来构造一个和目标市场指数相同或高于市场指数表现的组合，从而极大地降低了传统投资模式所面临的交易成本及指数跟踪误差（见表 8－22）。

表 8－22　股指期货指数化策略与股票组合指数化策略的成本与跟踪误差比较

	沪深 300 股指期货	对应股票现货
手续费	成交金额的万分之零点五	成交金额的万分之五至千分之三
市场冲击成本	流动性好，冲击成本低	冲击成本较高
指数成分股调整成本	不需要调整	每半年调整一次，产生交易成本
跟踪误差	小	较大
总计	成本很小，跟踪误差小	成本较高，跟踪误差较大

资料来源：海通证券研究所。

（二）股指期货指数化投资策略原理

股指期货为何能合成与大盘指数走势相吻合的指数基金呢？

1990 年，美国学者斯托尔（Stoll）和惠利（Whaley）从理论定价模型 $F = I \cdot e^{(r-d)(T-t)/365}$ 入手，通过对公式两边取对数 ln 并加以推导，得出以下公式：

$r_{s,t} = r_{f,t} + (r-d)$

其中，r 代表无风险利率，d 为股票市场的年股息率，$r_{s,t}$ 表示股指现货当期的报酬率，$r_{f,t}$ 表示股指期货当期的报酬率。$(T-t)$ 为从 t 时刻至到期日的时间长度。

由于 $r-d$ 可以看成是现金流，因此上述公式所蕴含的意思可以表示为：

现金储备 + 股指期货合约 = 合成指数基金

即：合成指数基金可以通过保持现金储备与购买股指期货合约来建立。

更进一步，如果积极管理现金资产，产生的收益超过无风险利率，指数基金的收益就将会超过证券指数本身，获得超额收益，这就是增强型指数基金。

积极管理现金资产 + 股指期货合约 = 合成增强型指数基金

（三）股指期货指数化投资策略实际运用

1. 期货加债券增值策略。期货加债券增值策略是资金配置型的，也称为期货加现金增值策略。这种策略是利用股指期货来模拟指数。股指期货保证金占用的资金为一小部分，余下的现金全部投入固定收益产品，以寻求较高的回报。这种策略被认为是增强型指数化投资中的较佳策略，这样的组合首先保证了能够很好追踪指数。当能够寻找到价格低估的固定收益品种时，还可以获取超额收益（见图 8－4）。

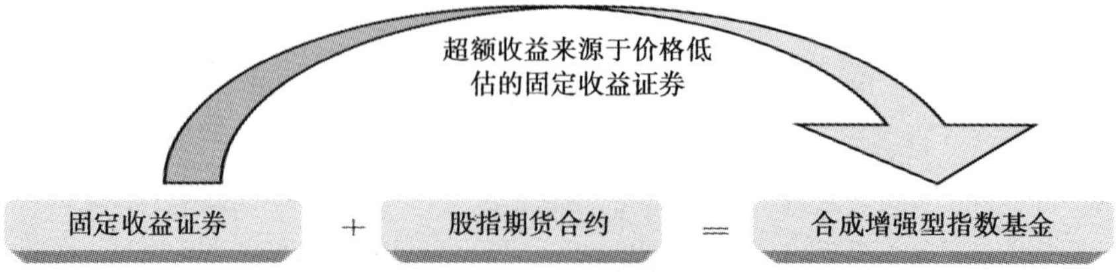

图 8－4　期货加固定收益债券增值策略图解

期货加现金增值策略中期货头寸和现金头寸的比例一般是 1∶9，也可以在这一比例上下调整。有的指数型基金只是部分资金采用这种策略，而其他部分依然采用传统的指数化投资方法。

2. 期现互转套利策略。期现互转套利策略是利用期货相对于现货出现一定程度的价差时，期现进行相互转换。这种策略的目的是使总报酬率除了原来复制指数的报酬之外，也可以套取期货低估价格的报酬。这种策略仍随时持有多头头寸，只是持有的可能是期货也可能是股票现货。

这种策略本身是被动的，当低估现象出现时，进行头寸转换。该策略执行的关键是准确界定期货价格低估的水平。期货价格低估的程度、转换交易的频率，交易成本高低将对超额报酬率造成决定性影响。所以这个策略要精确测算每次交易的所有成本与收益。

其基本操作模式是：用股票组合来复制标的指数，当标的指数和股指期货出现逆价差达到一定水准时，将股票现货头寸全部出清，以 10% 左右的资金转换为期货，其他约 90% 的资金可以收取固定收益，待期货的相对价格高估，出现正价差时再全部转回股票现货（见图 8－5）。期货各月份出现可套利的价差时，也可以透过跨期套利来赚取利润。

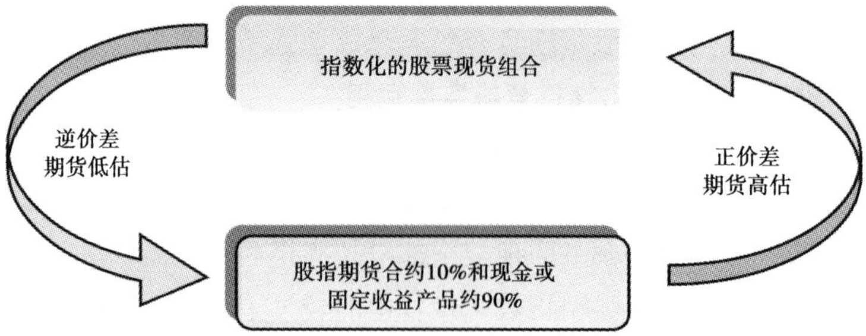

图 8－5　期现互转套利策略图解

该策略在操作上的限制是股票现货头寸的买卖。大量卖出股票组合对股票现货市场有冲击，会产生冲击成本。这个成本的计算受股票现货仓位的大小、交易时机等因素影响。

3. 避险策略。避险策略是指以90%的资金持有现货头寸，当期货出现一定程度的价差时，将另外10%的资金作为避险，做空股指期货，形成零头寸达到避险的效果。该策略的关键因素是要对交易成本和收益之间做准确测算，选取好做空点和平仓点。择时能力的强弱对能否利用好该策略有显著的影响，但实际操作中，较难获取超额收益。

4. 权益证券市场中立策略。权益证券市场中立策略是指持有一定头寸的股指期货，一般占资金比例的10%，其余90%的资金用于买卖股票现货。至于买入持有股票还是卖出某些个股或整个组合，还是需要预测个股、行业板块和市场风险等因素与未来报酬率之间的关系。

该策略典型的资产配置为：以10%持有短期国债，并可作为期货的保证金，90%持有标的指数股票组合或标的指数的优选组合。当股票被高估时，可以通过融券放空股票组合，同时使期货头寸完全覆盖，也就是100%期货头寸。

不论使用哪一种衍生性策略都必须特别注意保证在所有时间内持有正确数量的期货合约份数，并且需要注意控制从一个期货到期月向下一个到期月滚动期货合约时的相关风险，比如转仓成本、流动性等。

5. 进行股指期货指数化投资。

【例8-14】某保险公司拥有一指数型基金，规模为20亿元，跟踪的标的指数为某股指期货，为简单起见，其投资组合权重分布与现货指数相同，合约交易保证金为10%。

方案一：现金基础策略构建指数型基金：直接通过买卖股票现货构建指数型基金，获得资本利得和红利。其中，未来6个月的股票红利为1 195万元。

方案二：运用期货加现金增值策略构建指数型基金：将18亿资金投资于政府债券，期末获得6个月无风险收益为2 340万元（以年收益2.6%计算），同时2亿元（10%的资金）买入跟踪该指数的沪深300股指期货头寸。当时沪深300指数为2 800点。

沪深300股指期货合约规模 = 2 800 × 300 = 840 000（元/手）

每手保证金 = 840 000 × 10% = 84 000元/手

现在应购买的6个月后交割的沪深300期货合约手数为：

分红率 = 1 195 万/20 亿 = 0.6%

N = 20 亿/［（1 + 1.3% - 0.6%）×84 万］= 2 365 手

假设 6 个月后指数为 3 500 点，假设忽略交易成本和税收等，并且整个期间指数的成分股没有调整。

方案一的收益：股票资本利得为 20 亿 ×（3 500 - 2 800）/2 800 = 5 亿；红利终值为 1 195 × 1.013 ≈ 1 211（万元），总的增值为 51 211 万元。

方案二的收益：政府债券的收益是 2 340 万；期货盈利为（3 500 - 2 800）× 300 × 2 365 = 49 665（万元），总的增值为 52 005 万元。

四、股指期货在阿尔法（Alpha）策略中的应用

投资组合的总体收益可以分为两个部分：一部分来自于市场系统性风险相匹配的市场收益（也称为来自 β 的收益）；另一部分则来自于投资组合管理者个人操作水平和技巧有关的高额收益，即超越市场收益部分的超额收益（也称为获取的 Alpha 收益）。来自市场的收益比较容易获得（例如采用跟踪市场大盘指数的投资方式即可获得），但是要获取超越市场收益的 Alpha 部分则不是件容易的事情，而如何获得阿尔法收益正是投资者最为感兴趣的部分。

（一）传统的阿尔法策略及其实现原理

投资者都希望能在同一市场或者同一类资产中同时获得 Alpha 和 β 收益。而事实证明，随着市场效率的提高，例如在成熟的大盘股市场或债券市场上，想赚取超额收益是困难的，找到更有可能获取超额收益的新兴市场（如创业板市场），才有可能获得超越市场收益的 Alpha。

许多分析师都认为，超额收益在对冲基金、商品市场、房地产基金、小盘股、新兴国家资本市场等市场中更容易被发现，但是往往基金公司并不愿意承担这些市场的系统性风险。随着股指期货等衍生工具的不断发展，基金经理拥有卖空和杠杆两大手段使得他们可以利用衍生品将资产收益分离重组，这样即可规避上述市场中的系统性风险，又能通过选股选时获得超额收益（又称积极风险收益）Alpha，这种策略就阿尔法策略。

阿尔法策略源于资本资产定价（CAPM）模型。根据此模型，我们可以将任意投资组合的收益分解为两个部分：市场收益和超额收益。通过卖空期货、期权等衍生品，将投资组合的市场收益和超额收益分离出来。

阿尔法策略的实现首先是寻找一个具有高额、稳定积极收益的投资组合，然后通过卖出相对应的股指期货合约来对冲该投资组合的市场风险（系统性

风险），使组合的 β 值在投资全程中一直保持为零，从而获得与市场相关性较低的积极风险收益 Alpha。阿尔法策略实现原理见图 8－6。

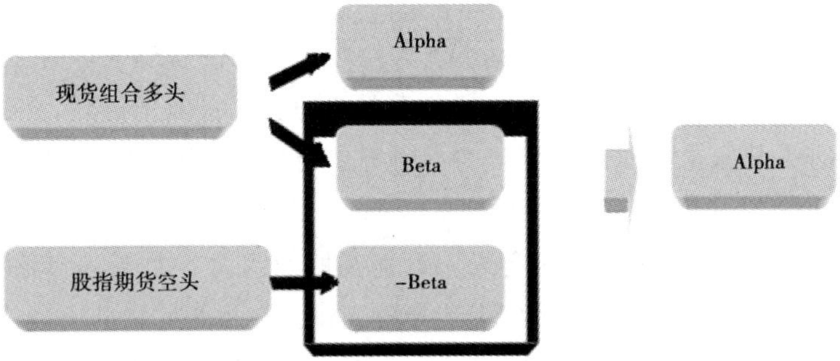

图 8－6　阿尔法策略实现原理图解

阿尔法策略具有以下优点：

1. 扩大了投资的可选择范围，提供了广阔的投资领域。采用阿尔法策略，投资者不再被限制在几个传统的、与获取贝塔相同的资产类型中追求超额收益。该策略为投资者和基金经理提供了广阔的投资领域，大大增加了获取阿尔法的机会。

2. 优化资产配置。传统策略下，投资者要么在高波动性的资产类型中承担巨大风险，要么在安全的资产组合中面对较低的收益。阿尔法策略轻松地避开了这两个极端，让投资者在发掘阿尔法的同时优化了资产配置。

3. 有效构建组合。由于投资者能够使得阿尔法部分和贝塔部分分离并重新进行组合，能形成更分散化、更有效的投资组合。

4. 节约管理费用。传统的积极投资管理获取的收益中，积极收益和市场收益是混合在一起的，其中的市场收益部分也收取了较高的积极管理费用。阿尔法和贝塔的分离使得基金能以低廉的费用获取市场收益，从总体上降低了投资者的管理成本。

（二）银行理财产品（低风险偏好资金）如何利用股指期货实施阿尔法策略

对于风险偏好较低而研究能力较强的机构（如银行）来说，Alpha 策略是一种风险较低而且收益较高的投资策略。

具体做法是：首先，投资者构造出具备 Alpha 收益的股票组合，该组合在投资期内涨幅要大于大盘指数。然后，根据投资期限选择合适的股指期货合约。接下来根据该组合和指数的相关系数以及 β 值，计算出要把 β 值调整为

0，需要卖空的指数期货合约数量，并在买入股票组合的同时建立期货合约空头。最后，在投资期结束时，回补期货合约空头，并卖出股票组合，获取 Alpha 收益。

【例 8-15】 8 月份，某银行 Alpha 策略理财产品的管理人认为市场未来将陷入震荡整理，但前期一直弱势的消费类股票的表现将强于指数。根据这一判断，该管理人从家电、医药、零售等行业选择了 20 支股票构造投资组合，经计算，该组合的 β 值为 0.92。

8 月 24 日，产品管理人开仓买入消费类股票组合，共买入市值 8 亿元的股票；同时在沪深 300 指数期货 10 月合约上建立空头头寸，此时的 10 月合约价位在 3 263.8 点，建仓规模为：800 000 000 × 0.92/（3 263.8 点 × 300）= 752（手）；该组合的 β 值恰好为 0。

到 10 月 12 日，10 月合约临近到期，而此时产品管理人也认为消费类股票超越指数的走势将告一段落，因此把全部股票卖出，同时买入平仓 10 月合约空头。在这段时间里，10 月合约下跌到 3 132.0 点，跌幅约 4%；而消费类股票组合的市值增长了 6.73%。此次 Alpha 策略的操作共获利：

800 000 000 × 6.73% +（3 263.8 − 3 132.0）× 752 × 300 = 8 357.4（万元）

（三）可转移阿尔法策略及其实现原理

可转移阿尔法策略是在传统阿尔法策略的基础上，通过股指期货等衍生品，用较少的资金成本涵盖所需头寸，从而“抽出”部分资金。而“抽出”的资金再用于投资于与所涵盖头寸资产类别相关性较低的其他资产类别。简言之，可转移阿尔法策略是指在不影响组合战略资产配置的情况下，利用金融衍生工具将一种投资战略产生的超额收益转移到另一种投资战略的市场收益（又称基准收益）之中。

【例 8-16】 假设一个投资者有 1 000 万元资金，他本来计划全部投资于股市，以获取市场基准收益率。现在有一个可转移阿尔法策略可供他选择，他可以先买入 100 万元股指期货，假设股指期货的杠杆率为 10 倍，这样此投资者涵盖了股市的头寸仍然为 1 000 万元，剩下 900 万元就好像是从股指期货市场中“借”来的，投资者就可以把这剩余的 900 万元用来买入提供固定收益的某债券资产。这种利用衍生品将资产收益分离重组的策略就是转移阿尔法策略。

从本例我们发现，在运用可转移阿尔法策略之后，投资者的组合收益为股市的收益与投资于债券的收益之和。而股指期货的一个重要作用就在于通过卖空股指期货可以分离股票组合中的 β 和 Alpha，并可将分离出的 Alpha 转移到其他资产组合中去。只要找到能提供高额、稳定积极收益的投资品种，都可以利用可转移阿尔法策略对市场基准收益和超额收益重新进行自由组合，提高投资收益率。

【例8－17】假设一基金拥有1亿元的资金，其中8 000万元配置给以沪深300指数为基准的大盘股，其余2 000万元配置在国债市场。由于大盘股市场表现一般，投资经理在沪深300指数中获取的超额收益平均仅为0.6%，而在中小企业板市场上，投资经理可获取平均为4.1%的超额收益。但受制度限制，该基金只能投资于沪深300股票指数成分股，而不能投资于中小企业板市场上的股票。这将极大地限制基金的获利能力。而运用可转移阿尔法策略可以解决这一问题。

在沪深300指数期货推出后，假设未来又推出了中小企业板指数期货上市，保证金假设为10%，基金经理可从配置给以沪深300股票指数为基准的大盘股的8 000万元中转移出3 000万元用于投资中小企业板市场。首先，买入价值为3 000万元的沪深300股指期货合约，需要300万元的保证金。该项操作使组合对沪深300指数的市场涵盖头寸依然保持为8 000万元（5 000万元的沪深300大盘股投资＋价值3 000万元的股指期货合约）。其次，将剩余出来的2 700万元配置给中小企业板投资经理，并作为建立中小企业板指数期货空头头寸的质押保证金，卖出价值2 700万元的中小企业板股指期货合约，以对冲掉中小企业板投资的市场风险。由于该超额收益完全来自于投资经理的选股技能，与市场趋势无关，并没有增加整个组合的风险，所以不论小盘股市场是上升还是下降，该策略都可增加组合的收益或减少组合的损失。

对基金公司来讲，采用阿尔法转移的目的，是想把投资组合经理的业绩与市场表现区分开。这种策略对QDII基金而言非常重要，例如，基金管理公司非常了解中国上市公司，即具备中国股票的阿尔法能力，现在这家基金公司发行了一只QDII基金投资于其他国家市场（比如美国），这家公司想把基金资产投资于美国市场的同时保留对其中国市场的阿尔法能力，这是一个两难选择。阿尔法转移策略可以获得这种两全其美的效果。具体做法如下：该QDII基金可将资产投资于中国股票，同时通过沪深300股指期货的空头头寸把中国市场的系统风险对冲掉，把该基金在中国的阿尔法能力保留下来。而基金获得美国市场的指数收益，则可以通过配置美国的标准普尔500期货合约来达到。

这样，该 QDII 基金就可以在获得中国阿尔法的同时，也获得美国市场的指数收益。

可转移阿尔法策略实现原理：是利用金融衍生工具将一种投资产生的阿尔法收益转移到其他大类资产中，即在获取某类资产阿尔法收益的同时，买入其他大类资产的指数产品，构造贝塔组合获取更高收益。图 8 –7 就是把提取出来的阿尔法转移到成熟市场中去，获取成熟市场正常的市场收益贝塔（β）。

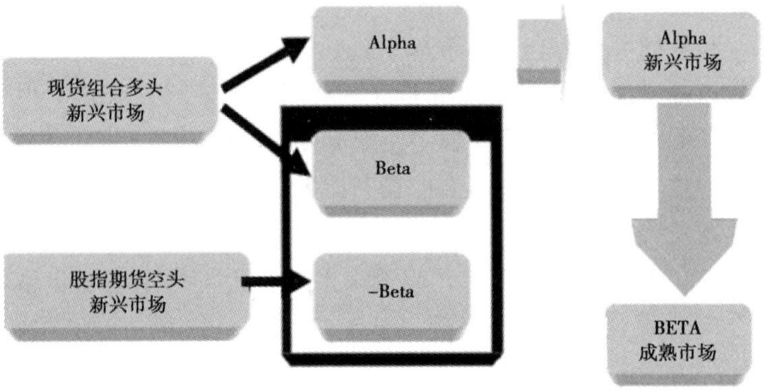

图 8 –7　可转移阿尔法策略实现原理图解

根据上述原理，可以推断出，在熊市中运用传统阿尔法策略，而在牛市中运用可转移阿尔法策略，就能在熊市中获取绝对收益，在牛市中获得更高的收益。

（四）投资公司利用股指期货实施可转移阿尔法策略

【例 8 –18】某国际投资公司拥有 1 亿元的国内股票投资股票基金。希望运用可转移阿尔法策略来获得超越国内股市的收益。假如该公司打算从配置给国内股票组合经理的资金中转移出大约 2 000 万元，配置给美国股市以拉塞尔 2 000 股票指数为基准的小盘股投资经理，则该公司可进行如下操作：

首先，按权重比例卖出 2 000 万元某股指成分股的股票，同时买入价值为 2 000 万元的该股指期货合约。假设股指期货的保证金为 10%，则买入期货合约需要 200 万元的保证金。该项操作使对国内大盘股的市场暴露头寸依然保持为 1 亿元（8 000 万元的大盘股投资 +2 000 万元的股指期货合约）。

其次，将剩余的 1 800 万元按当时的美元兑人民币汇率 1∶6.82 换成美元后（假设投资期内汇率不变），约为 264 万美元配置给美股投资经理，用于购买拉塞尔 2 000 股票指数为基准的小盘股。

第三，将市值264万美元的股票抵押给当地的期货经纪商，作为履约保证金；同时卖出264万美元价值的罗素2 000股指期货合约，对冲掉小盘股投资的市场风险。

整个过程见图8－8。

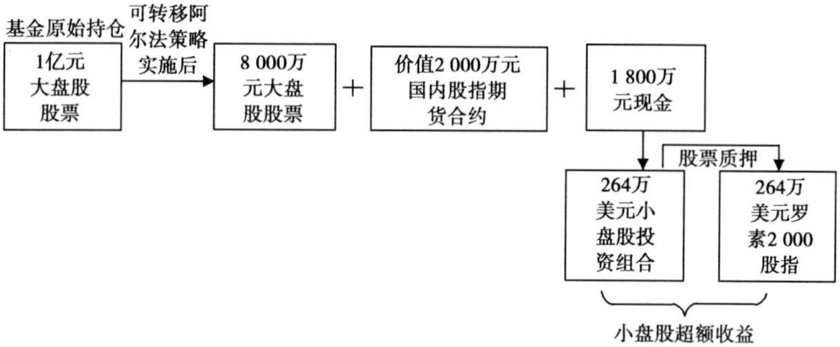

图8－8 可转移阿尔法策略操作示意图

以上操作的最终结果是，该公司既保持了原有的国内股票资产配置不变，同时又获取了美国股票市场投资经理的积极收益，将原来1亿元国内大盘股的投资收益转变为8 000万元的国内大盘股指数收益加美国小盘股的积极收益。

五、上市公司对股指期货的应用

（一）增发与配股

上市公司在决定增发计划后，单独回购或者与券商（承销商）合作等适度买进股票价格维持在“合理”范围一段时间，直到完成融资增发或配股。

1. 当大盘持续走弱的时候，期货头寸盈利。一般因为回购股票会促使股票维持收的强势，至少下落损失将小于期货盈利的额度，一方面维持价格的强势，利于增发配股按时完成，同时可以防止万一大盘重挫带来的持股大的风险出现。

2. 当大盘上行时，期货头寸损失。只需适度加大回购力度（促使股票相对走高），使股票盈利与期货损失平衡，同时可以考虑减少持股和套期保值头寸。这样因大盘和股票同时在强势中，增发配股不仅能很顺利完成，甚至可能因价格环境转好超出预期。

这里重点在通过对维持股票头寸的保值而防止大盘出现大幅下落风险时股票无法维持相对有利位置而可能够给增发以及上市公司（承销商）带来的巨

大风险，以保证增发计划的完成。

（二）投资回购上市公司自家股票，获取本公司高成长带来的收益

有时在上市公司高成长时期到来时，公司股票价值可能被严重低估。这个时候可以采取回购公司股票，卖出对应指数期货合约的保值加套利策略。

1. 通常高成长股票比较抗跌，加上大量买进就更突出，这样在大盘持续下落的时候，股票持仓的损失额度一般会小于期货头寸盈利额度，在避免持仓风险的同时还可能保持盈利状态。

2. 当大盘向好展开上行趋势的时候，往往高成长股票会跑赢大盘，这样期货的损失额度将远远小于股票的盈利额度。上市公司将享受自身高成长带来的股票分红收益和溢价投资收益。

（三）减持股票，获取可观收益

当二级市场公司股票价格理想，决定减持但暂时又不能减持的时候，为了防止价格出现过大下滑，可考虑适度回购公司股票，卖出相对应期货合约。

1. 大盘下落，期货部分会盈利。股票损失用指数盈利来弥补，回购部分股票与指数部分平衡，减持部分股票的利润被锁定，注意谨慎用于上升后的股票，或者价格大落“意愿”强烈的股票。

2. 大盘上行，仍然适度回购公司股票，维持强势，使股票部分盈利与期货部分损失平衡。但如果大盘连续上行，股票后来难以跟随，则要及时平掉维护头寸和股指期货合约。因为预售股票价格已经超出预期部位了，暂时无需维持保值头寸。

（四）为收购与反收购提供条件

当上市公司股票出现为争夺控股权而被收购的时候，反收购策略之一可能回购自身流通股票，阻挡收购者能够达到的相对数量。在买进股票的同事，卖出适量的期货合约。

1. 大盘下行展开，因大量买进，一般股票比较抗跌，这样在大盘下落的时候，股票持仓的损失额度会小于期货盈利额度，或维持不大的差距。在避免大持仓产生较大风险的同时还可能在下落中保持盈利的状态。

2. 大盘上行展开，如股票价格没有大幅度上行，则适度加码买进，往往此时股票会跑赢大盘，这样期货的损失小于股票盈利，或维持不大差距。

反收购时如果股票价格可能已经处在相对较高的状态，过高位置所进股票持仓不一定能很好得到保值，股票数量控制目的达到，应谨防运作中的系统风险。

（五）防止资产缩水，维护管理层股票期权权益

上市公司价格被过于低估时，公司价值、信用度缩水，对管理层持股票及期权不利，损害内部信心和凝聚力。采取策略回购股票，促使价格回升，同时期卖出对应量期货合约保值。因为是买进价值过于低估的股票，实际操作策略与前面回购投资自身股票的策略相似。

第九章 DIJIUZHANG 金融期权

股市中经常充斥着这样的声音："如果这只股票能再跌几个点，我将毫不犹豫地买入"，或是"如果这只股票能再涨几个点，我就止盈出场了"，而现实未必能让你如愿，那只你寄希望于下跌几个点之后再买入的股票，它却一路上涨，压根没有给你入场的机会；那只你准备等待它上涨几个点之后再抛出的股票却"跌跌不休"，甚至让你之前的盈利成了泡影。你追悔莫及，如果有"早知道"，你就不等了，你会选择果断地买入、坚定地卖出，期权就可以充当"早知道"这剂良药。

本章从金融期权的基本分类出发，向读者介绍期权最重要的一些基础知识、期权定价模型、风险度量指标、期权的波动率。在本章最后我们将向读者展现在实际市场中我们该如何应用金融期权这一重要工具。

第一节 金融期权的主要类型

一、期权

期权其实是一个合约，它赋予期权的买方在规定期限以某一特定价格购买（或出售）一定数量相应标的资产的权利，这里所说的规定期限、特定的价格都是组成期权合约的要素，通常被称之为到期期限（Maturity）以及执行价格（Strike）。在规定期限内，期权的买方既可以执行这只期权，即按照合约规定的内容买入或卖出标的资产，也可以在期权交易市场直接卖出期权（对期权进行平仓）。如果期权买方选择执行期权，则期权的卖方就必须履行他的义务，即按照合约的内容向期权买方出售（或购买）标的资产。正因为期权买方享受合约规定的权利而不需要承担义务，期权合约不是免费的，也就是说，为了享受期权合约所规定的权利，期权买方需要支付一定的金额，我们称这个金额为权利金，即期权的价格。显然，对于期权买方而言，他的潜在风险是有限的，他所面临的最大损失就是他购买期权时所支付的权利金，而他的潜在收益从理论上来说却是无限的，因为只要相应的标的资产价格朝买方有利的方向变动，他所持有的期权也将不断的升值。

二、看涨期权和看跌期权

期权有两种基本类型：看涨期权（Call）和看跌期权（Put）。其中，看涨期权的买方享有在期权合约规定的有效期内按执行价格买入一定数量标的资产的权利；看跌期权的买方享有在期权合约有效期内按执行价格卖出一定数量标的资产的权利。

【例 9-1】投资者以 21 美元的权利金购买了 2013 年 9 月到期、执行价格为 450 美元的 APPL（苹果）看涨期权，于是该投资者有权在 2013 年 9 月之前以每股 450 美元的价格买入 100 股 APPL 股票（芝加哥交易所的股票期权合约规定的数量为 100 股）。

如果 APPL 股价上涨，那么 APPL 看涨期权的价格也将随之上涨，投资者可以通过将期权头寸平仓的方式获得期权权利金差价的盈利，如果随着股价上涨，股票看涨期权价格上涨至 24 美元，投资者便可以获得 3 美元的盈利（24 美元 -21 美元）。投资者还可以通过执行看涨期权的方式获利，如果 APPL 股价在 9 月之前上涨至 500 美元，投资者申请执行看涨期权，期权卖方有义务以执行价格 450 美元/股向投资者出售 100 股 APPL 股票，投资者再以每股 500 美元的价格在市场上出售这些股票，他便可以获得每股 50 美元的盈利，除去 21 美元的权利金成本，投资者还可以获得净利润 29 美元/股。APPL 看涨期权多头在到期日的损益曲线见图 9-1。

如果 APPL 股价在 9 月到期日之前始终低于执行价格 450 美元，则投资者可以放弃执行期权，不过投资者将相应损失权利金支出 21 美元。当然，投资者也可以在到期日之前平仓所持的期权头寸来进行止损，假设随着股价下跌看涨期权的价格下跌至10美元，投资者决定平仓离场，他将亏损11美元（21美元－10美元）。从中我们也可以看到，即便对于期权买方来说风险有限，但由于购买期权的权利金支出，这所谓的“有限”风险是不容忽视的。

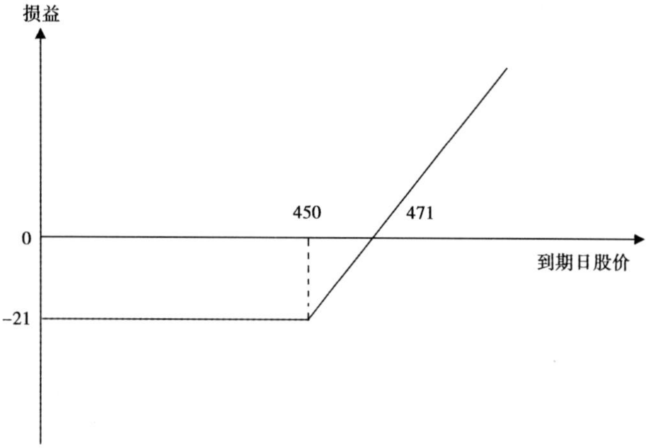

图9－1　APPL看涨期权多头在到期日的损益曲线（单位：美元）

【例9－2】投资者以3.6美元的权利金购买了2013年9月到期、执行价格为38美元的MSFT（微软）看跌期权，于是该投资者有权在2013年9月之前以每股38美元的价格卖出100股MSFT股票。

如果APPL股价下跌，那么MSFT看跌期权的价格将随之上涨，投资者可以通过将期权头寸平仓的方式获得期权权利金差价的盈利，如果随着股价下跌，股票看跌期权价格上涨至4.2美元，投资者便可以获得0.6美元的盈利（4.2美元－3.6美元）。投资者还可以通过执行看跌期权的方式获利，如果MSFT股价在9月之前下跌至30美元，投资者申请执行看跌期权，期权卖方有义务以执行价格38美元/股向投资者购买100股MSFT股票，投资者以每股30美元的价格在市场上购买这些股票然后出售给期权卖方，他便可以获得每股8美元的盈利，除去3.6美元的权利金成本，投资者还可以获得净利润4.4美元/股。

如果APPL股价在9月到期日之前始终高于执行价格38美元，则投资者可以放弃执行期权，不过投资者将相应损失权利金支出3.6美元。当然，投资者也可以在到期日之前平仓所持的期权头寸来进行止损，假设随着股价上涨看跌期权的价格下跌至 3 美元，投资者决定平仓离场，他将亏损 0.6 美元（3.6 美元 -3 美元）。

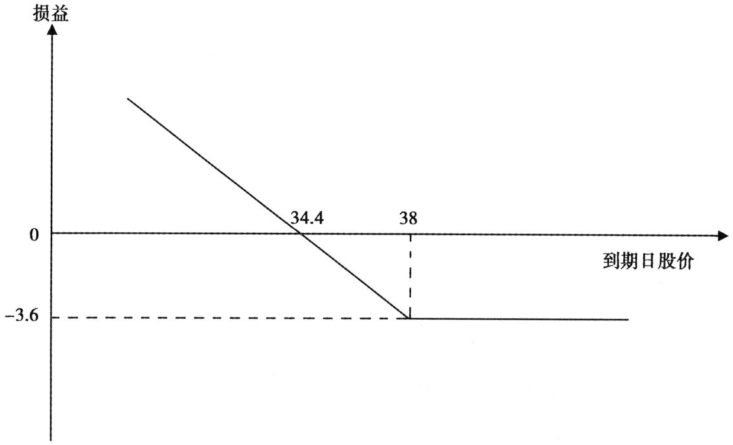

图 9-2　MSFT 看跌期权多头在到期日的损益曲线（单位：美元）

前面两个例子分别介绍了看涨期权和看跌期权的买方的损益情况，那么期权卖方的损益情况又是怎样的呢？和期权买方相反，期权卖方必须承担期权合约规定的义务而不享受权利，期权买方的“风险有限、收益无限”到了期权卖方则变成了“风险无限、收益有限”，对于期权卖方而言，他的最大收益就是出售期权所获得权利金收入，而他潜在的风险在理论上来说是无限，因为只要相应的标的资产价格朝卖方不利的方向变动，他所卖出的期权将不断的升值，从而他的亏损将不断的扩大。

在［例 9-1］中，作为 2013 年 9 月到期、执行价格为 450 美元的 APPL 看涨期权的卖方，投资者可以获得 21 美元的权利金收入。在期权不执行的情况下，期权买卖双方作为对手方，他们的损益直接来源于期权价格的变化，假设该 APPL 看涨期权上涨至 23 美元，则期权买方获利 2 美元（23 美元 -21 美元），期权卖方则亏损 2 美元；同样如果看张期权下跌至 18 美元，期权买方则亏损 3 美元（18 美元 -21 美元），期权卖方获利 3 美元。期权买方在期权有效期内有选择执行期权和放弃执行期权的权利，如果买方选择执行期权，则无论目前 APPL 市价为多少，卖方都有义务以执行价格 450 美元/股向买方购买 100 股 APPL 股票；如果买方选择放弃执行期权，卖方则获得其最大的收益，即全部的权利金收入 21 美元。

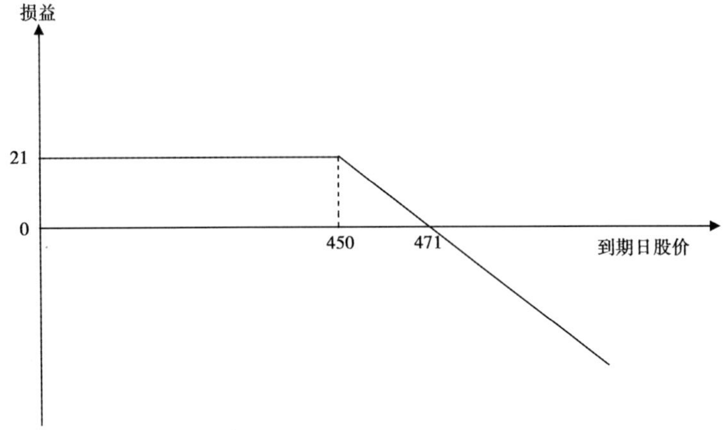

图 9－3 APPL 看涨期权空头在到期日的损益曲线（单位：美元）

卖出看跌期权的损益和卖出看涨期权的分析方式一样，针对［例 9－2］中的看跌期权，期权空头在到期日的损益图见图 9－4。

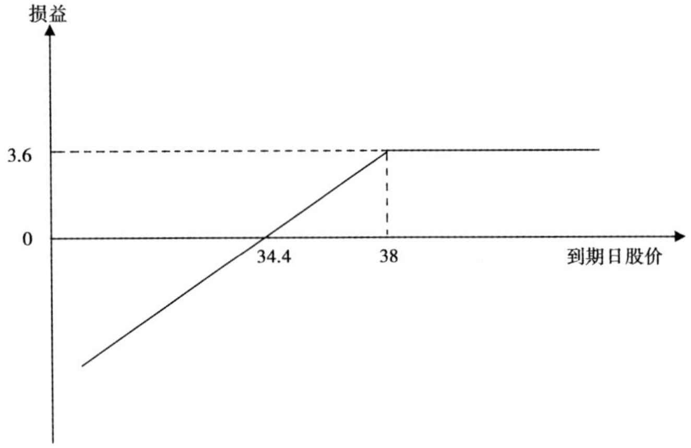

图 9－4 MSFT 看跌期权空头在到期日的损益曲线（单位：美元）

我们现在再回到本节的开头，如何应用期权来弥补投资者在股票投资的出入场时机上的失误呢?

第一种情况，“如果这只股票能再跌几个点，我将毫不犹豫地买入”，此时投资者可以直接以目标入场点位为执行价格卖出相应的看跌期权。如果看跌期权被执行，投资者便可以执行价格，即目标入场点位向期权买方买入股票，这正是投资者所期待的。如果直到期权到期日，股票价格始终高于执行价格，则这份看跌期权将不名一文的过期了，投资者便轻松地获得了出售期权所获得的权利金收入。

第二种情况，“如果这只股票能再涨几个点，我就止盈出场了”，此时投资者可以直接以目标出场点位为执行价格卖出相应的看涨期权，如果看涨期权被执行，投资者便可以以执行价格，即以目标出场点位向期权买方出售股票，这正是投资者所期待的。如果直到期权到期日，股票价格始终低于执行价格，则这份看涨期权将不名一文的过期了，投资者便轻松地获得了出售期权所获得的权利金收入。

三、欧式期权与美式期权

前面所举例的股票期权其实是美式期权，该期权的买方可以在到期日前或者到期日当日选择执行期权。事实上，根据不同的期权执行方式，期权又可以被分成不同的类型，欧式期权和美式期权是其中最为常见的两种类型。与美式期权不同，欧式期权的买方只能够在期权到期日当天选择执行期权。假设期权合约的到期日是 2013 年 9 月 13 日，如果它为欧式期权，期权买方只能在到期日当日，即 2013 年 9 月 13 日，申请执行该期权；如果它是美式期权，期权买方可以在 2013 年 9 月 13 日当日及之前的任何一天选择执行该期权。一旦过了期权到期日，期权将自动失效作废。

四、百慕大期权

除了欧式期权和美式期权外，还有一种被视为美式期权与欧式期权的混合体的期权——百慕大期权（Bermuda Option），它可以在到期日前所规定的一系列时间行权的期权。比如，期权有 3 年的到期时间，但只有在 3 年中每一年的最后一个月才能被执行。它常常应用于固定收益市场。

五、实值期权、平值期权与虚值期权

按照标的资产价格与执行价格的关系，我们还可以将期权分为实值期权、平值期权与虚值期权。实值期权是指持有者当下执行期权就能获利的一类期权，对应到看涨期权就是执行价格低于标的资产价格的期权，对应到看跌期权则是执行价格高于标的资产价格的期权。不论看涨期权还是看跌期权，平值期权是指执行价格与标的资产价格相等的期权。考虑到权利金，在平值期权的状态下，期权的买方是处于亏损状态的。而虚值期权正好与实值期权相反，虚值

看涨期权的执行价格高于标的资产价格，虚值看跌期权的执行价格低于标的资产价格（见表9-1）。

表9-1　　　　实值、平值和虚值期权的特点

	看涨期权（Call）	看跌期权（Put）
实值期权（ITM）	执行价格 < 市场价格	执行价格 > 市场价格
平值期权（ATM）	执行价格 = 市场价格	执行价格 = 市场价格
虚值期权（OTM）	执行价格 > 市场价格	执行价格 < 市场价格

按照期权合约是否标准可以将期权分为普通期权和奇异期权。普通期权从英文直译又称为香草期权，指的是那些具有标准化的期权条款的期权。奇异期权与普通期权的概念相对应，指的是那些在标准的期权合约上加以变化，更为复杂的期权。一般的，奇异期权可以分为三大类：合同条款变化型期权、路径依赖型期权、多因素型期权，在每一大类下有可细分为许多小的品种。

六、场内期权与场外期权

期权还可以按照其交易的场所分类：场内期权与场外期权。场内期权是指在交易所内交易的期权，场内交易的期权多为标准期权。在场外市场（OTC）交易的期权成为场外期权。场外期权往往更为个性化，可以由期权供给方根据需求方的要求进行个性化的设计。

七、金融期权

金融期权与商品期权的区别是，两者的标的资产不同，商品期权的标的资产为商品或商品期货，而金融期权是指标的资产为金融产品的期权，例如，股票期权、股票指数期权、股指期权、外汇期权、债券期权等。

第二节 金融期权的定价

与期货合约最大的不同是，由于期权合约赋予持有者的是一种权利，因此其本身具有一定的价值，这就是期权的价格。期权价格是期权合约中唯一随市场供求变化而变化的要素，它的高低直接影响到买卖双方的盈亏状况，是期权交易的核心问题。正因如此，期权的合理定价成了学术界最为热门的研究课题，早在1900年法国金融学家劳雷斯·巴舍利耶就发表了第一篇关于期权定价的文章。此后，虽然各种经验公式或计量定价模型不计其数，但都因为种种局限难以得到普遍的认可。

第一个得到世界公认的期权定价模型是1973年公布的由布莱克（Fisher Black）和斯科尔斯（Myron Scholes）合作创立的布莱克—斯科尔斯模型（Black Scholes Model）。该模型为包括股票、债券、货币、商品在内的新兴衍生金融市场的各种衍生金融工具的合理定价奠定了基础。虽然模型的建设过程中给出了很多和实际不符的假设，但它的出现激发了以无套利为原则的金融理论的建立，它的发展引发了大量关于期权定价的研究，推动了金融实践的革命，成为现代金融理论探索的源泉。

1979年，约翰·考克斯（John Carrington Cox）、斯蒂芬·罗斯（Stephen A. Ross）和马克·鲁宾斯坦（Mark Rubinstein）在《期权定价：一种简化方法》一文中提出了二项式模型（Binomial Model）。该模型建立了期权定价数值法的基础，解决了美式期权定价的问题。此外，二项式模型的应用简单直观，不需要太多数学知识便能加以应用。

本节我们将重点描述上述两种期权定价的模型，并在本节的最后我们还会对其他主流的定价方法进行简单的介绍。在进入期权定价模型的介绍之前，我们首先来了解一下期权价格的组成部分。

一、期权的内涵价值和时间价值

期权的价格是由内涵价值和时间价值两部分组成。时间价值，顾名思义，是由时间的不确定性引发的价值，所以假设期权持有者即刻就执行该期权（即没有时间价值），此时期权的价值就是其内涵价值。显然只有实值期权才具有内涵价值，而平值期权和虚值期权不具有内涵价值。内涵价值的计算公式很简单，它是由执行价格与标的资产市场价格的差价产生：

看涨期权的内涵价值 = MAX（0，标的资产的价格 - 执行价格）

看跌期权的内涵价值 = MAX（0，执行价格 - 标的资产的价格）

【例9-3】 XYZ股价是30美元，9月到期、执行价格为25美元的XYZ看涨期权的内涵价值为5美元（30美元-25美元）。

【例9-4】XYZ股价是65美元，9月到期、执行价格为80美元的XYZ看跌期权的内涵价值为15美元（80美元-65美元）。

期权价格中除去内涵价值部分剩下的就是期权的时间价值，通常来说，期权的有效期限越长，其时间价值就越高。以股票期权为例来解释，离到期日越远，股票价格的不确定性就越高，股票价格朝着预期方向变动的可能性就越大，因此其对应的期权合约就越贵。

不过读者不要误认为时间价值完全由时间的长短来决定，事实上，时间价值还受无风险利率、标的资产的波动率、分红（股票或股指期权的情况）等因素影响。不过，期权的内涵价值却是显而易见的，因此对于期权的定价归根到底是对于期权时间价值的估计。

二、期权的定价：布莱克—斯科尔斯模型

20世纪70年代，布莱克、斯科尔斯和默顿（Robert Merton）给出了标的资产为连续变化情况下的欧式期权定价模型，该公式被称为布莱克—斯科尔斯模型，它是金融经济学中的经典模型之一。为了表彰他们在该领域做出的贡献，斯科尔斯和默顿被授予1997年的诺贝尔经济学奖。遗憾的是布莱克于1995年去世，否则他也将理所当然成为获奖者之一。布莱克—斯科尔斯模型成立的前提有如下几条：（1）市场中没有无风险套利的机会；（2）可以自由地以无风险利率借贷现金；（3）可以买多和卖空任意数量（包括分数）的股票；（4）所有交易都是在无摩擦的市场中，即不考虑任何交易成本和其他费用；（5）标的资产价格变化遵守具有固定漂移率和波动率的几何布朗运动，即标的资产价格服从对数正态分布；（6）标的资产并不支付股息或者红利；（7）推导中采用连续复利的方式。

根据大量实证观察和研究，无股息股票价格的波动被认为基本符合几何布朗运动过程，即服从对数正态分布，满足上述第（5）条前提。股票价格的固定漂移率指的是单位时间内股票的收益率期望值，波动率则反映股票价格的不确定性。设S为股票价格，μ为股票价格的漂移率，σ为股票价格的波动率，t为时间，ε为服从标准正态分布（均值为0，标准差为1）的一个扰动，则无股息股票价格的离散数学形式可以表达为：

$$\frac{\Delta S}{S}=\mu\Delta t+\sigma\varepsilon\sqrt{\Delta t} \tag{9-1}$$

式（9-1）中ΔS和Δt分别是指股票价格和时间的一个微小变化。实际

上，但凡满足上述第（5）条和第（6）条前提假设的标的资产价格变化即可由式（9-1）给出。该式等号右面第一项体现了该标的资产价格期望收益的程度；等号右面第二项反映了该标的资产价格随机游走的几何布朗运动特性。进一步将式（9-1）的离散形式连续化，可以得到：

$$\frac{dS}{S}=\mu dt+\sigma dq \tag{9-2}$$

其中 dq 为 $\Delta t\rightarrow 0$ 时，$\varepsilon\sqrt{\Delta t}$的极限形式。在标的资产价格变化特征服从式（9-2）给出的方程时，并结合其他几条模型成立的前提条件，布莱克、斯科尔斯和默顿推导出了欧式看涨期权和看跌期权的定价公式，分别为：

欧式看涨期权当前价格 $C_0=S_0N(d_1)-Ke^{-rT}N(d_2)$　　(9-3)

欧式看跌期权当前价格 $P_0=Ke^{-rT}N(-d_2)-S_0N(-d_1)$　　(9-4)

其中，$d_1=\dfrac{\ln(S_0/K)+(r+\sigma^2/2)T}{\sigma\sqrt{T}}$，$d_2=\dfrac{\ln(S_0/K)+(r-\sigma^2/2)T}{\sigma\sqrt{T}}=d_1-\sigma\sqrt{T}$，$S_0$ 是标的资产当前价格，K 为期权执行价格，r 为年无风险利率，σ 为标的资产价格的年波动率，T 为期权到期时间，$N(x)$ 是标准正态分布的累计概率分布函数，通常代入 x 的数值后通过查表或在 Excel 中运用 NORMS-DIST 命令计算获得，C_0 和 P_0 分别是布莱克—斯科尔斯模型计算得到的欧式看涨和看跌期权的当前理论价格。

从式（9-3）、式（9-4）中我们不难看出，布莱克—斯科尔斯定价的欧式期权价格是由公式中的 $N(d_1)$、$N(d_2)$ 决定，N 是以股票现价 S_0 和贴现后的执行价格 Ke^{-rT}为中心的股票价格的累计正态分布，d_1 和 d_2 决定分布的宽度。$N(d_1)$ 本质是股票价格 S_T 大于执行价格 K 的概率（即期权被执行的概率），$N(d_2)$ 本质是股票价格 S_T 小于执行价格 K 的概率，S_T 表示到期时间 T 的股票价格。

式（9-3）和式（9-4）给出的仅是静态情况下的欧式期权价格定价公式，而由于随着时间的演化，期权（更广义的可以是任何价格基于标的资产的衍生品）的价格变化依赖于其标的资产的价格变化，因此动态情况下期权的理论价格可以写成其标的资产价格和时间的函数，即 $D=f(S,t)$，其中 D 为期权价格（衍生品价格），S 是标的资产价格，t 为时间。布莱克—斯科尔斯—默顿微分方程给出了期权价格必须满足的微分方程如下：

$$\frac{\partial D}{\partial t}+rS\frac{\partial D}{\partial S}+\frac{1}{2}\sigma^2S^2\frac{\partial^2 D}{\partial S^2}=rD \tag{9-5}$$

其中，D 为期权价格（衍生品价格），S 是标的资产（该标的资产不产生股息或者利息）价格，t 为时间，r 是年无风险利率，σ 为标的资产价格的年波动率。满足微分方程式(9－5）的期权价格(衍生品价格）函数 $D=f(S, t)$ 有许许多多，具体到实际情况，应根据该期权（衍生品）的类型（欧式/美式，看涨/看跌，等等）选择边界条件，进而得到满足式（9－5）的解。举例而言，对于欧式看涨期权，边界条件为：

$D=\max(S-K, 0)$，　当 $t=T$ 时

而对于欧式看跌期权，边界条件为：

$D=\max(K-S, 0)$，　当 $t=T$ 时

其中，K 是期权执行价格，S 是标的资产价格，T 是期权到期时间。

【例 9－5】 考虑以某股票作为标的资产的欧式看涨期权和看跌期权。该股票当前价格 50 美元，执行价格 55 美元，年无风险利率为 5%，该股票价格年波动率为 20%，欧式看涨和看跌期权均在 9 个月后到期，请运用布莱克—斯科尔斯模型到处的期权计算公式分别计算该欧式看涨期权和看跌期权的当前理论价格。

首先把 d_1 和 d_1 算出来。根据公式：

$$d_1=\frac{\ln(S_0/K)+(r+\sigma^2/2)T}{\sigma\sqrt{T}}=\frac{\ln(50/55)+(0.05+0.2^2/2)\times 0.75}{0.2\times\sqrt{0.75}}$$

$$=-0.2472$$

$$d_2=\frac{\ln(S_0/K)+(r-\sigma^2/2)T}{\sigma\sqrt{T}}=d_1-\sigma\sqrt{T}=-0.2472-0.2\times\sqrt{0.75}$$

$$=-0.4204$$

在 Excel 中运用 NORMSDIST 命令算得：

$$N(d_1)=N(-0.2472)=0.4024$$

$$N(d_2)=N(-0.4204)=0.3371$$

$$N(-d_1)=N(0.2472)=0.5976$$

$$N(-d_2)=N(0.4204)=0.6629$$

代入式(9－3)和式(9－4)，可分别算得：

$$C_0=S_0N(d_1)-Ke^{-rT}N(d_2)=50\times 0.4024-55\times e^{-0.05\times 0.75}\times 0.3371$$

$$=2.2619(\text{美元})$$

$$P_0=Ke^{-rT}N(-d_2)-S_0N(-d_1)=55\times e^{-0.05\times 0.75}\times 0.6629-50\times 0.5976$$

$$=5.2375(\text{美元})$$

因此当前的欧式看涨期权理论价格为 2.2617 美元，欧式看跌期权价格为

5.2375 美元。

三、期权的定价—二叉树模型

经过上述介绍我们知道，布莱克—斯科尔斯模型实际上就是在满足以上六个前提条件的情况下，为欧式期权定价的一个模型。此后出现的很多期权定价方面的研究都是基于布莱克—斯科尔斯模型之上，对该模型的前提条件进行适当的放宽。

在美式期权定价的模型中，最为著名的便是 Cox - Ross - Rubinstein 二项式期权定价模型，也被称之为二叉树模型，这是由罗斯（S. A. Ross）、考科斯（J. C. Cox）和马克·鲁宾斯坦（Mark Rubinstein）于 1979 年在《金融经济学杂志》上发表的论文中提出的一种简单地对离散时间的期权的定价方法。

在介绍二项式模型之前，我们先通过一个例子了解一下风险中性概率。

【例 9 -6】 假设 1 年期无风险利率为 $r=3\%$，某公司股票的当前价格是每股 $S=100$ 美元，1 年后其价格有且仅有两种可能的走势：或者是上涨至 $S\times u=120$ 元，或者是下跌至 $S\times d=80$ 元，其中 u 和 d 分别是上涨和下跌因子（或称上升系数和下跌系数），在本例中分别为 $u=1.2$ 和 $d=0.8$。现有以此股票为标的资产的欧式看涨期权，执行价格为 $K=75$ 元，1 年后到期。现在请给该欧式看涨期权定价。

根据以上条件，我们清楚地知道，如果 1 年后该股票价格实际是上涨至 120 元，那么该欧式看涨期权在到期时的价值是 $C_U=120-75=45$（元）；如果一年后该股票价格实际是下跌至 80 元，那么该欧式看涨期权在到期时的价值是：$C_D=80-75=5$（元）。

现在的问题是，究竟 1 年以后该股票上涨至 120 元和下跌至 80 元的概率分别是多少？只要我们知道了这两者的概率，那么就很容易计算出看涨期权在 1 年后到期时的理论价值，然而要回答这个问题并不容易。

我们首先必须明确这里的概率并非某一个或者某一类市场投资者所认为的概率，而必须是一个唯一的市场概率，即风险中性概率。只有基于风险中性概率算得的期权到期时的价值才是该期权到期时的公允价值，该价值用无风险利率贴现回现在即得到该期权的当前价格。风险中性概率的含义是指，在无风险利率确定的情况下，市场对于风险资产价格的上行下跌概率有一个统一的中性预期，在该中性预期下无风险套利的机会不存在。换句话说，在风险偏好中性的度量下，该股票从现在的每股 100 元于 1 年后上涨至 120 元的概率 p 是理论确定的；相应地，该股票从现在的每股 100 元于 1 年后下跌至 80 元的概率也是理论确定的，为 $1-p$。而只要能确定风险中性概率 p 和 $1-p$，则该例中 1 年后到期时的看涨期权价值可以直接写出，为 $C_U \times p + C_D \times (1-p)$，再用无风险利率贴现到现在，可得出当前该看涨期权的理论价格为：

$$\frac{C_U \times p + C_D \times (1-p)}{1+r} \tag{9-6}$$

因此，实际上我们只要得到风险中性概率 p，就可以为该例中的看涨期权定价。

具有普适性的确定风险中性概率的方法如下。假设当前某风险资产的价值为 1 个货币单位，无风险资产的价值也是 1 个货币单位，1 年期无风险利率仍然以 r 代表，市场上有以该风险资产作为标的物的欧式看涨期权。现假定风险资产在 1 年后有两种走势可能：或者是上涨至 $1 \times u = u$ 货币单位，或者是下跌至 $1 \times d = d$ 货币单位，则 1 年后该欧式看涨期权在风险资产上涨的情况下价值为 C_U，在风险资产下跌的情况下价值为 C_D。现在我们构造一个由 a 份风险资产和 b 份无风险资产构成的组合，该组合一年后的价值也有两种走势可能：或者是较高的 $a \times u + b \times (1+r)$，或者是较低的 $a \times d + b \times (1+r)$。令：

$$\begin{cases} a \times u + b \times (1+r) = C_U \\ a \times d + b \times (1+r) = C_D \end{cases}，则解得 \begin{cases} a = \dfrac{C_U - C_D}{u-d} \\ b = \dfrac{C_U - a \times u}{1+r} \end{cases}$$

以上式子的含义在于：当一开始所构造出的组合是由 $a = \dfrac{C_U - C_D}{u-d}$ 份和 $b = \dfrac{C_U - a \times u}{1+r}$ 份构成时，该组合 1 年后的价值可能走势和以该风险资产为标的物的欧式看涨期权价值可能走势完全一样。因此，该组合在最开始构成时的价值即 $a+b$ 为欧式看涨期权的最初价值。经过算术恒等转换，可以得到该欧式看涨期权最初理论价格应为：

$$a + b = \frac{C_U \times \dfrac{1+r-d}{u-d} + C_D \times \left[1 - \dfrac{1+r-d}{u-d}\right]}{1+r} \tag{9-7}$$

比较式（9-6）和式（9-7），可以看到风险中性概率为：

$$p = \frac{1+r-d}{u-d} \tag{9-8}$$

所以该欧式看涨期权的初始理论价格应为：

$$\frac{C_U \times \frac{1+r-d}{u-d} + C_D \times \left[1 - \frac{1+r-d}{u-d}\right]}{1+r} = \frac{45 \times \frac{1+0.03-0.8}{1.2-0.8} + 5 \times \left[1 - \frac{1+0.03-0.8}{1.2-0.8}\right]}{1+0.03}$$

$$\approx 29.42\text{（元）}$$

以上通过构造组合的方式导出式（9－8）的风险中性概率，并运用该概率为期权定价的方式即为期权的风险中性定价方法。值得一提的是，式（9－8）给出的是时间区间为1年情况下的年复利风险中性概率公式，更为一般的情况下，年复利风险中性概率公式应为 $p = \frac{(1+r)^t - d}{u-d}$，其中 r 为年无风险利率，而 t 为时间的步进区间。

如果采用连续复利的方式，则一般性的风险中性概率公式应为 $p = \frac{e^{rt} - d}{u-d}$，其中 e 是自然常数。而如果该标的资产本身有年固定回报率（比如标的资产是支付股息的股票），则一般性的连续复利风险中性概率公式应为 $p = \frac{e^{(r-\nu)t} - d}{u-d}$。下面我们再来看一个欧式看跌期权的例子。

【例9－7】 假设1年期无风险利率为 $r=3\%$，某公司股票的当前价格是每股 $S=100$ 元，1年后其价格有且仅有两种可能的走势：或者是上涨至 $S \times u = 110$ 元，或者是下跌至 $S \times d = 90$ 元，其中 u 和 d 分别是上涨下跌因子，在本例中分别为 $u=1.1$ 和 $d=0.9$。现有以此股票为标的资产的欧式看跌期权，执行价格为 $K=97$ 元，1年后到期。我们知道1年后该股票涨至110元的风险中性概率为：

$p = \frac{1+r-d}{u-d} = \frac{1+0.03-0.9}{1.1-0.9} = 0.65$，此时该欧式看跌期权价值为 $C_U = 0$；该股票跌至90元的风险中性概率为 $1-p=0.35$，此时该欧式看跌期权价值为：$C_D = 97-90 = 7$（元）。因此该欧式看跌期权的当前理论价格应为：

$$\frac{C_U \times p + C_D \times (1-p)}{1+r} = \frac{0+7\times 0.35}{1+0.03} \approx 2.38\text{（元）}$$

以上是风险中性定价原理的介绍。然而，这里读者不免会有疑惑：现实世界中任何一个标的资产未来价格的走势绝不仅仅只有两种可能性，通常我们总是说一切皆有可能。以［例9－5］为例，某公司股票的当前价格是每股 $S=100$ 元，1年后只要该公司没有破产其股票实际价格可以是任何正数，而绝非只有120元和80元这两种可能性。因此，两种价格假设的风险中性定价原理并不适用于实际情况。

即便如此，“在某固定时间段里，股票价格只会上涨和下跌至两种可能价格”的假设非常具有启发式的含义，因为每段较长的时间段都可以被分割成大量极短的小时间段，在每段极短的小时间段里“股票价格只会上涨和下跌至两种可能价格”的假设就会愈发有效。如果极短的小时间段区间趋向于0的话，那么原本假设中离散的过程就会趋向于连续化了。如图9-5所示，股票最初价格为S_0，经过一个极短的时间段Δt后其价格只有两种走势：可能上升至$S_{1u}=S_0\times u$，也可能下降至$S_{1d}=S_0\times d$，其中u和d分别是上升系数和下降系数。以此类推，以后每一个价格在经过Δt时间段后都只有两种价格走势，且每次价格上升的幅度都相同，每次价格下降的幅度也都相同，即$S_{2uu}=S_{1u}\times u$，$S_{2ud}=S_{1u}\times d=S_{1d}\times u$，$S_{2dd}=S_{1d}\times d$。基于以上假设，在经过相当长一段时间以后该股票价格的可能分布便可以由该二叉树描述出来。而如果时间段$\Delta t\rightarrow 0$，则该股票价格的离散变化便转化成了连续变化。

运用图9-5来描述标的资产价格变化的模型便是二叉树模型。二叉树模型可以模拟出标的资产价格在一定时间以后的可能分布，并继而为基于该标的资产的各类期权定价。由于该模型可以模拟标的资产价格演变路径，因此运用十分广泛，不仅能为欧式期权定价，尤其特别适合为允许在到期日前（包括到期日）任何交易日行权的美式期权定价。

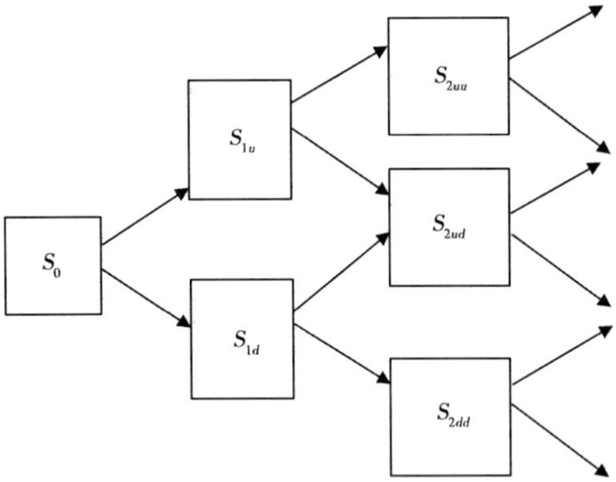

图9-5　二叉树模型

以下我们以美式期权为例介绍二叉树模型在期权定价中的应用。

【例9-8】 假设某股票当前价格为100美元，每年的价格上升系数为1.1，下降系数为0.9，年无风险利率为5%，以该股票作为标的资产的美式看涨期权执行价格为98美元，一年以后到期，请构造单步二叉树模型对该期权当前价格定价。

参照图 9－5 构建股票价格的二叉树模型见图 9－6。

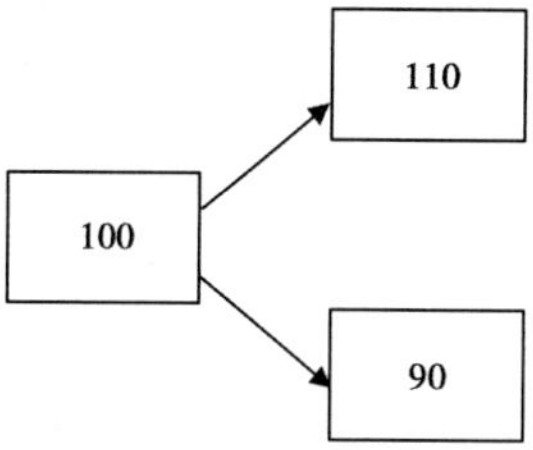

图 9－6 二叉树模型的应用

股票价格上涨的风险中性概率为 $p=\frac{1+r-d}{u-d}=\frac{1+0.05-0.9}{1.1-0.9}=0.75$，相应的下跌的风险中性概率为 $1-p=0.25$。

在各节点执行该看涨期权所获得的利润见图 9－7。

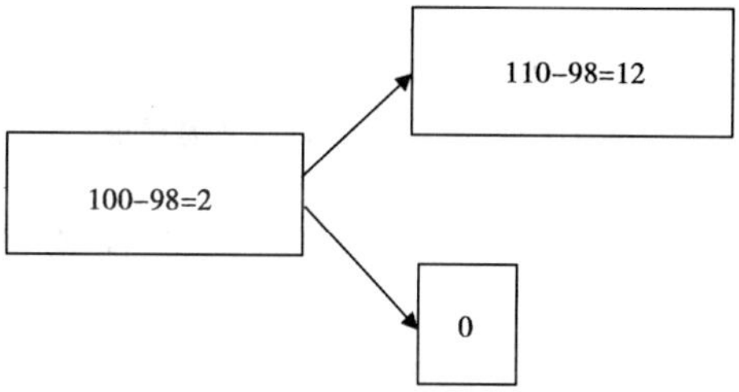

图 9－7

图 9－7 表明如果在 1 年后到期的时候执行该期权，获得利润有可能是 12 美元（对应的风险中性概率为 0.75），也有可能是 0 美元（对应的风险中性概率为 0.25）；而如果现在就执行，则确保获得 2 美元的利润。因此，1 年后到期时执行预期获得的利润应为：

$12\times0.75+0\times0.25=9$（美元）

1 年后预期利润贴现到今天，应为 $\frac{9}{1+r}=\frac{9}{1.05}=8.5714$（美元）。

注：如果考虑复利的情况，则以上 $(1+r)^{1}$ 应写为 $e^{r\times1}$。

由于预期 1 年后到期时执行获得的利润贴现至今高于当前执行获得的利润，因此理论上该美式期权应该在 1 年后到期时再执行。据此，该美式看涨期权的当前理论价格应以 1 年后到期时执行为计算的前提，其理论价格即

8.5714 美元。

【例 9－9】假设某股票当前价格为 100 美元，每年的价格上升系数为 1.1，下降系数为 0.9，年无风险利率为 5%，以该股票作为标的资产的美式看跌期权执行价格为 100 美元，两年以后到期，请构造两步二叉树模型对该期权当前价格定价。

首先构造股票价格的二叉树（见图 9－8）。

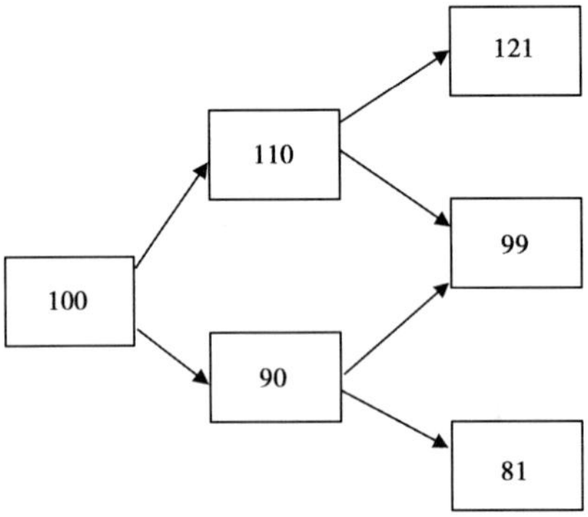

图 9－8 股票价格的二叉树模型

同上例可知股票每年价格上涨的风险中性概率为 $p=\frac{1+r-d}{u-d}=\frac{1+0.05-0.9}{1.1-0.9}=0.75$，相应的下跌的风险中性概率为 $1-p=0.25$。根据图 9－8，可列出表 9－2。

表 9－2 二叉树模型定价

节点股票价格	如在此节点上执行该看跌期权获得利润	在此节点后执行该美式看跌期权获得的预期利润贴现到此节点	在此节点上执行该美式看跌期权是否是好的选择
121	0	—	—
99	1	—	—
81	19	—	—
110	0	$\frac{0\times p+1\times(1-p)}{1+r}=0.2381$	不是
90	10	$\frac{1\times p+19\times(1-p)}{1+r}=5.2381$	是
100	0	$\frac{0.2381\times p+10\times(1-p)}{1+r}=2.5510$	不是

因此，根据两步二叉树模型计算的结果，在该美式看跌期权正确的执行策略下，在当前时刻的预期利润应为 2.5510 美元，这也正是根据该模型计算得到的该美式看跌期权的当前理论价格。在实际操作中，为提高精确度，可根据实际情况减少每个步进的时间跨度，这将增加步进的数量。如果该股票以及以该股票为标的的期权可每日交易，那么每个步进可设为一天，其他计算步骤和［例 9－8］类似。当然，如果步进数量较多，那么利用计算机来编程计算就是必然的选择了。此外，值得一提的是如果每个步进的时间跨度趋向于 0，那么原本的离散化问题就直接转化成了连续化问题。

至此，二叉树定价的方法介绍告一段落。但是，读者不免仍有疑问，上述例子中每年股票价格的上升系数和下降系数都是如何确定的呢？难道是人为给定的吗？实际上，在二叉树定价的现实运用中，标的资产价格的上升系数和下降系数是由该标的资产的历史价格的波动率来确定的。比如，某股票当前价格为 $S_0 = 100$ 美元/股，该股票历史年波动率 $\sigma = 20\%$，以 1 年为例（即 $t = 1$ 年），则该股票价格年上升系数和下降系数分别为：

$$
\begin{aligned}
u &= e^{\sigma\sqrt{t}} = e^{0.2\times\sqrt{1}} \approx 1.2214 \\
d &= e^{-\sigma\sqrt{t}} = e^{-0.2\times\sqrt{1}} \approx 0.8187
\end{aligned}
\qquad (9-9)
$$

上式中 $e^{\pm\sigma\sqrt{t}}$ 反映了未来股票价格不确定性的分布，这是与该股票价格波动率有关的量，这样确定下来的上升系数和下降系数能够很好地反映标的资产价格的实际分布特征。所以，在具体运用二叉树方法的时候，需要首先测算该标的资产价格的历史波动率，然后根据式（9－9）计算出该标的资产价格的上升系数和下降系数，继而构造出价格二叉树。在［例 9－7］和［例 9－8］中，为了使问题简化而直接给定了上升系数和下降系数；在实际应用中，上升系数和下降系数需根据标的资产价格的历史波动率计算得出。

二项式期权定价模型和布莱克—斯科尔斯期权定价模型，是两种相互补充的方法。二项式期权定价模型推导比较简单，更适合说明期权定价的基本概念。二项式期权定价模型建立在一个基本假设基础上，即在给定的时间间隔内，证券的价格运动有两个可能的方向：上涨或者下跌。虽然这一假设非常简单，但由于可以把一个给定的时间段细分为更小的时间单位，因而二项式期权定价模型适用于处理更为复杂的期权。

随着要考虑的价格变动数目的增加，二项式期权定价模型的分布函数就越来越趋向于正态分布，二项式期权定价模型和布莱克—斯科尔斯期权定价模型相一致。二项式期权定价模型的优点，是简化了期权定价的计算并增加了直观性，因此现在已成为全世界各大证券交易所的主要定价标准之一。

四、其他定价模型

除了上面介绍的两大众所周知的期权定价方法外，蒙特卡洛模拟方法也是期权定价中最重要数值方法之一，尤其是处理路径依赖型问题。该方法最初由 Metropolis 和 Ulam 在 1940 年提出。运用蒙特卡洛方法需要重复产生随机样本并考虑平均效果后得到最终估计值。当前该方法已被不同领域的从业人员广泛采纳以研究复杂系统，尤其是当无法通过解析公式推导直接获得结果时，蒙特卡洛方法往往得以显示出它的威力。

总起来说，布莱克—斯科尔斯模型仅适用于简单的欧式期权（且标的资产不支付股息或者红利），而二叉树模型和蒙特卡洛方法的适用面更广，其中二叉树模型特别适用于执行时间不确定的美式期权，而蒙特卡洛方法对于路径依赖型缺乏直接解析解的奇异期权定价问题尤其有效。

1. 三叉树模型。在上述介绍的二叉树模型中，假定在每个步进下标的资产价格只有两种可能变化状态，因此，为提高计算精确度，往往需要尽可能减少每个步进的时间跨度，这样步进的数量就会相应增加。如果步进数量很多，则通常需利用计算机编程加以解决。随着每个步进时间跨度的不断减小和步进数量的不断增多，计算量将呈指数级增长，相应的计算速度将越来越慢。B. Kamrad，P. P. Boyal 和 Y. Tian 等相对独立地研究了风险中性条件下的三叉树模型方法，其和二叉树模型的根本区别在于假定每个步进下标的资产价格有三种可能变化状态。在步进数量相同的情况下，三叉树模型所能产生的标的资产可能的价格数量要比二叉树模型多得多，因此计算结果也更加准确。

2. 非参数定价方法。上述介绍的布莱克—斯科尔斯模型的出发点是标的资产价格变化服从几何布朗运动（对数正态分布），继而导出期权定价公式。非参数定价方法指的是标的资产价格（或标的资产指数）未来随时间的演化并不受任何分布函数形式限制，而是利用数学上的数据匹配密度函数方法构造它的非参数估计，进而计算期权的均衡价格。就拿股指期权而言，首先根据股票指数的历史走势利用数学方法构造它的非参数估计，之后再在此基础上计算以该股票指数为标的资产的指数期权均衡价格。

3. 有限元方法。由于期权价格与标的资产价格以及时间有关，式（9 -5）给出了期权价格必须满足的微分方程。有限元方法是一种微分方程的数值解法，在将整个时间区间分成大量小时间段以后在每个小时间段内用微分方法一步一步得到数值结果。在期权的具体条件给定即微分方程式（9－5）的边界条件给定以后，通过有限元方法可以数值上得到期权价格随标的资产价格的时间演化过程。因此，有限元方法和二叉树模型一样对于美式期权定价特别有效。

第三节
金融期权的风险度量

期权做市商在市场上不断地报出买价与卖价来与不同的投资者成交，从中赚取买卖价差，不过当买、卖投资者不匹配时，他将遇到持有净多或净空头寸的情况，此时期权价格的波动让他面临极大的市场风险，他该如何去管理他所持头寸所暴露的风险呢？

直接投资金融资产所面临的风险和收益是显而易见的，以买入股票为例，股票价格上涨，投资者就盈利；反之，股票价格下跌，投资者就亏损。股票投资的损益与股价的变化成正比。然而期权头寸的风险收益特征相当复杂，影响期权价值的因素不像期货那么简单，从上一节我们介绍的期权定价模型中，我们也不难看出影响期权价值的因子有：标的资产价格、期权到期剩余时间、波动率、利率水平、股息率或分红（股票/股指期权）。

由于期权的影响因子较多，当两个或两个以上因子发生变化时，它们对期权价格影响方向的不一致，将导致期权价值分析的复杂度，尤其是应用到两个或两个以上期权合约构造策略时，这种影响的复杂程度更将进一步加深。那么，有什么指标可以度量各影响因子对于期权价值的影响程度？答案是，有的。每种影响因子都存在着相应的指标，用以度量该因子对于期权价值的影响程度，这些指标统一用“希腊字母”来表示，用英文表示分别是 Delta、Gamma、Theta、Vega 以及 Rho，用希腊字母表示分别是 Δ、Γ、θ、ν 和 ρ。每一个“希腊字母”分别度量期权在某一方面的风险暴露，这种度量不仅仅对单一的期权有效，对两个或两个以上的期权组合同样具有度量风险的能力。

从数学角度看，希腊字母表示的是期权价格对于不同影响因子的偏导数。职业交易员或做市商就是通过这些希腊字母所表示的指标来评估他们手中成千上万的不同期权和标的组成的组合策略的风险暴露，这种评估不仅可以帮助他们根据自己对未来市场的判断来决定如何调整持仓，也可以帮助他们寻找到对冲所持组合的某种风险的有效办法。

回到本节开头期权做市商的例子，当做市商持有空头或者多头的净头寸时，他们可以通过 Delta 来评估所持头寸的方向性风险，并采取相应的风险对冲措施，与此同时，做市商在大部分时候是进行卖出大量期权的操作，其整体头寸相当于卖出一系列跨式套利组合，这就使得他们还需要关注头寸的 Vega 风险，在市场出现大涨大跌行情时，做市商还需要对所持头寸的 Gamma 值进行相应的调整。

期权的风险度量指标见表 9 - 3。

表 9 - 3　　　　期权的风险度量指标

希腊字母	对应的影响因子	含义
Δ（Delta）	标的资产价格	期权价格的变动与标的资产价格变动的比率
θ（Theta）	期权到期剩余时间	期权价格的变动对时间衰减的敏感度
ρ（Rho）	利率	期权价格的变动对利率变化的敏感度
ν（Vega）	波动率	期权价格的变动对波动率变化的敏感度
Γ（Gamma）	Delta	期权 Delta 变动与标的资产价格变动的比率

下面我们将分别讨论每个希腊字母对应的指标在期权交易中应用。

一、风险度量的 Delta 值

Delta 值是在期权交易中应用最为广泛的风险度量指标，它的大小衡量了期权价格对标的资产价格变动的敏感度。假如美元和英镑的期货汇率是 1.5417 美元，该外汇的看涨期权以 2.50 美分成交。当美元英镑期货汇率从 1.5417 美元上涨至 1.5517 美元时，美元英镑期货期权价格从 2.50 美分上涨至 2.55 美分，也就是说，标的资产价格变动 1 美分，期权价格相应变动 0.5 美分，这时期权的 Delta 值为 0.5，它表明期权价格的变动幅度是标的资产价格变动幅度的 0.5 倍。

期权 Delta 是期权价格变化对其标的资产价格变化的比率，数学上看是期权价值对标的资产价格的偏导数，是期权价格与标的资产价格关系曲线的斜率。在图 9 - 9 中欧式看涨期权价格与标的资产价格的关系曲线上，当标的资产价格变化很小时，A 点的 Delta 即为曲线在该点的切线的斜率。对于曲线上其他的点这一说法同样成立。

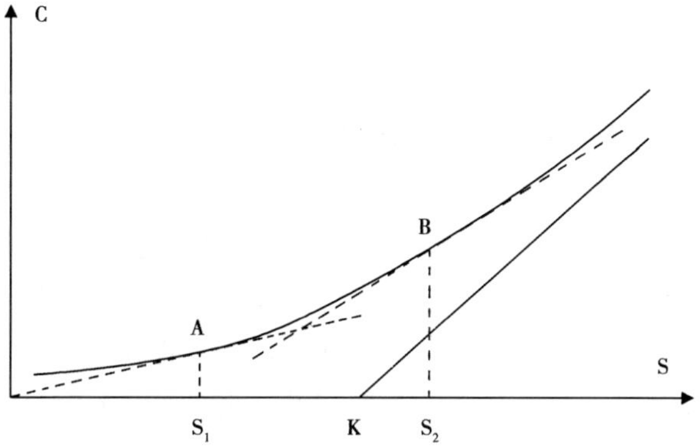

图 9－9 欧式看涨期权的 Delta

Delta 值有正有负，正的 Delta 意味着期权价格变动的运动方向和标的资产价格变动的运动方向相同，具有正 Delta 值的期权价格会随着标的资产价格的上涨而上涨，随着标的资产价格的下跌而下跌；相反，负的 Delta 值意味着期权价格变动的运动方向和标的资产价格变动的运动方向相反，具有负 Delta 值的期权价格会随着标的资产价格的上涨而下跌，随着标的资产价格的下跌而上涨。由于买入看涨期权和卖出看跌期权的头寸的损益与标的资产的价格运动方向保持一致，因此它们具有正的 Delta 值。而卖出看涨期权和买入看跌期权的价格变化与标的资产的价格变化的方向相反，因此它们具有负的 Delta 值。事实上，看涨期权的 Delta 值总是在 0 与 1 之间，而看跌期权的 Delta 值位于 －1 到 0 之间，这表明期权价格的变动幅度总是小于对应标的资产的价格的变动幅度。显然标的资产本身的 Delta 值等于 1。

欧式期权的 Delta 变化见表 9－4。

表 9－4 欧式期权的 Delta 变化

所持头寸	Delta 值
买入标的资产	Delta = 1
卖出标的资产	Delta = －1
买入看涨期权	0 < Delta < 1
卖出看涨期权	－1 < Delta < 0
买入看跌期权	－1 < Delta < 0
卖出看跌期权	0 < Delta < 1

Delta 还具有线性特征。如果我们拥有一个投资组合，组合的价值为 $\Pi = W_i \cdot C_i$，组合的 Delta 值等于每种资产的 Delta 的线性和，即：

$$\Delta = \sum_{i=1}^{n} w_i \Delta_i$$

其中，w_i 表示组合包含第 i 种期权的数量。对于一个投资组合，当它的 Delta 值大于 0 我们称之为牛市组合，当它的 Delta 值小于 0 我们称之为熊市组合。当一个投资组合的 Delta 值为 0 的时候，表明无论标的资产价格如何变化，投资组合的价值保持不变，此时投资组合不存在任何市场风险，我们称该投资组合 Delta 中性。Delta 中性原则在期权风险对冲中的应用非常广泛，那些不愿意承担市场风险的投资者，他们总是密切关注所持头寸的 Delta 值，他们试图建立一些新的头寸来使得他们的投资组合 Delta 中性，从而回避标的资产的价格波动风险。下面我们举个例子：

【例 9－10】 假设 A 公司在 11 月 18 日出售了 500 份股票 XYZ 的欧式看涨期权，股票当日价格为 120 美元，期权执行价格为 108 美元，到期期限为 60 天，期权价格为 14 美元，Delta 为 0.8。如何操作才能使公司不用承担股票价格波动所带来的风险？

目前的情况下，假如股票 XYZ 价格上涨 10%，对应的看涨期权的价值将上涨股价的 8%（10%×0.8），因此该公司便会面临所持期权头寸价值下跌股价 8% 的风险（看涨期权的空头）。卖出看涨期权具有负的 Delta 值，为了规避股票价格波动所带来的风险，公司需要增加正 Delta 值的头寸，该公司决定通过买入股票的方式建立 Delta 中性头寸，需要买入股票的数量 = Delta × N_C = 0.8×500 = 400，此时公司所持的组合头寸的 Delta = −0.8×500 + 1×400 = 0，即该公司在购买 400 份 XYZ 股票后所持的整个组合的 Delta 值为 0。

情况一：若一周后股票 XYZ 的价格上涨 10% 至 132 美元，XYZ 看涨期权的价格上涨至 23.6 美元，公司的损益情况如下：

期权头寸的损益 = −（23.6 − 14）×500 = −4 800（美元）

股票头寸的损益 =（132 − 120）×400 = 4 800（美元）

公司所持头寸的总损益 = −4 800 + 4 800 = 0。

情况二：若一周后股票 XYZ 的价格下跌 10% 至 108 美元，XYZ 看涨期权的价格下跌至 3.4 美元，公司的损益情况如下：

期权头寸的损益 = −（3.4 − 14）×500 = 4 800（美元）

股票头寸的损益 =（108 − 120）×400 = −4 800（美元）

公司所持头寸的总损益 =4 800 - 4 800 =0。

因此，无论股票价格如何变动，公司在 Delta 中性化后所持的头寸的价值将保持不变。

【例 9 - 11】 假设美国的一家金融机构持有表 9 - 5 中三种澳元期权的头寸。

表 9 - 5　　持有期权 Delat 值及头寸

头寸种类	执行价格	到期期限	Delta 值	头寸大小
看涨期权多头	0. 55	3 个月	0. 545	100 000
看涨期权空头	0. 56	5 个月	0. 481	200 000
看跌期权空头	0. 56	2 个月	-0. 508	50 000

如果金融机构不希望自己所持有的头寸受到澳元市场价格波动的风险，那么金融机构要做的就是 Delta 中性化。我们可以计算得到：

$$100\ 000 \times 0.545 - 200\ 000 \times 0.481 - 50\ 000 \times (-0.508) = -16\ 300$$

为了让组合头寸的 Delta =0，金融机构需要建立 16 300 澳元的多头头寸，此时期权投资组合的 Delta 风险被完全对冲。

当持有标的资产头寸的投资者希望通过增加期权头寸来降低所持头寸的 Delta 值，这时投资者可以通过买入看跌期权或卖出看涨期权的方式来获得负的 Delta 从而降低整个投资组合的 Delta，而从交易成本的角度考虑，一种方式需要付出权利金，得到权利，而另外一种方式则是收入权利金，承担义务。实践中投资者往往会在两者之间选取一个平衡点，尽量减少现金的额外支出。我们通过一个例子来说明。

【例 9 - 12】 假设在七月份一个投资组合包含 10 000 股某种股票，投资组合管理者决定将市场风险减少一半，使头寸 Delta 为 5 000，同时又不想采取卖出股票的方式，投资者可以选择的方式是卖出看涨期权或买入看跌期权。投资者打算选择到期日为 10 月的期权进行对冲，当时距离到期日时间 $t = 0.25$，无风险利率 $r = 3\%$，股票价格波动率 $\sigma = 25\%$，当前股价 $S_0 = 30$。当前可选的期权有两种：10 月看涨期权，$K = 33$ 看涨期权价格 $C = 0.56$ 和 10 月看跌期权，$K = 32$，看跌期权价格 $P = 2.58$。

我们先来计算两个期权各自的 Delta 值（公式可以通过欧式期权的布莱克—斯科尔斯定价公式推导得到）：

$\Delta c = N(d_1) = 0.26$

$\Delta p = N(d'_1) - 1 = -0.65$

假设卖出 x 股看涨期权，买入 y 股看跌期权，为了使 Delta 对冲的成本最小，且实现预期的 Delta 调整的目标，我们可以列出如下方程组：

$-x \cdot \Delta c + y \cdot \Delta p = -5\ 000$

$x \cdot 0.56 - y \cdot 2.58 = 0$

我们可以解得 x = 12 466，y = 2 705，因为一份期权对应着 100 股股票，因此我们卖出 124 份看涨期权，买入 27 份看跌期权。我们计算加入期权后的新投资组合的 Delta = 10 000 − 12 400 × 0.26 − 2 700 × 0.65 = 5 021，与目标值 5 000十分接近，我们在期权上的花费是：0.56 × 12 400 − 2.58 × 2 700 = −22 元，接近于 0，从而以几乎零成本的代价实现了降低市场风险的目标。

不过实际操作中，要对冲 Delta 风险并没有那么简单，因为 Delta 值会随着标的资产的价格、到期剩余时间以及波动率等因素的变化而变化。

1. Delta 值与标的资产价格的关系。随着标的资产价格的增大，看涨期权的 Delta 值不断增大，并且在数值上大于 0 小于 1，我们还能发现 Delta 变化的速度有一个先变大再变小的过程，在等于执行价格的那一点 Delta 变动最快。

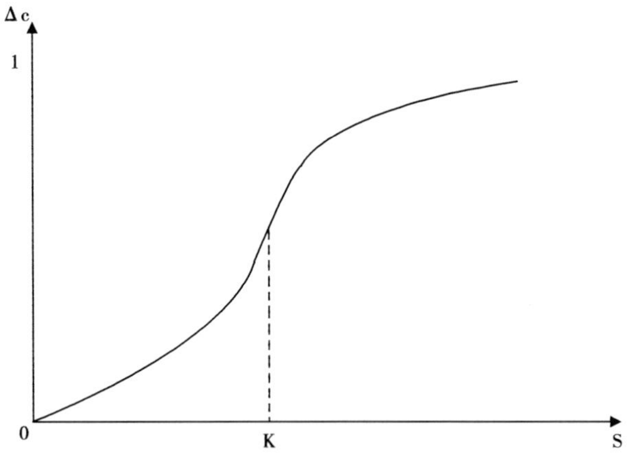

图 9 − 10　Delta 与标的资产价格的关系

对于标的资产，执行价格与到期期限均相同的欧式看跌期权和看涨期权，$\Delta p = \Delta c - 1$，所以我们将图 9 − 10 中的曲线向下平行移动一个单位即可得到欧式看跌期权的 Delta 与标的资产的关系。

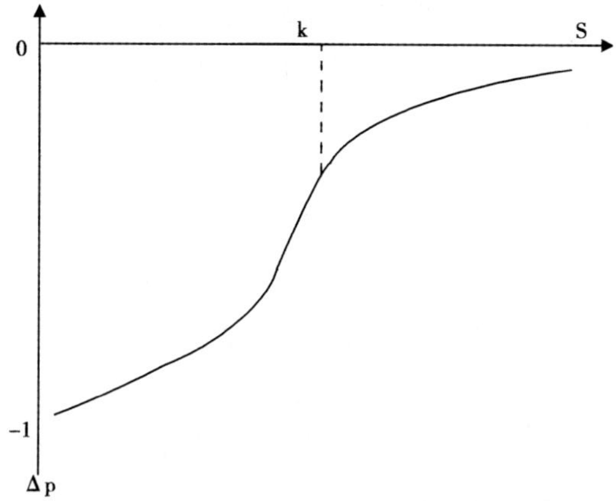

图 9－11　看跌期权 Delta 与标的资产的关系

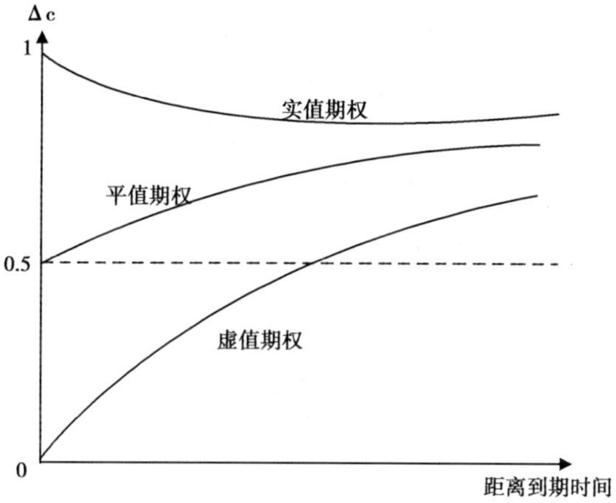

图 9－12　看涨期权 Delta 与到期时间的关系

2. Delta 值与剩余到期时间的关系。图 9－12 中横轴为距离到期日的时间，距离原点越远的点离到期日的时间越长。这三条曲线中，期权的实值、平值、虚值三种状态由上而下依次排列，这是因为对于相同执行价格的看涨期权来说，实值期权对应的标的资产价格最大，虚值期权对应的标的资产的价格最小，而 Delta 值与标的资产价格正相关。根据图 9－12，随着到期日的临近，实值期权的 Delta 不断增大直到到期日时达到最大值 1，而虚值期权的 Delta 不断变小直到到期日时达到最小值 0，平值期权的 Delta 同样随着到期日的临近不断变小，直至到期日时达到最小值 0.5。我们考虑一个深度实值的期权，在其他条件不变的前提下，随着到期日的临近，其处于实值以上的概率将越来越大，而从布莱克—斯科尔斯公式的介绍中我们已经知道这一概率正好等于 $N(d_1)$，也就是看涨期权的 Delta。所以对于实值期权，越接近到期其表现越接近于标的资产，其 Delta 值随着时间推移而上升，无限接近于 1。而对于虚值期权，随着到期日的临近标的物价格涨到执行价格以上的概率越小，因此，对于虚值期权，越接近到期其 Delta 越小，而且随时间推移期权的时间价值加速下降，最终下降到零并停留在那里，由于时间太短，标的资产价格变化已难影响到期权 Delta 值变为零。而对于平值期权，不论何时，其价格向上或向下走的概率基本相等，因此平值期权的 Delta 理论上是等于 0.5 的，但是由于标的资产价格不可能小于 0，其价格上行的空间要远大于价格下行的空间，因此平值期权的 Delta 会略高于 0.5。平值期权的 Delta 是近似线性的，在到期日 Delta 接近 0.5。

我们同样可以将图 9－12 向下平移一个单位得到欧式看跌期权的 Delta 值与到期时间的关系。要注意的是对于看涨期权是实值的标的资产价格，对于相同执行价格的看跌期权来说反而变成了虚值的情况。比如当股票价格为 15 元时对于执行价格为 10 元的看涨期权来说是实值但是对于执行价格为 10 元的看跌期权来说则变成了虚值的情况。因此在图 9－13 中由上而下排列的三条线对应的分别是虚值、平值、实值的三种期权状态。

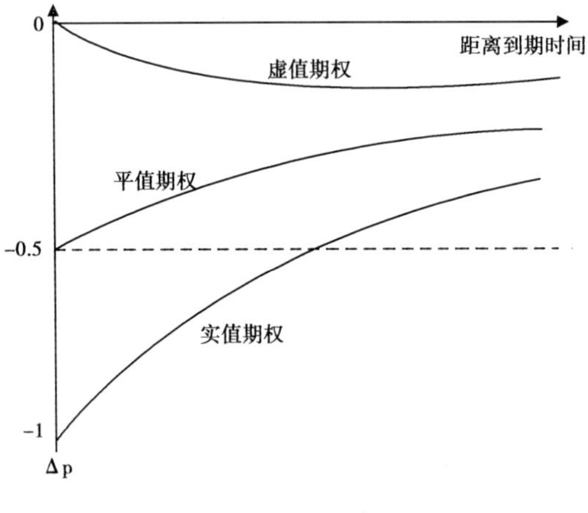

图 9－13 看跌期权 Delta 与到期时间的关系

3. Delta 值与波动率的关系。以股票期权为例，考虑低波动率与高波动率两种情况。对于波动率低的股票，由它衍生出来的看涨期权所包含的时间价值较少，因此在虚值状态它对股票价格的变动并不敏感，Delta 会很小，但是在实值状态，它的 Delta 值就会变得很大。同样的道理，对于波动率高的股票衍生出来的期权，他在虚值状态对标的股票价格的变化会相对敏感，而在实值状态下反应相对迟钝。在图 9 - 10 的基础上加入标的物为另一只股票的看涨期权的 Delta 曲线，将两条曲线放到一个平面内来加以比较（见图 9 - 14）。

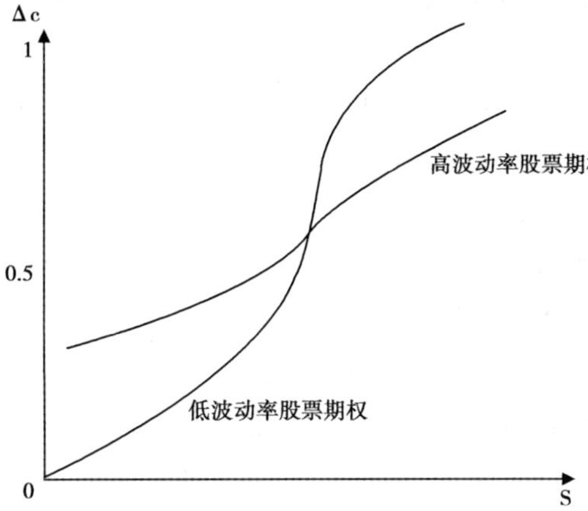

图 9 - 14　波动率对 Delta 的影响

既然已经知道 Delta 是不断变动的，那么怎么才能更好地实现一个投资组合的 Delta 中性策略呢？这时需要投资者根据 Delta 的变化来不断调整头寸以达到投资组合的 Delta 中性，这就是所谓的 Delta 的动态对冲。在理想状态下，对 Delta 的调整越频繁，期权的复制效果会越好，越接近理论价值，但是在现实中却未必如此。频繁调整带来的大量的手续费可能会吞掉投资者赚取的利润。因此，机构投资者在进行 Delta 对冲的时候往往还会将投资组合的 Gamma 值维持在较低的水平，以减少调整 Delta 的频率。关于 Gamma 的问题我们留在后面去讨论。

此外，欧式看涨期权的 Delta 可以用来估计某期权在期权到期日处于实值的可能性，即期权行权的概率。在布莱克—斯科尔斯模型的分析中我们知道执行看涨期权的概率为 $N(d_2)$，但是因为极少公布该统计量，你必须通过计算，才能知道 $N(d_2)$ 的值。而我们可以通过很多便利的信息渠道获得 Delta 的值，它恰好等于 $N(d_1)$。由于 $d_2 = d_1 - \sigma\sqrt{T}$，只有当标的资产波动很大或者距离到期日时间很长的时候 $N(d_2)$ 和 $N(d_1)$ 的区别才会很大。如果一个看涨期权的 Delta = 0.67，那么我们可以估计则有大约 67% 的可能性在到期日股价高于期权的执行价格，即该期权有 67% 的可能性被执行。例如在 2013 年 4 月 13 日，IBM 股票的收盘价为 211.38 美元，其相应的执行价格为 210 美元，6 月 21 日到期的股票看涨期权的价格为 6.25 美元，它的 Delta 值为 0.66，那么也就是说在到期时该期权落在实值状态的可能性为 66%。

二、风险度量之 Gamma

上面我们提到了 Delta 值随着标的资产价格的变动而变动，而 Gamma 便可用以衡量 Delta 对标的资产价格变动的敏感度，它是 Delta 变化相对于标的资产价格变化的比率，是 Delta 的 Delta，因此也可以将 Gamma 看作期权价格与标的资产价格关系曲线的曲率。Gamma 值为一个 -1 到 1 之间的数字，假设一个看涨期权的 Delta 值为 +0.5，而它的 Gamma 值是 +0.06，那么标的资产价格上涨 1 元，则看涨期权的 Delta 值将从 +0.5 上涨至 +0.56；如果标的资产价格下跌 1 元，则看涨期权的 Delta 值将从 +0.5 下跌至 +0.44。

当 Gamma 值较小时，Delta 变化缓慢，此时在进行 Delta 中性化操作时投资者不需要进行频繁的调整，但是当 Gamma 的绝对值较大时，Delta 对标的资产的价格会十分敏感，此时若不对 Delta 中性投资组合的持仓进行及时调整，投资组合仍将面临较大的市场风险。与 Delta 中性一样，当一个投资组合的 Gamma 为 0，我们称该投资组合为 Gamma 中性。如果一个投资组合的 Delta 以及 Gamma 能保持中性，那就意味着在一定范围内不论标的资产价格如何变化，Delta 值都不会变化，投资组合的价值也不会变化。从图 9-15 我们能很清楚地看到如果只考虑 Delta 中性，由 Gamma 造成的对冲误差。如果我们仅依据在 A 点计算的 Delta 进行对冲，当标的资产价格运动到 S_2 的时候，期权价值实际为 C_3，Delta 只对冲了 C_2 的一部分，中间仍有 C_3-C_2 的风险敞口。

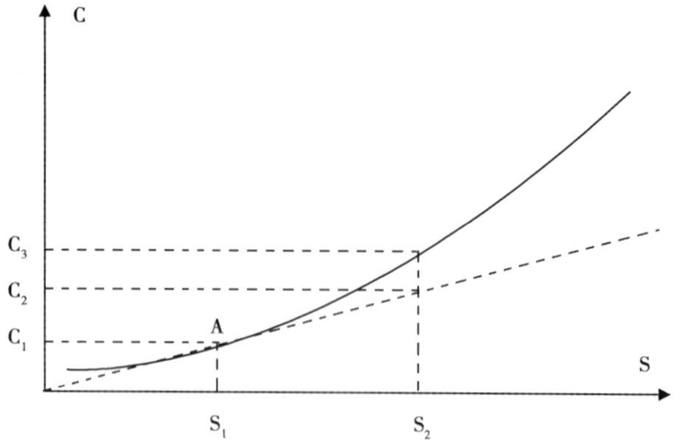

图 9-15　看涨期权非线性对冲误差

Delta 对标的资产价格的偏导数应为一个正值，因此，对于同一标的资产的看涨期权和看跌期权他们的 Gamma 是一个相等的正数。因此当我们买入期权，不论是买入看涨期权还是买入看跌期权，我们的投资组合所对应的 Gamma 值是正的，当我们卖出期权，对应的 Gamma 值则是负的，所以我们还可以经常看到用买入 Gamma 和卖出 Gamma 来表述买卖期权。

与 Delta 一样，投资组合的 Gamma 值就等于组合内各种衍生品的 Gamma 值总和：$\Gamma = \sum_{i=1}^{n} w_i \Gamma_i$。

对于远期、期货等收益曲线为线性的金融工具而言，他们的 Gamma 为 0。

图 9－16 描述的是 Gamma 值与标的资产价格的关系，显然，在资产价格等于执行价格的时候最大。因为在执行价格这一点，标的资产价格稍稍的变动都会导致期权实值与虚值之间的转换，因此 Delta 变动会相当剧烈。而对于一个深度虚值或是深度实值的期权来说，标的资产价格小幅的变动并不能引起其 Delta 太大的变动，因此此时的 Gamma 值也很小。

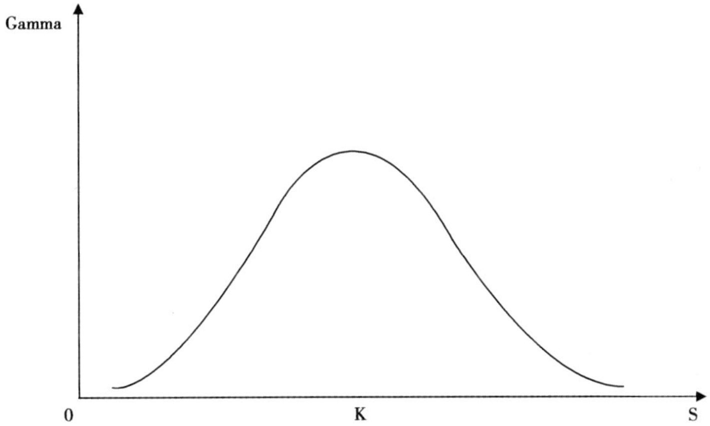

图 9－16 Gamma 与标的资产价格的关系

与此同时，期权在实值、平值、虚值这三种不同状态之下的 Gamma 与到期时间的关系是不一样的。我们将这三种状态下 Gamma 与到期时间关系的曲线集合到图 9－17 中。首先考虑极度实值的情况。当临近到期日时，极度实值的期权其 Delta 值接近于 1，这个时候 Delta 变得十分稳定，越临近到期 Delta 越稳定，也就是其变动的速度会减慢，因此在临近到期时 Gamma 会不断下降到 0。期权在处于极度虚值状态下的 Gamma 值也具有相同的属性。而对于平值期权而言，越临近到期，其 Gamma 值越高，就像是一场势均力敌的比赛，一方轻微的变化都将引起整个比赛局面的改变，而且越到最后比赛越是激烈。因此平值期权在临近交割时，Gamma 会变得很大。当距离到期时间还有较久的时候，Delta 随时间变化十分缓慢而稳定，相对应的 Gamma 值也比较稳定且数值不大。

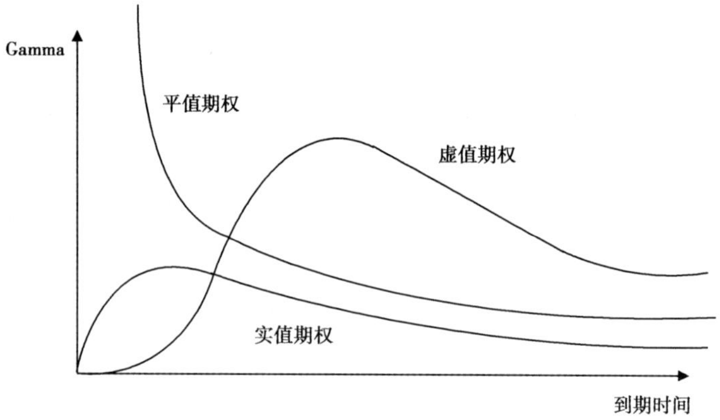

图 9 – 17　Gamma 与距离到期时间的关系

当我们持有一个 Delta 中性的期权投资组合，还要保持组合的 Gamma 中性，需要用什么样的资产来进行对冲呢？因为标的资产及其衍生出来的远期和期货合约的 Gamma（二阶导数）等于 0，所以我们不能通过他们来改变投资组合的 Gamma。我们必须使用像期权那样价格与标的资产价格呈非线性关系的工具来进行对冲。不过在投资组合中假如新的期权合约改变其 Gamma 值，也同时改变了投资组合的 Delta 值，因此为了使投资组合重新实现 Delta 中性，我们需要计算新的 Delta 值并利用标的资产或者标的资产的远期（期货）合约来进行对冲，以实现新的 Delta 中性状态。Gamma 中性策略可以看做是 Delta 中性策略的一个补充。当标的资产价格变动较小的时候，Delta 中性即可为投资组合提供足够的保护，但是当价格发生较大的变化时，则需要利用 Gamma 中性来提供额外的保护。我们用［例 9 – 12］来说明 Gamma 对冲的过程。

【例 9 – 12】 假设某 Delta 中性的投资组合其 Gamma 值为 –4 500，某具有相同标的资产的看涨期权的 Gamma 值为 1.5，Delta 值为 0.51，现在投资经理希望所持投资组合 Gamma 中性，需要购入 4 500/1.5 = 3 000 份期权。购入期权后，新的组合的 Delta 值为 0.51 × 3 000 = 1 530。为了实现新的 Delta 中性，需要卖空 1 530 份标的资产。

投资者先决定用于 Gamma 对冲的期权，再计算加入新的期权后整个投资组合的 Delta 值，然后选择相应数量与方向的标的资产进行 Delta 对冲即可。但是，与 Delta 对冲类似，静态的 Gamma 对冲也只能保持短时间 Gamma 中性，要完全的对冲掉 Gamma 的风险也需要进行动态对冲。

三、风险度量之 Theta

期权价值由两个部分组成：内涵价值和时间价值。期权的时间价值随着时间的流逝而减小，直到期权在到期日不再具有任何时间价值为止，不过不同的期权的时间价值的损耗速度是不同的，Theta（θ）便用以衡量期权的价格随着时间损耗速度，它是期权价值变化相对于时间变化的比率。例如，一只期权的 Theta 值为 0.0125，那么在市场其他条件不变的情况下，每经过一天这只期权的价值将损失 0.0125 元，如果这只期权在周三的收盘价格为 3 元，那么它在周四的开盘价理论上来说应该是 2.9875 元。

随着到期日越来越临近，即时间 t 的值越来越大，期权的时间价值就越来越小，这意味着 Theta 值一般为负数。当在投资组合中卖出期权，那么随着时间的流逝，将得到时间价值，因此卖出期权的 Theta 为正；反之，如果买入期权，那么随着时间的流逝，会不断地损失时间价值，买入期权的 Theta 为负。时间价值的损耗是非线性的，越临近交割日其损耗越快。也就是说对于剩余期限 20 天，时间价值为 1 元的期权来说，它在剩下的 20 天内并不是每天损耗 1/20元，而是开始可能第一天只损耗一分钱，第二天损耗 1.2 分，第三天损耗 2 分，到最后的几天每天可能损耗 6 分或者 7 分甚至更多的钱。

与标的资产价格的呈随机波动不同，距离到期的时间是一个完全确定的量，其不断缩短的趋势也是确定的，因此大多数投资者认为 Theta 风险无需进行对冲。

Theta 值和标的资产价格，距离到期时间相关，它们的关系如下：

对于 Delta 中性的投资组合而言，Gamma 和 Theta 是近似互为相反数的两个值。一旦我们买入期权，即买入了 Gamma（此时 Gamma 为正），我们同时也就要承担时间价值也就是 Theta 的损失，即卖出了 Theta（此时 Theta 为负）。对于买入期权的投资者而言，他们随时随地承担着时间衰减带来的成本，而期权的卖方则在随时赚取期权的时间价值。Theta 和 Gamma 之间的关系可以帮助投资者更好的衡量长时间持仓所带来的风险和收益。具有正的 Gamma 值的头寸意味着将会从标的资产的变化中获利，负的 Theta 值则表明如果标的资产价格不变，整个头寸会随时间的流逝而亏损。所以，具有正的 Gamma 值和负的 Theta 值的头寸中，风险是有 Theta 值（时间价值）决定的，收益则来源于 Gamma 值（标的资产价格变化）；反之，正的 Theta 值和负的 Gamma 值的头寸的风险是有 Gamma 值决定的，收益是由 Theta 决定的。

Theta 与标的资产价格的关系见图 9 - 18。Theta 与距离到期日时间关系见图 9 - 19。

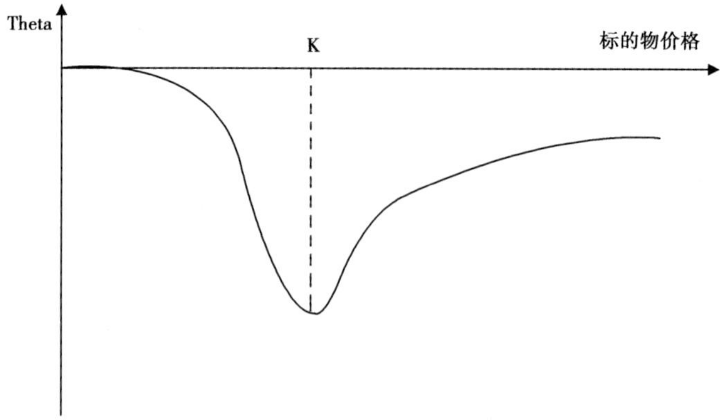

图 9 - 18　Theta 和标的资产价格的关系

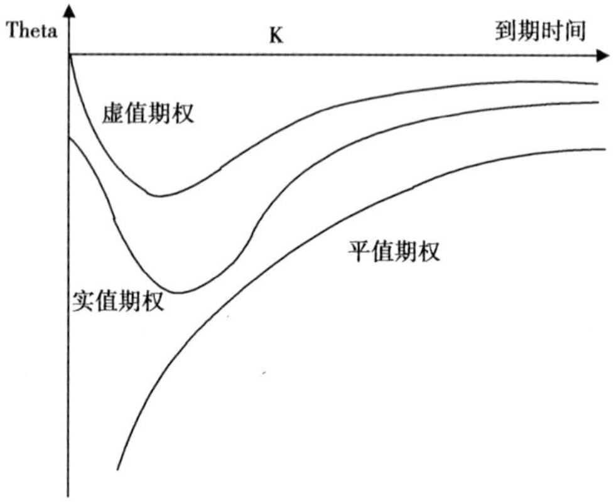

图 9 - 19　Theta 和距离到期时间的关系

由图 9 - 18 和图 9 - 19 我们可以得到几个结论：（1）平值期权包含的时间价值最大，因此它们对应的 Theta 值也最大；（2）平值期权的价值随时间的衰减不是线性的，随着到期日的临近，它们的 Theta 值有增大的趋势，所以距离到期日越近，时间价值的衰减越快；（3）对于实值期权和虚值期权来说，它们的执行价格距离标的资产的当前价格越远，其价值随时间衰减的曲线越接近直线，即它们的 Theta 值可以近似为一个常数。

至此，我们已经完成了对 Delta、Gamma 和 Theta 的介绍。下面我们来看一下这三者之间的数学联系。

如果把期权价值 c 看做标的资产价格 S 和时间 t 的函数，则由 Ito 公式，可得：

$$dc = \left(\frac{\partial c}{\partial t} + rS\frac{\partial c}{\partial S} + \frac{1}{2}\sigma^2 S^2\frac{\partial^2 c}{\partial S^2}\right)dt + \frac{1}{2}\sigma S\frac{\partial c}{\partial S}dZ_t$$

将 Δ，θ，Γ 代入 dt 项可得：

由这个式子我们可以得到著名的布莱克—斯科尔斯偏微分方程：

$$\frac{\partial c}{\partial t} + rS\frac{\partial c}{\partial S} + \frac{1}{2}\sigma^2 S^2\frac{\partial^2 c}{\partial S^2} = \theta + rS\Delta + \frac{1}{2}\sigma^2 S^2\Gamma = rc$$

也就是：$\frac{\partial f}{\partial t} + rS\frac{\partial f}{\partial S} + \frac{1}{2}\sigma^2 S^2\frac{\partial^2 f}{\partial S^2} = rf$

这个公式显示了 Theta、Delta 和 Gamma 之间的关系。当组合在 Delta 中性状态时 $\Delta = 0$，上式就变为：$\theta + rS\Delta + \frac{1}{2}\sigma^2 S^2\Gamma = r\Pi$

由此我们看出，当 $\Delta = 0$ 时，$\theta + \frac{1}{2}\sigma^2 S^2\Gamma = r\Pi$

在其他条件不变的情况下不论标的资产价格如何变动投资组合的价值是不变的，也就是此时组合是“无风险”的。理论上此时投资组合取得的收益是无风险利率 r 对应的利息收入，这部分无风险利润一部分来自投资组合 Gamma，另一部分来自期权价值关于时间的偏导数 Theta（事实上，它们总是一正一负，因此一个代表收益的时候另一个代表风险）。这里也解释了，投资者为何可以通过 Theta 和 Gamma 之间的关系来衡量所持头寸的风险和收益。

四、风险度量之 Rho

Rho 是期权价值对无风险利率的偏导数，度量了期权价值对利率变化的敏感性，对于看涨期权 Rho 值是正的；而对于看跌期权 Rho 值是负的。大部分期权交易者的头寸都是短期头寸，对于短期期权来说，Rho 值一般都比较小，且无风险利率相对稳定，因此 Rho 是希腊字母中最不重要的，在实际应用中经常不予考虑。对于像 LEAPS 这样的长期期权来说，Rho 显得比在短期期权中更为重要一些。在其他各项条件均相同的前提下，对应较高水平无风险利率的看涨期权价格曲线排列在较低水平无风险利率的看涨期权价格曲线的上方，两条线之间的距离就提现了利率的影响。

图 9 - 20 和图 9 - 21 给出了 Rho 关于标的资产价格与距离到期时间的关系。

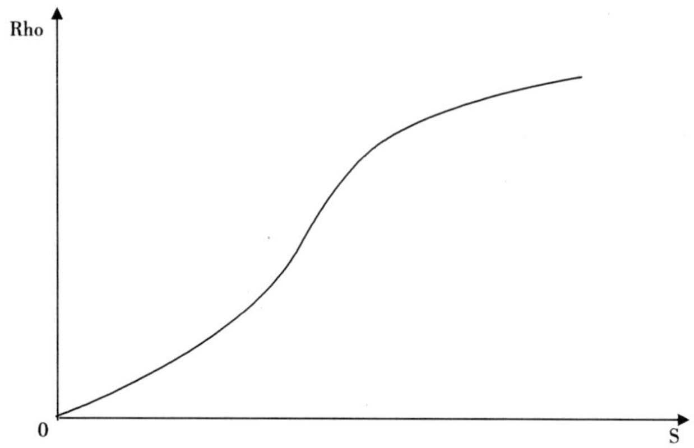

图 9 - 20　欧式看涨期权 Rho 与标的资产价格的关系

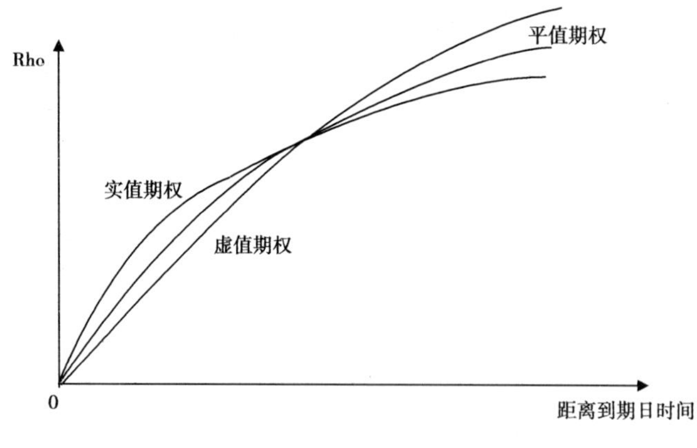

图 9 - 21　欧式看涨期权 Rho 与到距离期时间的关系

五、风险度量之 Vega

波动率是影响期权价值的最具有决定性的因素，Vega 是期权的价值对标的资产波动率的偏导数，度量了期权价值对标的资产波动率的敏感性。假设某期权的 Vega 为 100，那么当波动率增加 1%，他的价值就将增加 1（100 × 1%）。这里需要提醒的是，隐含波动率代表的是当前波动率的大小，所以我们需要使用当前的隐含波动率来计算 Vega 值。

标的资产以及标的资产的远期与期货合约的价格与波动率无关，因此他们的 Vega 值均为 0。

当标的资产价格等于执行价格的时候，波动率的稍稍改变都将引起期权从实值与虚值之间的转换，因此在执行价格这一点上，Vega 有最大值。而对于深度实值或是深度虚值的期权，波动率的变动并不能引起期权价值太大的变动。图 9 – 22 向我们展现了 Vega 与标的资产价格之间的关系。

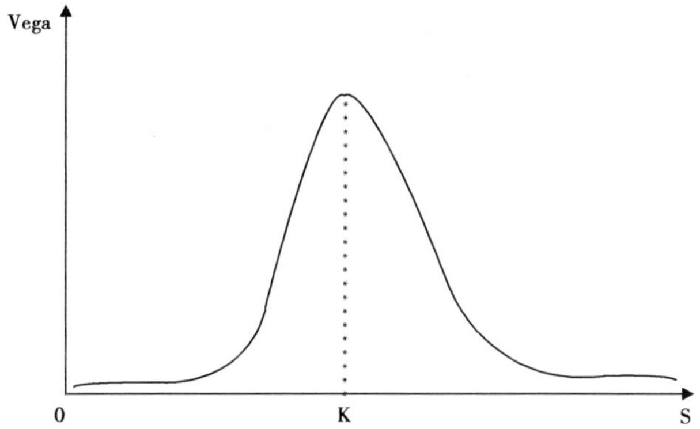

图 9 – 22　Vega 与标的资产价格的关系

当距离到期的时间比较长，标的资产的波动率发生变动，标的资产价格会有充分的时间发生改变，从而影响期权的价格，因此距离到期时间越长 Vega 越大，当临近到期，即使波动率变大，也已无足够时间让标的资产价格发生变化，因此当接近到期的时候 Vega 值会迅速减少。图 9 – 23 向我们展现了 Vega 与距离到期日时间之间的关系。

如同对冲 Gamma 一样，我们要改变投资组合的 Vega，必须使用那些 Vega 不等于零的工具，比如期权。同当我们调整期权头寸使投资组合处于 Vega 中性状态时，新期权头寸会同时改变组合的 Gamma 值与 Delta 值，因此，若套期

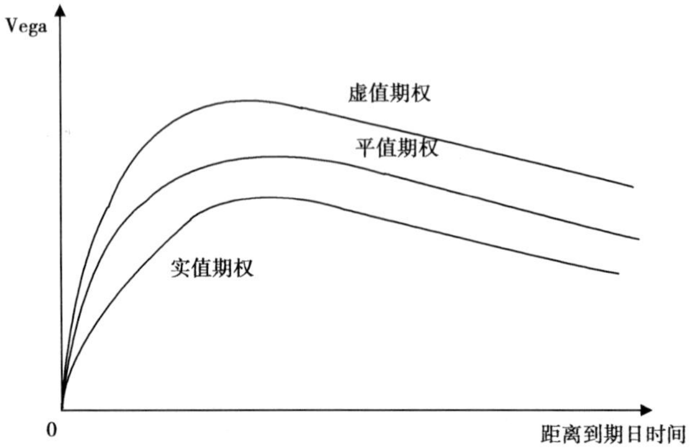

图 9－23　Vega 与到期时间的关系

保值者要使 Delta 中性的投资组合并同时达到 Gamma 中性和 Vega 中性，至少要使用同一标的资产的两种期权。

【例 9－13】 处于 Delta 中性的某投资组合，Gamma 值为 －5 000，Vega 值为 －9 000，为了使该组合同时达到 Gamma 中性与 Vega 中性，我们需要运用两个不同的期权。假设存在某看涨期权 C_1，Delta 值为 0.6，Gamma 值为 0.5，Vega 值为 2.0；某看涨期权 C_2，Delta 值为 0.5，Gamma 值为 0.8，Vega 值为 1.2；假设在用于对冲的 C_1 与 C_2 的数量分别为 w_1 和 w_2。如果要新组合的 Gamma 值与 Vega 值都为 0，有：

$$-5\ 000 + 0.5w_1 + 0.8w_2 = 0 \tag{1}$$

$$-9\ 000 + 2.0w_1 + 1.2w_2 = 0 \tag{2}$$

求解有方程（1）和方程（2）组成的二元一次方程组，我们得到 $w_1 = 1\ 200$，$w_2 = 5\ 500$。

此时投资组合的 Delta 值为 1 200 ×0.6 +6 000 ×0.5 =3 720。为了使投资组合达到新的 Delta 中性，需要再卖出 3 720 份标的资产。

虽然我们本章通篇都在讲如何对冲掉期权价格影响因素所带来的风险，但是有一点要明确的是，我们需要对未来有一个正确的预判才能获得正的收益。相比预测价格来说，预测波动率要相对容易得多，这便是 Vega 值的意义所在。我们使用 Delta 和 Gamma 就是为了对冲掉难以预测的价格波动的风险，而将精力放在更容易带来收益的波动率的交易上。不过需要提醒的是没有任何“中性”头寸是没有风险的。所谓中性，事实说在构造头寸之初投资组合的一个或者几个变量是中性的，随后而来的变化可能会对这种“中性”产生不利的影响。即使我们使得 Delta、Gamma、Vega、Theta、Rho 都达到中性状态，也只能是某一时刻上的中性，他们针对的只是价格发生微小变化的情况，当价格发生剧烈变动这些指标并不适用。因此，只要我们持有头寸就需要对这些风险指标加以监控，动态调整，同时也需要引入情景分析等别的风险控制手段来控制头寸风险。

假设我们使用一个宽跨式套利的策略，希望赚取波动率增大的收益，在这个策略里需要使用同一标的物，执行价格不同的两个不同的期权。那我们的这一策略组合的隐含波动率是多少呢？不仅是宽跨式套利，像垂直价差组合，时间价差组合，马鞍式价差组合，束勒式价差组合，鹰式组合，蝶式组合等组合策略中都涉及两种以上不同的期权。要计算这些策略的隐含波动率都需要用到 Vega 来进行调整。

下面我们用一个例子来说明如何利用 Vega 来计算期权组合的隐含波动率。

【例 9－14】 假设某投资者持有一个垂直价差套利组合 S_1，他持有的头寸状况见表 9－6。

表 9－6　　垂直价差套利组合 S_1

	买入 C_1	卖出 C_2
到期时间	8 月	8 月
执行价格	65 美元	70 美元
Vega	0.045 美元	0.085 美元
隐含波动率	48%	45%
期权价格	3 美元	1.5 美元
组合价值	3－1.5＝1.5（美元）	

显然，他持有的两个期权的波动率并不一样。两个期权的权重并不相等，因此我们不能使用简单的算数平均来计算该组合的隐含波动率。那么我们应该怎么做呢？

我们现在假设有那么一个垂直套利组合 S_2，构成他的两个期权的波动率恰好相等，那么很显然这个套利组合的隐含波动率就等于构成他的单个期权的隐含波动率。S_2 的头寸情况见表 9－7。

表 9-7 垂直价差套利组合 S_2

	买入 C_3	卖出 C_2
到期时间	8 月	8 月
执行价格	65 美元	70 美元
Vega	0.045 美元	0.085 美元
隐含波动率	45%	45%
期权价格	2.856 美元	1.5 美元
组合价值	2.856 - 1.5 = 1.356 （美元）	

C_3 与 C_1 的区别在于隐含波动率不一样，我们使用 Vega 可以计算得到 C_3 的价格为：3 - （48 - 45） ×0.045 = 2.856 （元），因此组合价值为 1.356 美元，也就是说在 45% 的波动率水平下组合的价值为 1.356 美元。如果买入该组合需要付出 1.356 美元，而如果卖出该组合则能收到 1.356 美元。

对比组合 S_1 与 S_2，两个组合的价值相差 1.5 - 1.356 = 0.144 （美元）。

而我们已经知道 Vega 具有线性特征，因此，S_1 组合的 Vega 等于 -0.04 （0.045 - 0.085） 美元。Vega 为负数，表示当波动率增大，组合价值下降，当波动率减少，组合价值上升。而 S_1 的价值为 1.5 美元，大于 1.356 美元，因此应从 S_2 的波动率中减去相应的波幅。

因此 S_1 的波动率应该等于：45 - 0.144/0.04 = 41.4。这个波动率事实上比组合中任何一个期权的波动率都要低，这也印证了垂直价差套利通过投资组合将收益与损失均限定在固定范围，因此风险比单独持有一个期权头寸要小的观点。

可以证明当我们不是调整 C_1 的波动率而是上调 C_2 的波动率与 C_1 一致，所得到的结果也是一样的。具体计算过程留待读者自己进行。

需要注意的是当我们计算马鞍式套利组合或者束勒式套利组合的时候，因为是同时买入两个期权，因此组合的 Vega 应为两个期权的 Vega 值相加而不是相减。

第四节
金融期权的波动率

波动率是用来描述标的资产价格变动的不确定性，是衡量标的资产价格变动快慢的尺度。通常用资产收益率的标准差来衡量，比如股票的波动率可以用股票的收益率标准差来度量。资产收益率分为百分比收益率和对数收益率，对数收益率假设资产价格是连续变动的，与期权定价模型假设更为一致，因而往往采用对数收益率。波动率的类型有历史波动率、隐含波动率、预期波动率、未来波动率等。其中，历史波动率可以直接从历史数据获得，隐含波动率反映了市场对于未来波动率的预期，较为接近真实波动率，因而是实际运用最多的两种波动率。

隐含波动率是从期权价格和期权定价模型中推导出来的，是期权价格中隐含的波动率信息，也是期权市场上关于标的资产不确定的一个指标。标的资产价格、期权价格、执行价格、到期日、短期利率和股息率都可以从市场上观察到，唯一未知的就是波动率。通过将期权价格和除波动率外的参数代入选用的期权定价模型就可以求出隐含波动率的大小。

一、隐含波动率作为市场走向的预测指标

通过隐含波动率变化不仅可以预测金融标的资产价格将出现异动，还能预测股票、股指的走向。一般情况下，股市熊市时伴随着增长的隐含波动率，而牛市时伴随着下降的隐含波动率，比较极端的例子是股市崩盘时，隐含波动率创出历史新高。

股票价格下跌，隐含波动率就上升，因此如果我们能在股价将要见底时买入这只股票，我们或许可以发现，该股票期权正处在价格的最高点，虽然股票可能不会马上见底回升，但它至少会出现止跌企稳的迹象，如果这个时候采用买入该股票并卖出该股票的看涨期权这一策略将有很好的收益。

应用反向理论也可以解释隐含波动率的变化。如果股票已经下跌了一段时间，最后，看跌期权的买家失去了理智，开始愿意为这些看跌期权付出高的不太合理的价格，这将使得这些期权的隐含波动率快速上升。反向理论告诉我们，市场大多数人的意见通常是错的，现在每个人都想拥有看跌期权，这是这个股票即将见底的一个信号，即使股票不会立即反转，至少股票的反转行情也是“指日可待”，这是买入该股票的大好时机，大多数看跌期权的买家则会因此成为输家。

隐含波动率用作指数期权的预测指标时准确率更高，当市场暴跌，隐含波动率猛升时，市场是在朝底部接近。当隐含波动率见顶回落，则常常对应的是股市达到底部。当隐含波动率变得太低时，则市场可能即将出现大的行情。

【例 9－15】2001 年美国发生“9·11”恐怖事件后，股市在 9 月 17 日重新开盘时一路下跌，到 9 月 21 日道琼工业指数跌至 8 235.8 点，S&P100 指数也跌至 491.7 点，VIX 则升到 48.27 的高点，隔天（9 月 24 日），股市即出现 368 点的大幅反弹，反弹幅度约 4%，之后美股多头走势一直持续到 2002 年第 1 季度。2002 年 3 月 19 日，美股上涨至 10 635.3 高点，S&P100 指数也达 592.09 点，此时 VIX 处于 20.73 的低点。2002 年 7 月，美股在一连串会计报表丑闻影响下，下跌至 5 年来低点 7 702，S&P100 跌至 396.75，VIX 高达 50.48，隔天（7 月 24 日），股市同样出现 489 点的大反弹。由此可见，作为预测美股趋势的指标，VIX 很有参考价值。即可以从 VIX 指数看出 S&P 指数变盘征兆，VIX 到达相对高点时，表示投资者对短期未来充满恐惧，市场通常接近或已在底部；反之，则代表投资者对市场现状失去戒心，此时应注意市场随时有变盘的可能。

二、基于对波动率走向的判断的策略

波动率除了作为市场走向的预测指标外，通过期权我们还可以交易波动率。我们常常提到，预测市场的波动率要比预测市场走向简单，因此，基于对未来波动率判断的交易策略比基于对为了市场走向的判断的交易策略更为稳健。

直接买卖与波动性指数相关的衍生品是利用波动性预期来获利的一种方式。此外，由于隐含波动率与期权息息相关，在影响期权的其他参数不变的情况下，期权价格与隐含波动率呈正比例关系，当波动率上升时，期权价格往往上涨；当波动率下降时，期权价格往往下跌，因而有人称买入期权就是买入波动率。但如果只买入看涨期权或看跌期权，这还存在标的资产价格变动所带来的影响，因而为了降低标的资产方向性变动对总头寸的影响，需要构造期权组合来从波动性的变化中获利，如果认为波动率将下降，可以出售宽跨式套利和运用比率套利；如果认为波动率太低，将会回到正常水平，可以买入跨式套利和运用反套利。

（一）预期波动率上升

预期波动率上升此时运用的策略称之为波动率买入策略。如果波动率太低，预期波动率将上升时，可以通过买入跨式套利和运用反套利策略从波动率上升预期中获利。期权的 DELTA 是指标的资产每变动 1 点期权价格的变化大小，它是量度期权对于标的资产的敏感性，它随着标的资产的变化也会发生变化。

买入跨式套利是通过买入一手看涨期权和一手看跌期权来实现的，两个期权具有相同的执行价，且执行价接近于当前标的资产的价格。由于两个期权都是平值期权，因而看涨期权的 Delta 为 0.5，看跌期权的 Delta 大约为 -0.5，因而总头寸的 Delta 大约为零，即总头寸为 Delta 中性，也就是说当标的资产小幅变动时，无论价格是上涨还是下跌，总头寸的价值将保持不变。

买入跨式套利两种情况下都可以获利：一是标的物价格有实质性运动。即上涨或下跌超过一定幅度，至少有一个期权价值大幅攀升到足以覆盖买入期权的成本。二是隐含波动率上升。从图 9-24 可以看出，如果隐含波动率上升，那么从低波动率曲线到高波动率间的距离是波动率上升带来的收益，因而当波动率处于低位时，波动率的回升将使得跨式套利有利可图。但由于期权价值会受到时间的损耗，特别是到期日在 1 个月内的期权因时减值速度更快，那么买入到期日 3 个月以上的跨式套利较为可取，这样期权因时减值的速度不会太严重，也可以给标的物大幅运动留下充足的时间。如果将跨式套利变为宽跨式套利，那么由于买入的期权是虚值的，所需的投资成本较低，但其获利的概率较低，即盈利需要标的资产运动的幅度更大。

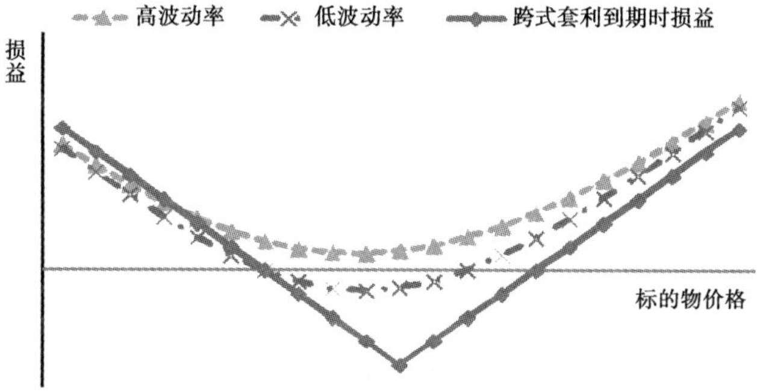

图 9-24　波动率对跨式套利到期时损益的影响

反套利也是买进波动率策略的一种，其买进的期权数量多于卖出的期权数量。反套利是指卖出一手期权的同时，买入更多数量的具有相同到期日、虚值程度更高的期权。看涨期权反套利是指卖出一手看涨期权，同时买入更多数量执行价更高的看涨期权，买入与卖出的数量比称为比率，一般来说，比率为 2:1 或 3:2。

我们也可以从期权的 Delta 来构造反套利。对于看涨期权来说，执行价格越高的看涨期权虚值程度越深，其 Delta 也越低。因而反套利中买入期权的 Delta 要小于卖出的期权的 Delta，因而构造 Delta 中性套利，买入期权数量要大于卖出期权数量。比如买入两手虚值看涨期权，假设其 Delta 为 0.25，买入的看涨期权的头寸的 Delta 为 0.5，卖出一手平值的看涨期权，其 Delta 为 0.5，其头寸的 Delta 为 -0.5，因而总头寸的 Delta 为 0，即 Delta 是中性的。

从图 9-25 可以看出，如果标的物上涨，那么看涨期权反套利策略就有无限的潜在收益，如果市场下跌，该策略的损益都是有限的。看涨期权反套利策略的损益与跨式套利的损益损益类似，都能从波动率的上行中获利，在上行方向上有无限的盈利，潜在的风险都是有限的。但反套利相比跨式套利而言，其建立的成本较低，能运用的杠杆更高，因而是杠杆策略的一种。此外，反套利在下行方向上有有限的盈利或亏损，这取决于反套利是以债务还是以信用建立的。

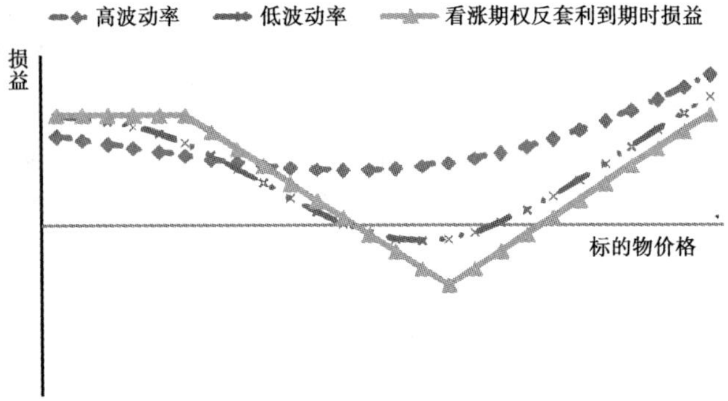

图 9-25 波动率对看涨期权反套利到时损益的影响

看跌期权反套利策略是指买入看跌期权的同时，卖出具有相同到期日的执行价更低的期权，买入期权与卖出期权的比率大于 1，并尽量使总头寸的 Delta 接近于零。该策略将从波动率上升中获益，当标的物上升时潜在损益有限，若标的物下跌时潜在收益无限（见图 9-26）。

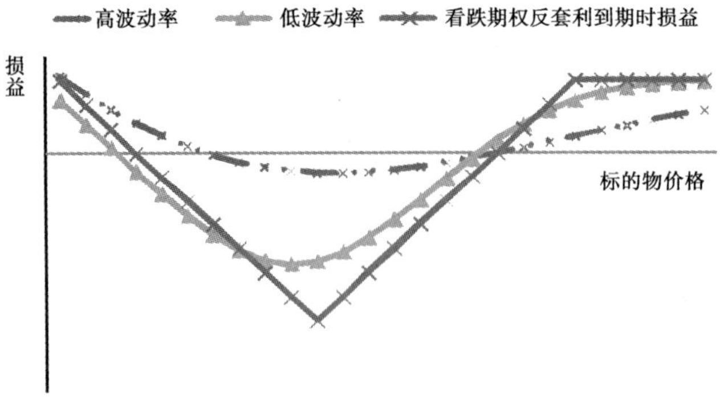

图 9-26

（二）预期波动率下降

预期波动率下降此时所运用的策略称之为波动率卖出策略。当隐含波动率太高时，投资者通过卖出波动率来从波动率回归正常水平运动中获利。波动率卖出策略主要有两种：卖出宽跨式套利、卖出比率套利。

卖出宽跨式套利也就是出售一手虚值的看涨期权和一手虚值的看跌期权。如果觉得潜在风险不可控，也可以买入极度虚值的期权作为保护。卖出宽跨式期权相对于跨式期权来说，盈利范围更大，当标的物朝反方向变动时，调整的频率要小。如果标的物价格保持相对稳定或波动率下降，宽跨式套利的卖出者将获利（见图 9－27）。

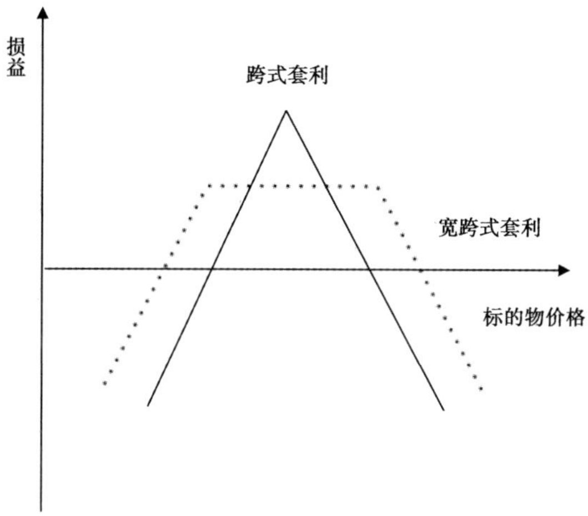

图 9－27　宽跨式套利和跨式套利

从图 9－28 可以看出，宽跨式套利到期时的盈利曲线像梯形，标的物价格变动较小时，对卖出者是有利的，但若标的物价格大幅波动，其面临的亏损是无限的。如果中途对头寸进行平仓，那么两条曲线间的距离是波动率下降所带来的获利机会。如果标的资产变动较少，两条曲线都有盈利，但如果标的资产上涨或下跌太多，那么两者都有损失，但波动率太高时应用该策略将获得一个“优势”，波动率回归正常水平所带来的期权价值下跌，回补头寸所需的成本将下降。

看涨期权比率套利到期时损益见图 9－29。看跌期权比率套利到期时损益见图 9－30。

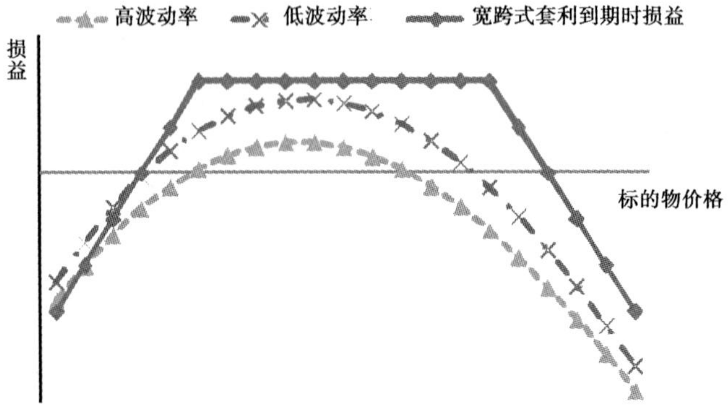

图 9－28　宽跨式套利到期时损益

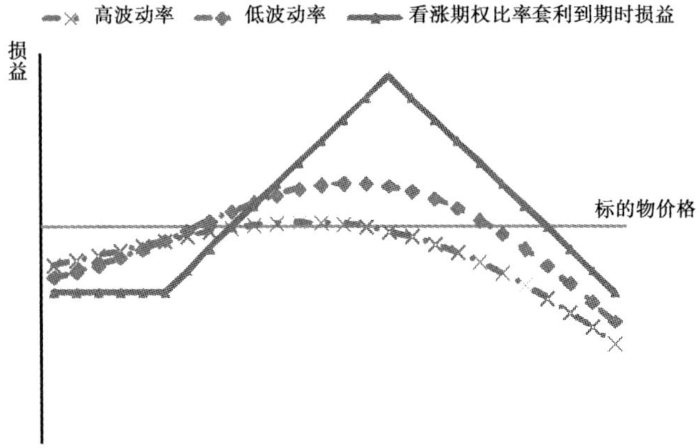

图 9－29　看涨期权比率套利到期时损益

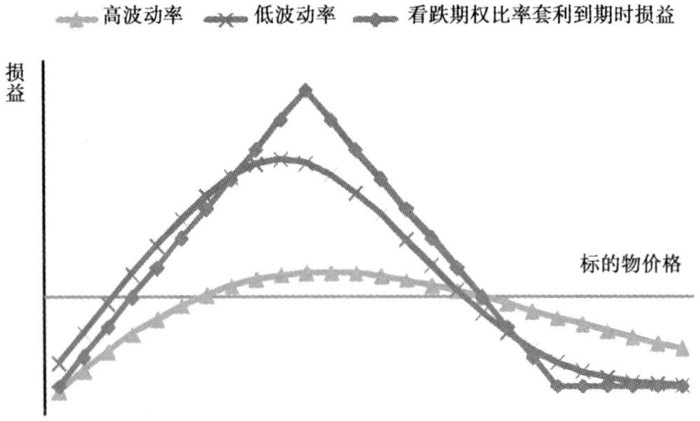

图 9－30　看跌期权比率套利到期时损益

三、基于对波动率斜率变化的判断的策略

除了通过预测波动率的走向获利之外，我们还可以从波动率斜率的变化中获利，这种策略被称之为交易波动率斜率。波动率斜率指的是同一标的物的不同执行价格的期权具有不同的隐含波动率，例如标的 AB 的价格为 90 元，和它有关的期权报价见表 9 - 8。从表 9 - 8 可以看出，看涨期权虚值程度越深，隐含波动率越低。我们也知道，指数期权存在波动率斜率，执行价越高的期权，隐含波动率越低，称这样的波动率模式为反向波动率斜率；如果执行价越高，期权的隐含波动率越大，我们称之为正向波动率斜率。

表 9 - 8　　各个期权的权利金和隐含波动率

期权	期权权利金	隐含波动率（%）	EDLTA
1 月到期执行价为 90 的看涨期权	7.4	31	0.91
1 月到期执行价为 95 的看涨期权	4.3	27	0.44
1 月到期执行价为 100 的看涨期权	2.3	25	0.2

对于股票市场的反向波动率斜率，并不是由于股票下跌的机会大于上涨的机会，而主要是由于市场对于下跌的恐慌大于上涨，因而愿意付出更高的价格来对于标的进行保护。因而如果能够保持头寸至到期，那时所有期权的隐含波动率将一致，因而只需要买进低隐含波动率的期权，卖出高隐含波动率的期权，就可以从波动率的相对变化中获利。

对于具有反向波动率斜率的期权市场，有三种策略可以从波动率斜率中获利：买进熊市看跌期权套利；构造看跌期权比率套利；构造看涨期权反向比率套利。其中熊市套利虽然也是卖出期权的隐含波动率比买入期权的隐含波动率要高，但其对于标的物是看空的，需要标的物适当运动才能获利。

【例 9 - 16】假设 ABC 指数期权存在反向波动率斜率，ABC 指数期权的波动率均值为 16%，各个执行价的期权的隐含波动率见表 9 - 9。

表 9 - 9　　各个执行价的期权的隐含波动率

执行价	期权的隐含波动率（%）
1 980	23
2 000	20

续表

执行价	期权的隐含波动率（%）
2 020	17
2 040	16
2 060	15
2 080	14
2 100	13

那么，我们可以建立如下策略来交易波动率斜率（买入低隐含波动率的期权，卖出高隐含波动率的期权）：

（1）买入 1 手 10 月到期的、执行价为 2 020 的看跌期权，卖出 1 手 10 月到期的、执行价为 1 980 的看跌期权，建立一份熊市看跌期权套利。

（2）买入 1 手 10 月到期的、执行价为 2 020 的看跌期权，卖出 2 手 10 月到期的、执行价为 1 980 的看跌期权，从而建立一份比率为 2∶1 的看跌期权比率套利。

（3）买入 2 手 10 月到期的、执行价为 2 020 的看涨期权，卖出 1 手 10 月到期的、执行价为 1 980 的看跌期权，从而建立一份比率为 2∶1 的看涨期权反套利。

【例 9－17】 看跌期权比率套利属于净卖出期权的一种，其潜在收益有限，下行风险无限，上行损益与初始投资相关。假设标的资产价格为 1 000，10 月到期的看涨期权价格见表 9－10。

表 9－10　　10 月到期的看涨期权

执行价	期权的隐含波动率（%）	期权价格	DELTA
880	32	0.83	－0.03
940	30.2	5.54	－0.15
980	25	11.78	－0.32

通过买入 1 手执行价为 980 的看跌期权，卖出两手执行价为 940 的看跌期权，建立了 1 手看跌期权比率套利，初始投资成本为 $0.7\times100=70$，头寸的 DELTA 为 －0.02，如果标的资产价格到期时在 980 上方，所有期权无价值过期，损失为初始投资成本 70；若标的资产价格到期为 940，卖出的期权无价值过期，该策略获得最大潜在盈利 $40\times100-70=3\ 930$；下行损益平衡点为 940

-3 930/100 =900.7。

【例 9-18】 看涨期权反套利属于净买入期权的一种，其潜在风险有限，上行潜在收益无限，下行损益与初始投资相关。假设标的指数价格为 2 010，5 月到期的看涨期权的价格分别见表 9-11。

表 9-11 各个执行价的期权隐含波动率、期权价格

执行价	期权的隐含波动率（%）	期权价格	Delta
1 950	21	101.21	0.74
2 000	19.8	66.20	0.61
2 050	16	31.71	0.43

卖出 1 手执行价为 1 950 看涨期权，买入两手执行价为 2 050 的看涨期权，从而建立比率为 2∶1 的看涨期权反套利，头寸的 Delta 为 -0.12，初始投资收益为 3 779。如果标的指数下降到 1 950 下方，那么所有的看涨期权都将无价值过期，投资者就会获初始的投资收益 3 779（不算手续费的话）。如果标的指数价格上涨至买入期权的执行价时，投资者遭受该策略的最大损失：

最大风险 = 初始收益 -（执行价的差 × 卖出期权的数量）

=3 779 -100 ×100 = -6 221

该套利上行方向的损益平衡点计算公式为：

上行损益平衡点 = 买入期权执行价 + 最大风险/（买入期权数量 - 卖出期权数量）

因此该例中的上行损益平衡点为 2 112.21。

当波动率斜率是正向时，即执行价格越高的期权隐含波动率越高，那么看涨期权比率套利和看跌期权反套利是较为可取的策略。两者的共同点都是买入的期权执行价较低，而卖出的期权执行价较高。因而卖出的期权具有较高的隐含波动率，在波动率斜率消失时将获利。

当隐含波动率处于低位时，运用看跌期权反套利较为适合，由于隐含波动率较低，期权是相对便宜的，因而买入净期权更好。看跌期权反套利对下行方向有无限的潜在盈利，上行潜在损益与初始投资有关，最大损失比跨式套利要小，因为上行方向的盈利被放弃掉了。假设标的资产价格为 500，10 月到期的一些期权价格见表 9-12。

表 9－12　10 月到期的期权价格

执行价	期权的隐含波动率（%）	期权价格	Delta
475	17	1.65	－0.12
500	19.1	9.66	－0.42
525	21	25.63	－0.71

建立的反套利，由于0.71/0.42≈1.7，因而买入2手执行价为500的看跌期权，卖出1手执行价为525的看跌期权，总头寸DELTA为－0.13，总共盈余6.31点，即盈余631。若标的资产价格到期时在525上方，所有期权无价值过期，所获盈利为初始盈余；若标的物价格刚好等于买入期权执行价，该策略面临最大亏损

最大亏损＝初始投资收益－执行价之差×卖出期权数量＝631－25×100＝－1 869

下行损益平衡点＝低执行价－最大亏损×（买入期权数量－卖出期权数量）＝500－1 869/100≈482。

当隐含波动率处于高位时，运用看涨期权比率套利更适宜，此时期权是较为昂贵的，因而净卖出期权更有利。假设标的股票价格为98，8月到期的一些期权价格见表9－13。

表 9－13　8 月到期的期权价格

执行价	期权的隐含波动率（%）	期权价格	DELTA
90	30	9.63	0.85
95	32.1	6.17	0.68
100	35	3.86	0.49

由于0.85/0.49≈2，故买入1手执行价为90的看涨期权，卖出2手执行价为100的看涨期权，初始投资成本为1.91点，即191，总头寸Delta为－0.13。若标的资产价格到期时低于90，所有期权无价值过期，则亏损191；若标的物价格等于100，卖出的期权无价值过期，则获得最大潜在盈利10×100－191＝809；上行损益平衡点为100＋809/100≈108。

第五节
金融期权的应用

金融期权的应用非常广泛。从直接投机的角度来看，投资者可以通过期权的杠杆功能做到“以小博大”，而且不同于期货投资，期权“风险和收益不对等”的特点能使买方在“以小博大”过程中不必承担因看错方向导致的损失。期权组合还能更加细腻地反映出投资者对行情的判断，除了简单的看涨看跌外，期权组合策略还可以实现“看大涨、看大跌”，“看小涨、看小跌”等预期下的操作，既使在期货投资者感到最为沉闷的震荡行情时，期权组合策略也能大显身手。除此之外，我们知道，预测市场的波动率要比预测价格走势简单，而期权就提供了投资者交易波动率的工具。从资产配置的角度来看，期权是非常灵活的风险控制工具，通过期权，投资者可以对投资组合所面临的各种风险进行对冲，同时期权组合在风险对冲中的运用，能让投资者低成本甚至零成本实现风险控制目标。

一、用股票期权来替代对应的股票标的

股票持有者如果想使用更多的杠杆或希望承担更少的风险，他可以通过买入该股票的看涨期权的方式来实现，这是因为看涨期权具有收益无限、风险有限的特点，买入方只需支付少量权利金，就可以享受到在到期期限内以执行价格购买股票的权利。

但是，用看涨期权替代股票的这一策略有可能让投资者损失掉股息收益，不过这部分损失可以通过短期债券或定期存款的利息收入来弥补。具体来说，由于期权具有杠杆作用，股票投资者利用期权作为替代之后还能结余大部分资金，因此可以将这部分结余资金存为定期存款或者购买短期债券以获取利息收益，期限可以设置为与期权的到期日相同。当股票价格上涨时，看涨期权可以让该投资者享受到股票价格上涨所带来的盈利，与此同时，定期存款或短期债券还能为投资者带来利息收入；当股票价格下跌时，投资者可以放弃执行期权，投资者损失了期权权利金，但定期存款或短期债券的利息收益可以为投资者弥补一定的损失。

此外，看涨期权的时间价值衰减也会让投资者遭受一定的损失，因此在利用看涨期权作为股票替代品时，投资者一般会偏向于实值甚至深度实值看涨期权。实值期权的时间价值相对较小，因此持有实值看涨期权所遭受因时间价值衰减而产生的损失也较小。

除了持有看涨期权外，还可以通过卖出看跌期权来替代对应的股票。我们知道，如果深度实值看跌期权空头的 Delta 值接近 1，这就使得这种头寸也可以变成股票的可行替代品。深度实值看跌期权空头的收益几乎和股票价格上涨保持同步，直至股票价格上涨至该看跌期权的执行价格。这种股票的替代方式的一个诱人之处在于，出售深度实值看跌期权合约可以获得可观的现金收入，这笔现金还可以通过短期债券或存款的方式获得利息收入。

此外，卖出看跌期权可以通过选择不同的执行价格来实现投资者在更低价位买入股票的目标，我们常常可以听到投资者会发出类似感慨“如果这只股票能再下跌 5%，那就是买入的最佳时机了”，有了股票期权，投资者不需要再等待，例如，某日某只股票的价格为 42 美元，投资者觉得若该股票能跌到 39 美元，他将毫不犹豫地买入这只股票，这时候他可以选择出售执行价格为 40 美元的该股票看跌期权，获得的权利金为 1 美元。如果期权被指派，该投资者便要以 40 美元/股的价格购买该股票，减去权利金后得到的修正成本为 38.75 美元，也就是说投资者实现了在 39 美元以下的价格买入股票；如果直到期权到期日，股票的交易价格始终在 40 美元之上，则这份看跌期权将不名一文的过期了，投资者便轻松地获得了 1.75 美元/股的收益。

当然，作为实值看跌期权的空头，你将被要求在经纪账户中存入一定的保证金，不过相比较持有实际股票所需的资金，保证金就显得微不足道了。这种股票替代品也有缺陷，作为深度实值期权，其含有的时间价值可以忽略不计，这就使得期权被执行的可能性加大（一般情况下，期权合约的买方申请执行期权会损失到期权的时间价值，因此并不鼓励买方执行期权），一旦期权被执行，你就需要买入相应的股票，从而导致该替代策略被迫结束。为了避免这种问题出现（除非投资者本来就有买入股票的意愿，就像上一段举例中的情况），投资者可以选择不太深的实值期权，即执行价格高出股票市价的差价不要太大，这样的期权有一定的时间价值从而降低了被执行的可能性。另外，在选择看跌期权的时候，还要注意期权合约的未平仓合约数量，未平仓合约数量越高，投资者被要求履约的可能性越低。

【例 9-19】假设 4 月初，A 股票的交易价格为每股 15。投资者希望通过期权合约构造一个 3 个月期的股票头寸，于是选择了 7 月份到期的看跌期权合约，假设投资者以每股 5.3 的价格出售 1 份 7 月到期、执行价格为 20 的看跌期权合约。

这样这个期权合约包含每股 0.3 的时间价值（权利金 - 实值部分 = 5.3 - (20 - 15) = 0.3)，这使得期权被执行的概率降低，如果这份期权合约的未平仓合约数量也很大，投资者被要求履约的可能性就大大降低了。

我们再来计算一下出售该期权所需要的保证金，按照股票价格的 25% 再加上该期权的权利金的方式缴纳保证金，出售 1 份看跌期权所需要缴纳的保证金为 905（（15 ×25% +5.3） ×100)，扣除掉出售期权获得的收入 530，事实上投资者为这笔交易只需付出 375，远低于实际购买 100 股 A 股所需要的 1 500。当然，卖出该看跌期权所需缴纳的保证金并不是固定的，它随着股价及权利金的变化而变化，但总是远低于实际购买股票的成本。

如果 A 股票价格在 3 个月内上涨至 20 或 20 以上，此时作为看跌期权的空头，投资者获得其最大收益，即全部权利金，但投资者不能享受到股票在 20 以上的那部分上涨收益。这就是卖出看跌期权替代股票的另一个劣势，其最大收益有限。

同样，我们也可以用买进看跌期权作为卖出股票的替代，这一替代策略与用看涨期权作为股票的替代相比更有操作上的便利。为了便以理解，我们以国内融券业务为例来说明卖空股票在操作上的难度，当你预测某只股票将下跌的时候，你决定做空该股票，这时候你需要先向证券公司借入证券后才能卖出，但证券公司会对你的融券资格进行严格的考核并对你有一定的资金要求，如果你在证券公司从事证券交易不足半年、证券投资经验不足、缺乏风险承受能力或者有重大违约记录，证券公司就不能也不会向你融券。但如果你看空的股票有对应的看跌期权，只需支付少量权利金购买该看跌期权，你就可以享受到该股票下跌所带来的收益。因此买进看跌期权是卖出股票的一个较好的替代。

除买进看跌期权外，深度实值看涨期权的空头也可以作为股票空头的替代品，深度实值看涨期权的空头所获得的收益几乎和股票价格的下跌保持同步，直到股票价格接近该看涨期权的执行价格。和卖出股票一样，这种股票的替代品可以用出售昂贵的深度实值看涨期合约来获得可观的现金收入，将这笔现金投资于短期债券或定期存款还可以获得利息收入。

此外，卖出看涨期权还可以实现投资者在目标点位卖出股票的目标，就像我们常常会听到投资者发出类似的感慨“如果这只股票再涨几个点，我就将我手上的这只股票止盈出场”，有了该股票的看涨期权，投资者只需要选择合适的执行价格卖出看涨期权来达到自己的期望。例如，某只股票的交易价格为77美元，投资者持有一定数量的这只股票，他将止盈的目标设置为80美元，这时他可以卖出执行价格为80美元的该股票看涨期权，获得权利金收入4美元。如果投资者被指派行权，投资者将以80美金每股的价格出售他所有的股票，这正好满足他最初的期望；如果直到期权到期日，股票的价格始终低于80美金，这期权将一文不值的过期，而投资者则可以因为这笔交易获得每股4美元的权利金收益。不过他所持的股票头寸还保留着，因为没有达到他的止盈目标点位。

卖出深度实值看涨期权同样也需要投资者在经纪账户中存入相应的保证金。相对于深度实值看跌期权而言，深度实值看涨期权被执行的概率较低，但如果遇到股票发放红利的情形，期权被执行的可能性会比较高，因为看涨期权的买方为了获得股票中的红利，很有可能在期权合约到期之前申请执行该期权。

由于卖出股票同样可以获得现金流以及具有一定的杠杆作用，使用深度实值看涨期权的空头来合成股票空头的策略并没有太大的优势，因而在实际中运用的较少。

需要提醒投资者的是，虽然期权相对股票具备风险有限的优势，但在期权剩余时间较短的情况下，股票价格的波动范围有限，因此这种优势难以得到发挥，但对于具有长期持有股票意愿的投资者来说，利用长期期权（Leaps）来替代股票头寸则可以享受到期权所具备的这种优势，以长期看涨期权为例，一旦股票价格在某一期间出现大幅跳水，在股票持有者被“深度套牢”之时，长期看涨期权的持有者则可以通过行使放弃的权利使自己的权益受到了保护。

二、期权组合合成对应的金融标的资产

欧式期权间存在着平价公式：$C + Ke^{(-rt)} = P + S$，这里的字母 C、P 分别代表看涨期权和看跌期权的价格，K 为执行价格，S 为标的资产的价格。由此我们可以很容易的得到通过期权来合成对应标的资产的方法：（1）买入1手看涨期权同时卖出1手相同执行价格及相同到期时间的看跌期权，相当于持有对应的标的资产；（2）卖出1手看涨期权同时买入1手相同执行价格及相同到期时间的看跌期权，相当于做空对应的标的资产。

【例9-20】2012年7月3日，股票ABC的交易价格为180，8月170看

涨期权的交易价格为 20，8 月 170 看跌期权的交易价格为 10。买进一手看涨期权同时卖出一手看跌期权的收益情况见表 9 - 14（一般 1 手股票期权对应着 100 股股票）。

表 9 - 14　　看跌期权的收益情况

股票 8 月到期时的价格	持有股票头寸的收益	买进看涨期权的收益	卖出看跌期权的收益	期权总收益
160	-2 000	-2 000	0	-2 000
170	-1 000	-2 000	+1 000	-1 000
180	0	-1 000	+1 000	0
190	+1 000	0	+1 000	+1 000
200	+2 000	+1 000	+1 000	+2 000

表 9 - 14 显示，持有期权组合与持有对应的股票获得的收益是完全相同的，因此应用看涨、看跌期权的组合来合成股票标的的做法是可行的。

这时，投资者或许会出现一个疑问，为什么不直接购买股票而是要应用期权组合来合成股票呢？有些特殊情况下，比如说你想购买的股票出现了涨跌停板，你无法直接买入，这时候你就可以通过买该股票的看涨期权同时卖出看跌期权的方式合成你想要的股票多头头寸。除此之外，期权的杠杆作用也是吸引投资者进行这种合成操作方法的原因，购买股票需要全额支付，但购买期权只需要付出少量权利金，虽然卖出期权需要缴纳一定的保证金（股票价格的 20%—25% 左右），但相比之下，这两部分资金相加仍远小于全额购买股票所需金额，而低成本的期权组合却能与股票投资具有相同的收益。

同样的，我们也可以通过卖出看涨期权和买入看跌期权的组合来做空对应的股票标的。虽然做空股票同样有一定的杠杆作用，但其收取的保证金比例要比卖出期权所收取的保证金比例高，因此采用期权组合来替代直接卖空股票也有减少资金占用成本的优势，与此同时，交易期权组合还有操作上的便利，因为你不必等到借到股票之后才能卖空股票。

正因为期权合成的标的资产头寸的损益情况理论上应该与持有标的资产相应头寸的损益完全一致，因此当两者出现不一致的情况下便提供给投资者进行无风险套利的机会。

上述两种期权合成标的资产的方式又可以衍生出多种合成方式（标的资产和期权的组合合成另一种期权），比如，买入标的资产并同时卖出标的资产的看涨期权，合成看涨期权，下面我们看一个例子。

【例 9－21】预计未来几个月后法国的股市会大幅反弹，并计划建立一个可控风险的期权多头头寸，以便在 CAC40 指数上涨时获利。CAC40 期货、期权市场行情见表 9－15。

表 9－15　　　　CAC40 期货、期权市场行情

头寸	价格
2013 年 9 月到期的 CAC40 指数期货	4 396.50
2013 年 9 月到期、执行价格为 4 400 的 CAC40 指数看涨期权	245.60
2013 年 9 月到期、执行价格为 4 400 的 CAC40 指数看跌期权	244.60

如何应用上述金融工具来实现指数上涨时获利同时风险可控的目标呢？最简单的方式是投资者买入 CAC40 指数看涨期权，不过我们观察到通过买入看涨期权的同时卖出看跌期权的方式合成期货多头头寸与实际中期货多头存在 4.5 点的差价，因此以买入指数期货并同时卖出指数看涨期权的方式合成看涨期权会有更好的收益。实际情况见表 9－16。

表 9－16　　　　合成看涨期权收益

期权合约到期时的 CAC40 指数	指数期货	指数看跌期权	合成的看涨期权多头	实际的看涨期权多头
4 800	+403.5	－244.60	+158.90	+154.40
4 700	+303.50	－244.60	+58.90	+54.40
4 600	+203.50	－244.60	－41.10	－45.60
4 500	+103.50	－244.60	－141.10	－145.60
4 400	+3.50	－244.60	－214.10	－245.60
4 300	－96.50	－144.60	－214.10	－245.60
4 200	－196.50	－44.60	－214.10	－245.60
4 100	－296.50	+55.40	－214.10	－245.60
4 000	－396.50	+155.40	－214.10	－245.60

因此合约到期时，合成的看涨期权多头头寸比实际的看涨期权多头头寸有 4.5 点的优势。

三、应用股票期权来弥补股票投资上的失误

当购买某只股票被套牢的时候，有些投资者会非常后悔当初做出买入股票的决定，“如果可以保本出局就好了，我也不指望赚钱了，只要别在这只烂股票上让我亏欠就好了”，投资者也许会这样抱怨。那么现在他只能坐等股票反弹到他的购买成本价，然后保本出局吗？这是大部分中国股民的做法，从开始买入股票梦想大赚一笔，到后来套牢后转变成为“价值投资”思路。如果你非常看好这只股票的未来，其实你可以采取“越跌越买”的方式来降低你的股票购买成本，比如你最初是以 100 元/股的价格购 1 000 股股票，当股票价格下跌至 90 元的时候，你再购入 1 000 股股票，这样你购买股票的平均价格从最初的每股 100 元下降至 95 元。所以一旦股票价格反弹至 95 元，你就可以做到保本出具了，但这时候随着你所持股票头寸的增加，你的风险也增加了。

不过如果投资者觉得“我想降低我股票的购买成本，但是我实在不想再往这只股票里投钱了，我也不想再承担更多股票下行的风险了”，此时，期权就提供了实现投资者这种想法的工具，即在不增加额外投资的基础上降低了股票的购买成本。

假设投资者持有 500 股中等稀有金属公司（GSM）的股票，该股票目前的交易价格为 55 美元。不过这些股票是投资者在几个月之前以每股 65 美元的价格买进的。现在考虑建立这样一个期权组合：（1）买入 5 手 6 月执行价格为 55 美元的看涨期权，权利金为每股 4 美元；（2）卖出 10 手 6 月执行价格为 60 美元的看涨期权，权利金为每股 2 美元。

建立这样一个期权组合，由于出售期权所得的权利金收入正好用以弥补购买期权的支出，因此是不需要任何额外支出的，即构建该期权组合是零成本的（不考虑交易手续费）。而这个期权组合为投资者实现了这样一个目标：原本股票价格反弹至 65 美元投资者才能保本出局，现在只需要股票反弹至 60 美元，投资者就可以成功逃离这只股票的困境了，而且投资者并不需要为构建这个组合投入额外的资金，建立这个期权组合也不会给投资者带来更多的风险。我们可以看一下股票在各种价格下，投资者全部头寸的损益情况（见表 9－17）

表 9－17　全部头寸损益情况　单位：美元

到期日的股票价格	股票头寸的损益（500 股）	买入 5 手看涨期权的损益	卖出 10 手看涨期权的损益	总损益
54	－5 500	0	0	－5 500
55	－5 000	0	0	－5 000
56	－4 500	＋500	0	－4 000
57	－4 000	＋1 000	0	－3 000
58	－3 500	＋1 500	0	－2 000
59	－3 000	＋2 000	0	－1 000
60	－2 500	＋2 500	0	0
61	－2 000	＋3 000	－1 000	0
62	－1 500	＋3 500	－2 000	0

根据表 9－17，我们可以直观地看到，一旦股票价格达到 60 美元，投资者就可以保本出局了。不需要额外的投资，也不需要增加更多的风险，但能降低股票的购买成本，世上有免费的午餐吗？

显然天上不会掉馅饼下来，构建这个组合之后，投资者将放弃掉股票价格在 60 美元之上的收益，也就是说，一旦股票价格出现反弹，并上涨至 60 美元之上，那么无论股票上涨多少，你都无法再享受到股票上涨带来的收益。这就是你构建这个期权组合需要付出的成本，只是这仍符合你构建组合的初衷，你并没有寄希望于通过这只股票获利，你想的只是尽快远离这个泥潭。

四、股市中期权的保险功能

假设我们希望为单只股票保险，最有效的办法就是就该股票买入对应的股票看跌期权，通常是就股票买入略微虚值（即执行价格略低于股票市价）的股票看跌期权。

【例 9－22】 如果你拥有 1 000 股 XYZ 股票，市价 50，那么你可以通过买进 10 手执行价格为 40 的看跌期权进行保护。如果你想获得更大的保护，可以买入 10 手执行价格为 45 的看跌期权，甚至选择执行价格为 48 的看跌期权。

如果要为一个股票投资组合进行套保，为投资组合中的每一个股票买入相应的单股看跌期权往往是该投资组合最有效、最省钱的套保方式。你的组合中不管哪一只股票出现下跌，看跌期权都会在它们各自的执行价格之下提供保护。

如果想降低保险的成本，股票拥有者在买进 1 手相应的虚值看跌期权作为保险的同时，可以出售 1 手虚值的看涨期权以支付其购买看跌期权的大部分或者全部的费用，此时投资者所拥有的头寸为：买进股票、买进虚值看跌期权、卖出虚值看涨期权，这个策略被称之为领圈套利，其潜在的盈利图见图9－31。

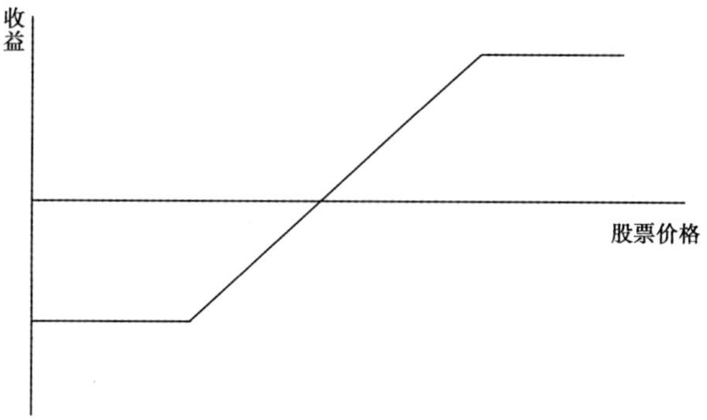

图 9－31　领圈套利收益图

【例 9－23】某一欧洲企业担心持有的美元头寸的暴露风险，因此希望通过购买外汇期权来规避美元贬值所带来的风险，但外汇期权的权利金较高，该企业又不愿意为此支付过高的成本。假设当前的汇率是每欧元 1.2 美元，该企业担心欧元兑美元可能会上涨突破每欧元 1.3 美元，因此作为经纪人，你可以建议企业购买一手执行价格为 1.3 美元/欧元的看涨期权（简记为看涨期权 A），不过一旦美元升值至每欧元 1.1 美元之上，企业愿意放弃美元继续升值所带来的利益，于是经纪人为企业推荐期权组合“买入看涨期权 A，同时卖出看跌期权 B”，这里的看跌期权 B 是指执行价格为 1.1 美元/欧元的看跌期权，卖出看跌期权 B 所获得的权利金可以部分甚至全部抵消购买看涨期权 A 所需支付的权利金，该欧洲企业以极小的成本甚至零成本的代价为自己的美元头寸上了一份保险。之所以企业可以零成本的为其美元头寸上保险，是因为企业放弃了美元升值带来的可能收益。

投资者也可以使用股指期权来保护整个投资组合，这种方式相对为组合中每只股票保险在操作上更为便利，但需要承担相应的跟踪误差，所谓的跟踪误差就是指投资组合的表现同指数表现间的差别。此外，单股期权的交易通常使用的是与该股票历史波动率非常接近的隐含波动率，而股指期权的交易往往会使用较高的隐含波动率，这使得投资者为购买这份保险需要付出更高的价格。尽管使用指数期权具有这些缺点，投资者仍愿意使用股指期权来为他们的股票组合上保险，特别是对于大规模的投资组合来说，他们不必再为上百种股票一一地去买进看跌期权，当然还有该股票是否具有对应的期权这一问题。

由于跟踪误差的存在，在利用股指看跌期权对投资组合进行保护的时候，我们往往需要计算投资组合相对于股指的 Beta 值，简单来说，如果某股票的 Beta 值为 2，它的运动速度就是这个股指运动速度的 2 倍。这与应用股指期货为股票投资组合进行套期保值的思路一样。

买进虚值看涨期权是一种比较便宜的保险方式，这跟购买一份灾难保险类似，保险最终被实施的可能性相对较小。众所周知，不管是火险、意外险、人身险还是其他保险，保险被实施的概率越低，保险所需的费用越少。同理，购买虚值看跌期权所需的费用要比购买实值看跌期权所需的费用低很多，这从期权定价的角度来看也是显然的。以保险思路来运用期权的时候，你就需要决定两件事：（1）保险的期限；（2）愿意承担的风险。当然你愿意承担的风险越大，你所需要支付的保险金就越少，这意味着你可以购买虚值程度越深的看跌期权。

当你为你的股票投资组合选择保险的时候，你愿意承担的最大风险，就是现有股指价值与你买进的虚值看跌期权的执行价格之间的距离。比如 4 月法国 CAC40 指数是 3 000 点，你可以购买 6 月 2 900 看跌期权，这表明你这两个月中愿意承担的风险是 100 个 CAC40 的点。在假设投资组合与 CAC40 的跟踪误差为 0 的情况下，如果 CAC40 跌至 2 900 点之下，你的投资组合就得到了保护。

如果你愿意承担的风险更大，比如你愿意承担 150 个 CAC40 的点，那你可以选择执行价为 2 850 的看跌期权，这时候你所需要支付的保险金（即看跌期权的权利金）就相对较小。

虽然使用单个指数看跌期权保护投资组合的想法非常自然，但在实践中并未被广泛运用，这是因为购入看跌期权的成本较高，尤其在牛市的时候，投资者常常会认为买看跌期权保护自己的头寸其实是白白浪费钱的事情。殊不知，突如其来的股市下跌或许会给他们造成致命的打击。有个众人皆知的道理，那就是我们不能因为现在很健康，就不去为有可能发生的大病做任何准备，相信很多人愿意花一点钱购买一份大病保险以备不时之需。幸运的是一般情况下，股票价格的下跌不会那么突然，股市崩盘事件较为少见，因此当股票价格开始出现下跌，我们仍有机会为我们的股票买保险。值得一提的是，当投资者持有的股票头寸已有可观盈利，这时候投资者应该考虑购买看跌期权为所持头寸上一份保险。

正是由于看跌期权并不便宜，使得利用领圈套利为股票保险的方式更为普遍，它通过买进一手虚值看跌期权为股票上保险，同时卖出一手虚值看涨期权用以支付部分甚至全部的保险成本，因而极大地降低了保险的成本，但与此同时，投资者也失去了部分或者全部因股票上行盈利的可能性。

【例 9-24】 某只股票 FG 在 2012 年上半年的运行情况很好，但是，9 月的下旬在收益报告公布后，股价受挫。股票卖价在 90 左右，一个持有 1 000 股股票的人想要锁住股票在这一年里所产生的高于 50% 的收益。假设他愿意冒 10% 的险（股价下跌到 81），一旦股价跌破 81，则有保险来保护。市场上有以下的价格：（1）FG：90；（2）12 月 81 看跌期权；（3）12 月 95 看涨期权。

因为看涨期权的售价是看跌期权价格的两倍，他可以出售 5 手 12 月 95 看涨期权，买进 10 手 12 月 81 看跌期权，零成本地构造了期权组合来保护所持的股票头寸。在该期权组合的保护下，不但他的整个 1 000 股的头寸刚好在股 81 时受到了保护，而且，他所有的股票在股票价格达到 95 之上时还能获得盈利，当股票价格突破 95 时，他有 500 股股票没有对应的卖出看涨期权，因此这 500 股股票仍然能够提供上行方向的潜在盈利。该投资者最终的收益曲线见图 9-31。

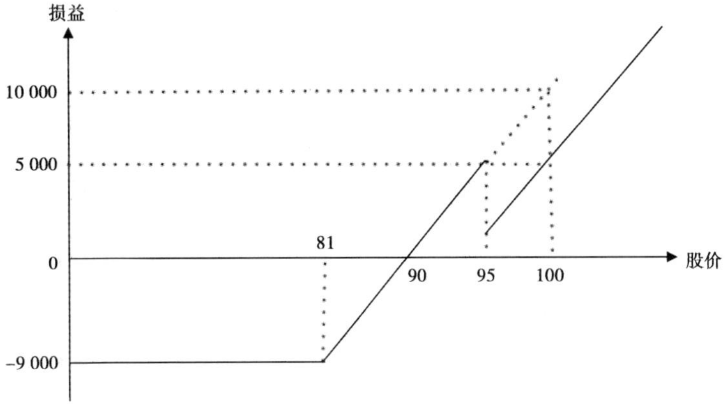

图 9-31 在期权组合保护下 FG 股票投资者的收益情况

由图9－31我们不难发现，投资者所实现的零成本套期保值，是以损失部分盈利可能为代价的。一旦FG股价突破95，由于投资者卖出的5手95看涨期权正好对冲了500份股票的收益，因此当股价在95以上时，投资者的只能获得500份股票所获得收益。不过该期权组合使得投资者所承担的风险有限，投资最大的损失为9 000。

五、应用场外期权对冲市场风险

场外期权市场的存在，使得几乎所有可能的风险管理问题都有了应对的措施，正是因为如此，场外期权对投资者有着巨大的吸引力。相比较交易所交易的标准期权合约，场外期权可以理解成根据投资者需求为投资者“量身定做”的非标准合约，它可以满足投资者各种各样的风险管理要求。

以股票投资组合为例，除了在交易所买入相对应的看跌期权为组合套保之外，许多大规模的机构股票持有者使用的另一条途径为场外期权。他们可以根据所持有的投资组合来买进场外看跌期权或卖出场外看涨期权，按照这种方式，套保者不需要承担跟踪误差带来的损失，因为场外看跌期权可以实现对投资组合中的每个股票的完全跟踪。

比如，某投资者持有一个投资组合，他只愿意承担该组合市值下跌8%的风险，他愿意支付一定的保险金为该投资组合购买一份保险，这时候他就可以通过场外期权的经纪人达成一笔交易：“卖出虚值10%的看涨期权，或买进虚值8%的看跌期权”，跟他交易的公司会构造这样的期权来满足保值投资者的需求。

为了满足给不同的投资组合进行套保的需求，国际市场上出现了极其复杂的期权合约，这些期权合约被统称为奇异期权（Exotic Options）。一般情况下，奇异期权合约可以理解为标准期权合约的变化，常见的有：（1）复合期权，即购买或出售期权的期权；（2）改变标准期权的到期期限的期权，例如百慕大期权（在期权有效期内的某几个特定日期才能执行）；（3）路径依赖的期权（Path－Dependent Options），即期权的损益取决于期权到期期限内某个标的资产价格的行为，而不只是期权到期日标的资产的价格，例如亚式期权；（4）多因素期权（Multi－Factor Options），即期权的损益取决于两种或两种以上标的资产的价格，而不只是单一种标的资产的价格，例如彩虹期权（Rainbow Option）、篮子期权（Basket Option）等。

【例9－25】下跌—敲出期权（Down－and－out Option），这是障碍式期权

(Barrier Option) 的一种，是路径依赖的期权。这个期权在普通期权的基础上加了一个附加条件：如果股票价格在期权到期前的任何时候下跌到一个预定好的价格，这个期权自动作废。比如，苹果（AAPL）股价为460，某投资者看好苹果股票的短期走势，认为6月之前股价会涨，并且在6月前即便出现回调，股价也不会低于450，于是该投资者可以购买一个6月执行价格为460的看涨期权并附加条件：下跌作废设定在450。如果在6月期权到期前，苹果股价跌破了450，这张看涨期权合约就作废了，即便跌破450后苹果股价止跌反弹并最终在到期日之前上涨至460之上，这也已经和该投资者无关了。如果，6月期权合约到期之前，苹果股价始终比较坚挺的维持在450之上，那么投资者所购买的这份下跌作废期权和普通的看涨期权的收益状况完全相同。

由于增加了附加条件，使得持有该期权获得盈利的概率有所降低，从而也让该期权的购买成本较普通期权低，这也是投资者愿意选择下跌作废期权的原因。如果苹果股票看涨期权的买家预测股价在到期日之前不可能跌破450，他当然会选择购买价格更为便宜的下跌作废期权。

【例9-26】 延迟支付期权（Pay Later Options），只是对期权合约的标准到期期限做了改变，这些期权的权利金只在期权被执行的时候才支付，对于延迟支付看涨期权来说，只要标的资产等于或大于期权的执行价格，期权就必须被执行。

对于期权的买方来说，延迟支付期权的最大优势在于，如果期权到期时仍处于虚值状态，买方不必支付权利金。因此延迟支付期权的主要目标客户是那些不愿在套期保值时支付权利金的客户，例如我们之有提到过，很多股票投资者认为花钱买期权为所持股票头寸上保险是白白浪费钱，因为他们不认为自己所持的股票会弱势下跌，这类投资者就比较愿意购买类似延迟支付期权的这类期权，只有当股票真的出现下跌并超出他们的心理承受界限时，他们才需要支付权利金，也同时享受到了期权带来的保护作用。

六、应用金融期权的某些统计数据量来预测市场走向

可以作为市场方向预测指标的期权统计量比较多，例如股票期权或期货期权的交易量、期权价格以及隐含波动率等等。我们下面简单介绍几个作为预测指标的期权统计量。

（一）股票期权的交易量

股票交易者时常渴望能提前知道关于某只股票的“内幕”消息，因此能

抓住先机赚取利润，股票期权的交易量就提供了“泄露天机”的功能，在某家上市公司兼并或其他意想不到的消息正式公布之前，该股票期权的交易会提前一天或者几天出现异动。一般来说，股票期权交易量忽然增长往往是标的股票出现运动的一个预兆，这里如何确定期权“交易量增长”比较关键。

1. 增长的“交易量”必须是由投机交易产生的，因此在利用期权交易量剧增这一指标进行预测的时候，我们得判断该交易量增长中有多少是套利单引起的，如果期权交易量的增量基本是由套利单引起的，则交易量剧增并不代表股票将出现异动。

2. 交易量的“增长”指的是与股票期权日平均交易量相比之下该期权增加的交易量，一般情况下交易量忽然增加至该期权平均交易量的3倍左右就可以认为该股票期权交易量“增长”了。

除此之外，确定期权“交易量增长”还有一些筛选规则，比如，一般预示股票即将有异动的期权交易量中相当大的部分会是平值或者虚值期权，另外到期日较近的期权交易量忽然增加也是该预测指标有效的一个有力证明。

【例9－27】假定某日收盘后股票X对应的期权交易量情况见表9－18。剧增的交易量并非由投机交易产生的情况。

表9－18　　　　某日X股票期权交易情况

期权	交易量（手）
4月12看涨期权	1 000
4月13看涨期权	1 056
5月12看涨期权	60
5月13看涨期权	78
总交易量	2 194

而X股票期权平均日交易量只有200手，因此期权交易量确实有明显的增长，不过我们注意到大部分交易发生在4月12看涨期权和4月13看涨期权这两个期权之上，我们有理由相信这些交易并非投机交易而是垂直套利交易的，所以我们不能由此判断X股票近期有可能出现异动。

【例9－28】假定某日股票X收盘价格为35，当日期权的交易量远大于平均日交易量，具体交易量分布情况见表9－19。交易量集中在实值期权上的情况。

表 9-19 某日 X 股票期权的交易量情况

期权	交易量（手）
8 月 30 看涨期权	400
8 月 25 看涨期权	400
8 月 40 看涨期权	100
8 月 45 看涨期权	100

根据表 9-19，我们可以发现 80% 的交易发生在实值期权上。事实上，如果个别交易者提前知道了某上市公司的一些内线消息，并由此判断该公司对应的 X 股将会大涨，这些交易者会更偏向于买入成本较低的虚值期权，因此表 9-19中的期权交易量并不足够说明 X 股票将出现异动。

（二）期权价格

对于股票、股指和期货期权来说，除了期权交易量这个统计指标外，期权的权利金也可以同样提供预测标的价格走势的功能。当期权特别贵或者特别便宜时，其对应的标的资产或许将出现大概率的上涨或下跌可能。

在解释如何通过期权价格来预测标的价格走势之前，我们先制定一个衡量期权价格的标准，即，如何判断某一期权是贵的还是便宜的。在前面章节里我们已经介绍了一些期权定价的模型，其中影响股票期权价格的因素有股票价格、执行价、剩余到期时间、利率、股息、波动率。事实上，除了波动率因素外，其余的因素都是已知的，因此给出了权利金之后，我们可以根据模型反向推导出波动率的值，这个波动率被称之为隐含波动率。隐含波动率越大，则期权的权利金越高，即该期权越贵。

一般来说，昂贵的期权可能预示着该期权对应的金融标的将出现上涨，事实上，在兼并或其他重要公司新闻发布之前，我们常常可以发现期权的交易量和隐含波动率同步增长，但即便交易量没有出现明显增长但隐含波动率增加了，这也是一个股票可能要上涨的重要信号。因此，“定价过高的期权才值得买”这一说法，虽然不符合逻辑规律，有时却是很有效的一种操作策略。当然，盲目买入定价过高的期权，也会让你交易失败。

（三）隐含波动率

通过隐含波动率变化不仅可以预测金融标的资产价格将出现异动，还能预测股票、股指的走向。

一般情况下，股市熊市时伴随着增长的隐含波动率，而牛市时伴随着下降的隐含波动率，比较极端的例子是股市崩盘时，隐含波动率创出历史新高。

造成波动率变化的其中一个因素是，股票有一个特点，那就是“跌得快、涨得慢”，那是因为比起价格高的股票来说，价格低的股票更容易有百分比更大的变动，举例来说，一个5元的股票1天运动0.5元的情况并不少见，这种变动不需要太大的买进或卖出压力，这10%的运动对于一个100元的股票（10元）来说就比较困难，这需要大量的资金才能推动这样一个涨跌幅。因此，我们可以预期股票在下跌时波动率上升，而在股票上涨时波动率会下跌。由于股指是由股票合成的，因此股指和股票呈现出相同的特征。

（四）看跌—看涨比率

我们将看跌—看涨比率定义为，某一天交易的看跌期权的数目除以同一天交易的看涨期权的数目，这是一个很有参考意义的反向指标。当有过多的人看多的时候，即市场出现过多的看涨期权成交，对持反向理论观念的人来说，大多数人所持的看法通常是错误的，因此这个时候便是卖空市场的很好时机。类似的，如果过多的人看空因而买进过多的看跌期权，此时出现做多市场的时机。看跌—看涨比率，作为看跌、看涨期权数目的比值，对投资者来说是一个很容易量化的指标，因此在实际操作上有很好的指导意义。

图9－32显示的是理想状态下，看跌—看涨比率与标的资产价格走势的关系图。当看跌—看涨比率增长时，说明大量的看跌期权被买走，这是标的价格见底的一个信号，投资者可以考虑进行买入操作。当看跌—看涨比率下降时，说明大量的看涨期权被买走，这是市场见顶的信号，投资者可以趁机卖出操作。市场上扬时，看跌—看涨比率就下跌，当看多情绪变得极为强烈的时候，市场达到了顶部，看跌—看涨比率落到底部。在此之后，市场下跌，看跌—看涨比率上升，直到又开始新一轮的周转。理想状态下，市场走势正好为看跌—看涨比率的反向影像。

看跌—看涨比率，作为反向指标，对于判断股票、股指以及其他金融标的走势都是相当有用的，但并非所有情况下都适用。例如，对于某些指数期权，大规模交易该指数期权的是套保或套利头寸，那么看跌—看涨比率作为反向指标的指示功能就减弱了。

这里介绍一种应用看跌—看涨比率的预测功能非常有效的情形。为了预测整个股市的走势，我们计算市场中所有正在交易的股票期权的看跌—看涨比率，当该比率给出信号的时候，投资者可以根据该信号来交易股指期权，例如标准普尔500指数（SPX）、标准普尔100指数（OEX）或者道琼斯指数

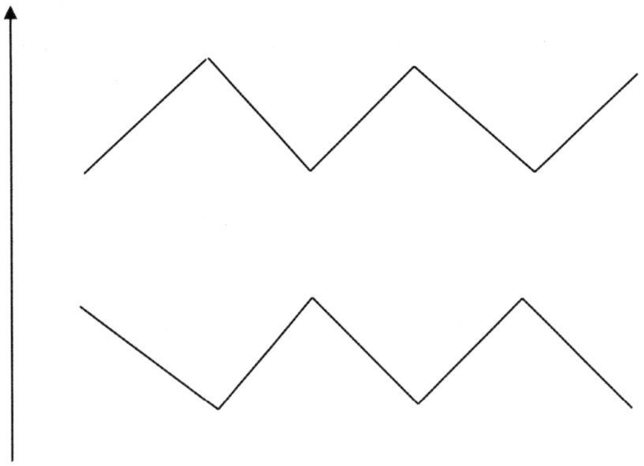

图 9－32 看跌—看涨比率

(DJX)，这种策略将非常有效。

七、期权指标在交易中的应用

假设我是一个想要进行期权交易的投资者，对于市场我有明确的看法，想要构造符合自己市场见解的投资组合，可以怎么利用期权指标来决定进行交易的期权类型呢？

在期权世界里，影响投资效果的不光有价格变动的方向，价格变动的方式（波动率）同样影响我们投资的效果。比如，如果我们判断未来价格要往上走，我们可以采取的基本策略有两种：买入看涨期权或者卖出看跌期权，这两种虽然都算是牛市策略，但是投资效果却不一样。假设我们又判断价格波动率很大，会迅速向上拉升，这个时候买入看涨期权显然比卖出看跌期权要更吸引人，因为买入看涨期权理论上可以有无限的收益，而卖出看跌期权则将收益限于所收的期权费。买入看涨期权的策略对应着正的 Delta 值和正的 Gamma 值。一般的，当我们判断是牛市时选择构造正的 Delta 值，而当我们判断价格波动很大时，选择构造正的 Gamma 值。其他情况可以类推。表 9－20 列出了不同情况下的策略选择。

表 9－20 不同市场状况下期权指标方向的选择

	对市场方向的判断		
	熊市，$\Delta<0$	中性，$\Delta=0$	牛市，$\Delta>0$
价格变动平缓，$\Gamma<0$	出售看涨期权	出售同价对敲期权组合	出售看跌期权
价格变动迅速，$\Gamma>0$	购买看跌期权	购买同价对敲期权组合	购买看涨期权

还有一点值得我们注意的是，一份同价对敲组合或者异价对敲组合他们虽然被看做是中性策略，但是并不意味着他们的 Delta 就是 Delta 中性的。我们用一个例子来说明。

【例 9－29】 假设一股票当前交易价为＄45，该股票的年波动率为 15%，无风险收益率是 6%，某期权交易商决定用＄45 看跌期权和＄48 看涨期权出售 6 个月期的异价对敲组合期权，并实现 Delta 中性。

我们先计算出两个期权的 Delta 值：

$\Delta c = N(d_1) = 0.39$

$\Delta p = N(d'_1) - 1 = -0.37$

显然如果我们按照 1∶1 的比例买入期权，整个组合的 Delta 值（0.39－0.37＝0.02）肯定不为 0。我们如果要使得整个组合的 Delta 达到 Delta 中性，需要使得买看跌期权的数量满足一定的比例。假设买入 x 份看涨期权和 y 份看跌期权，有：

$0.39x - 0.37y = 0$

$x : y = 37 : 39$

八、应用期权进行套期保值

利用期货和期权进行套期保值是金融市场风险管理中最通常的两大做法。目前，国内市场最常用的套期保值策略是利用期货避险，即按一定比例在期货市场进行与现货市场相反方向的操作以对冲风险。利用期货进行套期保值避险成本相对较低，但也存在着一定的不利因素，比如现货价格处于高位时，采购商买入相应期货进行套保反而将成本锁定在了高位，或者为了规避现货价格下跌风险卖出相应期货后，现货价格反而出现了上涨。期货套保策略为套保者有效规避了标的价格发生不利变化时的风险，但也同时让套保者失去了标的价格发生有利变动时所产生的收益。而期权与现货收益率呈非线性关系，投资者可以在对冲现货风险的同时保留现货价格发生有利变动时产生的利润。但这里需要注意的是，天下没有免费的午餐，期权合约虽然可以为套保者保留标的价格有利变动时的好处，但不同于期货合约的是，期权合约不是免费的。

在利用期货给标的资产做套保的时候，如果套保者担心标的资产价格上升，可以选择买入相应的期货进行套期保值；反之，如果担心标的资产价格下跌，则卖出相应的期货进行套期保值。但期权合约的要素较为丰富，从而使得利用期权合约进行套保的方式也变得更为灵活，譬如投资者可以选择不同执行价格的期权合约进行不同程度的套期保值。与此同时，使用期权进行套期保值的方式较多元，套保者既可以单独使用期权合约，也可以多个期权组合使用，甚至可以与期货合约共同使用。

为了让投资者更好地理解期权的套期保值功能，我们下面分别以外汇期权和股指期权为例再给出两个例子。

【例 9-30】塑料企业 E 签订的外贸进口合同用于支付的货币为欧元（合同期一般为 3 个月），而企业自身的外汇储备主要为美元定活期存款，2012 年下半年欧元兑美元指数一直处于上升趋势，欧元相对美元汇率的变化使得企业承担了巨大的汇率风险。企业 E 与欧洲某企业在 2012 年 8 月 1 日签订进口 100 万欧元废旧塑料的合约，企业从签订合同至支付款项的周期约为 3 个月，当天欧元兑美元汇率收盘价为 1.2238，而 3 个月后即 2012 年 12 月 1 日，企业 E 预测欧元兑美元汇率有可能将上涨至 1.3244，汇率的变化导致企业 E 需要在合同签订的 3 个月后多支付 100 600 美元［（1.3244 - 1.2238）×1 000 000］。因此企业 E 决定对此进行套期保值，以避免汇率变动蒙受损失。

企业 E 可以通过欧元期货合约或者欧元/美元外汇期权合约来对 100 万欧元进行套保，企业担心欧元兑美元汇率上升，所以可以买入欧元期货或买入欧元/美元看涨期权。不过如果欧元兑美元汇率出现回调，这对企业 E 来说是一个不错的节约成本的机会，因此企业 E 决定购买欧元/美元看涨期权来进行风险对冲。企业 E 经过分析测算，决定对欧元兑美元汇率在 1.2250 上方的风险进行对冲，因而选择购买 100 万欧元的 2012 年 12 月到期的执行价格为 1.2250 的欧元/美元看涨期权，看涨期权的权利金为 0.015 欧元/美元，因此企业 E 需要付出 1 000 000 × 0.015 = 15 000（欧元），一旦欧元兑美元汇率涨至 1.2250 之上，该期权的收益可以弥补汇率变动给企业带来的成本负担，因而做到风险对冲。

3 个月后，欧元兑美元汇率从 1.2238 上涨至了 1.3062。如果 E 企业不进行套保操作，由于汇率的上涨，企业需要比签订合同时多支付（1.3062 - 1.2238）×1 000 000 = 82 400（美元），总计成本 1 306 200 美元。不过，由于企业购买了欧元/美元看涨期权，无论汇率上涨多少，企业都有权利以 1.2250 的汇率购买欧元，因此对企业来说，总计成本为 1.2250 × 1 000 000 + 15 000 = 1 240 000（美元），为企业节约了成本 66 200 美元。如果 3 个月后欧元兑美元汇率反而出现了下调，则企业可以选择放弃期权，但同时企业损失了权利金。

【例 9-31】某基金经理拥有市值为 2 500 万美元的股票组合，目前股指为2 500点，基金经理预计在某重要经济会议闭幕后的1个月内股市有大概率的下跌可能，基金经理决定通过期权市场为所持股票组合进行套保操作。由于股票组合包含的股票种类较多，基金经理决定用股指期权来保护自己的股票头寸。通过计算得到，该股票组合与股指之间的Beta系数为1.1。此外，股指期权的乘数为100美元/点。

制作套保方案的第一步是确定套保的方向，由于基金经理是担心股指下跌导致所持股票组合的市值下降，因此他决定买入看跌期权来保护他的股票组合头寸。

那么需要买入多少手看跌期权呢？这就涉及了套保比例的计算：

（1）买入虚值看跌期权。如果基金经理希望通过期权市场使得其所持有的现货头寸获得类似意外险的保险效果，那他可以通过买入足够的虚值看跌期权来实现自己的目标，在看跌期权的执行价格之下，他的现货头寸将100%受到保护。基金经理能容忍的股指最大跌幅为50点，于是他选择买入执行价格为2 450点1个月后到期的股指看跌期权为股票头寸套保，通过等市值的对冲方式，他需要买入看跌期权的数量 = 25 000 000 × 1.1/（2 450 × 100）≈112（手），即买入112手股指看跌期权后，股指在2 450点下方，基金经理的股票组合将受到完全的保护。

（2）买入平值看跌期权。如果基金经理想为所持组合的当前价值套保，不想股票组合再有任何下行方向的亏损，这种情况下，基金经理一般会买进平值或实值的看跌期权，而且需要使用看跌期权的Delta来构建一个完整的套保。执行价格为2 500点1个月后到期的股指看跌期权的Delta为 -0.45，他需要购入的看跌期权的数量 = 25 000 000 × 1.1/（2 500 × 100）/0.45 ≈ 244（手）。

相比第一种情况，基金经理需要购买更多更贵的期权合约（平值期权比虚值期权贵），从而需要支付更多套保成本，但是这种新的方案使得他所持的股票组合立即得到了保护。如果套保方案实施后，股指出现下跌，那么基金经理所购买的看跌期权将对其整个股票组合的亏损进行对冲。当然，如果股指上涨，那么基金经理将损失他套保所花费的成本。此时，如果基金经理愿意放弃掉部分股指可能上涨的获益，他可以通过卖出一定数量的看涨期权来降低之前构造的套保方案的成本。

第十章
DISHIZHANG

场外金融衍生品

20 世纪 80 年代以来是衍生产品市场迅速发展的时期。交易所市场上，活跃着期货和期权品种；场外市场上，银行、保险、基金等金融机构和企业等参与者之间经常进行远期、互换、期权和其他形式的衍生产品交易。另外，还有很多衍生产品被嵌入债券等基础资产中，形成结构化产品。如今，衍生产品市场规模巨大，并且变得越来越重要，在转移风险的过程中起着非常关键的作用。

金融衍生品主要有远期、期货、期权、互换四个基本类别。按照标的资产的分类，又可以划分为利率、股权、货币信用和商品等（见表 10 – 1）。

表 10 – 1　衍生产品的分类

对象	标的资产	金融衍生品
利率	短期存款	利率期货、利率远期、利率期权、利率互换等
	长期债券	债券期货、债券期权等
股权	股票	股票期货、股票期权等
	股票指数	股票指数期货、股票指数期权等
货币	各类现汇	货币远期、货币期货、货币期权、货币互换等
商品	各类实物商品	商品远期、商品期货，商品期权、商品互换等
信用	信用相关	信用违约互换、总收益互换、信用联系票据、信用利差期权等

衍生产品按照交易场所分为场内衍生产品和场外衍生产品。场内市场，又称为交易所市场，指所有的供需方集中在固定的场所（交易所）进行竞价交

易。场外交易市场，也称为柜台交易市场（Over The Counter，缩写 OTC），最早源于银行兼营股票买卖业务，在柜台向客户出售股票。如今的 OTC 市场已不是传统意义的柜台交易市场，是指交易者通过私下直接议价的交易方式进行交易的场所，与交易所的集中交易方式相区别。

第一节 远期合约

远期合约是指在将来某一特定时刻双方以约定价格买入或者卖出某一产品的合约。与所有场外衍生品的交易一样，远期合约通常是在场外交易市场中金融机构之间或金融机构与其客户之间的交易。在远期合约中，同意在将来某一时刻以约定价格买入资产的一方被称为多头，同意在将来某一时刻以约定价格卖出资产的一方被称为空头。

一、远期合约与期货合约的不同

期货合约作为远期合约的发展产物，是远期合约的标准化，但两者之间也有不同之处。远期合约与期货合约的不同见表 10 - 2。

表 10 - 2 远期合约与期货合约的不同

	远期合约	期货合约
合约方式	非标准化合约	标准化合约
交易地点	双方私下交易	期货交易所交易
交割方式	一般只有单一交割日	一系列交割日
定价方式	私下协商	交易所竞价
交易风险	有信用风险	几乎没有信用风险
流动性	流动性差	流动性好
结算方式	合约到期结算	每日结算

期货合约是由期货交易所推出的标准化合约，合约的标的资产的品质、交易规模、交割日期等都已经由交易所确定；而远期合约则是由买卖双方通过协商达成的，是为了满足双方要求特别制定的非标准化的合约。期货合约在交易

所内进行集中买卖；而远期合约在场外交易，双方私下达成合约。期货合约通常有一系列的交割日；而远期合约一般情况下，只有单一的交割日。期货合约众多买者和卖者选择适合自己的合约后，按照各自的意愿出价和报价，以竞价方式来确定成交价格；远期合约的交易价格则是由买卖双方私下协商确定、一对一达成的。

期货交易所通过实行严格的保证金制度，为买卖双方提供了信用担保，因此市场参与者只承担价格波动的风险，不承担信用风险；而远期合约交易不但存在价格风险，还要承担信用风险，因而买卖双方一般要根据对方信用状况在合约中约定违约赔偿的条款，以降低信用风险，但即便远期合约在签约时采取了缴纳定金、第三方担保等措施，然而在交易中的违约、毁约现象仍时有发生。期货合约在到期前可以通过相反的交易，对冲平仓来了结履约责任；远期合约受条款个性化的限制，很难找到交易对手，因此多数情况下只能等到期时履行合约，进行实务交割，否则就属于违约。与期货合约的每日结算不同，远期合约签订后，只有合约到期才能进行交割清算，其间均不能进行结算。

二、远期利率的定价公式

远期利率是由当前零息利率所蕴含出的将来一定期限的利率。根据无风险套利，远期利率是可以由一系列即期利率得出。

假设现在时刻为 t，T 时刻到期的即期利率为 r，T^* 时刻（$T^*>T$）到期的即期利率为 r^*，则 t 时刻的 T^*-T 期间的远期利率 r_F 应满足以下等式：

$$e^{r(T-t)}\cdot e^{r_F(T^*-T)}=e^{r^*(T^*-t)}$$

$$r_F(T^*-T)=r^*(T^*-t)-r(T-t) \tag{1}$$

若式（1）不成立，就存在套利空间。

对 $r_F(T^*-T)=r^*(T^*-t)-r(T-t)$ 变形可得：

$$r_F=\frac{r^*(T^*-t)-r(T-t)}{T^*-T} \tag{2}$$

这是远期利率的常用计算公式，进一步变形可得：

$$r_F=\frac{r^*(T^*-T)+r^*(T-t)-r(T-t)}{T^*-T}=r^*+(r^*-r)\frac{T-t}{T^*-T}$$

【例 10-1】（德国 MG 集团使用石油远期合约巨亏事件）MG 集团为了尽快进入北美能源市场，经过市场调查确信，众多的石油和汽油经销商或者零售商没有很好地抵御石油现货价格大幅上涨的风险，该公司做出了卖出远期合约的决定。1993 年，MG 签订远期合约，以每桶 25 美元的价格出售 1 000 万桶石油，但交割日在 10 年之后。到 2003 年 9 月 30 日，该公司将交割 1 000 万桶石油，如果当天的石油价格为 45 美元每桶，MG 集团将亏损 2 亿美元（1 000 万桶 ×20/桶）。

如上所述，如果 MG 集团没有相应的风险规避措施，将面临很高的价格风险，MG 集团的此笔交易相当于做了未来 10 年的石油远期合约的卖方，建立了远期合约的空头头寸。为了规避风险，MG 集团在期货市场上买入了大量的短期期货头寸，建立了多头头寸，金额上与空头头寸匹配。当短期期货合约到期后，公司将买入新一批的期货合约，MG 集团以此种策略来进行风险规避。然而，事与愿违，1993 年大半年中，石油现货价格不断下跌，短期期货合约与现货市场的基差价格也不断变化，最后造成了该公司高达数 10 亿美元的亏损。

第二节
利率互换

利率互换（Interest Rate Swap，IRS）是指交易双方约定在未来的一定期限内，对约定的名义本金按照不同的计息方法定期交换利息的一种场外交易的金融合约。一般来说，利率互换合约交换的只是不同特征的利息，而不涉及实质本金的互换，所以将其本金称为名义本金。在大多数利率互换中，其中一方支付的利息是基于浮动利率，而另一方的支付是基于固定利率或浮动利率。其中，浮动利率对固定利率的互换是标准型（Plain Vanilla）的利率互换，也是最为普遍的利率互换。

一、LIBOR

LIBOR（London Interbank Offered Rate），即伦敦同业拆借利率，是指伦敦的第一流银行之间短期资金借贷的利率。自 1986 年正式诞生之后，作为银行从市场上筹集资金进行转贷的融资成本，贷款协议中议定的 LIBOR 通常是由几家指定的参考银行，在规定的时间（一般是伦敦时间上午 11：00）报价的平均利率。最经常使用的是 3 个月和 6 个月的 LIBOR。LIBOR 机制不仅仅提供英镑的拆借利率基准，还提供诸如美元、欧元、日元、加元、瑞士法郎等数十种货币的拆借利率基准。我国对外筹资成本即是在 LIBOR 利率的基础上加一定百分点。从 LIBOR 演变出来的，还有新加坡同业拆放利率（SIBOR）、纽约同业拆放利率（NIBOR）、中国香港同业拆放利率（HIBOR）以及上海银行间同业拆放利率（SHIBOR）等。

二、利率互换的比较优势

利率互换流行的一个解释是比较优势。

我们设想 ABC 和 GHI 两家都希望借入期限为 5 年的 1 亿美元，并提供了表 10－3 所示的利率。我们设想 GHI 公司想按固定利率借款，而 ABC 公司想借入与 3 个月期 SHIBOR（Shanghai Interbank Offered Rate，简称 SHIBOR）相关的浮动利率借款。

表 10－3　　具有比较优势的借款利率

	固定利率	浮动利率
公司 ABC	10%	3 个月 SHIBOR +0.3%
公司 GHI	11.20%	3 个月 SHIBOR +1%

虽然 GHI 公司在固定利率和浮动利率市场支付的利率都比 ABC 公司高，但从提供给 ABC 公司和 GHI 公司利率报价的可以看出，两个固定利率的差值大于浮动利率的差值，在固定利率市场 GHI 公司比 ABC 公司多付 1.2%，但在浮动利率市场只比 ABC 公司多付 0.7%。这就是说 GHI 公司相对于 ABC 公司虽然没有绝对优势，但是 GHI 公司在浮动利率市场有比较优势——在浮动利率市场上较 ABC 公司多出的部分比固定利率市场上多出的部分要少；而 ABC 公司在固定利率市场有比较优势——在固定利率市场上较 GHI 公司少出的部分比浮动利率市场上少出的部分要多。这种明显的差异将产生可取得双赢的互换。ABC 公司以 10% 借入固定利率借款，GHI 公司以 SHIBOR +1% 借入浮动利率借款，他们然后签订一项互换协议，以保证最终 ABC 公司得到浮动利率的资金，而 GHI 公司则得到固定利率借款。

为理解互换是如何进行的，我们假想 ABC 与 GHI 直接进行交易，他们可能商定的互换类型见图 10－1。ABC 公司同意向 GHI 公司支付本金为 1 亿美元的以 3 个月期 SHIBOR 计算的利息，作为回报，GHI 公司同意向 ABC 公司支付本金为 1 亿美元的以 9. 95% 固定利率计算的利息。

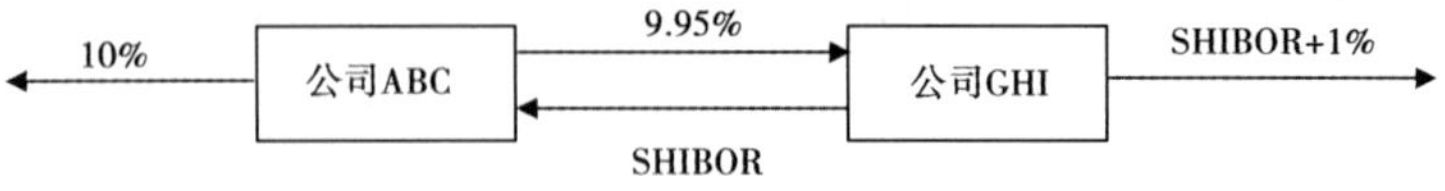

图 10－1　ABC 公司经过利率互换之后实际的融资利率

ABC 公司有三种现金流：(1) 支付给贷款发放人 10%；(2) 从 GHI 公司得到 9. 95%；(3) 向 GHI 公司支付 SHIBOR。

这三项现金流的净效果为 ABC 公司支付 SHIBOR +0. 05%，它比直接在浮动利率市场借款减少了 0. 25% 的利率支出。GHI 公司也有三项现金流：(1) 支付给贷款发放人 SHIBOR + 1%；(2) 从 ABC 公司得到 SHIBOR；(3) 向ABC 公司支付 9. 95%。

这三项现金流的净效果为 GHI 公司支付年利率为 10. 95% 的利息，比它直接在固定利率市场借款减少了 0. 25% 的利率支出。

这项互换同时改善了 ABC 公司和 GHI 公司的借款利率，每年都少支付 0. 25%，因此利率互换节约的总成本为每年 0. 5%。这可以预先算出，因为利率互换潜在节约的总成本是 a－b，其中 a 为两个公司在固定利率市场的利率差，b 为两个公司在浮动利率市场的利率差。在本例中，a = 1. 2%，b = 0. 7%。

利率互换可以发挥比较优势，那么双方在签订互换合约时，势必也会要求双方从这笔交易中分得“羹”一样，这种分配公平往往就决定了利率互换签订时交易双方支付利率的大小。

三、利率互换的定价

一般来说，互换合约在初始时价值为零。例如，在普通型利率互换 (Plain Vanilla Swap) 中，一方以固定利率换取另一方的浮动利率，那么协定的固定利率必定与合约签订时对应的市场浮动利率满足等价关系。在此情况下，在互换开始时，该合约的价值为零。

但是，随着互换开始后的市场变动，互换合约的价值也随之改变。例如，当市场利率上升后，利率互换合约中支付固定利率的一方能够以较低的利率换取现在市场中更高的利率，他拥有潜在的正收益，处于合约的正价值方，此时需要对互换合约的价值进行计算，以了解双方的盈亏情况和面临的违约风险。

因此，利率互换的估值涉及两个层面：其一是签订互换合约时的估值，该估值要确保初期合约价值为0；其二是利率互换合约签订后、交易过程中互换合约的估值，此时利率互换价值有可能是正的或者负的，该估值以合约签订时的固定利率和市场利率为基础。下面我们将从标准型利率互换合约（浮动换固定）着手，探讨利率互换的估值原理，并结合具体的案例来说明计算公式的推导以及运用方法。

（一）利率互换的两种估值方式

1. 利率互换可以拆分相反方向的固定利率债券和浮动利率债券头寸组合进行估值。我们可以假定互换签订以及到期时支付和收取本金，那么，这时从浮动利率支付方的立场上来看，互换相当于在发行浮动利率债券的同时，再用发行浮息债的本金购买具有相同本金的固定利率支付方新发行的固定利率债券，由于债券本金相同，因而初始本金的互换就抵消了，更进一步，互换可以看做一个固定利率新债多头和一个浮动利率债券新债空头的组合。那么，对于浮动利率支付方互换的价值可以表示为：

$$V_{swap} = V_{fix} - V_{fl}$$

其中，V_{swap}为互换当前的价值，V_{fix}为互换中的固定利率债券当前的价值，V_{fl}为互换中的浮动利率债券当前的价值。

类似地，从固定利率支付方的立场上来看，互换相当于一个浮动利率新债多头和一个固定利率新债空头的组合。那么对于固动利率支付方互换的价值可以表示为：

$$V_{swap} = V_{fl} - V_{fix}$$

V_{fix}为固定利率方在互换期间的现金流按照市场收益率折现到估值时的价值，这些在未来支付的现金流数额是确定的。

V_{fl}为浮动利率方在互换期间的现金流按照市场收益率折现到估值时的价值。这些现金流的数额是不确定的，那么在估值时，就涉及对这些现金流的大小进行估算，估算一般是根据当前的市场收益率曲线计算出远期利率（在远期章节有涉及远期利率的计算，在此不再赘述），并将该远期利率作为对浮动利率支付时刻的即期利率，从而据此计算出浮动利率方在未来需要支付的现金流，将这些现金流按照市场利率折现就可得到V_{fl}。

2. 利率互换可以拆分成一系列远期利率协议的组合进行估值。由于利率互换是一系列远期利率协议的组合，通过估算远期利率协议的价值，就可以估算出利率互换的价值。而估算远期利率协议的过程也是根据当前的市场收益率曲线计算出远期利率作为未来某时刻的即期利率，并扣除这个时刻的协议利率（即互换中的固定利率），并依据这两个利率之差计算出净现金流，折现到估值时刻就可以得到利率互换的价值。

可以看到，将利率互换拆分成固定利率债券和浮动利率债券组合的方式去定价，实质是将未来的固定利率现金流、浮动利率现金流分别折现到估值的时刻（一般是当前），然后相减即得到利率互换的价值；而将利率互换分解为一系列远期利率协议组合的方式，是将未来时刻的固定利率现金流、浮动利率现金流相减之后，再折现到估值的时刻即得到了利率互换的价值。这两种计算方式的本质是一样的，只不过计算的先后顺序不同，计算出的结果也是等价的。因此下面在举例分析中，我们只探讨债券组合方式。

【例 10-2】（利率互换合约签订时对于固定利率的估算）1 份名义本金为 500 万美元，每 3 个月进行互换，为期 1 年（假设 1 年期按 360 天计算）的标准型利率互换，浮动利率支付方每期末按照期初的 3M-LIBOR 支付，那么固定利率支付方每期应支付的合理利息是多少呢？假设当前市场中 90 天、180 天、270 天和 360 天期的 LIBOR 利率分别为 3%、3.5%、4% 和 4.5%。

我们在此采用第一种估价方式——将利率互换拆分成固定利率债券和浮动利率债券的组合来测算利率互换签订时的固定利率值。如前所述，互换合约签订时的价值应为零，从而固定利率债券在当前的价值应等于浮动利率债券的价值。然而，在此处，我们折现的时候使用的是 LIBOR 收益率曲线（具有市场代表性的利率），根据债券定价公式可以知道，当息票率等于折现率的时候，债券价值等于本金，那么，息票率为 LIBOR 的浮息债的价值总是等于本金。所以我们计算出的固定利率值要确保固定利率债券的现值也等于本金。

固定利率债券的定价公式为：

$$PVC=\frac{C}{1+R_1}+\frac{C}{1+R_2}+\frac{C}{1+R_3}+\cdots+\frac{C}{1+R_n}+\frac{P}{1+R_n}$$

其中，PVC 为债券当前的市场价格，C 为固定利息，P 为债券本金，R 为当前市场的真实利率，$1+R_n$ 是 n 期的贴现率，等于 $(1+R)^n$。

如前所述，固定利息 C 必须满足：

$$P=\frac{1}{1+R_1}+\frac{1}{1+R_2}+\frac{1}{1+R_3}+\cdots+\frac{1}{1+R_n}+\frac{P}{1+R_n}$$

对公式进行简化，可得：

$$P\left(1-\frac{1}{1+R_n}\right)=C\left(\frac{1}{1+R_1}+\frac{1}{1+R_2}+\frac{1}{1+R_3}+\cdots+\frac{1}{1+R_n}\right)$$

最终，可推算到出率互换中的固定利息公式为：

$$C=\frac{P\left(1-\frac{1}{1+R_n}\right)}{\left(\frac{1}{1+R_1}+\frac{1}{1+R_2}+\frac{1}{1+R_3}+\cdots+\frac{1}{1+R_n}\right)}$$

简化后可得：

$$C=\frac{P\ (1-Z_n)}{(Z_1+Z_2+Z_3+\cdots+Z_n)}$$

其中，Z_n 为贴现因子，等于$\frac{1}{(1+R)^n}$。

在此例中，首先我们可以计算四个结算期的贴现因子：

$$Z_{90天}=\frac{1}{1+\left(3\%\times\frac{90}{360}\right)}=0.99256$$

$$Z_{180天}=\frac{1}{1+\left(3.5\%\times\frac{180}{360}\right)}=0.98280$$

$$Z_{270天}=\frac{1}{1+\left(4\%\times\frac{270}{360}\right)}=0.97087$$

$$Z_{360天}=\frac{1}{1+\left(4.5\%\times\frac{360}{360}\right)}=0.95694$$

根据上述固定利息公式，可以得到：

$$C=\frac{5\,000\,000\ (1-0.95694)}{0.99256+0.98280+0.97087+0.95694}=55\,000\ (美元)$$

即年化固定利率为：

$$\frac{55\,000}{5\,000\,000}\times\frac{360}{90}=4.4\%$$

在得到利率互换合约的固定利率后，就可以进一步计算每个结算日时的合约市场价值。

下面我们再通过另一个简单的案例来看利率互换合约签订后的估值。

如前所述，计算特定时刻下的互换合约的价值，就是该时刻下两种债券的市场价值之差。对于浮动利率型债券来说，很重要的一个特性就是其在每一期利率结算日，未来的本金和利息的现值之和都会恰好等于债券本金，这是由于其未来的现金流会随市场变化而自动调整所决定的，是计算互换利率合约价值时必须注意的一点。关于浮动利率价值的具体推导过程比较简单，这里不再展开。

【例 10 - 3】（利率互换交易过程中的估值）假设当前市场上存在 1 份 1 年期的利率互换合约，合约情况如下：合约期限为 1 年，双方每季度会进行 1 次利息互换。该合约的名义本金为 3 000 万美金，而固定利息支付方将以 6.052% 的年利率换取浮动利率支付方支付的 LIBOR 利率。在合约签订之时，90 天的 LIBOR 利率为 5.5%，而当合约正式开始 30 天后，市场上的 LIBOR 利率发生了变化，利率结构见表 10 - 4，那么该利率互换合约的价值应该是多少呢？

表 10 - 4　　贴现因子曲线

	利率	贴现因子
60 天 LIBOR	6.0%	0.99010
150 天 LIBOR	6.5%	0.97363
240 天 LIBOR	7.0%	0.95541
330 天 LIBOR	7.5%	0.93567

首先，对于每 1 美元的本金，固定利息支付方将支付的季度利息为：

$$0.06052 \times \frac{1}{4} = 0.01513 \text{（美元）}$$

因此，固定利息债券在未来所需支付的现金流以及现值计算见图 10 - 2。

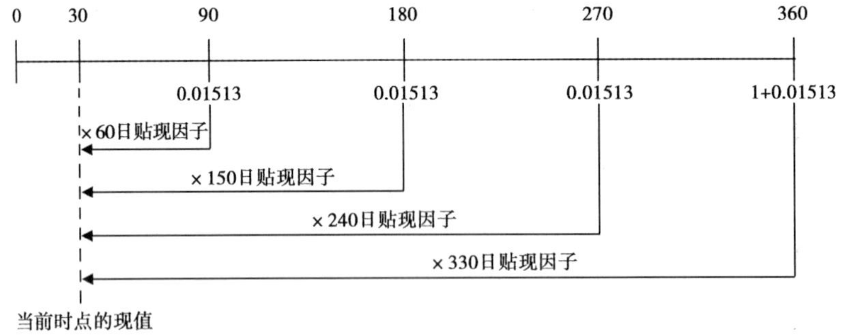

图 10 - 2　固定利息债券在未来所需支付的现金流以及现值

根据图 10 - 2，可知固定利息债券当前的现值等于未来各期现金流的贴现值。具体计算过程见表 10－5，计算出固定利率债券在当前时刻的单位价值为 0.993993 美元。

表 10－5 **现值计算**

	单位本金的现金流（美元）	贴现因子	现值（互换开始后 30 天）（美元）
互换开始后 90 天	0.01513	0.99010	0.014980
互换开始后 180 天	0.01513	0.97363	0.014731
互换开始后 270 天	0.01513	0.95541	0.014455
互换开始后 360 天	1.01513	0.93567	0.949827
总现值			0.993993

接下来，只需计算出浮动债券的总价值，就可以得到互换合约的价值。首先，利率互换合约中，第 1 期的浮动利息支付金额是在互换合约签订时就已经知道的，即例子中签订合约时的 90 天 LIBOR 利率（5.5%）。因而在互换开始 90 天时，浮动利率支付方应为 1 美元支付的利息为：

$$0.055\times\frac{1}{4}=0.01375\text{（美元）}$$

另外，根据浮动利率债券在利息结算日的价值会自动回归面值的原理，可以知道在互换开始 90 天时，单位面值的未来利息＋本金的贴现值恰好等于 1。综上所述，可以画出浮动债券的贴现计算过程，如图 10－3 所示。

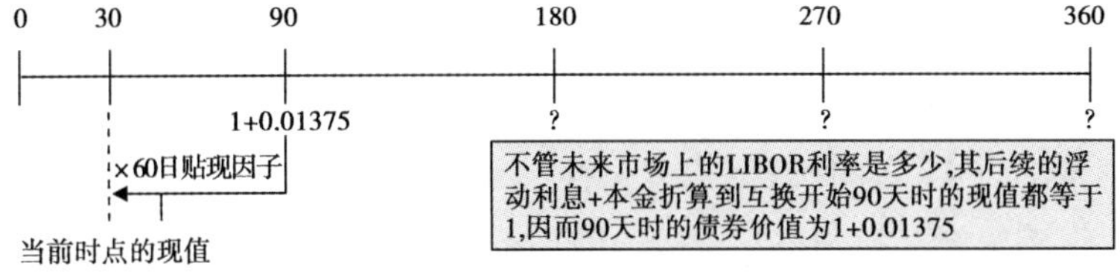

图 10－3 浮动债券的现值计算

显然，浮动利率债券在当前时刻的单位价值等于 1.01375×0.99010，其与固定债券的单位价值差为 0.009721 美元，因而互换合约的总价值等于名义本金乘以单位价值差，合计为：

互换合约价值＝（1.00371－0.993993）×30 000 000＝291 630（美元）

由于浮动利率债券的价值高于固定利率债券，因而浮动利率支付方相当于用浮动债券换取固定债券，因而处于合约的负价值方，而固定利率支付方则处于合约的正价值方。

四、利率互换的交易

利率互换的交易策略包含两大类：单边交易和组合交易。单边交易主要是指方向性交易（Directional Trade），以投机为目的的纯单边交易。组合交易策略包括互换和现券的组合交易（基差交易）以及互换与互换之间的组合交易（曲线利差交易）。

（一）单边交易

单边交易是投资者基于未来互换利率和参考利率走势的研判，采用相应方向操作的交易策略。单边交易策略可以持有互换到期，也可以通过相反交易在期间平仓。

如果预计未来利率将上升，可以付固定收浮动，即一般意义上的买方，等到将来利率随预期上升，利率互换固定端上行，投资者可以通过逆向操作，收固定付浮动，在期限匹配的情况可以达到平盘的效果。由于付的固定利率比收的固定利率要低（市场预期利率上升会使得固定端利率上升），同时收、付的浮动利率相等，投资者可以通过这个过程盈利。以上这种盈利方式是平仓盈利，投资者也可以通过持有至到期来盈利，持有至到期的过程中，投资者收到的浮动利率价值高于一开始建仓时对即将收到浮动利率的预期，即高于建仓时固定利率的价值，从而产生盈利。

如果预计未来利率将下降，可以收固定付浮动，即一般意义上的卖方，同意通过引入第三方来平仓或者持有至到期来实现预期收益。

决定利率互换走势的主要因素主要包括基本面、资金面和政策面。基本面因素包括经济增长和通货膨胀因素，主要影响长端互换利率；而政策和资金面，主要影响短端互换利率。资金面除了银行间市场的自营资金以外，还包括国内和海外的客盘（即只能通过代理结算会员进入市场交易的机构）需求，国内的客盘包括各类金融机构和需要对冲利率风险的企业，国外的客盘主要是指对冲基金。如人民币利率互换中，7 天回购的互换主要受资金面影响，1 年定存和 1 年贷款利率的互换则完全受到央行参考利率的影响，3 个月 SHIBOR 的互换则同时受到资金面和央行参考利率的影响。

显而易见，利率互换最终的盈亏取决于投资者期初对参考利率走势的把握。

（二）利率互换曲线利差交易

对于同一参考利率的互换，根据互换利率曲线中不同期限的利差相对走势的变化可以构造出曲线利差交易策略。

如果判断利率互换收益率曲线会变陡，即期限利差会扩大，则可以做多期限利差——买入长期 IRS 卖短期的 IRS，即浮动端是收长期付短期、固定端是付长期收短期。反之，如果判断利率互换收益率曲线会变平，则可以采用相反的做空期限利差交易——卖长期的 IRS 买入短期 IRS，即浮动端是收短期付长期、固定端付短期收长期。当然，应该根据久期进行两个互换的资金匹配，两边的头寸配比应使得基点价值 DV01 相等。

可以看到，利率互换曲线利差交易虽说是一种双边组合交易，但相对于套利交易来说，它所依据的价差波动规律确定性没有那么强，它更多的是一种投机，和单边交易类似，只不过投机的标的不一样，相对单边交易来说曲线利差交易风险更小。

决定 IRS 曲线利差走势的主要因素和影响 IRS 曲线大小走势的因素相同，IRS 曲线短端主要受货币政策和资金面的影响，长端主要受到经济增长、通货膨胀两大主要因素的影响。影响因素相同，所以曲线利差走势和曲线大小波动有一定的相关性，更形象地说，曲线斜率变化和上下移动存在一定的相关性。图 10－4 列出了人民币以 FR007 为基准的 2 年期和 5 年期 IRS 走势以及两者之差。

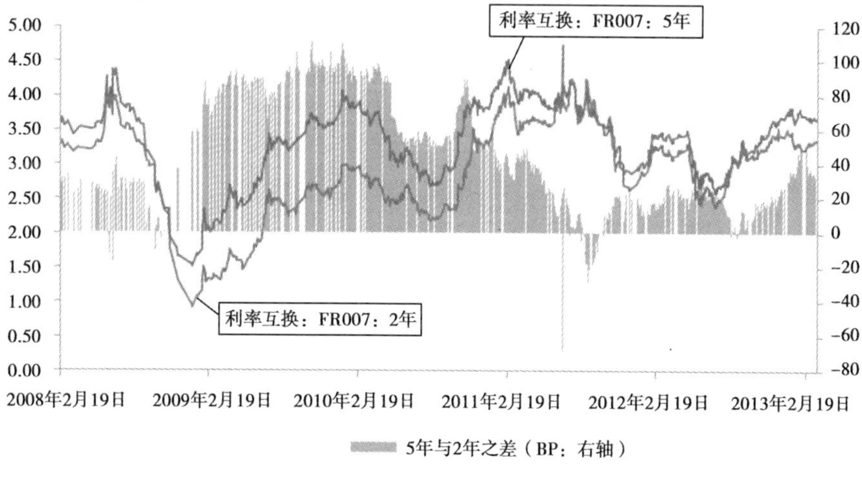

图 10－4　人民币以 FR007 为基准的 2 年期和 5 年期 IRS 利率之差

从图 10－4 可以看到，当货币政策相对宽松，经济增长良好的时期（比如说 2008 年、2009 年和 2011 年)，曲线利差较大。具体表现为利率上行即曲线整体上移的时候，曲线利差增大。

(三) 债券与互换组合套利

一般情况下，利率互换的走势从方向上来说，基本和债券一致。互换和债券组合策略是目前各种套利策略最常见的一种。这种套利并不是做多或做空某个债券，而是做多或做空互换与债券之间的利差。

一般情况下利率互换走势应与相应期限的无风险债券走势基本一致，互换与现券利差应保持稳定。我们可以将以 FR007 为基准的 5 年期人民币 IRS 利率走势和 5 年期政策性金融债走势比较来看，具体见图 10 - 5。

图 10 - 5　5 年期人民币 IRS 利率走势和 5 年期政策性金融债走势比较

从图 10 - 5 中我们可以发现几点：

1. 5 年期人民币 IRS 利率走势和 5 年期政策性金融债走势基本一致，长期来看，5 年利率互换和 5 年金融债的利差均值接近于 0。虽说 IRS 的利率反映的是未来 5 年远期利率的预期折现到现在的现值，但是市场对未来利率的预期多基于当前的市场状况，所以 IRS 利率走势基本和 5 年期现券基本一致。

2. IRS 的整体波幅相对于现券的波动更为平稳。某个突发消息可能导致短期内利率急剧波动，但是这种剧烈波动有市场情绪的因素所在，这种市场情绪在较长期的时间内会得到平复，从而使得较长期内波动不那么剧烈。而 IRS 是未来几年利率的加权平均，这种长期的平均会使得利率波动更为平缓，从而使得 IRS 的整体波幅要比现券更为平稳。

债券与互换组合套利交易策略的产生正是基于 IRS 和现券波动基本一致的原理去操作的。当利差出现异常值，我们预期它终将回归正常时，就可以进行相应方向的利差操作。

做多利差（利差=互换利率-债券到期收益率）是指套利交易者预期互换与债券的利差会扩大，从而作为互换的买方（Bid）收浮动付固定，同时通过在回购市场进行正回购借入资金买入相同期限的债券，等到利差扩大再进行平仓的交易策略。

做空利差则刚好相反，是指套利者一开始作为互换的卖方（Offer）收固定付浮动，同时通过在回购市场进行逆回购借入具有相同期限的债券并卖出做空，等到利差缩小再进行平仓的交易方式。

组合套利时买卖的债券可以是无风险债券，在我国债券市场主要包括国债、央票、金融债，也可以是信用债。买卖信用债其实是假定信用利差在套利期间保持不变，所以如果以信用债为套利标的，则须承担信用风险。下面我们均以无风险债券为例。

债券与互换组合套利策略具体操作模式见图10-6和图10-7。

做多利差：

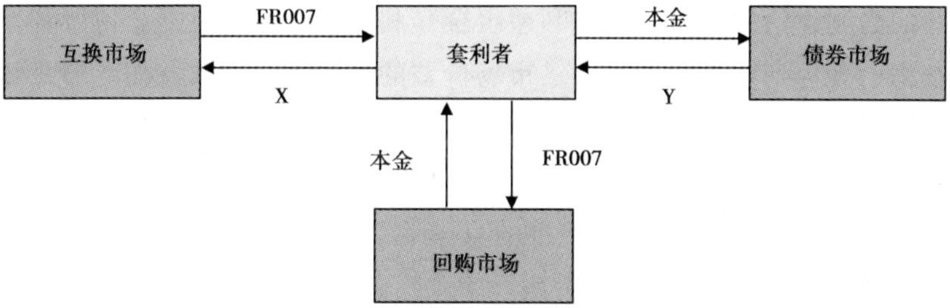

图10-6　回购养券与做多互换套利组合

即首先正回购融入本金，然后买入一只国债，从而做多国债；然后买互换，收取浮动利率，支付固定利率。最终收支情况为：

收：国债到期收益率-互换固定利率=负互换利差

支：回购利率-互换浮动利率（如FR007或1年定期存款利率）

可以看到，当互换浮动利率与回购利率基本一致的时候，我们的收益取决于国债到期收益率与互换固定利率之差，当两者利差扩大的时候，我们就可以平仓获取收益。

做空利差：

首先逆回购一只国债，然后将其卖出，从而做空国债；然后卖互换，收取固定利率，支付浮动利率。最终收支情况为：

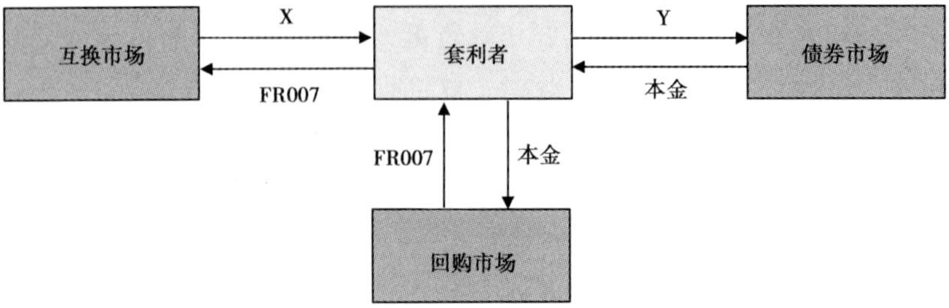

图 10－7　做空债券与做空互换套利组合

固定端：互换固定利率－国债到期收益率＝互换利差

浮动端：互换浮动利率（如 FR007 或 1 年定期存款利率）－回购利率

可以看到，当互换浮动利率与回购利率一致的时候，我们的收益取决于互换固定利率与国债到期收益率之差，当两者利差收紧的时候，我们就可以平仓获取收益。

我们刚刚讨论的做多、做空利差组合套利策略均是通过平仓博取利率互换固定利率、现券到期收益率在二级市场价差的波动来获取收益的。但是相信较多的投资者在刚看到操作模式时，会以为套利者收到的是 Y，支付的是 X，所以 Y－X 越大越好，而不是 X－Y 越大获利越多，这种想法实际上是把到期收益率 Y 看成了债券持有期间能获得的息票率，认为套利获取的是一级市场息票率与互换利率之差。这种想法虽和我们前述探讨的做多利差的思路不一样，但它实际上是可行的，只不过这种模式的盈利大小是在一开始入场的时候就基本确定了，且只需要持有到期就可以获得（不受二级市场价格波动的干扰）。

此种模式的具体做法如下：

当固定端：单利最终收益率 D［D＝（（息票 C＋（债券面值－债券净价）/剩余年限）/债券净价，和到期收益率的不同之处是未计算复利，在此处我们不讨论复利］－X＞浮动端：回购利率－互换浮动利率（如 FR007 或 1 年定期存款利率）时，套利者就可以在 IRS 市场上收浮动付固定，同时在回购市场上支付回购利率融入与 IRS 本金同大小的资金，买入对应期限的债券，并持有到期，投资者就可以获取（固定端－浮动端）×IRS 本金大小的收益。具体操作模式与做多 IRS 利差很类似，只不过是需要持有头寸至到期。操作模式见图 10－8。

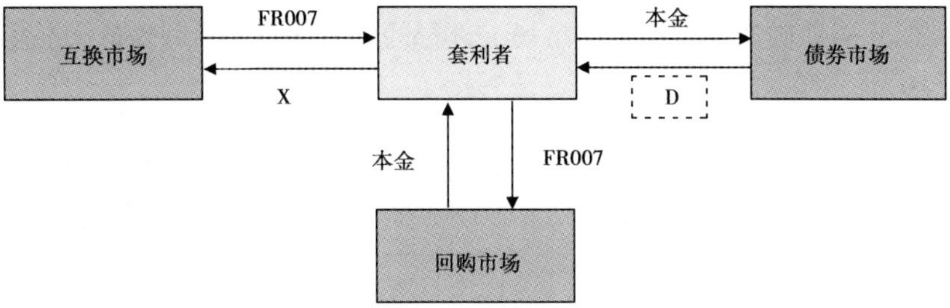

图 10－8　持有到期的 IRS、现券套利组合操作模式

相反地，当固定端 < 浮动端时，我们可以进行相反方向的操作，具体与做空 IRS 利差操作模式相同，同样需要持有至到期。

需要指出的是，互换套利并非获得无风险收益，任何套利交易在获得超额收益的同时也引入了各类风险因素。如当货币市场资金紧张的时候，如果不能够顺利进行正回购融资，投资者有可能被迫卖掉债券，从而使得套利失败。

另外，还会存在一些极端风险因素使得利差在很长一段时间内都不往预期的方向发展，而是背道而驰，导致账面亏损越来越大，从而可能会使得套利者不得不提前止损，以亏损告终。

【例 10－4】（长期资本管理公司（LTCM）神话破灭）1994 年 2 月，梅里韦瑟（John Meriwether）创办了宏观数量化基金——长期资本管理公司，当时的核心人物包括前美联储副局长莫林斯、诺贝尔经济学奖得主斯科尔斯和莫顿。专业炒手、学者和官员的绝妙组合，使长期资本管理基金创造过“神话”般的业绩。LTCM 不负众望，取得骄人业绩，其年均投资回报率高达 40%，将投资人的资金翻了 3 倍。这一系列记录以及合伙人的声望都使得投资人对 LTCM 情有独钟，LTCM 成为华尔街的宠儿。

由于资产管理人的品牌效应，LTCM 获得各家银行机构给予最高等级的贷款优惠，LTCM 向银行贷款借入了 1 000 亿美元，买进卖出各种证券和股票市值高达 1.25 万亿美元。净资产价值约 48 亿美元，杠杆比率达 250 倍，在国际金融市场上创下了最高纪录。

1998 年初，英国、美国资本市场利率互换与同久期国债的利差逐步走高，经过模型计算，LTCM 的交易员相信互换利率交易利差会逐渐回归至正常水平。所以，他们在 1998 年 5 月的时候动用大量资金做空利率互换利差，LTCM 持有的利率互换头寸总值超过 7 000 亿美元。在高杠杆的背景下，利率差距稍微的缩小，都会给 LTCM 带来巨额的获利。同样的，利率差距稍微的增加，也会让 LTCM 立即破产。其在美国市场上进行的做空利率互换利差的交易模式见图 10－9。

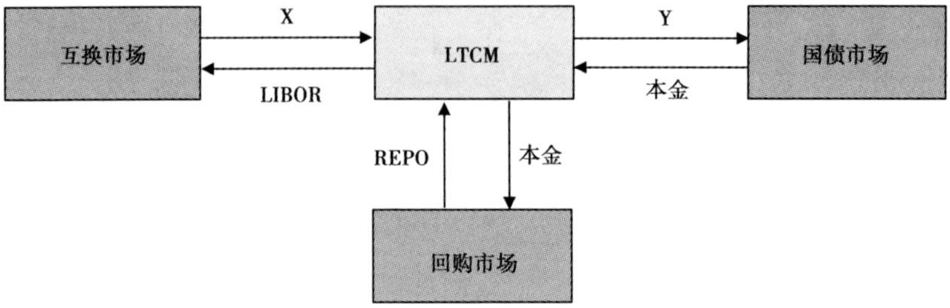

图 10－9　长期资本管理公司做空利差进行套利的模式

美国市场的 REPO 利率一般是 LIBOR 的 0.8 倍，因此在浮动端 LTCM 始终处于亏损状态，X－Y 的收窄要覆盖住这一部分亏损才可以产生盈利。然而，LTCM 基于模型算出的套利机会并没有预料到黑天鹅的出现，X－Y 不仅没有如期收窄，反而出乎意料的迅速扩大。

1998 年 8 月 17 日，俄罗斯宣布卢布采用大区间浮动汇率（1 美元兑换 6.0～9.0 卢布），直接导致卢布剧烈贬值，叶利钦政府宣布无限期延缓债务清还，引发信用风险，使得发展中国家的债券无人问津，收益率急速上升。事件发生后，资产纷纷逃向安全性高的德国、美国债券市场，导致德国、美国国债收益率急剧下降。然而，在这个过程中，利率互换利差却逐步走高，主要有以下三方面的原因：

第一，市场预期美国国债收益率下降不会持续太长时间，而 LTCM 持有的 IRS 头寸的固定利率反应的是未来中长期的利率的加权平均，其下降幅度并不及国债利率。

第二，IRS 流动性没有国债那么高，存在部分流动性溢价。

第三，在利率互换利差扩大初期，市场中其他仿效 LTCM 操作的机构投资者由于账面上出现亏损，选择了结束套利。虽然按照套利原理，即使价差逐步扩大，将套利头寸持有到期，一样会取得盈利，然而很多投资者由于各种原因选择了结束套利，这使得利差进一步扩大。而 LTCM 由于利差的快速扩大，导致投资损失呈几何级数增加。当时美元 IRS 利差波动情况，以及 LTCM 的交易时点具体见图 10－10。

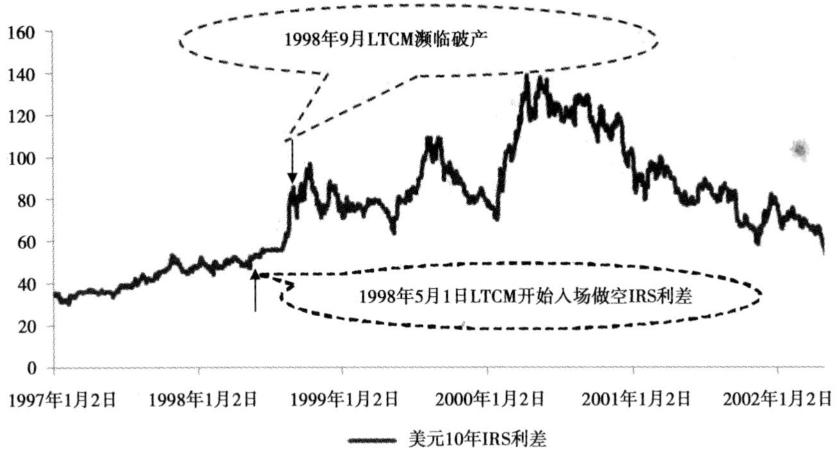

图 10－10　长期资本管理公司进行 IRS 套利期间 IRS 利差的逆向波动

祸不单行，LTCM 在其他市场投资中也接连失手，蒙受重大损失。到 8 月底，LTCM 的资本降到了 23 亿美元，失去了年初时超过半数的股权资本。1998 年 8 月，LTCM 的基金共损失 44%，其中 82% 是做利差套利造成的。

随着损失的不断增加，LTCM 已越来越难满足保证金要求，需要更多抵押品来确保它能够偿还所有债务，但缺少高价值的资产用于抵押。不仅如此，LTCM 还陷入了难于清算资产的困难境地。它的大部分资产在市场正常时期尚且缺乏流通性，难于出售，何况在经营困境时，只能压低价格出售。到 1998 年 9 月 22 日，LTCM 的资本仅剩 6 亿美元。

LTCM 从 5 月俄罗斯金融风暴到 9 月全面崩溃，短短的 150 天资产净值下降 90%，出现 43 亿美元巨额亏损，仅余 5 亿美元，已走到破产边缘。9 月 23 日，美联储出面组织安排，以美林、摩根为首的 15 家国际性金融机构注资 37.25 亿美元购买了 LTCM 的 90% 股权，共同接管了该公司，从而避免了倒闭的厄运。

因此，虽说进行利率互换与债券组合的套利交易相对于投机交易风险较小，然而风险控制也不容忽视，各种极端风险因素均需要考虑。

第三节 信用违约互换

一、信用评级与历史违约概率

美国标准普尔公司（简称标准普尔）、穆迪投资服务公司（简称穆迪公司）和惠誉国际信用评级有限公司（简称惠誉评级）是世界上最大的三个评级机构。这些机构在客观、公正、独立、透明的基础上，利用其自身的评判标准对债券发行公司或者部门进行评估，给出一个独立的信用意见，如公司或部门的信用级别，并以此向市场传达有关发债公司或者部门的信用评级信息。在穆迪公司的评级中，信用的最佳级别是 Aaa，具有这种评级的债券几乎没有违约的可能性，接下来为 Aa，之后由好到坏信用级别的排序为 A、Baa、Ba、B 以及 Caa。高于 Baa 的债券被称为投资级（Investment Grade）债券。

如表 10－6 所示，某债券的初始信用评级为 Aa，这个债券在一年内违约的概率为 0.022%，两年违约概率为 0.069%。

表 10－6　1970～2012 年不同级别公司的平均累计违约率　单位：%

评级	1 年	2 年	3 年	4 年	5 年	10 年	15 年	20 年
Aaa	0	0.013	0.013	0.037	0.106	0.503	0.935	1.104
Aa	0.022	0.069	0.139	0.256	0.383	0.922	1.756	3.135
A	0.063	0.203	0.414	0.625	0.87	2.48	4.255	6.841
Baa	0.177	0.495	0.894	1.369	1.877	4.74	8.628	12.483
Ba	1.112	3.083	5.424	7.934	10.189	19.708	29.172	36.321
B	4.051	9.608	15.216	20.134	24.613	41.947	52.217	58.084
Caa－C	16.448	27.867	36.908	44.128	50.366	69.483	79.178	81.248
投资级评级	0.092	0.268	0.503	0.773	1.07	2.78	4.859	7.299
非投资级评级	4.495	9.265	13.814	17.819	21.314	33.836	42.679	48.647
全部评级	1.672	3.407	5.021	6.41	7.6	11.786	14.979	17.825

资料来源：穆迪公司，依据发行人加权。

从表 10－6 可以看出，具备投资级别的债券在 1 年内的违约概率随着期限的增大而增大。

二、回收率

当一家公司破产时，公司的债权人会对公司的资产追索，有时候公司会重组，这时债权人同意会接受债务的部分偿还，而在其他情形下，公司部分资产会被变卖，所得资金将最大限度地用于偿还债务。

回收率（Recovery Rate）表示债权人在债务人违约后能收回投资本金的比例，回收率决定了债权人在违约发生时能回收的比例，与违约概率一起影响着债权人的最终损失。与回收率相对应的是违约损失率（Loss Given Default，LGD），损失率等于 1 减去回收率，显然回收率越大，损失率越小。由于投资者比较关注损失，如果用 EL 代表某个债务的期望损失，p 代表违约率，R 表示回收率，L 表示违约损失率，那么期望损失就可以表示为：

$$EL = p \cdot (1 - R) = p \cdot L$$

【例 10－5】 某投资人持有 100 万元某公司发行的 1 年期债券，假如该公司 1 年内违约的概率为 2%，回收率为 60%，那么该债券一年的期望损失为：

$$EL = 1\,000\,000 \times 0.02 \times (1 - 60\%) = 8\,000 \text{（元）}$$

三、违约相关性

违约相关性（Default Correlation）用以描述两家公司同时违约的倾向。违约相关性的存在有许多原因，在同一行业或同一地理区域的公司所受外部影响因素往往相同，因而这些公司可能同时遭受财政危机。违约相关性意味着信用违约风险不能被完全分散，这一点正是造成风险中性概率远远大于现实世界违约率的主要原因。

违约相关性在资产组合中起到什么作用呢？实际上，相关性并不影响组合收益的期望，但是影响组合收益的分布，或者说影响组合的风险。这也就是说，不管违约相关性如何变化，组合的期望收益是不会变化的，期望损失也是不会变化的，但是资产组合得到不同收益的概率会发生变化，组合的风险会发生变化。图 10－11 给出了不同相关性下，一组资产可能损失的分布情况。从图 10－11 中可以看出，图形右端随着相关性的上升而上升，说明损失出现极端情况的可能性越来越大，这就是金融学中常见的“厚尾”现象；图形左端也随着相关性的上升而上升，说明损失不发生的概率也变大；整体看，随着相关性的上升，图形相对离散，这说明组合发生极端情况的风险在上升。也正是因为这个原因，违约相关性在涉及组合的信用衍生产品定价中起到非常重要的作用。

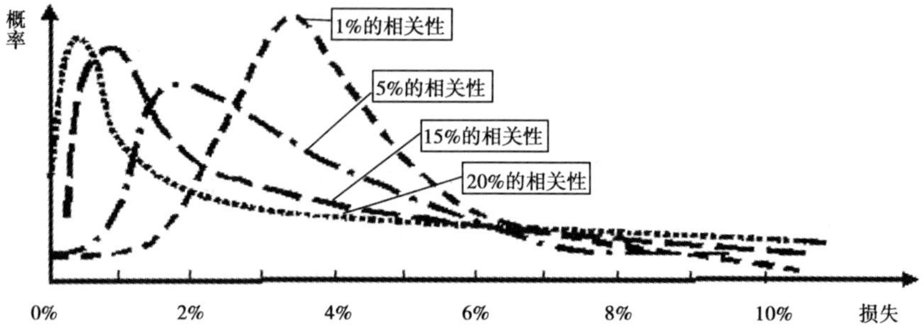

图 10－11　损失分布与相关性

既然违约相关性在信用衍生品定价中起到非常重要的作用，那么我们如何衡量违约相关性的大小？相关性的计算通常用相关系数衡量，这里对最常用的相关系数进行简单介绍。假设 X 和 Y 分别为两个资产，如果违约为 1，不违约为 0，X 和 Y 分别违约的概率为 P_x 和 P_y，X 和 Y 同时违约的概率为 P_{xy}，这里我们可以求出：

$E(X)=E(X^2)=P_x$，$E(Y)=E(Y^2)=P_y$ 和 $E(XY)=P_{xy}$，

并得到违约相关系数 ρ_{xy} 为：

$$\rho_{x,y}=\frac{\mathrm{Cov}(X,Y)}{\mathrm{Std}(X)\mathrm{Std}(Y)}=\frac{E(XY)-E(X)E(Y)}{\sqrt{(E(X^2)-E(X)^2)(E(Y^2)-E(y)^2)}}$$

$$=\frac{P_{xy}-P_xP_y}{\sqrt{P_x(1-P_x)P_y(1-P_y)}}$$

其中，$\mathrm{Cov}(X,Y)$、$\mathrm{Std}(\cdot)$ 和 $E(\cdot)$ 分别表示协方差、标准差和均值。

但是在实际中，违约常常伴随着公司的破产，通常只发生一次，违约相关性因此也无法观察到。对评级公司来说，利用评级公司的评级转移矩阵可以得到单个资产的违约概率，也可以得到同时两个资产违约的概率，利用上述公司便可以估算出不同评级或者行业经验相关系数。但这样估计的结果在违约很少发生时可能会与实际有较大出入。为了解决这一问题，有时可以通过理论模型将资产价值相关性作为违约相关性的替代，但是资产价值也无法观测，于是采用股票价格的相关性作为资产价值相关性的替代，由此得到的违约相关性与经验相关性还是有较大差别。目前，在信用衍生品定价中，使用较多的是采用一

定的连接函数，如不同的 Copula 函数，将多个随机变量的分布函数转化为联合分布，来刻画违约相关性。

四、信用衍生品

依据国际互换和衍生品协会（ISDA）的定义，信用衍生品是指用来分离和转移信用风险的各种工具和技术的总成，交易双方利用信用衍生品来增加或者减少对某一参考实体的信用风险的暴露。因此，信用衍生品与其他金融工具一样，其本质上是一种双边合约，是针对某个或者某些经济活动主体所发行的金融资产承载的信用风险而设立的（见图 10－12）。其中，经济活动主体可以是一个或多个公司或政府，是信用风险的载体，在信用衍生品市场中也被称为参考实体（Reference Entity），而该主体所发行的金融资产则是信用风险载体的媒介，被称为参考债务（Reference Obligation）。通常在信用衍生品市场上，参考实体基本不涉及衍生品的交易，是与合约买卖双方不同的第三方实体；而合约的买方将经济实体的信用风险转移给合约的卖方。

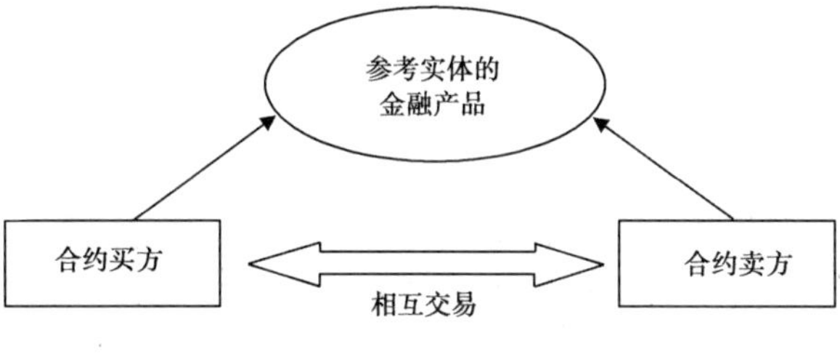

图 10－12 信用衍生合约结构图

此外，从定价上看，信用衍生品的合约价值随着实体的信用风险的变化而变化；从交易场所上看，信用衍生品大都采用 ISDA 的定义和范本在场外市场交易，是两个对手方之间形成的私人合约，这也区别于股票、期货和一些场内期权产品。

五、信用违约互换

市场上最流行的信用衍生品为信用违约互换（Credit Default Swap，CDS）。这种合约给某一特定公司违约的风险提供了保险，这里所涉及的某家公司称为参考实体（Reference Equity），而该公司违约被定义为信用事件（Credit Event）。信用违约互换的买入方在信用事件发生时有权利将违约公司债券以债券面值的价格卖给信用违约互换的卖出方，而这一债券的面值也被称为信用违约互换的名义本金（Notional Principal）。CDS 的买入方向卖出方定期付款，直到 CDS 结束或信用事件发生，这里的定期付款通常是在定期付款时间段的期末，但也有交易规定定期付款时在每半年末或者每年末，或提前付款。在违约事件发生时，合约的交割方式可能是债券实物或者是现金支付。

在标准的 CDS 合约中，当投资者认为参考实体的信用会变差，就会购入一定名义额的 CDS 合约，并为此支付一定的费用，支付的费用与该参考实体的信用水平相关，其信用利差越高，支付的费用就越高，这一费用也被称为“溢价支撑”（Premium Leg）；CDS 卖方在获得费用的同时，承担了参考实体的信用风险，并在参考实体发生违约，则向买方支付相当于名义额减去回收额之外的损失，这也被称为“保护支撑”（Protection Leg）。通过这种合约的买卖，CDS 的买方向 CDS 卖方转移了参考实体的信用风险。例如，银行向对冲基金购买关于某公司为参考实体的 CDS 合约，将该公司的信用风险转移到了对冲基金。通常，CDS 合约的期限从 1 年到 10 年不等，但市场中最具有流动性的通常是 5 年合约。图 10－13 给出了 CDS 合约的结构图。

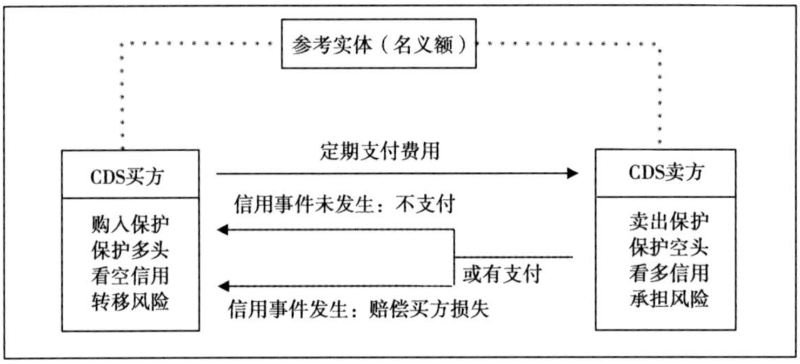

图 10－13　CDS 合约结构图

从图 10－13 中看，CDS 的买方也是购买保护（Buy Protection）的一方，是保护的多头（Long Protection），他们看空信用，并转移信用风险；CDS 的卖方是卖出保护（Sell Protection）的一方，是保护的空头（Short Protection），他们看多信用，并承担信用风险。

六、信用违约互换的运行机制

要弄清楚 CDS 如何运行和交易的，我们从费用的支付、价格的影响因素、交割和对冲方式、违约事件、清算体系和回收率拍卖等方面对其进行介绍。

（一）费用的支付

在 CDS 合约中，我们通常观察到的是信用利差，而不像股票等金融工具直接可以观察到价格，价格是需要投资者自行计算的，计算的方法与债券利息的计算方式相同，即以买卖发生时观察到的信用利差作为息票率，由买方向卖方定期支付。因此 CDS 中也被称为利息。图 10－13 中的费用也就是买方向卖方定期支付的利息，也是 CDS 的价格。通常买方支付的费用是每季度支付的，支付时间是在每年季月（3 月、6 月、9 月和 12 月）的 20 日，费用计算是以实际天数除以 360 天计息。

【例 10－6】（CDS 的费用计算）某银行在 2013 年 2 月 1 日购买了名义额为 1 000 万元的参考实体为投资级的 CDS 合约，当时合约市场信用利差的报价为 120bp，由于从 2 月 1 日到最近的买方支付日 3 月 20 日为 47 天，因此需在 3 月 20 日向卖方支付的 CDS 费用是：

10 000 000 × 0.012 × 47 ÷ 360 = 15 667（元）

之后每个季度需要支付的费用以同样的方式计算。

但是在实际中，交易双方并不按照上例中计算的结果支付费用。根据 ISDA 在 2009 年更改的交易规则，买方需要定期向卖方支付统一的固定费用，即对于参考实体为投资级的固定费用为 100bp，参考实体为投机级的为 500bp。由于每个参考实体的信用风险不同，实际 CDS 的价格可能高于或者低于固定费用，因此，在交易当日，买卖双方还需要支付一次性的即期费用进行清算，避免某交易方支付过多或者过少。例如上例中的报价为 120bp，在实际中买方需要在季月的 20 日支付按照年度 100bp 计算的季度全额费用，如在 3 月 20 日支付 30 000（10 000 000 × 0.012 × 90 ÷ 360）元，之后季月以此类推；同时在交易日当日支付与多出的 20bp 相关的一次性费用，该费用的计算与债券价格的计算方式类似。另外，由于买方在第一次付费时多付了从 2012 年 12 月 20 日到 2013 年 2 月 1 日的费用，所以卖方要返还这部分费用，共计 14 333（30 000 － 15 667）元，这被称为“应计利息”的返还。

这样，涉及信用衍生品的现金支付就由固定支付的现金流、即期支付的现金和利息三部分构成。这样的做法提高了 CDS 的标准化程度，使 CDS 合约与 CDS 指数或者债券之间的差距缩小，并使现金流统一化，方便了投资者之间的交易，同时也不影响信用衍生品的定价。这时的定价主要体现在即期费用上。例如当 CDS 报价从 120bp 上升到 130bp，买方每季度支付的数额不变，但是在即期支付的额度上升；当 CDS 报价从 120bp 下降到 90bp，买方每季度支付的数额仍不变，但买方相当于多付了固定费用，卖方通过向买方支付一定的即期费用进行返还。目前，通过彭博或者其他市场专业信息提供公司可以比较容易的获得某一公司的 CDS 交易价格和买卖双方在交易日相互交换的现金流。

（二）价格影响因素（利差与破产几率）

CDS 与其他金融工具一样，有一定的价值，就像股票市场一样，市场价格会随着市场情况的变化而变化，并通过低买高卖，从中获利。从上述费用的支付中，我们可以看出，信用利差在为 CDS 合约定价时起到重要作用。除了信用利差外，通常影响 CDS 合约价格的因素主要有参考实体信用风险的变化、回收率的变化、CDS 合约的剩余期限、交易对手信用风险的变化、用于计算现值的折现曲线的变化等。

信用风险和回收率是影响公司理论上的信用利差的重要因素。但是该公式的计算稍显复杂，在实际中，交易员通常仅对信用利差进行粗略估算，他们的计算方式很简单，即信用利差约等于违约概率与损失率的乘积，即：

$$s \approx p \cdot (1-R) = p \cdot L$$

这个公式很直观地说明了公司信用风险和回收率的变化对公司信用利差的影响，可以用来估计和判断信用利差的走势和改变的幅度。当投资者预计参照实体的信用风险变高或者回收率变低时，其信用利差变大，CDS 价格会走高；反之，CDS 价格会降低。

正常情况下，随着 CDS 合约期限的变长，参照实体的违约风险上升，信用利差就会上升，从而使得 CDS 价格上升，因此随着合约期限变长，CDS 价格会上升。但是，当公司破产风险突然加剧时，短期 CDS 合约的价格上升会明显超过长期 CDS 合约的上升幅度，这可能是因为短期内公司渡过难关的可能性较低，但从长期看，一旦渡过难关，其违约风险就会变小，CDS 价格也会下降。在图 10－14 中，AIG 公司 1 年期 CDS 和 10 年期 CDS 在正常时段和危机时段的信用利差变化也正是反映了这点。

既然 CDS 价格会发生变化，买卖方一定会有损失或者利得。如果 CDS 利差变大，对买方来讲就是利得，对卖方来讲就是损失，因为其市场价格变大了；如果 CDS 利差变小，对买方来讲就是损失，对买方来讲就是利得，因为其市场价格变小了。一般，通过计算 CDS 的盯市价格可以计算出相应的损失或者利得，计算方法为 CDS 的名义额乘以该 CDS 的现在的信用利差与购买或者卖出时的信用利差的差，再乘以风险调整后的息期。这里的息期与债券的久期概念相同。

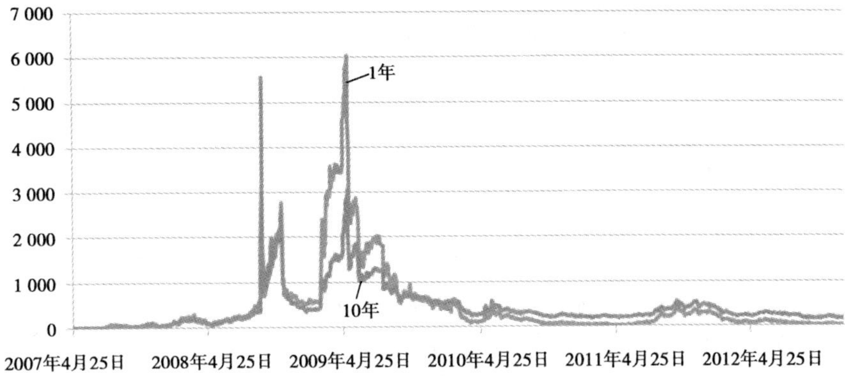

图 10－14　AIG 公司 1 年期和 10 年期 CDS 信用利差

【例 10－7】（CDS 的损益）假设某个 5 年期 CDS 合约的参考实体的信用利差为 200 个基点，一年后该参考实体的信用利差变为 100 个基点。对于买方来讲，该 CDS 将带来损失；而对于卖方来讲，该 CDS 则带来收益。假设该 CDS 的名义额为 1 000 万元，风险调整后的息期为 3.5，那么该 CDS 的损益可以得到：

10 000 000 ×（0.02－0.01）×3.5＝350 000（元）

在实际的交易情况下，CDS 买方的损失不一定等于卖方的收益，这可能是因为买卖双方的定价模型不同造成的，比如折现曲线的微小差异、信用利差报价的微小差别、双方定价模型的不同等。

（三）交割与对冲方式

当投资者持有 CDS 合约时，除了等待 CDS 合约自然到期外，还可以通过交割或者对冲的方式结束 CDS 合约。前者是针对参照实体违约事件发生时的平仓方式；后者是投资者在没有发生违约事件且合约尚没有到期时投资者可以选择的平仓方式。

当参考实体违约时，CDS 卖方需要赔偿买方损失，这称为 CDS 的交割，交割日是合约的终止日，也是买方付费的终止日。通常，交割的方式与期货的类似，主要有两种：实物交割和现金交割。其中，实物交割表示在赔偿时买方必须向卖方提供与 CDS 名义值相等、债权地位相同的债券，卖方则向买方支付相应名义额的现金，这时买方提供债券的市场价值就是卖方的回收值；现金交割是买卖双方根据 CDS 协议书中双方事先同意的程序或者 ISDA 规定的程序确定参考债务的市场价值，从而最终决定 CDS 的回收值，依据 CDS 的回收值可以得出买方得到的赔付金的大小（等于名义额减去回收值），并最终结束CDS合约。近年来，现金交割越来越占有主导地位。

对冲方式是指当买卖某一方获得账面盈利或者亏损时了结仓位的方式，如股票或者期货市场中，当买入股票获得盈利时可以卖出平仓。在CDS市场中，通常可以采用签订反向合约、解除现有合约、转移合约等三种方式平仓。签订反向合约是指CDS买方可以在其CDS合约之外再作为卖方出售新的以同样债务为参考债务的CDS合约；解除现有合约是指买卖双方解除了之前签订的CDS合约，这时买卖双方需了结相应的盈利或者亏损；转移合约表示合约一方可以将CDS合约转让给第三方，第三方将继续承担转让方的角色，为此，第三方必须要与转让方了结相应的盈利或者亏损。

（四）违约事件

CDS的卖方需要在参考实体发生违约时向买方赔付，如何确定违约事件的发生在整个CDS合约中起到至关重要的作用。ISDA对违约事件有明确的规定。标准CDS的违约事件通常包括前述信用事件中的破产、支付违约和重组。其中，重组事件是不同CDS的主要区别。依据ISDA对重组的划分，重组包括重组（Old Restructuring，Old R）、修订重组（Modified Restructuring，Mod R）和再修订重组（Modified Modified Restructuring，Mod Mod R）。其中，重组主要应用在日本和其他新兴国家的CDS合约；修订重组主要应用在2009年4月之前北美的CDS合约，之后的CDS合约不包括重组事件；再修订重组主要应用于欧洲市场。

（五）清算体系

在次贷危机以前，当买卖双方要结束CDS合约头寸时，清算主要是通过买卖双方采用柜台式的自行清算方式解决。但是，由于交易对手方风险的存在，可能使得买方或者卖方出现无法获取盈利或者出现损失。交易对手方风险是指因交易对手违约而产生的风险，例如当签订CDS合约的信用利差为200个bp，在一年后信用利差变小到150bp，对卖方来讲是获利的，但是如果买方违约，不再向卖方支付每年200个费用，那么卖方只能以较小的150bp的价格继续卖给其他投资者。这对卖方来讲，就因为买方的交易对手方风险产生了每年50个bp的利损。再如，对买方来说，如果参照实体发生违约，买方本应收到卖方对买方本金损失的补偿，如果卖方违约，那么买方就无法收到相应的赔偿，这对买方来讲也是利损。

通常，买方的交易对手方风险要比卖方大。这是因为即使买方违约，卖方最大的风险仅为无法收到的剩余费用；但是当卖方违约时买方可能无法收到大额的索赔，这也可以说 CDS 合约中买卖方的对手方风险并不对称，买方面临的交易对手风险通常是交易对手方风险的核心。为了对冲交易对手方风险，在实际中买方一般要求评级在 AAA 以下的卖方出具具有流动性的抵押品，并签订抵押支持附属协议（Collateral Support Annex，CSA），防止一旦卖方违约或者破产，买方可以通过抵押品来抵消部分因卖方违约造成的损失。但是这样做也在一定程度上增加了卖方的风险，因为抵押品增加了卖方的流动性风险。在信用利差增大时，买方会要求卖方提高其抵押品或者保证金的数量，从而使得卖方面临的流动性风险更大。2008 年美国的 AIG 公司就是因为这个原因出现资本匮乏，从而不得不向美国政府寻求巨额资本注入，才避免破产，交易对手方风险也在这个时期达到了顶峰。

为此，ISDA 在 2009 年对 CDS 市场进行了一定的改革，即通过建立清算中心，将双边交易改为实行清算中心式的交易，改变前后的交易模式见图 10－15。改革要求在清算中心成员之间的 CDS 交易必须通过清算中心进行，而清算中心作为 CDS 合约的中央对手方（Central Counterparty，CCP），有责任担保交易的执行，直接承担了交易对手方风险，避免了双边交易中投资者承担的交易对手方风险。目前，主要的清算中心包括 ICE Trust、ICE Clear Europe、CME Clearing、Eurex Credit Clear 和 LCH. Clearnet 等，约有 85% 的 CDS 和 90% 的利率互换通过清算中心进行交易。

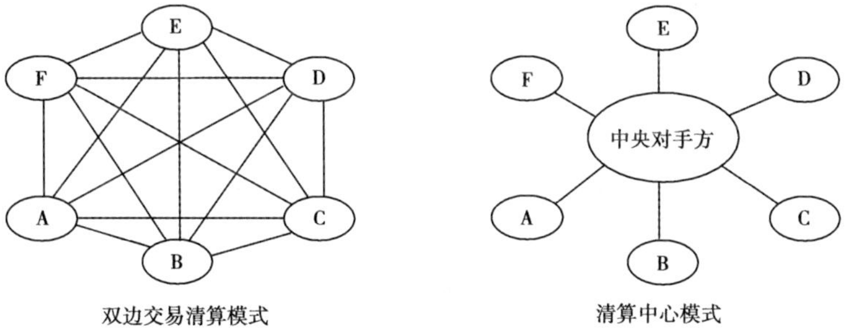

图 10－15　清算模式对比

（六）回收率与回收率拍卖

当 CDS 参考实体没有违约时，市场会假定一般债券的回收率为 40%。然而，在实际违约后，参与现金交割的卖方需要支付买方名义额减去回收值的现金，这时的回收率并不等于 40%，需要通过拍卖等程序确定相应债券的价值，即确定回收率，这也是 CDS 合约可以完成的关键一步。

在 CDS 采用现金交割期初，由于违约后的交割在各个交易对手之间进行呢，这导致同一参考实体的不同 CDS 合约有不同回收率。为了避免这种情况发生，ISDA 采用新的交割程序，通过拍卖决定统一的回收率，以保持和提高 CDS 的可交易性。

CDS 的拍卖主要分为两步完成。首先，参与竞标的券商需要向竞标主持方提交相应的竞标价格。竞标主持方通过这些信息计算出中间值，被看做是初始回收率，并通过参与实物交割的 CDS 买卖方没有相互抵消的部分作为开放权益。例如在所有的买卖双方中，其中一个买方要求参与实物交割 10 000 000 元的 CDS 名义额，其余所有买卖方都要求现金交割，那么就产生了 10 000 000 元的买方开放权益。其次，在竞标主持方公布初始回收率两小时内，参与人需要提交有限订单，然后通过荷兰式竞标，最后一个满足开放权益的有效订单将决定最终的回收率。这个回收率便作为本次竞标中时提交各和现金交割共同的回收率。例如在 2008 年 10 月 10 日，也就是雷曼破产的第 28 天，ISDA 通过拍卖得到雷曼债券的回收率仅为 8.625%；而在同年 10 月 6 日拍卖的房利美和房地美的债券回收率达到了 90% 以上。

七、信用违约互换的交易方法

与其他衍生品交易策略相同，CDS 的交易方式和策略主要包括：投机、套利、基于利差曲线的交易策略中的等面值交易策略、等息期交易策略、自融资策略、套期保值策略等。这里对一些基础的交易策略进行介绍。

（一）投机

CDS 的投机性交易与股票、债券、期货相似。当投资者看多公司信用，认为信用利差会缩小时，投资者可以选择卖出 CDS 合约，如果信用利差真的缩小的，投资者可以选择买入一个剩余期限相同的 CDS 合约进行对冲，从而获取盈利；如果信用利差变大了，投资者则受到损失。反之，如果投资者看空公司信用，认为信用利差会扩大，可以选择买入 CDS 合约，如果信用利差真的扩大了，投资者可以选择卖出一个剩余期限相同的 CDS 合约进行对冲，从而获取盈利；如果信用利差变小了，投资者则也会受到损失。

（二）套利

由于 CDS 与债券同时反映了同一个参考实体的信用风险，两者之间有天然的等价关系，否则就会出现套利的机会。一般来说，如果 CDS 的利差和与平价债券等价的违约互换（平价违约互换）的利差不同，这时就产生了套利机会。我们一般把 CDS 利差与平价违约互换利差的差称为基差，并依据基差的正负分为负基差套利和正基差套利。

当市场上出现负基差时，市场上的 CDS 的利差比较低，债券的利差较高。这时，投资者就应该购买债券同时在市场上买入 CDS，随着两者的利差变得相同，投资者就可以从中获取利润，并对冲了参考实体的信用风险。换句话说，即使债券的违约风险上升，但是由于购买了 CDS，违约的风险被对冲了。一般，当基差大于 20 个 bp 以上，就有利可图了。

当市场上出现正基差时，这说明 CDS 的信用利差较高，而债券的利差较低。这时，投资者可以采用卖空债券的同时卖空同一经济实体的 CDS。这样当参考实体没有违约的情况下，CDS 的收益超过了债券每年在利息上的损失，从而获利；而在参考实体发生信用违约的时候，卖空债券取得的正收益正好可以补偿出售 CDS 的损失，也对冲了风险。表 10－7 给出了相应的基差投资策略。

表 10－7　基差投资策略

基差状态	状态说明	交易策略
正基差	CDS 票息大于与平价债券等价的违约互换票息	卖空债券的同时卖空 CDS
负基差	CDS 票息小于与平价债券等价的违约互换票息	买入债券的同时买入 CDS

除了债券与 CDS 的套例外，市场中也有资本结构套利（Capital Structure Arbitrage）策略，具体来说，就是把 CDS 和股票或者股票期权相结合的策略。通常情况下，如果公司财务出现困难，公司债券和股票的价格都会下降，但是他们下降的幅度会有差别，这是因为债券和股票在公司资产结构中的优先程度不同。当较小负面消息出现时，股票价格因为处于第一亏损的位置，通常会比债券价格下滑更多；当负面消息持续增加时，股票价格由于反应了市场对公司未来的期望，股票继续下跌的程度要小于债券。这种关系的存在导致了资本结构套利策略。

（三）基于信用曲线的交易策略

信用曲线与债券的利率期限结构曲线类似，是由不同到期时间的 CDS 的票息所组成的曲线，反映了整个市场对某个债券的不同时期信用的预测。也和利率曲线类似，信用曲线一般也分为上升的信用曲线、下降的信用曲线和水平的信用曲线。

基于信用曲线的交易策略就是基于对市场未来走势有明确看法的基础上，

利用长短期的 CDS 合约构建对冲组合的策略（见表 10－8）。由于需要对信用曲线的未来变化做出判断，比如投资者可能会认为信用曲线会更加陡峭，如果市场没有出现预期所想的变化，投资者需要自行承担风险。通常，当认为信用曲线变得更加陡峭时，投资者可以买入较长期的 CDS 同时卖出较短期的 CDS，这时，即使短期 CDS 的利差上升，但由于长期的变动幅度较大（信用曲线才能变得陡峭），长期 CDS 的盈利也超过短期 CDS 的损失，于是投资者就会获利；相反，当投资者认为信用曲线变得更加平缓时，投资者可以买入短期 CDS 而卖出长期 CDS，这时，即使长期 CDS 利差上升，但由于短期变动幅度更大（信用曲线才能变得平缓），短期 CDS 的盈利也会超过长期 CDS 的损失，投资者也会获利。

表 10－8　　　　基于信用曲线的交易策略

信用曲线	状态说明	交易策略
陡峭	长期 CDS 利差与短期 CDS 利差的差值变大	买入长期 CDS 卖出短期 CDS
平缓	长期 CDS 利差与短期 CDS 利差的差值变小	买入短期 CDS 卖出长期 CDS

但需要说明的是，这个策略在制定时需要考虑四个方面的风险：来自时间的影响、对票息的敏感度、违约风险和盈亏平衡点的计算，进而决定买入还是卖出长期 CDS 或者是短期 CDS，以多少的名义额买入或者卖出 CDS，这都会对策略的实施效果有影响。

【例 10－8】（基于信用曲线的交易策略）假设某公司的 3 年期和 10 年期 CDS 的信用利差分别为 30bp 和 50bp，投资人认为 1 年后信用曲线会变的陡峭，卖出了名义额为 1 000 万元的 3 年期 CDS，同时买入了名义额为 1 000 万元的 10 年期 CDS，并持有一年。这时投资者因卖出保护而获得收入10 000 000 ×0.003 =30 000（元），同时因买入保护而支出 10 000 000 ×0.005 =50 000（元），这是投资人的现金流就为 30 000 －50 000 = －20 000（元）。如果一年后，9 年期 CDS 从 50bp 变成 60bp，而 2 年期 CDS 价差不变，息期为 1.5，那么投资人从组合中盈利 10 000 000 ×（0.006 －0.005）×1.5 =15 000（元），但是由于投资人初始现金流为 －20 000 元，投资人不仅没有从本应赚钱的策略中赚钱反而亏损了 5 000 元。同样的道理，如果 1 年后 9 年期 CDS 价差变为 70bp，2 年期 CDS 价格不变，那么投资者没有盈利也没有亏损。

这个例子说明在依据信用曲线制定交易策略时，需要一方面要买卖方向确定，另一方面要确定相应的名义额。对于这个问题，我们可以依靠等面值策略、等息期策略和自融资策略分别进行考虑。［例 10 - 7］实质上就是等面值策略。

八、一篮子信用违约互换

一篮子信用违约互换中有一定数量的参考实体，通常 5 家到 200 家不等。一篮子 CDS 与单一名称 CDS 类似，不同之处在于赔付触发条件，或者叫做保护触发的条件不同。单一名称 CDS 要求在参照实体违约时赔付；而一篮子 CDS 的保护触发取决于一篮子参照实体的第 n 个违约事件，即只有到特定数量的参照实体发生违约，卖方才会赔付。例如，当参照实体有 100 个时，买卖双方约定只要有一个实体违约，卖方就必须赔付，这时 n = 1，叫做第一信用违约 CDS（First - to - Default Basket Credit Default Swap）；当约定两个实体违约才触发赔付，这是 n = 2，叫做第二违约 CDS（Second - to - Default Basket Credit Default Swap）；当约定 n 个违约实体违约触发赔付条件，叫做第 n 违约 CDS（Nth - to - Default Basket Credit Default Swap）。其中第一违约 CDS 在实际中应用较为广泛。与一般信用违约互换的违约赔偿相同，在与合约有关的违约事件出现后，合约双方对赔偿事宜进行交割，处理完毕后，信用违约互换合约也自行解除，违约赔偿付出后双方不再需要任何其他付款。

九、总收益互换

总收益互换（Total Return Swap）是信用衍生品的一种，它涉及某种债券（或其他资产的组合）的收益与 LIBOR 加上某差价直接的互换；资产的总收益包括券息、利息以及在互换期限内资产的盈亏。

【例 10 - 9】一家银行以利率 10% 贷款给某企业 10 亿元，期限为 5 年。银行认为该企业信用风险可能会加大，这时银行需承担贷款市场价值下降的风险。银行为转移这类风险而与某对冲基金签订了总收益互换合约，按该合约规定（以 1 年为支付期），银行向对冲基金支付以固定利率为基础的收益，等于固定利率加上贷款市场价值的变化，同时，对冲基金向银行支付浮动利率的现金流。假设在支付期内贷款市场价值下降 6%，那么银行向交易对方支付的现金流的利率为 10% - 6% = 4%，即为 0.4 亿元；如果总收益互换到期时浮动利率为 12%，银行的收益为 12%，获得 1.2 亿元，除去支出获得 0.8 亿元。经过总收益互换，银行可以用来冲销在信贷市场上的损失。若不进行总收益互换，则银行亏损 0.4 亿元；总收益互换买方由于承担了该贷款价值下降的风险，损失了0.8亿元。当然，尽管经过总收益互换，银行仍面临利率风险，如果浮动利率大幅下降到2%，那么银行将亏损0.2亿元，对冲基金盈利0.2亿元。

十、抵押债务凭证

抵押债务凭证（Collateralized Debt Obligation，CDO）是一种非常流行的资产担保证券。CDO是一种以金融资产组合为依托的金融工具，抵押资产通常是由企业和国家发行的各种债券。通常CDO是由特殊目的公司（SPV）发行的，它们通过向投资者发行债券或者股本获得原始资金，并用获得的资金购买一定的资产，然后通过资产的利息和本金收入向不同投资者付息或者分红，并偿还本金。因此，如果把CDO看做是经济实体，那么它的资产就是由购买的资产组成的资产组合，它的负债就是CDO发行人发行的，被分割为若干风险板块的债券和股本。这里，处在资产方的资产组合通常被成为基础资产（Underlying Assets），有时也被称为抵押资产；处在负债方的负债通常被分为不同风险特征的分块（Tranche），通常包括承担较低风险的债券档和承担较高风险的股票档。总体看，CDO把处在资产方的风险收益特征，按照一定的规则加以分割、整合并转移到CDO的负债方。图10－16给出了现金型CDO的结构和运作流程。

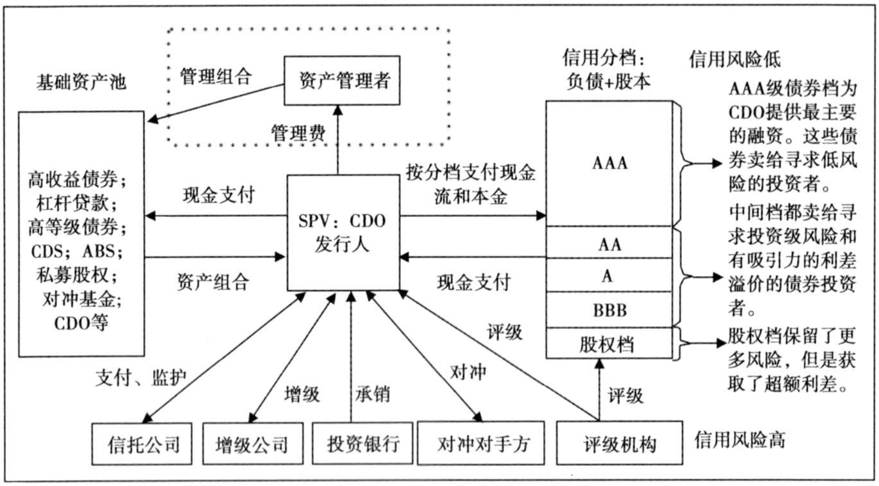

图10－16 现金型CDO的机构和运作

十一、合成 CDO

持有一家企业证券的多头寸效果上等价于持有关于这家企业的信用违约互换的空头寸（也即卖出 CDS），根据这点，我们可以用另外一种方式来合成 CDO。与其由企业债券来生成一个抵押组合，CDO 的发行者可以生成一个信用违约互换的空头寸组成的交易组合，交易组合的信用风险可以被转移到相应的份额之中，用这种方式所产生的 CDO 成为合成 CDO（Synthetic CDO）。

第十一章 DISHIYIZHANG 结构化金融衍生品

结构化产品，又称为结构性产品或者结构化衍生品，是金融市场中众多金融产品的一类，是金融市场产品创新的集中体现，是促成金融市场风险和收益重新分配的有力工具。风险和收益是金融产品的核心属性，两个属性同属一体，不可分割，总是成对出现。风险和收益之间存在平衡，投资者希望获得一定的预期收益，就要承担一定的投资风险。传统的金融产品如股票、债券、外汇以及传统的金融衍生产品如期货、期权和互换等，都有其特定的风险—收益特征。然而，这些传统的产品能够提供的风险—收益特征可能不一定能满足特定投资者的需求。某些投资者可能觉得股票风险太高，债券收益太低；或者觉得单纯投资金融衍生品的风险太高，单纯投资股票等基础类金融产品时的资金使用效率又太低。针对这样的投资需求，结构化产品被创造出来。结构化产品使得金融市场中的金融产品大大丰富，同时丰富了金融产品的风险—收益特征，让投资者有更多选择。

第一节 结构化产品概述

一、结构化产品的含义

典型的结构化产品由固定收益证券和金融衍生工具构成，是两类金融工具的一个组合并打包成一个产品，由特定的发行者向目标投资者发行，既可以用于实现发行者的融资需求，也可以用于满足投资者的投资需求。其中，结构化产品中的固定收益证券的主要功能在于使得结构化产品在存续期间能够提供一定的利息，并确保产品到期时能获得一部分或者全部的初始投资本金；而金融衍生工具的主要功能则在于将标的资产价格或变量的风险，即市场风险，引入到结构化产品中，使得投资者通过承担一定程度的市场风险，而获得一定的风险收益。通过调整两类资产所占初始投资的比例，就能调整结构化产品的总体风险程度，从而满足具有不同风险偏好和风险承受能力的投资者的需求。

虽然结构化产品的组成部分可以归为固定收益证券和衍生工具这两类，但是各个结构化产品的具体构成则多种多样。例如，可以用零息债券、固定利率债券、浮动利率债券或者优先股等作为结构化产品中的固定收益证券部分，可以用远期、期权、互换作为结构化产品的衍生工具部分，而这些衍生工具的标的资产可以是股票、股价指数、银行间同业拆借利率、互换市场利率、本币汇率、外币汇率、信用利差以及其他金融资产价格或变量。除此之外，结构化产品中固定收益证券和衍生工具的头寸比例、衍生工具买卖方向、期限、杠杆等属性都可以根据实际需要做出恰当的设计，以满足特定的投资、融资需求。

众多的结构化产品可以归纳为三个类型，分别是本金保护类、收益增强类和杠杆参与类。本金保护类结构化产品在期末的价值不低于产品的初始价值或者初始价值的某个比例，如初始价值的80%。由于投资的本金有一定程度的保障，所以这类产品的风险比较低。收益增强类结构化产品通常没有提供本金保护功能，并通过建立期权空头的方式，将期权费用叠加到结构化产品的利息流中，从而是产品能够提供高于市场同期的利率，即所谓的收益增强。然而，期权空头结构有可能使得产品在到期时的赎回价值低于初始投资，极端情况下还可能致使赎回价值为零。所以，收益增强类结构化产品的风险是比较高的。杠杆参与类结构化产品的潜在收益或者损失保护通常带有杠杆，且通常不提供本金保护或者仅提供部分的、有条件的本金保护。杠杆参与类产品在存续期间几乎不提供利息，发行时也没有折价，并设有参与率条款，使得投资者的收益率等于标的资产收益率乘以参与率。参与率相当于杠杆，起到收益放大或缩小的作用。在实际的市场中，任何一款产品，无论其属于以上哪个种类，均可以通过精巧构造而拥有多个风险收益属性。因此，在评估产品的各方面性质时，不应该仅凭其类型，而应该根据产品的各个特定条款。随着结构化产品市场的发展，越来越多的具有创新特征的产品被创造出来，创新体现在产品的各个条款和结构上，有些产品可能既属于本金保护类，又属于杠杆参与类。

二、结构化产品的参与者

结构化产品的市场中主要有四类参与者，分别是产品创设者、发行者、投资者和套利者。结构化产品创设者这个角色通常由投资银行、证券经纪商和自营商以及部分商业银行来扮演。创设者通过识别投资者的需求，进而设计出能满足投资者需求的结构化产品，并甄选合适的发行机构作为产品的发行者。此外，创设者还参与产品设计方案的实施以及风险的对冲操作，有些创设者还扮演做市商的角色以提供产品二级市场的流动性。

结构化产品的发行者通常是具有较高信用评级的机构，以便能有效地将结构化产品投资的信用风险和市场风险分离开来。从以往的经验来看，结构化产品的发行者既有区域经营的，也有跨国经营的，既有商业银行，也有非银行金融机构。投资者对发行者的要求，除了高信用评级之外，还包括较高的产品发行能力、投资者客户服务能力以及融资竞争能力等。

结构化产品的投资者包括机构投资者和个人投资者，也包括金融企业和非金融企业等。投资者投资于结构化产品，主要目的是通过承担金融市场风险而获得相应的预期收益。针对特定目标投资者而设计的结构化产品能够符合投资者自身的风险承受能力和风险偏好，同时能为投资者的投资提供一定程度的便利，比如降低交易成本、扩大投资品种范围、降低资金要求等。

结构化产品市场中的套利者通常是投资者或者某个机构的交易员，其参与的目的在于从产品定价偏差中获得收益。结构化产品通常由几个基本的资产和证券组成。各个组成部分通常具有相应的流动性较好的二级市场。根据结构化产品的构造，就可以根据各个组成部分的二级市场价格来计算出结构化产品的理论价格。如果理论价格偏离了结构化产品的实际交易价格，就会产生套利机会。套利者发现这样的套利机会之后，就可以通过买卖结构化产品并在各个组成部分的二级市场上做相应的对冲操作，就可以获得风险很低的套利收益。

三、结构化产品的运行

一个结构化产品的运行，通常要经历创设—发行—对冲—清算这四个阶段。投资者根据其资产管理策略，需要通过承担某个类型的、某种程度的金融市场风险而获得特定的预期收益或者调整其资产组合的结构。结构化产品的创设者根据投资者的需求而设计出满足这部分投资者需求的产品。通常情况下，创设者并不直接向投资者发行该产品，而需要通过具有高信用评级的金融机构来发行，目的就在于将结构化产品的信用风险尽量降到最低，使得产品的风险主要由市场风险组成。之所以这样设计，原因在于投资者投资于结构化产品时，其目标在于承担市场风险，而不是创设者或者发行者的信用风险。发行者将产品发行之后，也承担了市场风险。这时，发行人需要进行市场风险对冲。对冲的方式有多种，可以是发行人自有资产与结构化产品形成对冲，也可以通过在场内或场外建立相应的衍生工具头寸来进行对冲。在产品到期时，发行者根据标的资产行情以及结构化产品合约的约定进行结算，投资者获得相应的投资收益或者承担投资亏损。某些发行规模大、投资者规模也大的结构化产品还有二级市场，由创设者或发行者承担做市商的角色来为二级市场提供流动性。此外，信用评级机构在某些结构化产品发行时也扮演着比较重要的信用评级作用。

在结构化产品的运行周期中，创设者的价值体现在识别投资需求、产品设计以及某些情况下的风险对冲活动中。发行者的价值体现在结构化产品的信用增强和风险对冲活动中。套利者常常以投资者的角色出现，通过在二级市场中的套利交易，使得结构化产品的价格接近真实价值，同时获取一定程度的套利收益。投资者则通过投资结构化产品，承担了特定的市场风险，从而获得一定的期望收益。

由于投资者投资于结构化产品的目的在于承担市场风险及与之伴随的期望收益，所以结构化产品的卖方（创设者、发行者）在产品存续期间对产品的管理是被动式的。这与普通的基金、信托等产品形成差别，因为这些基金、信托等产品的卖方在产品存续期间通常需要积极主动地对产品内各种资产进行头寸调整，目标是尽量提高产品的实际收益。当然，结构化产品的卖方在产品存续期间也需要调整该结构化产品项下的资产头寸，但是其调整的对象通常是衍生工具的头寸。之所以需要调整，是因为二级市场中衍生工具的期限、规模通常无法完全匹配结构化产品的所设计的期限、规模等条款。例如，某结构化产品的市场风险体现为一个期限为 2 年的欧式看涨期权，标的资产是沪深 300 指数。但是，市场上并没有 2 年期的沪深 300 指数欧式看涨期权，而只有 3 个月期欧式看涨期权的成交较为活跃。因此，结构化产品的卖方就需要不断地进行合约换月调整。所以，总体而言，结构化产品的卖方承担了一定程度的跟踪误差风险。

根据结构化产品的标的资产的不同，可以将结构化产品分为股权类、利率类、汇率类和信用类结构化产品①。下面将逐一对其进行介绍。

第二节 股权类结构化产品

股权类结构化产品是固定收益证券和以股权类资产为标的的金融衍生工具的组合而构成的。作为衍生工具标的资产的股权类资产，可以是单个股票，也可以是股票市场价格指数。在结构化产品市场发展的早期，以个股为标的的股权类结构化产品比较多，例如人们所熟知的可转换债券，就是典型的股权类结构化产品。随着金融市场的发展，股权类结构化产品的标的资产越来越多地倾向于股票价格指数。

股权类结构化产品的类型是多种多样的，不同的构造对应着不同的结构化产品。图 11－1 展示了股权类结构化产品的各个属性的可能构件，不同构件的组合能得到特征迥异的股权类结构化产品。

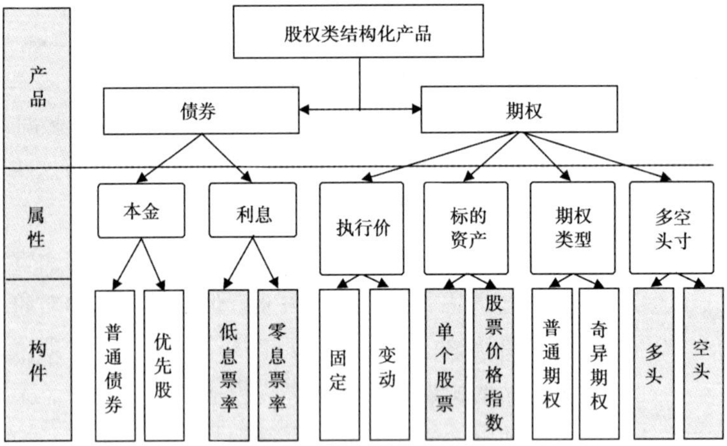

图 11－1　股权类结构化产品的各个属性的可能构成

① 除此之外，还有以大宗商品价格、通货膨胀率、普通基金或者对冲基金净值等为标的资产的结构化产品，此外，还有以多种类型的资产构成的组合为标的资产的结构化产品。这几类结构化产品在结构上与其他类型的结构化产品相似，但是市场规模较小，因此本书没有深入介绍。

图 11－1 所示的各个构件并不完整，只是囊括大多数股权类结构化产品的构成。当要设计、分析或投资于新的股权类结构化产品时，我们可以参照这个图，找出该产品所含有的构件，从而可以对其有更加全面的认识。

下面将介绍三类典型的股权类结构化产品，分别是流动收益期权票据、保本型股指连接票据和收益增强型股指连接票据。

一、流动收益期权票据

流动收益期权票据（Liquid Yield Option Notes，LYONs）是零息债券与期权的组合，其中内嵌的期权包括发行者的赎回权，也包括投资者的转换权和售回权，而且期权的标的资产是单个股票。这类票据发行的目的主要是为了方便发行人融入资金。

【例 11－1】 表 11－1 给出了一个流动收益期权票据的例子。

表 11－1　　某款流动收益期权票据的主要条款

发行者	ABC 上市公司
发行规模	10 亿美元
票据期限	12 年
息票率	0%
发行价格	每个面值 1 000 美元的票据的价格是 385 美元
到期收益率	8.28%
投资者的转换权	在到期前的任何时间内，投资者可以将每个面值 1 000 美元的票据转换成为 5 份 ABC 公司的股票
转换价格	在发行时确定的转换价格是每股 77 美元（等于 LYONs 的发行价格 385 美元除以转换比率 5）
投资者的售回权	从发行日开始的两年之后，每年的 6 月 30 日，投资者都有权以特定的执行价格将 LYONs 售回给发行人。其中，执行价格随着到期日的临近而递增，且每年调整一次，如表 11－2 所示
发行者的赎回权	发行者有权以既定的价格提前将 LYONs 赎回，赎回价格也是随着时间递增的，如表 11－2 所示

表 11－2　　LYONs 的售回价格和赎回价格

年份	售回价	售回收益率	赎回价	赎回收益率
1			425.34	10.48%
2			466.48	10.07%
3	469.07	6.81%	508.07	9.69%
4	506.13	7.08%	549.75	9.31%
5	549.15	7.36%	591.17	8.96%
6	599.34	7.66%	631.99	8.61%
7	658.18	7.96%	671.89	8.28%
8	727.52	8.28%	727.52	8.28%
9	787.76	8.28%	787.76	8.28%
10	852.99	8.28%	852.99	8.28%
11	923.62	8.28%	923.62	8.28%
12			1 000.00	8.28%

从结构上来看，表 11－1 给出的 LYONs 由零息债券、债转股权、售回权和赎回权等四类资产组成。首先，该 LYONs 在存续期间不支付利息，投资的收益完全体现在投资者的本金回收上。其次，投资者所持有的债转股权相当于普通的可转换债券，当 ABC 公司的股票超过债转股权的执行价时，投资者就可以行使转换权，将债券（即这款 LYONs）转换成为 ABC 公司普通股。因此，这个债转股权相当于以 ABC 公司普通股票为标的的美式看涨期权。第三，投资者还持有售回权，即将 LYONs 按照既定的价格售回给发行人从而收回投资的权利。表 11－2 中给出了各个时间点上行使售回权的执行价格。例如，当投资者在第 5 年的 6 月 30 日行使售回权，将得到 549.15 美元的收入，相对于初始投资时的价格 385 美元，行使售回权相当于获得了 7.36% 的投资收益率，因为 $385 \times (1+7.36\%)^5 = 549.15$。当市场利率水平提高到了一定水平，如 8.0%，那么投资者在该时点行使售回权是合理的。售回权类似于利率期权。从 LYONs 的设计来看，这款票据中内嵌了 9 个不同执行价格的利率期权，且投资者持有多头。第四，LYONs 中的赎回权为发行者所有，即发行者可以按照既定的价格将 LYONs 提前赎回。这个权利类似于普通的可赎回债券。例如，在第 5 年，发行者可以按照 591.17 的价格将 LYONs 赎回，这时投资者获得投资收益是 8.96%，因为 $385 \times (1+8.96\%)^5 = 591.17$。当市场利率下降到一

定水平，如7.5%，发行者可以提前赎回该LYONs，并以更低的利率进行融资，降低融资成本。所以，该赎回权可以看作是利率期权。从表9-2可以看到，LYONs中内嵌了12个利率期权，发行者持有多头。从以上结构分析来看，LYONs并不是纯粹的股权类结构化产品，因为它还具有利率类结构化产品的特征。

在LYONs的市场运作过程中，通常需要有投资银行或券商等金融机构参与票据的设计。此外，票据发行人与标的股票的发行人同属某个上市公司，所以该上市公司通常不会对其中的股价风险进行对冲。这个特征与后面讲述的结构化产品发行人的风险管理相比是不同的。

对发行人而言，LYONs的主要优点体现在两个方面：一是现金流量的一次性。这种债券的发行人不会面临支付现金息票的问题，因为零息票债券发行者在到期日之前无需支付任何利息，从而获得最大的现金流量好处。二是税法规定了允许发行人获得由最初折价发行带来的收益，这些获得但没有支付的利息收入减少了应纳税资产的数量，因此带来了相当可观的现金收入。发行人在LYONs发行后享受到一系列的税收优惠，直到投资者将其转换成股票为止。

对投资者而言，LYONs的主要优点也体现在两个方面：一是LYON的收益稳定、投资风险较低，适合稳健型的投资者。LYON有如同债券一样较稳定的收益率，没有再投资风险，同时通过售回权对本金更高程度的保护，能够降低投资者面临的利率风险。二是LYON对那些想依靠组合投资降低风险的个人和机构投资者来说很有吸引力。比如说，一个投资策略就是投资者在购买股票看涨期权的同时，再将部分现金管理账户中的现金投资于债券等低风险资产，这一策略即能够保证投资本金的收回和一定的收益率，又能获得股票上涨带来的好处。LYON实质上就是模拟了这种投资策略，又能减少构造投资组合的成本。

当然，LYON也有一些不足的地方，首先是股本稀释作用，LYON转换为股票时，将稀释股本。其次，LYONs对发行人的要求是比较高的。由于这种票据的发行对象主要是零售市场上的个人投资者，因此要求发行人必须具有较高的市场知名度和信用等级；同时，可转换性要求发行公司股价具较大的波动性，而满足这一标准或要求的公司规模往往不大。兼备这些要求的公司较少。

二、保本型股指联结票据

保本型股指联结票据是由固定收益证券与股指期权组合构成的。这类具有本金保护结构的股指联结票据通常是为那些风险厌恶程度较高、同时又愿意在一定程度上承担股票市场风险暴露的投资者而设计的。这类产品的基本组成部分是固定收益证券和期权多头，其中的债券的利息通常会被剥离出来以作为构建期权多头头寸所需的费用，因此其中的债券可以看作是零息债券。图 11 - 2 表示了这样的结构。

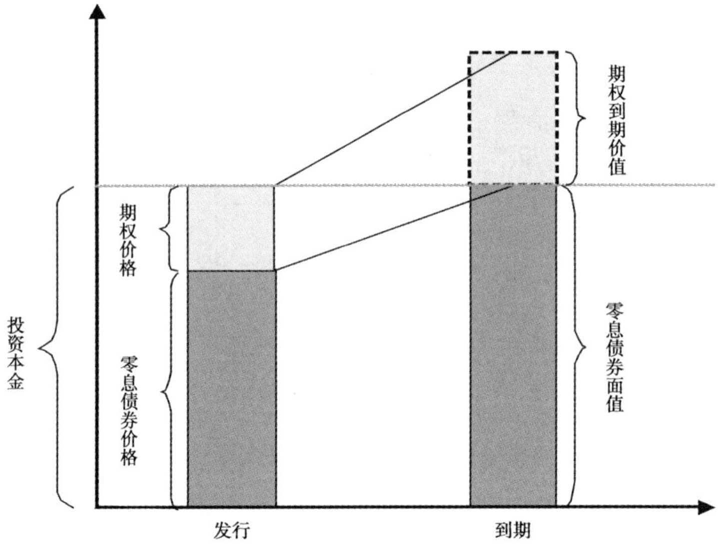

图 11 - 2 保本型股指联结票据的结构

在图 11 - 2 的结构中，全部的投资本金被分成两部分，一部分用于投资一个零息债券，剩下一部分用于建立股指期权的多头头寸。其中，零息债券的面值等于投资本金，从而保证了到期时投资者回收的本金不低于初始投资本金。这就是所谓的保本结构。票据内嵌的股指期权可以是看涨期权，也可以是看跌期权。选择哪类期权要取决于投资者的需求。当票据到期时，期权的价值依赖于当时的股指行情走势，可能大幅高于初始投资的价格，可能变得一文不值。这就是投资的风险所在。

对于发行人而言，发行了股指联结票据之后，通常还需要进行进一步的对冲操作，以便把票据中来自期权的风险对冲掉。典型的对冲操作见图 11 - 3。

以上是具有本金保护结构的股指连接票据的基本结构和运作方式。在实践中，股指联结票据还有其他的结构变化，使得股指联结票据的实际投资收益具有较高的复杂性。

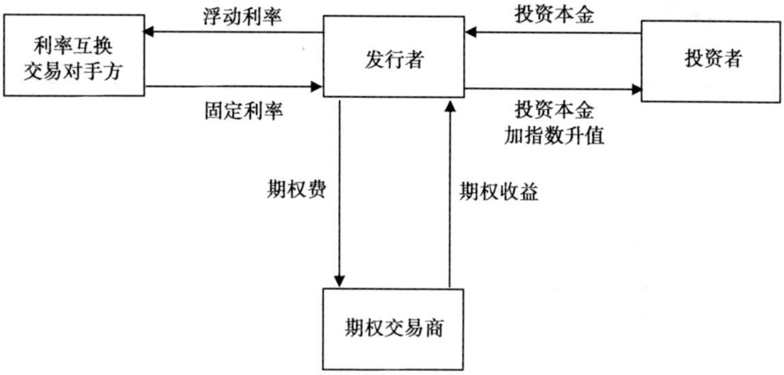

图 11－3　保本型股指联结票据对冲风险的方式

导致这些结构变化的只要要素有五个，即：(1) 投资者对息票率的要求。(2) 投资者对特定水平的指数风险暴露的要求。(3) 投资者对本金保护水平的要求。(4) 市场利率水平。市场利率水平影响到可用于建立期权头寸的费用。(5) 期权的成本。

根据上述的这些因素，本金保护类型的股指联结票据就产生了以下三个方面的结构变化。

第一，参与率的变化。不同的参与率对应着不同程度的投资收益和风险。此外，参与率的大小也与息票率和期权费用的大小有关。如果要提高债券的息票率，那么就要降低参与率；如果期权的费用比较高，以至于债券的利息无法全部覆盖期权费，那么参与率也要降低。参与率的提高则可以通过提高期权的头寸来实现。

第二，收益封顶结构。如果股指联结票据的本金保护是 100% 水平，而且期权的参与率也是 100%，那么当期权的费用比较高以至于债券的利息无法覆盖时，为了获得这个期权，就要在更高的执行价水平上卖空一个看涨期权，利用做空期权的期权费收入弥补原来的期权费不足。这种情况下，期权空头就会对冲掉原来的期权多头的一部分可能收益，造成收益封顶的结构。

第三，低于 100% 的本金保护水平。当债券的利息不足以构建所需要的期权头寸时，一种解决办法就是降低本金保护水平，即从本金中拿出一部分来弥补期权建仓时的资金不足。这就是所谓的部分本金保护结构。

以上三个方面的结构变化，使得本金保护型的股指联结票据拥有多种多样的风险—收益特征，从而有助于满足投资者的个性化的需求。

三、收益增强型股指联结票据

收益增强型股指联结票据具有收益增强结构，使得投资者从票据中获得的利息率高于市场同期的利息率。为了产生高出的利息现金流，通常需要在票据中嵌入股指期权空头或者价值为负的股指期货或远期合约，其中期权空头结构最为常用。期权空头使得投资者获得期权费收入，将该收入叠加到票据的利息中，就产生了更高的利息流，即所谓的收益增强。

这样构建的股指衍生品头寸将直接影响到票据到期时的本金回收。由于远期类合约和期权空头的潜在损失是无限的，所以，收益增强类股指联结票据的潜在损失也可以是无限的，即投资者不仅有可能损失全部的投资本金，而且还有可能在期末亏欠发行者一定额度的资金。为了避免后一种情况发生，收益增强类股指联结票据中通常会嵌入额外的期权多头合约，使得投资者的最大损失局限在全部本金范围内。

【例 11－2】 表 11－3 将给出一款收益增强型的股指联结票据的主要条款。

表 11－3　　某款收益增强型股指联结票据的主要条款

发行者	美国的某个信用评级为 AAA 级的商业银行
发行对象	中国大陆境内的资产规模超过 100 万元人民币的投资者
发行规模	10 亿元人民币
票据期限	1 年
息票率	14.5%
发行价格	100（百元报价方式）
标的指数	标准普尔 500 指数（S&P 500）
票据赎回价值	100 ×（1－（指数期末值－指数期初值）÷指数期初值）
最大赎回价值	100
最小赎回价值	0

从票据的赎回条款可以看出，投资者卖出了以标准普尔 500 指数为标的的看涨期权，同时获得了较高的息票率。这里的看涨期权的执行价格是票据发行时标准普尔 500 指数的价格。如果指数在期末时比期初时有所升值，那么投资者回收的资金就会降低。这是投资该票据的主要风险。要注意的一点是其中的最小赎回价值条款。如果发生了指数大幅升值的情况，票据的投资者不但完全失去全部投资本金，而且可能要承担进一步的亏损。对发行人而言，这样的情况要依赖投

资者的信用状况。这样的信用风险发行人通常是不愿意承担的。所以，票据设置了最小赎回价值条款。使得投资者的最大亏损止于全部的投资本金。这相当于投资者从发行人那里获得了一个执行价格为指数起初价格的2倍的看涨期权。

在该股指联结票据发行的时候，标准普尔500指数的价位是1 500。根据其基本结构，我们可以模拟出在到期时根据标准普尔500指数的不同表现而得到的票据投资收益（见表11－4）。

表11－4　收益增强型标准普尔500指数连接票据的到期收益情况模拟

标准普尔500指数		票据赎回价值（百元报价）	息票率（%）	资金回收（%）	投资收益率（%）
期末价位	期末增幅				
750	－50%	100	14.5	114.5	14.5
900	－40%	100	14.5	114.5	14.5
1 050	－30%	100	14.5	114.5	14.5
1 200	－20%	100	14.5	114.5	14.5
1 350	－10%	100	14.5	114.5	14.5
1 500	0%	100	14.5	114.5	14.5
1 650	10%	90	14.5	104.5	4.5
1 800	20%	80	14.5	94.5	－5.5
1 950	30%	70	14.5	84.5	－15.5
2 100	40%	60	14.5	74.5	－25.5
2 250	50%	50	14.5	64.5	－35.5
2 400	60%	40	14.5	54.5	－45.5
2 550	70%	30	14.5	44.5	－55.5
2 700	80%	20	14.5	34.5	－65.5
2 850	90%	10	14.5	24.5	－75.5
3 000	100%	0	14.5	14.5	－85.5

通过这款票据，中国境内的投资者就可以获得美国股市的风险暴露，这在一定程度上有助于投资者分散其投资组合，也有利于那些对美国股市走势有较为明确判断、期望股指下跌的中国境内投资者将其研究、期望进行资本化。

以上是从投资者的角度对该票据进行的分析。下面我们从发行者的角度看看该票据能带来的风险—收益特征。对于发行者而言，由于其期权头寸是看涨期权多头，所以其期权方面的风险较低。但是发行人在期末时要将美元转换成为人民币来支付利息和本金，所以承担了人民币汇率风险。事实上，发行者既不愿意承担期权风险，也不愿意承担汇率风险。这时就要对这两类风险进行对冲。发行者进行风险对冲的基本操作包括两个部分，一是通过货币互换将汇率风险进行对冲，二是通过期权交易对冲期权风险（见图 11－4）。

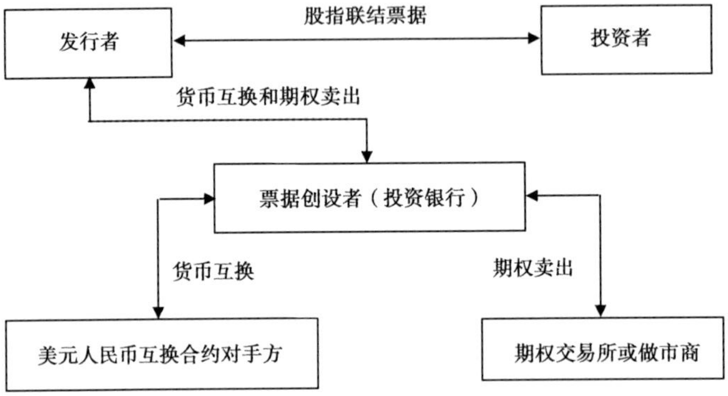

图 11－4　具有期权空头结构的 S&P500 指数联结票据运作流程图

具体而言，发行人发行票据之后，融得了一定规模的资金，但是承担了股票市场风险和汇率风险。为了把这两方面的风险对冲掉，发行人与投资银行签订合约，将期权多头卖给投资银行，同时通过货币互换将汇率风险转移到投资银行手中。投资银行则实施进一步的风险管理，通常情况下是在金融市场中卖出其从发行人处买入的期权，同时也进行下一步的货币互换交易进行风险对冲。在如上的风险管理过程中，投资银行的策略是多种多样的，既可以通过场内交易将大额头寸分割成小头寸进行风险对冲，也可以在场外寻找另一家金融机构以对其大额头寸进行一次性对冲。当然，有的投资银行并不进行全额的对冲，而承担一定的风险。这与投资银行自身的经营策略有关。这就是整个风险的流转、传递过程。

第三节
利率类结构化产品

利率类结构化产品同样是由固定收益证券和金融衍生工具构成，其中的金融衍生工具以基准利率、互换利率、债券价格或者债券价格指数等利率类经济变量为标的。这使得这类结构化产品的未来收益（包括产品利息支付和本金偿还）密切联结于这些利率类经济变量。所以，利率类结构化产品通常也被称为利率联结票据（Interest Rate－Linked Note）。

根据结构化产品内嵌的金融衍生工具的不同，利率类结构化产品通常包括内嵌利率远期的结构和内嵌利率期权的结构。前者包括正向/逆向浮动利率票据、超级浮动利率票据等，后者则包括利率封顶浮动利率票据以及区间浮动利率票据等。其中，互换合约相当于一系列的远期合约，所以内嵌利率互换的利率类结构化产品可以归类到内嵌利率远期的结构中。此外，市场上也出现了一些内嵌奇异期权的利率类结构化产品。在实际中，一款利率类结构化产品可能既含有利率远期结构，也含有利率期权结构。

一、逆向浮动利率票据

逆向浮动利率票据类似于浮动利率债券，其主要的特征在于票据的息票率等于某个固定利率减去某个浮动利率。因此，逆向浮动利率票据的息票率是浮动的，通常每3个月或6个月调整一次。当金融市场处于持续的利率下跌过程中，逆向浮动利率票据将为投资者带来更高的投资收益。

【例11－3】 表11－5给出了一个逆向浮动利率票据的例子。

表11－5　　某款逆向浮动利率票据的主要条款

发行规模	10亿欧元
票据期限	5年
票据息票率	8%减去6月期欧元即期LIBOR，利息每半年支付一次，每半年调整一次
最低息票率	0% 投资者在任何时候获得的利率都不可能是负的，即，当6月期欧元即期LIBOR达到或高于8%时，投资者不承担向发行者支付利息的义务。

这款逆向浮动利率票据的结构较为简单，可以将其分解以下三个较为基础的金融工具：（1）一个固定利率债券（例如，债券的息票率可以是4%）；（2）一份利率互换合约，使投资者可以获得固定利率并且支付浮动利率（例如，获得的固定利率是4%，支付的浮动利率则是6月期欧元即期LIBOR，合约规模等于票据发行规模）；（3）一个利率封顶期权，投资者从票据的发行者手中买入并持有（例如，该封顶期权的执行价格是8%，标的利率是6月期欧

元即期 LIBOR)。

所以，逆向浮动利率票据实际上相当于一份内嵌了利率互换和利率封顶期权的固定利率债券。通过固定利率债券的4%息票率和利率互换合约的4%固定利息收入，投资者可以获得8%的固定利息收入，同时要根据利率互换合约支付6月期欧元即期 LIBOR 的浮动利息，所以投资者的真正收入是8%减去6月期欧元即期 LIBOR。利率封顶期权的作用在于实现最低息票率条款，即当6月期欧元即期 LIBOR 高于执行价格8%时，投资者将执行该期权并获得 LIBOR -8%的利息，这与固定利率债券和利率互换组合而得到的8% - LIBOR 相互抵消，使得投资者获得的利率为0%。

此外，在本金保护方面，固定利率债券使得投资者在票据到期时能够收回大部分甚至全部的初始投资本金，因为互换合约建立时的价值是零，是产品的价值体现在债券的价值和期权的价值上。如果期权处于深度虚值的状态（如本例），那么建立该期权头寸所需的初始投资是很低的，这时，大部分资金用于建立债券的头寸，而这里的债券通常是能够保证全额回收本金的。

从投资者的角度来看，逆向浮动利率票据的收益特征与传统的浮动利率票据的刚好相反。在以下两种情况下，逆向浮动利率票据将给投资者带来较高的收益。第一种情况是利率处于下降趋势中，这时固定利率债券的价值和利率互换合约的价值都将上升。第二种情况是正收益率曲线，此时利率互换合约将给投资者带来正利差。

从发行者的角度来看，如果市场利率持续下跌，则该逆向浮动利率票据对发行者而言没有多少吸引力，反而要承担较高的融资成本。为了规避融资成本提高的风险，如果发行者发行了这款票据，则通常会对其中的利率风险进行对冲。对冲的方法取决于发行者对融资成本的要求。如果发行者期望将融资成本锁定在 LIBOR，则对冲的方法见图 11-5。

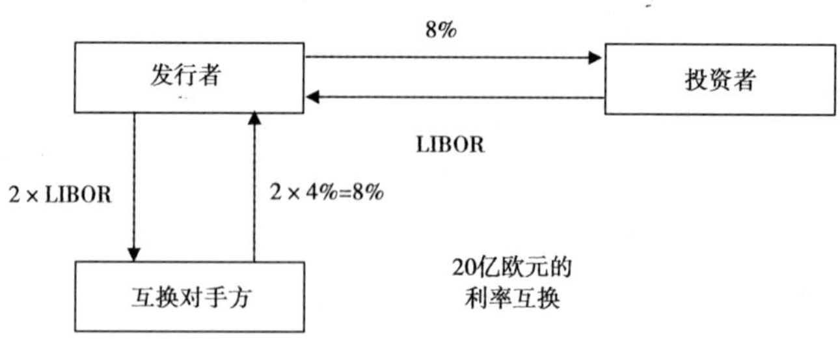

图 11-5 逆向浮动利率票据发行者对冲风险的方式

具体而言，发行者在场内或场外的衍生产品市场与互换对手方建立互换合约，期限为5年，合约规模为逆向浮动利率票据发行规模的2倍即20亿欧元，并通过支付LIBOR而获得4%的固定利率。这样，发行者的融资成本就成为LIBOR。当然，如果发行者期望将融资成本锁定为固定利率，则对冲方式与图5也类似，但稍有不同。作为练习，读者可以尝试设计相应的对冲方式。

对于创设者而言，识别投资者的需求当然是一部分工作，但是同样重要的是设计逆向浮动利率票据各个主要参数，特别是息票率、债券规模等。在本例中，创设者应该从二级市场的互换利率水平4%出发，同时要参考利率封顶期权的价格，在此基础上确定票据的固定利率部分即8%，并用建立利率封顶期权头寸后剩余的资金建立固定利率债券头寸。此外，如果需要设计保本条款，则可以考虑使用零息债券来建立债券头寸。总之，设计时要明确外生变量如互换利率和期权价格如何决定其他重要变量（即合约条款）。

上述给出的逆向浮动利率票据的结构是相对简单的。在此基础上，通过调整票据的某些条款，可以使该票据的风险和收益特征发生较大的变化。例如，如果要提高该逆向浮动利率票据的杠杆效应，则一种方法是将票据中内嵌的利率互换的规模放大，从10亿欧元放大到40亿欧元，相当于将收益和风险放大了4倍。这时，票据的息票率的计算公式是：

$$
\begin{aligned}
\text{票据息票率} &= \text{固定利率债券息票率} + 4\times(\text{互换利率} - \text{LIBOR})\\
&= 4\% + 4\times(4\% - \text{LIBOR})\\
&= 20\% - 4\times \text{LIBOR}
\end{aligned}
$$

在此基础上，为了确保最低息票率条款的有效，则应该降低利率封顶期权的执行价格。

除了调整杠杆之外，还可以调整票据的息票率变动方式。在例子中，票据的息票率在5年之内都是8% - LIBOR。对其进行调整的方式包括将8%所对应的固定利率进行逐渐递增调整或者递减调整。由此而得到结构更加复杂、风险特征各异的逆向浮动利率票据，而票据的适用情形和对冲方式也发生很大的变化。

二、区间浮动利率票据

区间浮动利率票据是普通债券与利率期权的组合。具体而言，区间浮动利率票据是利息支付联结于某个市场基准利率的浮动利率债券，而且，票据的息票率的具有上下浮动界限，如最高不超过10%，最低不低于5%。

当金融市场的名义利率比较低，而且收益率曲线呈现较为陡峭的正向时，追求提高投资收益的投资者通常会需求区间浮动利率票据。区间浮动利率票据实际上相当于普通的浮动利率票据以及利率封顶封底期权的组合（封顶期权多头以及封底期权的空头），这样的结构在正收益率曲线较陡峭是能产生比较高的投资收益。

【例 11－4】表 11－6 给出区间浮动利率票据的一个例子。

表 11－6　　某款区间浮动利率票据的主要条款

发行规模	2 亿美元
票据期限	5 年
标的利率	3 月期美元即期 LIBOR
发行价格	99.85（百元报价法）
最低利率	3%
最高利率	8%
面额	5 000 美元，10 000 美元

在该例中，区间浮动利率票据有标准的浮动利率票据以及以美元 3 月期 LIBOR 为标的的利率封顶期权和利率封底期权构成。根据这样的结构，区间浮动利率票据的投资者相当于投资了如下的资产组合：（1）利率为美元 3 月期 LIBOR 的 5 年期浮动利率票据；（2）卖出执行价格为 10%、标的为美元 3 月期 LIBOR 的利率封顶期权；（3）买入执行价格为 5%、标的为美元 3 月期 LIBOR 的利率封底期权。

卖出利率封顶期权并买入利率封底期权，实际上相当于迈出了利率区间期权。

从发行者的角度来看，发行者的头寸与投资者的刚好相反，即发行者以 3 月期美元 LIBOR 为利率借入了资金，同时买入了以 3 月期美元 LIBOR 为标的的利率封顶期权并卖出了相应的利率封底期权。具体结构见图 11－6。

在本例中，区间浮动利率票据的发行者通常通过反向的期权交易而对冲掉期权的风险，即发行者将票据发行完毕之后，随即在金融衍生产品市场中卖出利率封顶期权并买入利率封底期权。通过这样的操作，发行者发行这款区间浮动利率票据实际上相当于以美元 LIBOR 进行了融资。

区间浮动利率票据有其适用场景。当利率市场中的收益率曲线呈现右上倾斜且比较陡峭时，通常意味着远期利率要高于当时市场的即期利率。这样的即

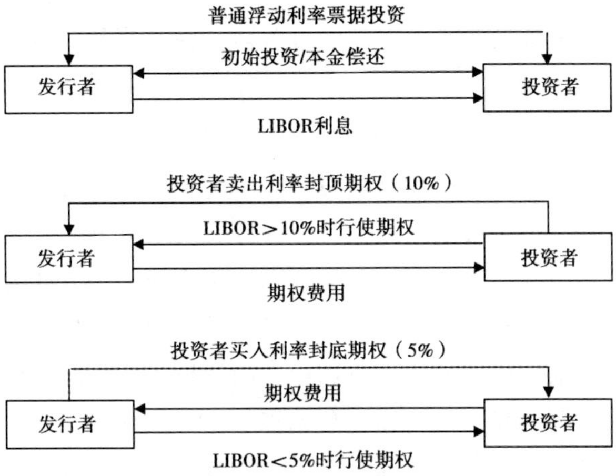

图 11－6　区间浮动利率票据的构成

期、远期利率结构决定了利率封顶、封底期权的价值，从而也决定了区间浮动利率票据的价值。具体而言，远期利率高于相应期限的即期利率时，投资者所购买的利率封底期权虽然在购买时处于实值状态，但是在未来较长时间内却有很大可能处于虚值状态。与此相反，远期利率高于相应期限的即期利率时，利率封顶期权则更有可能在到期时处于实值状态。利率上下限的相对大小决定了它们的相对价值。

简而言之，在这样的情形下，投资者投资于区间浮动利率票据，几乎相当于以低于 LIBOR 的利率进行了投资。而从发行者的角度来看，发行者通过发行这样的区间浮动利率票据，则可以以比较低的成本融进资金。投资者放弃的这部分收益，相当于为了从发行者处获得定制化的收益特征以及发行者的信用增强效应而支付的补偿或者成本。

区间浮动利率票据的投资者大多是货币市场的投资者，如货币市场基金等。其投资的目的是确保投资的最低收益。当市场利率走势下跌时，这类票据对投资者而言是比较具有吸引力的。实际上，投资者愿意通过卖出利率封顶期权，从而获得相对较高的期望收益，此外，投资者对远期利率走势的看法要低于从当前收益率曲线推导出来的理论值。

从发行者的角度来看，发行者在发行了这款区间浮动利率票据之后，通常会及时地对冲掉其中的期权风险，从而将融资成本控制在 LIBOR 水平或附近，并保持浮动。发行者对冲期权风险的方法就是卖出利率封顶期权并同时买入利率封顶期权。发行者对冲期权风险的交易对手方通常是区间浮动利率票据的创设者，后者通常是专业的投资银行或者证券自营商；当然，发行者也可以以创设者之外的第三方作为交易对手方。

随着结构化产品市场的不断创新，后续出现的区间浮动利率票据又出现了结构变形，例如以本国投资者为发行目标，但是票据的计价货币却是外币。此外，也有专门针对票据中的期权部分进行证券化的交易操作，通过特殊目的机构直接将发行人的期权风险剥离，并构建期权资产池，并以此为标的发行新的证券。也有的区间浮动利率票据将互换市场中的互换利率作为标的变量，而不是 LIBOR，因为在某些地区的金融市场中，同业拆借或短期国债市场都不太活跃，而场外交易的利率互换市场却比较活跃，利率互换通常不涉及本金交易，并且是各类参与者转移或者承担利率风险的有效工具，这时，互换利率几乎充当了市场基准利率的角色。

三、债券价格指数联结票据

债券价格指数联结票据也是类似于固定利率债券的一类结构化产品，其最主要的特征是产品是投资收益（利息和本金偿还）都联结到特定的债券价格指数的全收益率（Total Return）。

债券价格指数联结票据的核心组件是债券价格指数互换。债券价格指数互换也称为债券价格指数全收益互换，该互换合约中约定互换的两个现金流分别是基于货币市场利率（如 LIBOR）的现金流以及基于债券市场价格指数全收益率的现金流。

【例 11 -5】 表 11 -7 给出了一款债券价格指数互换的例子。

表 11 -7　　某款债券价格指数互换的主要条款

合约规模	1 亿美元
合约期限	1 年
投资者收取	某债券价格指数的全收益率
投资者支付	1 月期美元 LIBOR + 利差
支付/重置	指数和所有支付均每月重置一次

在表 11 -7 的债券价格指数互换中，互换的两个现金流分别是基于 1 月期美元 LIBOR + 利差和某债券价格指数的券收益率而计算的利息流。通过这款互

换，拥有 LIBOR 浮动收益的资产的投资者就可以在不改动现有资产配置的情况下获得某个债券价格指数的全收益率，相当于将原有的 LIBOR 浮动收益资产置换成为特定的债券资产。在合约开始建立时，互换合约的价值是零，合约的定价主要体现在利差的确定上，而利差的确定要取决于作为标的的债券价格指数和 1 月期美元 LIBOR 的行情这两个重要的外生变量。

债券价格指数的全收益率的计算要根据指数的特征而定。对于由使用本币计价的债券所构成的债券指数而言，指数的全收益率的计算公式如下：

全收益率 = 100 × （期末指数值 ÷ 期初指数值 - 1）

其中：

期初指数值 = （期初债券价格 + 期初累积利息） × 期初面值总额；

期末指数值 =（期末债券价格 + 期末累积利息） × （期初面值总额 - 当期本金偿还） + 当期利息支付 + 本金支付 + 再投资收入。

如果债券指数中的成分债券还含有外币计价的债券，则债券指数的全收益率的计算还要考虑到是否对汇率风险进行了对冲等重要因素。

【例 11 - 6】 表 11 - 8 给出一款债券价格指数联结票据的基本结构，该票据相当于一份浮动利率债券以及一个债券价格指数互换合约的组合。

表 11 - 8　　　　某款债券价格指数联结票据的主要条款

合约规模	1 亿美元
合约期限	1 年
息票率	0%
本金赎回	面值加上或减去某债券价格指数全收益率减去利差

这款债券价格指数联结票据没有利息支付，投资的收益和风险完全体现在本金赎回上，而本金赎回则完全依赖债券价格指数的全收益率。其中，不同的票据在本金赎回条款上可能存在差别，如面值加上全收益率，表示投资者在做多债券价格指数，反之，面值减去全收益率，则表示投资者在做空债券价格指数。

债券价格指数联结票据吸引投资者的特征主要体现在以下五个方面：（1）投资者的债券投资可以实现分散化。这个特征类似于投资股票市场指数基金从而获得股票投资分散化效应。投资于该票据，投资者就可以不必亲自建立债券组合并复制债券价格指数，从而免于承担指数复制过程中的跟踪误差、组合调整成本。(2) 更低的运营成本。通过建立债券组合并复制债券价格指数，期间要承担的办公成本、托管费用、计算成本等。如果投资债券价格指数联结票据，则可以免除这部分成本。(3) 做空债券市场。通过这类票据可以在不需要卖出现有债券持仓的情况下做空债券市场。(4) 收益增强的潜力。收益增强的主要方法是获得指数收益的同时通过买入具有更高浮动收益率的资产，从而获得高于债券价格指数的收益。(5) 提高资本使用效率。这类票据交易通常具有表外属性，使得投资者的资本使用效率得到提高。

第四节 汇率类结构化产品

外汇市场是金融市场的一部分，也几乎是最大的一部分。外汇市场中交易的主要币种较少，包括美元、欧元、日元、英镑、瑞士法郎、加元以及澳元等。每两个货币构成一个货币对，对应一个汇率。虽然主要交易的币种比较少，但是交易的规模却非常大，而且交易的中心遍布全球，使得外汇市场交易几乎可以全天 24 小时不间断地进行。随着金融市场的发展，加入外汇交易的资金量越来越大，使得外汇市场成交活跃，汇率变动频繁，汇率风险日益显著，货币投资的预期收益也较为可观。

汇率类结构化产品的投资收益联结于汇率变化，即产品利息收入和本金偿还都受到汇率变化的影响。汇率类结构化产品有两种基本结构，分别是双货币结构以及货币联结结构。

在双货币结构中，产品的利息收入所用的计价货币不同于产品的本金偿还所用的计价货币。例如投资者用人民币投资一款具有双货币结构的汇率类结构化产品，该产品支付的利息是以美元计价的，但是产品的本金收回则是以人民币计价的。

在货币联结结构中，产品内嵌了特定的汇率衍生工具，或者是远期，或者是期权，且该汇率衍生工具既可以影响到产品利息收入，也可以影响到产品本金收回。汇率衍生工具的加入使得这类机构化产品具有特定的汇率风险。

基于双货币结构的结构化产品只占汇率类结构化产品的一小部分，大部分的汇率类结构化产品的结构是货币联结结构。这两种结构的最大区别之处，在于各自所使用的债类资产的差别。双货币结构中，债类资产通常是普通的定息债券。货币联结结构中的债类资产则范围更加广阔，既包括普通的定息债券和浮息债券，也可以包括银团贷款等债务资产，甚至没有债类资产而只有表外出现的纯粹的衍生工具组合。本节先介绍具有双货币结构的双货币债券，然后介绍具有货币联结结构的指数货币期权票据。

一、双货币债券

双货币债券是与普通的债券类似，会定期地支付利息并在期末偿还本金，但是债券的利息的计价货币与本金偿还的计价货币是不同的。具体而言，投资者进行初始投资时交出的投资资金和债券的利息均以同样的货币（本币）计价，而债券的本金偿还却以另外一种货币（外币）计价。因此，当两种货币的汇率发生变化时，将影响到该债券在期末收回的本金的本币价值，从而影响到投资的收益。双货币债券以外币作为债券本金偿还的计价货币，使得该债券蕴含了汇率风险。

双货币债券可以分解成为两类基本的金融工具，分别是：（1）一份普通的、以本币计价固定利率债券；（2）一份或多份外汇远期合约。

其中，普通的固定利率债券保证了双货币债券能够为投资者带来固定的、以本币计价的利息收入，而外汇远期合约则可以在该债券发行时确定了以本币表示债券本金在未来所对应的外币数量；在该双货币债券到期时，通过执行外汇远期合约，获得确定数量的外币，并在当时的即期市场中将其换回本币。这样，双货币债券的本金偿还就受到期末时即期汇率的影响。如果本币贬值了，则可以换回更多的本币，投资该双货币债券的实际收益率就比较高；反之，如果本币升值了，则换回的本币就减少了，投资该双货币债券的实际收益率就比较低。由此可见，汇率风险影响者投资的收益。

【例 11－7】表 11－9 给出双货币债券的一个例子。

表 11－9　　某款双货币债券的主要条款

发行人	某 AAA 级商业银行
发行规模	5 亿元人民币
债券期限	3 年
息票率	6.00%，按年支付，以人民币计价和支付
本金回收	0.8 亿美元

在该例中，投资者以人民币5亿元投资于该双货币债券，并得到以人民币计价的债券利息6.00%，这个息票率与市场同期同等条件下其他普通债券的息票率相比，要高出100到150个基点。但是，债券到期时回收的本金却是0.8亿美元，这相当于美元对人民币的汇率为6.25，这个隐含的汇率与债券发行时外汇市场上的即期汇率要低，例如，当时的即期汇率可能是6.42。

该双货币债券的目标投资者是持有人民币的中国投资者，其基本特征体现在以下三个方面：（1）投资者的利息收入不存在外汇风险，因为利息支付是以人民币计价和支付的；（2）投资者获得的利息收入要高于同期的可比的普通债券的利息收入；（3）投资者的本金收回将承担外汇风险，风险敞口等于投资本金，因为在债券到期时，投资者将受到美元作为本金偿还，所以需要将美元转换成为人民币。

在该双货币债券到期时，人民币对美元的汇率的将影响到投资的最终收益。表11－10展示了在不同的汇率情景上投资于该双货币债券所获得的最终收益率。

表11－10　　双货币债券投资收益情况的情景分析

双货币债券			情景一		情景二	
期限（年）	本金和利息（¥）	本金回收（$）	即期汇率	债券现金流（¥）	即期汇率	债券现金流（¥）
0	－500 000 000			－500 000 000		－500 000 000
1	30 000 000			30 000 000		30 000 000
2	30 000 000			30 000 000		30 000 000
3	30 000 000	80 000 000	6.25	530 000 000	6.05	514 000 000
			实际收益率	6.00%	实际收益率	4.98%

双货币债券			情景三		情景四	
期限（年）	本金和利息（¥）	本金回收（$）	即期汇率	债券现金流（¥）	即期汇率	债券现金流（¥）
0	－500 000 000			－500 000 000		－500 000 000
1	30 000 000			30 000 000		30 000 000
2	30 000 000			30 000 000		30 000 000
3	30 000 000	80 000 000	6.42	543 600 000	5.504	470 347 800
			实际收益率	6.85%	实际收益率	2.11%

在情景一中，双货币债券到期时人民币对美元的汇率恰好等于该债券所隐含的汇率水平 6.25，所以投资者获得的实际收益率就等于该债券的息票率，即 6%。

在情景二中，双货币债券到期时人民币对美元的汇率等于该债券发行时人民币的远期汇率 6.05，美元对人民币贬值，所以投资收益降低，实际的收益率是 4.98%，该收益率根据该债券的人民币现金流计算其内部收益率而得到。

在情景三中，双货币债券到期时人民币对美元的汇率与债券发行时的即期汇率相等，为 6.42，即人民币对美元币值稳定，这种情况下投资者获得的实际收益率等于 6.85%，高于债券的息票率，升值部分来自于美元对人民币升值。

在情景四中，人民币对美元的汇率在债券发行后持续升值，平均每年贬值 5%，所以当债券到期时人民币对美元的汇率已经降到 5.504，这时投资者获得的本金偿还的人民币价值低于初始投资本金，所以投资者的实际收益率比较低，只有 2.11%。这个收益率比市场同期的利率水平低许多，由此可见汇率风险的影响。

当然，我们也可从该双货币债券的构成来分析汇率变化对实际投资收益率的影响，分析的对象主要是该双货币债券内嵌的外汇远期合约。该合约使投资者在 3 年后可将人民币 5 亿元换成 0.8 亿美元，即远期汇率为 6.25。如果 3 年后即期市场中人民币升值，即期汇率低于 6.25，则合约的价值是负的，投资者实际投资收益降低；反之，如果即期汇率高于 6.25，则合约的价值就大于零，投资者的实际投资收益率就高于债券的息票率。

双货币债券使得投资者可以从人民币贬值过程中获得相对较高的收益，这对于那些持有人民币资产、追求稳健投资但又不愿意提早将人民币卖出的投资者而言是有较大吸引力的。

双货币债券的构造使得投资的本金受到汇率风险，风险敞口是比较大。有的投资者风险承受能力较低，不希望有这么大的汇率风险敞口。为了适应这部分投资者的需求，反向双货币债券被设计出来。这种债券的双货币债券的结构类似。两者最大的区别在于，反向双货币债券中利息收入是以外币计价并结算的，而本金则是以本币计价并结算。因此，投资者的风险敞口只体现在利息收入上，所以风险敞口是比较小的。

从发行者的角度来看，发行双货币债券后最主要的工作是对冲其中的汇率风险。对冲风险的方式通常是在二级市场中建立起相应的衍生产品头寸，以覆盖发行双货币债券所产生的外汇风险敞口。在［例 11－7］中，发行者相当于持有 0.8 亿美元的空头，远期汇率为 6.25，期限为 3 年。发行者可以在外汇市场或者银行间市场建立新的远期合约，以适当的价格买入 0.8 亿远期美元。发行者通常可以利用其在外汇市场或者场外市场的批发商低位而获得比较好的远期价格。当然，发行者现有的资产组合可能就足以与新发行的双货币债券所产生的外汇风险形成自然对冲。

双货币债券的结构较为简单。在这个结构的基础上，可以增加一些额外的特征，从而创造出新的结构化产品。例如，可以加入可赎回条款，或者最优货币条款（即投资者可以选择使用众多外币中的一个作为本金偿还的结算货币）等。随着结构的复杂化，产品的定价和风险的对冲也越来约难以操作。

二、指数货币期权票据

指数货币期权票据（Indexed Currency Option Note，ICON）是普通债券类资产与货币期权的组合。其内嵌的货币期权将影响到票据的赎回价值。之所以称为“指数”货币期权票据，是因为内嵌期权影响票据赎回价值的方式并不是简单地将期权价值叠加到投资本金中，而是以乘数因子的方式按特定的比例缩小或放大票据的赎回价值。

指数货币期权票据中内嵌的期权可以具有多种类型，如看涨期权或者看跌期权；也可以是多个不同类型、不同执行价格的期权的组合。内嵌期权的结构特征决定了指数货币期权票据的风险和收益特征，同时也决定了这一类结构化产品的复杂程度。

【例 11-8】表 11-11 给出了一款简单的指数货币期权票据。

表 11-11　　某款指数货币期权票据的主要条款

发行规模	1 亿美元
票据期限	5 年
息票率	5.00%，按年支付，以美元计价和支付
目标汇率	人民币对美元
本金赎回	当到期时的即期汇率低于6.5时（人民币升值），投资者收回的本金 R 按如下公式计算： $R=1$ 亿美元 $\times\left(1-\frac{6.5-S}{S}\right)$， 反之，当汇率等于或者高于6.5时（人民币贬值），投资者全额收回本金。其中 S 表示人民币对美元的汇率
最低本金赎回	0

从表 11 - 11 中的本金赎回条款可以看到，该指数货币期权票据中内嵌了人民币的看涨期权（即美元对人民币的看跌期权）。投资者投资于这款票据，相当于卖出了看涨期权，当人民币升值时，投资者将蒙受损失。卖出期权就可以得到期权费，这部分期权费将体现在该票据的息票率中，即票据的息票率5%要比市场同期同等条件下的普通债券的息票率要高几十个基点。通过卖出期权而获得较高的息票率，这就是前文所讲的收益增强结构。

此外，该票据还具有最低本金赎回条款。从本金赎回计算公式可以看到，当人民币大幅升值到 3.25，即升值 100% 时，投资者的本金赎回将等于零。如果人民升值幅度大于 100%，本金赎回将是负数，意味着投资者在期末时不仅损失了全部本金，而且还欠了发行人一定额度的资金。为了防止这种情况发生，票据设置了最低本金赎回条款，使得投资者的最大损失局限在本金范围内，而不会更大。这相当于投资者从发行者处买入了一个人民币看跌期权，期权的执行价是 3.25，即 6.5 的一半。这是一个深度虚值的期权，价值很低。

从发行者的角度来看，发行者相当于购买了 5 年期的欧式美元对人民币看跌期权，执行价格为 6.5。发行者发行这款产品的主要目的是降低融资的成本，而不是承担汇率风险以求获得风险收益。所以，发行者通常会将所持有的期权多头卖出或者通过其他方式对冲掉该期权的风险。这时，发行者的交易对手通常是作为该票据创设者的投资银行或者证券自营商等金融机构。这样，发行者通过向交易对手卖出期权而获得期权费（一次性的或者逐年支付的），实现降低融资成本的目标。对于票据中内嵌的深度虚值的看跌期权，虽然其在未来进入实值状态的概率很低，但是发行人通常也需要对冲其带来的风险。对冲的方式就是建立执行价格为 3.25 的人民币看跌期权多头头寸，交易对手方通常也是由票据创设者担当。

作为发行者对冲期权风险的对手方，创设者也通常也需要将其从发行者那里买入的期权进行证券化或者进一步风险对冲，以便有效地进行风险管理。这时，创设者通常有以下两种方式进行。第一种方式是在二级市场中将期权卖出，或构建相反的仓位。由于票据中内嵌的期权的期限是 5 年，而二级市场中通常没有这么长期限的期权，所以，创设者需要卖出短期限（1 年、6 个月甚至更短）的美元对人民币看跌期权，并且需要及时地进行移仓换月。在这过程中，创设者遇到的风险是跟踪误差风险，即现金流不匹配的风险。因此，创设者并不一定能从结构化产品的交易中获取确定的盈利。第二种方式是创设者将该期权作为债务投资的一部分，为需要美元融资的客户提供人民币融资并将该期权卖给融资者。这种方式操作起来更加简单，某些情况下也更加有效，所以是比较具有吸引力的操作方式。

以上所述指数货币期权票据的结构是比较简单的。对此结构进行改造，可以得到结构更为复杂的汇率类结构化产品。结构改造的方式有多种，例如，可以将汇率变动既联结到票据的本金赎回，也联结到票据的利息收入，使得票据的风险更加大，因为这样的结构相当于将一系列的货币期权加入到票据当中，而不仅仅只有两个期权。

另外一种结构则是刚好与上述 ICON 的结构相反。上述 ICON 的例子中，汇率在 6.5 到 3.25 这个区间内变动时，投资者的本金赎回价值将随之变动。而在新的结构中，汇率只有在 6.5 到 3.25 这个区间之外变动时，投资者的本金赎回价值才会随之变动。这就根本上改变了票据的期权的头寸方向。

第五节 信用类结构化产品

信用类结构化产品由固定收益证券以及信用衍生工具构成。投资者通过投资于信用类结构化产品，将可以从债券或贷款类资产的价值变动、信用利差或者违约风险中获得投资价值。换言之，信用类结构化产品使得投资者可以通过承担信用风险而获得投资收益。

与其他结构化产品类似，信用类结构化产品的主要特征取决于其所嵌入的信用衍生工具。信用衍生工具是金融衍生工具的一类，其价值由企业或者政府等机构或者个人的信用风险所决定，而不是由信用衍生工具的发行人自身的信用风险所决定。对这两种信用风险的区分是重要的，因为信用衍生工具的主要功能是复制、转移和对冲信用风险，而工具的发行者通常与工具的标的所对应的机构（即企业或者政府）没有任何商业上的或者金融上的联系。在传统的金融环境中，要想承担特定机构的信用风险，只有通过为这些机构提供债务融资这种方式才能实现。例如，购买国债、公司债券或者直接向这些机构或个人提供贷款。这些债券或者贷款的融资者的信用等级变动将直接影响到这些债务类资产的价值变化。信用衍生工具使得特定机构或个人的信用风险可以被剥离并进行交易，从而使投资者可以不需要为这些机构或个人提供债务融资的情况下，仍然可以从他们的信用等级变化中获得投资收益，即承担信用风险而获得的风险收益。

信用衍生工具的基本类型有三种，分别是全收益互换、信用利差类衍生工具和信用违约类衍生工具。根据内嵌的信用衍生工具的不同，可以得到具有不同结构的信用类结构化产品。

信用类结构化产品对投资者具有吸引力的属性主要包括四个方面。一是可以让投资者能够参与到在常规条件下无法参与或者难以参与的金融市场，例如银行贷款市场。二是投资者通过投资信用类结构化产品而承担信用风险时，支付义务由产品发行者承担，而不是信用风险的主体承担，而发行者通常是具有高信用等级的大型金融机构，通常能确保履行在产品的标的信用风险事件发生时的支付义务。三是投资者通过投资信用类结构化产品，可以将信用风险——作为一类独特的资产或风险因子——加入到其资产组合中，更有效地实现投资分散化。

信用类结构化产品的结构有繁有简，下面将介绍几种典型的结构。

一、全收益互换票据

全收益互换票据可以被用来复制某个债权类资产（银行贷款或债券等）或者多个债权类资产的投资收益。从这个角度上看，全收益互换票据在结构上类似于利率类结构化产品中的债券价格指数联结票据，但是全收益互换票据的标的资产更加广泛，可以包含贷款类资产，这类资产的信用风险是投资的主要风险。

【例 11－9】 表 11－12 将给出了一款全收益互换票据的主要条款。

表 11－12　　　　某款全收益互换票据的主要条款

发行者	某 AAA 级商业银行
票据面值总额	5 000 万美元
期限	以下两个期限较短者： （1）自发行日起 1 年； （2）自发行日起至信用风险事件发生后的下一个利息支付日
标的资产	某公司从某商业银行获得的期限为 10 年、利率为 8%、规模为 10 亿美元的商业贷款
息票率	3 月期美元 LIBOR＋利差，按季度浮息
利差	250 个基点

续表

本金赎回	票据的赎回价值 R 的计算公式是: R = 票据面值 × (1 + 标的资产价格变动率) 标的资产价格变动率 = (期末价格 - 期初价格) ÷ 期初价格
最低本金赎回	0

根据表 11 - 12 的条款，此全收益互换票据可以分解成为以下两个部分：(1) 一份浮动利率债券，如基于美元 LIBOR 的浮动利率票据；(2) 一份全收益互换，在该互换合约中，投资者将支付基于浮动利率的利息现金流，并获得基于标的资产全收益率的现金流。

对于这款全收益互换票据，要注意的地方有两点。一是标的资产价格变动率的计算。票据的标的资产属于商业贷款，所以计算期末价格时应该将这笔贷款累积的利息叠加进去，才能算出贷款的全收益率。换言之，标的资产价格的变动率是贷款的全收益率。二是标的资产的价格的计算，由于标的资产属于商业贷款，而这笔商业贷款并没有在二级市场上进行交易，所以其价格不是通过交易双方报价成交的，而是由独立的第三方根据根据特定的方法计算而得到。计算的方法有多种，可以是参考某个二级市场报价进行，也可以是通过向多个投资银行进行询价并综合而得到。

这款票据的风险其实并不是纯粹的信用风险，还包含有利率风险，即金融市场基准利率的变化将有可能影响到贷款的价值，从而影响到票据的本金赎回。然而，信用风险是这款票据的主要风险。当该公司发生信用风险事件事，贷款的价值将会受到影响。信用风险事件包括该公司信用评级的调整、违约事件发生等。当信用风险事件发生后，票据就到期并进行清算。

从投资者的角度来看，投资于该票据将承担了该公司的信用风险，而获得风险收益主要体现在本金赎回条款上。如果信用风险事件不发生，则贷款的全收益率通常会大于 1，投资者赎回的本金将大于初始投资，这相当于投资者间接地给这家公司提供了贷款并获得了利率为 8% 的贷款利息，加上票据本身的息票率，投资者的投资收益就高于市场同期的投资收益（LIBOR + 利差）。如果信用风险事件发生，贷款的价值将下降，有可能导致投资者收回的本金低于初始投资，从而蒙受投资损失。

从发行者的角度来看，由于发行者与该公司并没有商业上或金融上的联系，所以发行者发行这款票据的主要目的仍然是以合理的成本进行融资。为了达到这个目的，发行人需要将这款票据中的信用风险转移出去或者进行风险对冲。方法主要是与作为交易对手的证券自营商或投资银行签订全收益互换协议。

上述的全收益互换票据是结构最简单的信用类结构化产品，在这个结构的基础上可以做出调整。例如，可以加入杠杆，放大投资的风险和收益。方法是调整票据的本金赎回条款，将：

R = 票据面值 ×（1 + 标的资产价格变动率）

改为：

R = 票据面值 ×（1 + 标的资产价格变动率 × 杠杆倍数）

从结构上看，这相当于放大了全收益互换合约的合约规模，放大的倍数等于杠杆的倍数。

另外一种结构变化是也是调整本金赎回条款，将：

R = 票据面值 ×（1 + 标的资产价格变动率）

改为：

R = 票据面值 ×（1 − 标的资产价格变动率）

这相当于让投资者持有全收益互换合约的空头，使得投资者可以做空该公司的这笔贷款，也就是说，投资者在该公司发生信用风险事件时获得较高的投资收益。允许投资者做空某笔贷款，这在传统的情况下是无法做到的，只有在类似于这样的全收益互换票据中才能做到。

二、信用利差票据

信用利差是不同的债类资产之间因信用等级不同而存在的收益率差异。具有相同到期期限的两个债券，一个债券是由某上市公司发行的，另一个债券则是国债，则通常情况下公司债的收益率要高于国债的收益率，高出部分几乎是由信用利差构成。根据债券的二级市场成交价格的变动，可以算出债券的到期收益率，从而可以算出债券的信用利差。当债券发行者的信用等级发生变化或者信用质量发生变化，其市场价格也会发生变化，从而导致信用利差的变化。在这个变化过程中，蕴含着投资的风险和收益。因此，基于信用利差可以开发出相应的信用利差类衍生品，进而可以设计出信用利差类结构化产品，即所谓的信用利差票据。

与其他信用类结构化产品类似，信用利差票据可以使投资者在不持有债类标的资产的情况下获得信用风险的敞口。此外，信用利差票据还可以使投资者的利率风险更低，即票据的价值的变化更多地是由信用风险导致，利率风险的比例更低甚至可以忽略。这使得票据的风险更加纯粹，更便于投资者调整资产组合的风险属性。

基于信用利差的金融衍生工具也有远期类和期权类，嵌入的金融衍生工具的不同，决定了信用利差票据的不同结构。

【例 11－9】表 11－13 给出了一款信用利差票据的主要条款。

表 11－13　　某款信用利差票据的主要条款

发行者	某 AAA 级商业银行
票据面值总额	5 000 万美元
期限	3 年
发行价格	100（百元报价）
息票率	3 月期美元 LIBOR + 利差
利差	125 个基点
参考债券	某主权国家所发行的主权债
基准债券	美国同期国债
本金赎回	面值 + 利差久期因子 ×（120 基点 - 信用利差）
信用利差	参考债券的到期收益率 - 基准债券的到期收益率

从结构上来看，表 11－13 给出的信用利差票据由一个 LIBOR 浮动利率债券以及一个信用利差远期组成。信用利差远期合约体现在票据的本金赎回条款上。当信用利差扩大时，本金赎回将缩小，票据的投资收益率降低；反之，当信用利差缩小时，本金赎回将扩大，票据的投资收益将提高。

要注意的一点是利差久期因子的影响。利差久期是债券价格对信用利差变化的敏感性。利差久期越大，则信用利差变化时，债券价格的变动幅度也越大，债券的风险级别就越高。例如，当某主权债的信用级别被下调，使其到期收益率提高了 1%，相应地债券价格下跌了 5%，则该债券的利差久期就是 5。利差久期是管理信用风险的主要指标。将信用利差久期放入到该信用利差票据中，可以方便投资者明确该票据对其现有信用类资产组合的风险的影响。

投资者投资于这款信用利差票据，目的是从参考债券的信用风险变化中获利。当信用利差缩小时，投资者将获得较高的投资收益，反之，当信用利差扩大时，投资者将蒙受损失。这款信用利差票据的参考债券是某个国家发行的主权债券。在通常情况下，普通的投资者难以获得投资这类债券的机会。通过信用利差票据，投资者相当于穿越了这样的投资障碍，获得了相应的投资机会，从而有助于投资者更有效地管理其资产组合。

对票据发行者而言，票据的信用利差风险是需要对冲掉的。对冲的方式通常是在场外市场与投资银行或者证券自营商建立相反头寸的信用利差远期合约。场外市场通常只有票据发行者以及大型的投资银行、券商才能参与，普通的投资者无法参与。从这个角度来看，发行者相当于将信用利差风险从批发市场买入并零售给了那些无法参与批发市场的投资者。

我们可以对以上给出的信用利差做出结构调整。例如，扩大票据的投资杠杆，方法是扩大票据内嵌的信用利差远期合约的合约规模。这时，投资的风险和潜在收益也将被扩大。此外，还可以提高票据的息票率，方法同样是调整信用利差远期合约的条款，只不过这里调整的是合约的远期价格而不是合约的规模，即调整合约的远期价格使得合约在成立时的价值低于零，相当于从远期合约中拿出一部分价值来补贴到票据的息票率当中。这种情况下，远期合约在到期时处于正价值的概率将降低，即投资的风险将提高。

信用利差票据中内嵌的信用类衍生品也可以是期权。

【例 11-10】 表 11-14 给出了一款内嵌信用利差期权结构的信用利差票据的主要条款。

表 11-14　　某款具有期权结构的信用利差票据的主要条款

发行者	某 AAA 级商业银行
票据面值总额	5 000 万美元
期限	3 年
发行价格	100（百元报价）
息票率	0%
参考债券	某主权国家所发行的主权债
基准债券	美国同期国债
本金赎回	票据的赎回价值 R 的计算公式如下： R = 126%，如果信用利差在 95 到 140 个基点之间； R = 109%，如果信用利差低于 95 个基点或高于 140 个基点
信用利差	参考债券的到期收益率 - 基准债券的到期收益率

在表 11-14 中，信用利差票据的期权结构通常体现在本金赎回条款上。这款信用利差票据的息票率等于零，投资的收益完全体现在本金赎回条款上。

从结构上来看，该款票据相当于由一个零息债券和两个二元期权（Digital Option）空头构成，其中一个是看涨期权，另一个是看跌期权。期权空头所带来的期权费用反映在了票据的较高的投资收益上。具体而言，当票据到期时，如果两个期权都处于虚值状态，那么投资者将获得126%的本金偿还，这相当于约8.02%的年化投资收益率，因为 $(1+8.02\%)^3=126\%$。如果到期时有一个或两个期权处于实值状态，则投资者将获得109%的本金偿还，这相当于约2.91%的年化投资收益率，因为 $(1+2.91\%)^3=109\%$。

三、信用违约票据

信用违约票据的主要作用是为投资组合增加或减少债类资产的违约风险暴露。对于投资者而言，信用违约票据的主要功能是获得增强的投资收益。然而，信用违约票据也可来转移信用违约风险。

【例11-11】 表11-15给出了一款信用违约票据的主要条款。

表11-15　　某款具有信用违约票据的主要条款

发行者	某AAA级商业银行
票据面值总额	5 000万美元
期限	5年
发行价格	100（百元报价）
息票率	LIBOR+400个基点
参考债券	某公司发行的公司债或该公司的某项借款
本金赎回	如果信用风险事件在票据存续期间及票据到期时没有发生，则全额赎回本金； 如果信用风险事件发生，则本金赎回价值等于票据面值减去违约支付额
信用风险事件	信用风险事件包括如下三类： （1）该公司无法支付到期的本金或利息； （2）该公司破产； （3）连带违约事件发生
违约支付额	违约支付额是以下三个金额中的一个： （1）票据面值的某个比例，如60%； （2）参考债券在票据存续期间的价格变动率乘以票据面值； （3）违约事件发生后参考债券的价值

从结构上来看，这款信用违约票据是由一个浮动利率债券和一个信用违约互换合约（Credit Default Swap，CDS）构成。投资者在该信用违约互换合约中属于违约保险的提供方。违约支付额或者违约回收率（Recovery Rate）被设计在票据的本金赎回条款中。由于投资者想票据发行者提供了信用违约保护，所以投资者将获得一定的费用收入，类似于保险公司提供保险而获得的保险费收入一样。这部分费用收入将反映在投资者持有该票据时所获得的息票率上。该息票率要高于市场同期的付息债券收益率。根据参考债券发行人的信用违约风险的高低，息票率的设定也会有高低变化，并体现在息票率条款中的利差上面。具体而言，如果该公司的违约风险比较高，那么利差的幅度就比较大，投资者将获得较高的利息收入；反之，如果该公司的违约风险比较低，那么利差的幅度就比较小，投资者获得的利息收入也比较低。利差通常在票据发行时就已经确定，并在票据存续期间保持不变。利差的存在表明了这款票据属于具有收益增强结构。

投资者投资于这款票据的主要风险在于当信用违约事件发生时，投资者赎回的本金将低于初始投资的本金，即本金发生亏损。亏损是幅度取决于如何计算违约偿还额。表 11 - 15 中给出了三种计算方式。在实际中，具体的票据设计可能选用其中一个。

票据的发行者的目的是通过发行票据而以可接受的成本融入资金，而不是承担信用风险并获得风险收益。所以，票据发行者在票据发行之后通常会在衍生产品市场中与交易对手建立新的信用违约互换合约，从而对冲掉票据内嵌的信用违约互换合约给其带来的信用风险。

在此票据基础上可以做出结构变化，例如，票据的本金赎回可以设定为等于参考债券的赎回值，使得投资者在信用违约互换合约中处于违约风险的买方。此外，还可以将违约风险嵌入到票据的利息支付而不是本金赎回中，这样，票据的风险就比较低。与前面介绍的信用类结构化产品一样，我们同样可以通过扩大信用违约票据中的信用违约互换合约的规模来产生杠杆效应，从而扩大票据投资的风险和潜在收益。我们也可以将基于标的资产的期权嵌入到票据中，使其具有本金保护结构。

票据的参考债券除了公司债券之外，还可以是主权债券。在新兴市场经济国家的经济蓬勃发展的时候，就有许多境外投资者希望通过承担这些国家发行的主权债券的违约风险而获取较高的投资收益。其所用的工具就类似于表 11 - 10所给出的信用违约票据。

四、合成债券

合成债券（Synthetic Bond）是一系列证券的组合，使得其投资收益和风险特征能够复制某个机构（政府或企业）所发行的债券或所借入的贷款。从构成上而言，合成债券可以通过固定收益证券（固息或浮息）以及全收益互换的组合而得到。这使得合成债券的结构与全收益互换票据的结构很相似。然而，合成债券的市场运作与全收益互换票据的运作方式有很大差异。

合成债券的发行人是一个特殊目的机构（Special Purpose Vehicle），该机构通过建立起由固定收益产品证券头寸和信用衍生工具头寸构成的资产组合，从而使该组合的投资收益和风险能够复制标的债券的收益和风险。由于特殊目的机构充当了发行人的角色，而该机构的信用等级是不确定的，所以，在合成债券发行之前，特殊目的机构需要引入第三方信用评级机构来对其构造的合成债券进行信用评级，以便投资者接受该合成债券。此外，合成债券的发行规模通常比较大，而且有组织完善的二级市场，有的合成债券甚至可以在公开的证券交易所挂牌交易。这些额外的运作机制，确保了合成债券的能够获得投资者的认可，吸引投资者进行投资。

对于投资者而言，标的债券可能是很有吸引力的资产，但是投资者由于各方面的限制而无法参与投资，或者投资者对该标的债券的发行人的信用状况有深入的研究和把握，期望通过特定的信用类结构化产品使得其研究能够转换成为投资收益。这时，投资者可以借助合成债券来实现其投资目标。

【例 11－12】表 11－16 给出了一个合成债券的例子。

表 11－16　　某款合成债券的主要条款

发行者	某特殊目的信托机构
信用风险标的	某上市公司
发行规模	6 亿美元
债券期限	5 年
息票率	同期国债收益率 +68 个基点
二级市场	某证券交易所

该合成债券的交易过程如下：(1) 投资者买入这款合成债券。(2) 当作为信用风险标的的某上市公司在债券持续期间没有发生信用违约事件，则投资

者按照约定获得利息收入和本金偿还；如果发生了信用违约事件，则投资者获得的本金偿还的价值将等于该上市公司的债务回收价值。其中的信用违约事件是该上市公司对其债务（参考债券）的违约，包括无法支付债务本息、破产或者资不抵债，或者该公司的信用利差超过预定的限额等事件。信用违约事件通常会在合成债券合约条款中有明确的规定。

这款合成债券还要约定的一点是当违约事件发生后，如何计算标的债务的回收率。如果标的债务具有二级市场成交，则可以使用二级市场的成交数据作为主要参考。如果没有二级市场，则要明确规定由哪些机构、做市商共同参与调查并确定债务的回收率。

从结构上来说，作为发行者的特殊目的机构，其构造合成债券的方法主要有两种。第一种是用合成债券发行所融入的资金买入固定收益证券（固息或浮息都可以，因为固息债券可以通过利率互换而转为浮息债），与此同时，发行者与交易对手方建立一个全收益互换合约，约定想对手方支付浮动利率，并获得标的公司发行的债券或债务的全收益。第二种方法与第一种方法类似，唯一不同的是发行者在全收益互换中属于信用风险保护的卖出方，即发行人获取基于某个基准利率加上利差的利息收入，并向对手方支付标的公司债务的全收益，所以发行人的头寸与第一种方法中的头寸刚好相反。在第二种结构中，由于卖出了信用风险保护，从而可以获得保险费用，使得合成债券的息票率高于市场同期的收益率。这就是常见的收益增强结构。

无论运用那种方法构造合成债券，都要确保所建立的固定收益证券能够满足一定的信用评级，才能使得该合成债券能够顺利发行或者符合相关的监管规定。

由于特殊目的机构在合成债券中充当了发行人的角色，所以，合成债券的风险与常规的、由高信用等级的大型金融机构充当发行人的全收益互换票据有比较大的差别。具体而言，合成债券的风险体现在以下三个层面。第一，标的债券或债务的信用风险；第二，合成债券中固定收益证券内含的信用风险；第三，全收益互换交易对手的信用风险。

在通常情况下，投资者投资于信用类结构化产品，所愿意承担的信用风险只有第一层面的信用风险，其他两个层面的风险应该尽量做到最小化。为了实现这个目标，特殊目的机构在构造合成债券时应该注意以下三点。第一，应该使用高信用等级的固定收益证券，如信用等级为 AAA 级国债券或其他债券；第二，在选择全收益互换合约的交易对手时，应该选择那些具有 AA 甚至 AAA

级的金融机构；第三，引入其他金融机构作为全收益互换合约的交易对手，使得合约规模可以分散到多个交易对手中，避免信用风险过度集中，同时，也选择另外一些金融机构，使其在现有的交易对手发生违约时能够吸纳掉违约交易对手所持有的头寸，这相当于要求现有的交易对手要对其所持的头寸进行一定程度的风险对冲。

以上三点是特殊目的机构在发行合成债券时要做的，目的就是实现信用增强。只有实现了信用增强效果，才能吸引投资者进行投资。

第六节 结构化产品的定价与风险评估

结构化产品的定价和风险评估是结构化产品创设、发行和投资过程中必然面临的重要问题。只有合理地定价，才能使各个参与者从结构化产品业务中获得应得的收益，才能使结构化产品的市场健康稳健地运行。结构化产品的风险评估则是各个参与者各自的风险管理过程中至关重要的一个环节。恰当地评估结构化产品，才能使参与者能够充分理解和把握结构化产品对其现有资产组合的风险的影响，从而才能更加有效地发挥结构化产品在资产组合管理中的独特作用，才能使资产组合的管理更加科学有效。

结构化产品作为金融产品的一类，其定价和风险评估的方法与其他金融产品，特别是金融衍生产品的定价与风险评估方法相一致。具体而言，结构化产品的定价要遵循无套利原则，即产品的价格应相当于其各个组成部分的价值的总和。而各个组成部分的价值的确定则遵循各自的定价方法，例如固定收益证券的定价要反映未来现金流的结构和同等条件下其他固定收益证券的市场价格；而衍生产品的定价也是遵循无套利原则而得到，如用持有成本法给远期类衍生品定价，用布莱克—斯科尔斯的方法给期权类衍生品进行定价。在风险评估方面，要识别出产品的风险因子，度量产品价格对风险因子的敏感性以及结构化产品的加入对已有投资组合的风险的影响。

当然，结构化产品的定价和风险评估也有其独有的特性，需要加以充分说明。

一、结构化产品的定价

结构化产品的定价并非是将其内嵌的各个组成部分的价值加总那么简单。其中涉及的一些特殊问题会影响到结构化产品的定价。这些特殊问题主要包括四个方面。

1. 结构化产品的定价要反映产品中内嵌的各个组成部分的价值之间所具有的相关性，因为这部分相关性将会影响到产品的风险特征，从而影响到产品的价值。结构化产品中的固定收益证券的价值受到市场利率波动的影响，而内嵌的期权等衍生产品的价值则受到标的资产价格变动以及波动率等因素的影响。因此，驱动结构化产品价格变动的风险因素至少有两个，甚至更多。这些风险因素之间通常存在一定的相关关系。例如，对于以某个股票价格指数为标的资产的结构化产品而言，该指数的变动就有可能与利率的变动有一定关联性，因为利率的变化对股票市场而言是系统风险的一部分。

2. 对结构化产品中的各个组成部分进行分别交易的能力是影响结构化产品定价的一种重要因素。如果结构化产品的各个组成部分可以简便地进行独立交易，那就相当于可以简便地构造出该结构化产品。发行者发行结构化产品之后，通常需要对产品中的风险对对冲交易。对冲操作的效率在很大程度上依赖于该结构化产品在多大程度上能被分解并对其中的组成部分进行交易。若能便捷地对结构化产品中的各个组成部分进行分别交易，那么结构化产品的价格波动就有一定的约束区间。反之，如果结构化产品的组成部分在单独交易时受到比较多的限制，那么结构化产品的定价就会面临一定的困难。

3. 发行人带来的信用增强效果提高了结构化产品的价格。理想的结构化产品应该能够实现市场风险（包括信用类结构化产品的标的债务的信用风险）和发行人的信用风险的完美分离。结构化产品的价值通常受到金融市场中的多个变量（各种不同的风险源）的影响，它们的影响方式和程度都是各自不同的，并通常都体现在该产品的结构定义中。投资者之所以愿意承担该市场风险，一方面可能是投资者对相应的市场变量有比较深入的研究，对其未来走势有较为准确的把握，另一方面可能是该市场风险与投资者所持有的其他资产组合形成一定的配合或对冲关系，使投资者资产获得比较好的配置。与此相应，投资者通常不愿意承担发行人的信用风险。因此，好的结构化产品要能有效地分离市场风险和信用风险。这就提出两个要求，一是结构化产品的发行者通常是具有比较高信用等级的机构，从而使产品的信用风险溢价比较低甚至可以忽略；二是高信用等级的发行者发行某一款结构化产品，相当于提高了该结构化产品的信用等级，即所谓的信用增强。发行者提供了信用增强，就要索取一定的回报。这个回报通常体现在结构化产品的价格上。也就是说，结构化产品的价格除了包含其各个组成部分的价值之外，还要包括发行者提供信用增强而要求的回报。

4. 结构化产品卖方为投资者提供了金融服务，从而要收取一定的费用。这个费用通常反映在投资者买卖结构化产品的价格上。结构化产品的卖方包括产品的创设者和发行者。创设者经过对投资者需求的深入调查，对金融市场的深刻理解，以及对金融工程技术的娴熟把握，才能创设出较为成功的、有价值的产品，亦即满足投资者需求、优化投资者资产配置的产品。这样，创设者就为投资者提供了有价值的服务，并要收取一定的报酬。

对发行者而言，其在结构化产品业务中的风险管理能力使其获取收益的根本。发行者发行了结构化产品之后，通常要根据产品的特征而在相应的金融市场中实施对冲交易等风险管理行为。针对一些客制化程度较高的产品，相应的风险管理工作就更复杂。另一方面，发行者还可能为投资者提供做市服务。虽然没有明文规定，但是结构化产品的发行者在发行产品的同时，也扮演产品做市商的角色，有时甚至还是唯一的做市商。一个产品有了做市商的参与，投资者在交易产品时就有了比较好的市场流动性作为支撑，从而比较愿意接受这样的产品。当然，结构化产品的发行者和做市商同为一个机构的话，产品的透明性以及市场竞争都缺乏，这通常会让人们禁不住怀疑产品的价格对投资者而言是否公平。然而，毋容置疑的是，投资者通过做市商进行产品投资时，要承担一定的交易成本。经验法则告诉我们，结构化产品越复杂，则交易成本越高。总的来说，发行者提供了专业的风险管理手段以及做市服务，从而也需要获取一定的报酬。这部分报酬通常也反映在结构化产品的价格上。

二、结构化产品的风险评估

结构化产品的风险评估方法依赖于产品所内嵌的各个组成部分的特征。结构化产品由固定收益证券和金融衍生品这两类资产所构成。所以，在度量结构化产品的风险时，要区别对待。对于其中的固定收益证券，可以使用普通久期、利差久期、凸性等指标来评估风险。对于其中金融衍生品，可以使用 Delta、Gamma 等指标来评估风险。要明确的一点是，无论是久期、凸性，还是 Delta 或其他指标，都是度量金融产品对某个风险因子的敏感性，包括一阶敏感性和二阶敏感性以及交叉敏感性等。所以，它们在数学上是一致的，主要的区别只在于风险因子的差别。

在综合评估中，要明确各类指标的可比性以及可加性，同时要尤其注意各类风险因子的相关性。

在风险评估的实践中，还应该注意从资产组合的角度来评估结构化产品的风险。这里的资产组合，既包括各类结构化产品组成的资产组合，也包括结构化产品与其他资产所组成的资产组合。

资产组合管理的模式大体上可以分为两种类型。一种是被动的组合管理，另一种的主动的组合管理。在被动的组合管理中，管理的目标是使得所管理的资产组合的价值变动尽量地接近甚至等于某个相关的金融市场指数的行情变动。典型的例子就是股票指数基金。被动的组合管理所用的方法是针对指数的构成而相应地在流动性较好的二级市场中构建资产组合并复制出指数的波动。这里的复制可以是部分复制，也可以是完全复制；既可以直接复制，也可以是间接复制（如通过指数的衍生产品来合成）。在主动的组合管理中，管理的目标是在承受既定的风险的情况下获得超过基准指数的收益。大多数开放式基金以及对冲基金都属于主动的组合管理，其中的管理者有比较宽的决策空间，不同组合之间的差异也比较大。

结构化产品既可以放入到被动管理的资产组合中，也可放入到主动管理的资产组合中。例如，内嵌了股指远期或者股指期权的结构化产品可以放入到一个指数基金当中，以复制股指的行情表现。又如，一个以收益率曲线为标的资产的、具有杠杆的结构化产品可以被放入到一个积极管理的资产组合当中，这时组合的管理人相信收益率曲线的变化将符合其预期，且结构化产品能让他以比较有效的成本来获得这样的投资机会，从而产生预期的收益。

在不同的组合管理模式下，风险管理的着重点是有差别的。对于被动管理的资产组合而言，主要的风险其实是跟踪误差的变化。这样的资产组合中，结构化产品通常是被持有到期的，持有时间比较长。因此，对结构化产品风险的考察通常要关注产品现金流风险。

对于主动管理的资产组合而言，主要的风险是市场的系统性风险以及结构化产品的标的资产变化带来的结构化产品的价格波动。在这样的资产组合管理中，管理人通常会根据市场行情的变化而较为频繁地交易结构化产品，甚至对其进行分解、对冲和重新包装等操作，而很少有买入并持有到期的情况。因此，主动管理的资产组合的管理人对结构化产品风险的考察就比较全面，不仅仅包括现金流风险，还包括流动性风险和市场风险。

第十二章 DISHIERZHANG 金融期货的风险控制

第一节 金融期货的风险类型

金融期货风险主要来自标的资产价格频繁波动、保证金交易的杠杆效应、非理性投机及市场机制不健全等因素。按照交易环节区分，金融期货的风险类型可分为流动性风险、强行平仓风险、结算风险与交割风险等；从投资者的角度来看，可分为信用风险、市场风险、流动性风险、经营风险、模型风险和监管与法律风险等。

一、市场风险

市场风险又称价格风险，指因股票价格、利率、汇率等的变动而导致价值未预料到的潜在损失的风险。因此，市场风险包括权益风险、汇率风险、利率风险并最终转化为对应金融衍生品的风险。虽然市场风险划分的方式很多，但所有的市场风险均受到供给和需求的影响。对市场风险的划分主要源于人们对风险管理过程中进一步理解并有效控制风险的迫切需求。

金融期货交易的资金规模大、杠杆水平高，要求投资者在进行交易建仓前必须设定合理的止损线，建仓后风险控制人员则应密切关注头寸的盈亏情况，当触及止损线时，严格执行平仓制度，防止损失的无限放大，并及时向相关部门报告损失的情况。

二、信用风险

信用风险又称违约风险，是指交易对手未能履行约定契约中的义务而造成经济损失的风险，它是金融风险的主要类型。在交易所进行交易的金融期货品种，期货交易所作为维护市场稳定和保护投资者合法权益的重要主体，出现违约的可能性极小。在分级结算制度下，结算会员负责为其名下代理客户的盈亏进行结算，其角色相当于二级交易所。但是结算会员的实力、信誉及能够实施的风控手段较中金所而言则相差甚远，从而导致结算会员可能使机构投资者面临一定的信用风险。

机构投资者在参与金融期货交易前，首先应慎重选择结算会员，仔细考量其经营实力、公司信誉状况和风控理念，优先选择实力较强、注重公司信誉、风控理念严格的结算会员。其次，机构投资者选择好结算会员后，在与其签订代理结算交割协议时，应在协议中明确双方各自的权利和义务，对于结算会员发生任何损害机构投资者合法权益的行为，都应明确相应的赔偿标准和方式，切实维护好机构投资者的合法权益。

场外市场的金融期货产品，由于没有交易所担任中央对手方参与交易，存在一定程度的信用风险。投资者可通过购买信用违约互换（CDS）等工具对其信用风险进行有效对冲，从而降低持有金融期货信用风险的敞口。

三、流动性风险

流动性风险包括两类风险，一种是市场流动性风险，另一类是资金流动性风险。市场流动性风险是指市场交易量不足或无法获得市场价格，导致投资者无法及时平仓的风险。流动性风险的另外一种表现方式是交易时产生很大的价差。资金流动性风险是指因市场投资者流动资金不足而导致合约到期时无法履行合约支付义务或无法按合约要求追加保证金的风险。

避免市场流动性风险要求投资者在进行金融期货交易建仓时，尽量选择活跃合约或较为活跃的合约作为交易对象，并在未来持有期内，及时进行移仓操作，确保持仓合约始终为活跃合约或较为活跃的合约，尽量降低流动性风险。避免资金流动性风险的出现，机构投资者在进行交易前必须做好资金管理，不可满仓操作。在资金账户里预留足够的资金，以应对不时之需，增强投资者抵抗流动性风险的能力。

四、模型风险

模型风险是由于模型建立错误或运用错误发生的风险。估值模型是金融期货定价的核心，其中要运用金融工程的知识，通过计算机工具对金融衍生品进行定价。模型风险在任何确定金融资产公允价值时都会出现，尤其是在衍生品市场非常常见。自从布莱克—斯科尔斯期权定价模型发明以来，衍生品的数量和相关定价模型的数量都得到激增，这也使得模型风险大大提高，错误的模型、对结果的误解、使用错误变量等因素都会增加风险发生损失的概率。

市场成熟度的不同，使得模型生存的土壤及适用的前提条件发生了变化，这就要求机构投资者在使用各种金融期货交易模型时，不能完全依赖原有模型判断市场，而应结合具体的证券期货市场投资者结构、流动性、风险因素、交易制度等多项指标，对模型的相关参数进行适当的调整和优化，以便使其更加符合市场，体现模型的真实价值。同时，机构投资者在对优化后的交易模型的使用过程中，应采取循序渐进的策略，本着先简单后复杂，由少到多的原则进行。即先使用原理简单的模型，后使用原理复杂的模型；先依据模型少量建仓，待结果符合预期后再逐步加仓。这样，即使出现模型风险，其可能造成的损失也将处于投资可控范围之内，不至于对投资者造成较为严重的不利影响。

五、强行平仓风险

强行平仓风险是指由于期货经纪公司根据交易所提供的结算结果每天都要对交易者的盈亏状况进行结算，所以当期货价格波动较大、保证金不能在规定时间内补足的话，交易者可能面临强行平仓风险。

除了保证金不足造成的强行平仓外，还有当客户委托的经纪公司的持仓总量超出一定限量时，也会造成经纪公司被强行平仓，进而影响客户强行平仓的情形。因此，客户在交易时，要时刻注意自己的资金状况。金融期货交易一般采用保证金制度，价格的微幅变动都会引起投资者的保证金余额的变化。如果资金管理不善，可能会出现投资者账户中的资金不能满足追加保证金要求的情况，此时投资者的持仓就可能被强行平仓。有时即使投资方向正确，也可能因资金管理不善、在获取盈利之前被强行平仓而蒙受较大的损失。投资金融衍生品要合理控制仓位，有效抵抗市场波动对头寸造成的影响。

六、交割风险

交割风险是指投资者可以在期货合约到期前对冲平仓，如果不能及时完成对冲操作，就要承担交割责任，就要凑足足够的资金或者实物货源进行交割。对投资者来说，如果不选择交割，那么在临近交割期时最好不要再持有相应的合约。这是期货市场与其他投资市场相比，较为特殊的一点，尽可能不要将手中的合约，持有至临近交割，以避免陷入被“逼仓”的困境。例如国债期货，如果交割债券流动性不足，并导致现券价格大幅度波动，在交割时很可能面临交割风险。而对于现金交割的期货品种，如股指期货，则不存在交割风险。

七、结算风险

结算风险是交易一方在进行支付对手方的同时，对手方宣告破产所发生的风险。大多数期货、期权交易所自己作为中央对手方开展交易，并设立自己的清算所，所有的交易所交易发生在交易所会员和中央对手方之间，这样就规避了结算风险。然而，结算风险的可能性依然存在，虽然交易所和会员之间不存在结算风险，但交易所会员实际承担了与各自客户的结算风险。

八、经营风险

经营风险也称运作风险，是由于外部因素，例如公司系统或程序出现问题所导致投资发生损失的风险，风险可能来自电脑系统瘫痪、人为错误等多种因素。随着信息技术的发展，计算机在金融期货投资中扮演越来越重要的作用，计算机系统瘫痪会对投资带来巨大的损失。人为错误包括可以管理的人为的错误和一些灾难性的有意识的错误行为。很多公司通过监控系统和事前备案等多种方式管理运作风险。

九、法律与监管风险

监管风险是由于金融衍生品交易的监管的不确定性或监管规则发生变化所产生的风险。对于衍生品市场，投资者投资金融衍生品可能被直接或者间接监管。例如，在美国的银行被联邦和州监管机构严格监管，从而导致对其衍生品投资的间接监管。2010 年 7 月 15 日，在美国首都华盛顿国会山，美国国会参议院当天通过最终版本金融监管改革法案，该法案采纳所谓的“沃克尔规则”，即限制大金融机构的投机性交易，尤其是加强对金融衍生品的监管，以防范金融风险。法律风险是交易合约及其内容与相关法律制度发生冲突致使合约无法正常履行或无法获取所期待的经济收益所造成的风险。当然，也包括相关法规制定不及时、不完整，当市场发生剧烈波动时被迫采取临时措施而造成的风险。

为避免发生法规风险，投资者在参与金融期货交易前必须认真研读监管部门发布的指导意见，完全掌握制度的相关条款，正确理解监管层的用意和政策导向。根据相关法律法规制定依法合规的交易策略后进行交易，并按照有关部门要求在指定机构进行交易结算与清算。最后，不管是出于适应监管的要求，还是未雨绸缪、避免未来遭遇不必要的法律纠纷和投诉，拟参与金融期货交易的投资机构应当事前在产品合同、招募说明书和产品方案等材料中明确相应的投资策略、比例限制、信息披露方式等相关内容。

第二节 金融期货交易中典型风险案例分析

一、外汇衍生品——中信泰富风险事件

中信泰富事件是场外金融衍生交易中典型的风险案例。2009 年 4 月 3 日，中国香港警务处商业罪案调查科对中信泰富发出搜查令，中信泰富的两位创始人辞职。短短 5 个月内，中信泰富事件从金融海啸中不幸折戟升级为涉嫌商业犯罪，这一事件对于企业防范金融衍生交易风险有着重要启示。

（一）风险事件发生过程

美国次贷危机的蔓延使得中信泰富所签订的外汇合约的风险也充分暴露出来，终酿成巨额损失。中信泰富为投资、经营在澳大利亚的铁矿石项目，需要澳元投入及从欧洲进口部分设备。为对冲澳元、欧元、人民币升值的风险，锁定美元支出的成本，从 2007 年 8 月至 2008 年 8 月的一年间，中信泰富分别与汇丰银行、花旗银行、摩根斯坦利资本、美国银行、巴克莱银行、瑞信国际、法国巴黎银行等 13 家银行签订了 24 份外汇远期合约，做多澳元、欧元与人民币。

中信泰富签订合约时，澳元对美元正运行在上升通道中，中信泰富几乎是

"稳赚不赔"。然而，美国次贷危机的蔓延使得全球经济衰退风险加剧，澳大利亚央行不得不降息以刺激经济，加上大宗商品价格回落，澳元对美元汇率直线回落，从 2008 年 7 月中旬到 8 月中旬短短一个月间，澳元兑美元跌幅高达 10.8%，几乎抹平了 2008 年以来的涨幅。同时，欧元兑美元的汇率也持续下降。

1. 中信泰富市值蒸发。2008 年 10 月 20 日中国香港联交所闭市后，中信泰富发布公告，称公司外汇衍生交易已引致亏损 8.08 亿港元；仍在生效的外汇合约按公允价值计量的亏损高达 147 亿港元，且亏损有可能继续扩大；集团财务董事和财务总监已即时辞职，市场反映强烈。中信泰富 2007 年与 2008 年上半年盈利分别 108.43 亿、43.77 亿港元，因此过去一年半的总盈利尚不足以抵消此次 155 亿港元的预计亏损。公告次日，中信泰富股价开盘即暴跌 38%，收市时跌幅达 55.1%。按前日收盘价 14.52 港元计算，中信泰富公司总市值为 318.4 亿港元；一日之后，总市值已不足 143 亿港元，蒸发了 175 亿港元，甚至超过了外汇交易的损失。

2. 中信集团回天乏术。为应对中信泰富可能发生的流动性危机，中信泰富的大股东中信集团紧急提供了 15 亿美元（约 116.25 亿港元）的备用信贷。该资金后转化为对中信泰富的注资，使中信集团持股达到 57.56%。与此同时，中信集团还协助中信泰富重组澳元杠杆外汇合同，通过合同更新方式受让了中信泰富风险敞口较大的 57 亿澳元的外汇远期合约。

2009 年 3 月 25 日，中信泰富公布了 2008 年年报，宣布亏损 127 亿港元，其中外汇合同所导致的变现及市场公允值的税后亏损为 146 亿港元，为这家著名蓝筹公司成立 19 年来的首次亏损。如果剔除外汇合约损失，中信泰富本可以在 2008 年盈利 19 亿港元。

（二）造成风险与亏损的原因分析

1. 中信泰富 Accumulator 合约详解。累计期权杠杆式外汇合约（Accumulator，全名是 Knock Out Discount Accumulator），是 ELN（股票挂钩票据）的变种衍生产品。中信泰富 Accumulator 合约可以分解为两种障碍期权组合，一种是向上敲出的看涨期权（Up - and - OutCall）；另一种是向上敲出的看跌期权（Up - and - OutPut）。从障碍期权结构看，看涨期权和看跌期权的条款是一样的。通常这种合约在签订之时，双方没有现金支付，相当于在未来两年内的每一个月，中信泰富获得 1 个向上敲出的看涨期权，同时送给银行 2.5 个向上敲出的看跌期权作为对价。据蒙特卡洛方法定价测算，按汇率历史波动率（约

15%）模拟计算表明，中信泰富在签订单笔外汇合约时就已亏损了 667 万美元，其原因就是中信泰富得到的 1 个看涨敲出期权的价值远远小于其送给交易对手的 2.5 个看跌敲出期权的价值。

公开披露信息显示，为了降低西澳铁矿项目和其他投资项目面临的货币风险，中信泰富主要签署了 4 种杠杆式外汇合约，合约杠杆倍数绝大多数为 2.5 倍，但这些外汇合约的收益与风险却完全不对等。合约规定，每份澳元合约都有最高利润上限，当达到这一利润水平时，合约自动终止。所以在澳元兑美元汇率高于 0.87 时，中信泰富可以赚取差价，但如果该汇率低于 0.87，却没有自动终止协议，中信泰富必须不断以高汇率接盘，理论上亏损可以无限大。中信泰富披露，该公司持有的澳元合约到期日为 2010 年 10 月，当每份合约达到 150 万美元 ~700 万美元的最高利润时，合约终止。

中信泰富手中所有的澳元合约加起来，最高利润总额仅为 5 150 万美元，约合 4 亿港元，即这些合约理论上的最高利润为 4 亿港元。

但是，只要合约不中止，中信泰富的澳元合约所需要接受的澳元总额却高达 90.5 亿澳元，相当于超过 485 亿港元。只要澳元兑美元不断贬值，中信泰富就必须不断高位接货，直到接货总量达 90.5 亿澳元为止。而双币合约则更加复杂，按规定，中信泰富必须以 0.87 的澳元兑美元的汇率、或者 1.44 的欧元兑美元汇率，按照表现更弱的一方来接盘澳元或者欧元，直到 2010 年 7 月；而人民币合约则参考美元兑人民币汇率 6.84 计算盈亏。在这些合约之下，中信泰富所有的合约加起来可能获得的最高收益还不到 4.3 亿港元，但接盘外币的数量却超过 500 亿港元。根据敏感性分析，目前澳元相对美元每贬值 1 美分，中信泰富将亏损 9 400 万美元，公司每股将亏损 0.33 港元。由于相关汇率继续走低的可能性仍然存在，中信泰富面临的亏损仍可能继续扩大（见表 12 - 1）。

表 12 - 1　　中信泰富外汇合约份额

合约品种	简称	结算周期	接盘总量
澳元累计目标可赎回远期合约	澳元合约	每月结算	90.5 亿澳元
每日累计澳元远期合约	每日澳元合约	每日结算	1.33 亿澳元
双货币累计目标可赎回远期合约	双币合约	每月结算	2.97 亿澳元
人民币累计目标可赎回远期合约	人民币合约	每月结算	参考美元兑人民币汇率 6.84 计算盈亏

2. Accumulator 击倒中信泰富的原因。

(1) 澳元汇率波动。这起外汇杠杆交易直接原因是由于澳元的走高而引发的。由于未来有兑换澳元的需要，为规避汇价继续上升的风险，中信泰富签订了澳元累计目标可赎回远期合约，以及每日累计澳元远期合约。根据合约，中信泰富每月需要购入一批澳元，加权平均兑换价为 1 澳元兑 0.87 美元，但从 7 月下旬开始，国际货币市场出现异动，澳元兑美元掉头下跌。此前市场普遍认为澳元会升值，用远期合约锁定收益是合理的，因为这样做比市场现价低，而且留有超过 10% 的空间。但金融危机使美元升值，在长达 3 个多月的跌势中，中信泰富却没有做对冲并及时停止交易，导致巨额受损（见图 12-1）。

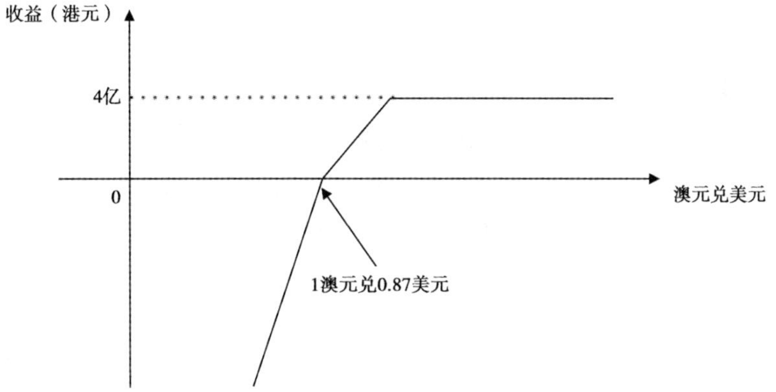

图 12-1

(2) 外汇衍生品投机行为。中信泰富在 2008 年 7 月的前三周内，签订 10 多份合约。当澳元兑美元的价格走势对其有利时，最多需买 36 亿，而当价格大幅下跌时，则需要购入最多 90 亿澳元。而中信泰富的真实澳元需求只有 30 个亿，说明有投机的嫌疑。

(3) 合约陷阱。中信泰富没有识别出合约隐含的三大陷阱才最终酿成今日苦酒。

一是目标错位。作为未来外汇需求的套保，其目标是锁定购买澳元的成本，也就是最小化澳元波动的风险，但其签订的外汇累计期权（Accumulator）合约的目标却是最大化利润，对风险没有任何约束。换言之，中信泰富的风险是完全敞开的。

二是工具错选。Accumulator 合约不是用来套期保值的，而是一个投机产品。虽然企业需求各异，通常需要定制产品来满足其特定需求，但是在定制产品过程中，企业自身发挥主导作用，而不应是被动的角色。另外，在很多情况下，通过对远期、期货、互换、期权等进行组合，也可以达到企业特定的套期保值需求，而不必通过 Accumulator。

（4）内部监控制度出现问题。中信泰富的外汇衍生品交易亏损事件，反映出其内部的风险监管和治理机制存在问题。据中信泰富审核委员会的调查，此事并不牵涉欺诈或其他不法行为，而是财务董事未遵守集团对冲风险政策，且在进行交易前未按规定取得主席批准，超越了其权限所为。显然，风险控制关系到公司的治理结构，治理机制若不健全，本身就是企业的一大风险源。一个内部治理结构混乱的企业，其风险控制的能力肯定就差，从而发生的经营风险也多。

二、国债期货——国债 327 事件

国债 327 事件是特定时期下带有中国特色的金融风险事件。国债 327 是对 1992 年发行的 3 年期国债期货合约的代称。在国债 327 事件过程中，中国经济开发信托投资公司（简称中经开）和绝大部分的中小散户及部分机构是多头。1995 年 2 月 23 日，做空的辽国发抢先得知国债 327 贴息消息，立即由做空改为做多。16 时 22 分 13 秒，空方主力上海万国证券公司在最后 8 分钟内砸出 1 056 万口卖单，使当日开仓的多头全线爆仓。当日晚上，上海证券交易所确认空方主力恶意违规，宣布最后 8 分钟所有的国债 327 期货交易无效，各会员之间实行协议平仓。国债 327 事件表明当时国债期货合约设计存在漏洞、监管机制不完善等多种弊端，为今后国债期货合约设计提供了很好的借鉴。

（一）风险事件发生过程

1. 多空双方对赌。1992 年 12 月 28 日，上海证券交易所首先向证券商自营推出了国债期货交易。1993 年 10 月 25 日，上海证券交易所国债期货交易向社会公众开放。国债 327 是指 1992 年发行的 3 年期国债 92（3），1995 年 6 月到期兑换。1992～1994 年中国面临高通货膨胀压力，银行储蓄存款利率不断调高，国家为了保证国债的顺利发行，对已经发行的国债实行保值贴补，并采用直接增加债券面值的方式。保值贴补率由财政部根据通胀指数每月公布，因此，对通货膨胀率及保值贴补率的不同预期，成了国债 327 期货品种的主要多空分歧。以上海万国证券为首的机构在国债 327 期货上做空，而以中经开为首的机构在此国债期货品种上做多。

2. 利用合约漏洞砸盘。1995 年 2 月，市场传闻国债 327 可能要以 148 元

的面值兑付，而不是132元。1995年2月23日，传言得到证实，确实要对国债327进行贴息，此时的上海万国证券公司已经在国债327期货上重仓持有空单。1995年2月23日，财政部发布提高国债327利率的公告，百元面值的国债327将按148.50元兑付。1995年2月23日上午一开盘，中经开公司率领的多方，借利好用80万口将前日148.21元的收盘价一举攻到148.50元，接着又以120万口攻到149.10元，又用100万口攻到150元，下午攻到151.98元。随后万国的同盟军辽国发突然改做多头，国债327在1分钟内上涨了两元，10分钟后上涨了3.77元。当日16时22分空方突然发难，先以50万口把价位从151.30元打到150元，然后连续用几十万口的量级把价位打到148元，最后一个730万口的巨大卖单，把价位打到147.40元（按照上海证券交易所的规定，国债期货交易1口为2万元面值的国债，730万口的卖单为1 460亿元，而当时国债327总共有240亿元），收市后上海证券交易所当晚紧急宣布：1995年2月23日16时22分13秒之后的所有国债327的交易无效，经过此调整当日国债成交额为5 400亿元，当日国债327的收盘价为违规前最后签订的一笔交易价格151.30元。如果按照上海证券交易所定的收盘价到期交割，上海万国证券公司需赔偿60亿元。国债327期货合约之所以成为当时国债期货交易市场的一个重点，主要是围绕着它的贴息出现了不同的看法，万国证券公司坚持认为财政部不会贴息而做空，而它的对手中经开却做多。

（二）造成风险与亏损的原因分析

1. 现券市场不成熟利率非市场化。债券现货市场不发达、期货市场机制不健全是风险发生的本质。金融衍生品衍生于基础证券，没有发达的现货市场，就不可能有相对应的发达衍生品市场。而当时国债期货品种之推出，其所对应的国债市场无论是在广度、深度上，还是规范化程度上，都没有为国债期货提供充分的基础性条件。

首先，从国债现券市场规模看，当时可流通国债只有930亿元，在国债市场上实际流通的还达不到这个数目，而这些有限的现券却对应了全国14个国债期货交易场所。

其次，从国债现货市场价格市场化程度看，国债价格的决定因素不是市场利率，而是每月公布一次的国家保值贴补率，其成为国债期货市场上最为重要的价格变动指标，交易者利用国家统计局的通货膨胀统计结果推算保贴率，而依据据称来自财政部的“消息”对市场的“影响”，也成了多空孤注一掷的筹码，国债期货演变为多空双方对保值贴补率和贴息的对赌。

2. 交易制度不完善。金融衍生品在具有套期保值、规避价格风险功能的同时，又因保证金交易的强杠杆性而放大了风险。风险虽然无法消除，但却可以被管理。交易所承担衍生品市场的组织和自律监管职能，并直接或间接承担结算风险，因此，交易所进行风险管理，建立与衍生品交易运行模式相适应的风险管理制度和技术设施，是整个衍生品市场风险管理的核心。而国债 327 期货事件的产生，正是由于当初的交易所忽略了最基本的风险管理，主要体现在：保证金比例过低、未设涨跌停板、未控制持仓限额等。

第一，保证金比例设置过低。国债 327 期货风波发生之时，上海证券交易所 20 000 元合约面值的国债仅收保证金 500 元，比例为 2.5%，其他期货交易所国债期货的保证金比例更低，普遍为合约市值的 1%。这样偏低的保证金水平与国际通行标准相距甚远，甚至不如国内当时商品期货的保证金水平，无疑使市场投机气氛更为浓重，而且 2.5% 的低保证金制度，也没有得到执行。在国债 327 事件中，空方主力在最后 7 分钟共砸出 1 056 万口卖单，面值达 2 112 亿元，需要 52 亿的保证金，但很显然，空方当时不可能持有如此巨额的保证金。

第二，没有设立涨跌停板制度。涨跌停板制度是国际期货界通行的制度，设置衍生品期货合约单日价格上下波动幅度，可以减缓、抑制投机行为，对投资者也能起到风险提示作用。但国债 327 期货事件发生前，交易所根本就没有采取这种控制价格波动的基本手段，出现上下差价达 4 元的振幅。

第三，关于持仓限制。限仓是指交易所或会员可持有的合约头寸的最大数额，其可以防范衍生品交易的操纵行为，也可以防止少数投资者承担其无法承担的巨额风险损失，引发系统性的市场风险。从国债 327 合约在 2 月 23 日尾市出现大笔抛单的情况看，空方主力在最后 7 分钟共砸出 1 056 万口卖单，面值达 2 112 亿元，而所有的国债 327 只有 240 亿元，交易所显然对每笔下单缺少实时监控，导致上千万手空单在几分钟之内通过计算机撮合系统成交。

三、股指期货——巴林银行倒闭事件

1995 年 2 月 27 日，有着 223 年历史、在全球范围内管理着 270 多亿英镑资产的英国巴林银行宣告破产。据调查结果表示，由于一位年仅 28 岁的交易员——尼克·里森在日经 225 股指期货交易中的不正当操作导致了风险发生。从风险管理角度考察，巴林银行是在股指期货交易中经营风险管理的方面出现了严重的问题，才会导致交易人员的错误被不断放大并最终影响到企业整体的

安危。

（一）事件发生的过程

1. 日本经济步入衰退。20 世纪 90 年代的日本，正处于泡沫经济崩溃的悲惨时期。从总体上来说，自 1990 年起，日本经济即处于衰退之中。进入 1992 年，国内失业率开始大幅上升，甚至出现了小规模的破产高峰。以日经 225 指数为例，1989 年 12 月该指数创出 38 915 点的新高之后随着经济的走软而一路下挫，1992 年 8 月 18 日降至 14 309 点，跌幅达 63%，为世界三大股市跌幅之最。之后虽有所反弹，但在 1995 年 7 月初又跌回到了 14 000 多点的低位。

2. 致命的投机交易。里森通过购买不同期限的日经 225 指数期货合约进行投机，期望期货价格在到期前上升。

1994 年 1 月 30 日，日经 225 指数短暂上扬了 700 点，本可以使里森有机会清仓所有头寸而不受损失，但他却没有离场。2 月 27 日，日经 225 指数下跌至 15 500 点，里森所持有的期货头寸飙升至 60 000 份。

1995 年 1 月，神户地震导致日经 225 指数从 19 400 暴跌至 17 800，但里森却大幅增加期货头寸，1 月 20 日拥有 10 814 份合约，1 月 31 日为 26 032 份合同，2 月 24 日高达 56 032 份合同。里森所持头寸占新加坡国际金融交易所 1995 年 3 月到期日经 225 指数期货未平仓合约的 49%，占当年 6 月到期合约的 24%。

显然，里森一直看好日本股市，不停地积累日经 225 指数头寸，但日本经济停滞不前，通货紧缩严重，股市大幅下跌，里森的损失被不断放大。由 1992 年年底的 200 万英镑急速上升至 1993 年的 2 300 万英镑。1994 年亏损激增至 1.94 亿英镑，远超过了银行整年的利润，1995 年 2 月，损失高达 8.27 亿英镑。1995 年 3 月 5 日，荷兰金融巨头 ING 银行同意以象征性的 1 英镑收购巴林银行所有业务，并承担大约 14 亿美元的债务，3 月 2 日里森在法兰克福机场被捕。

（二）造成风险与亏损的原因分析

1. 诱因：日本神户大地震。1995 年 1 月 17 日发生的日本神户大地震是巴林银行倒闭的直接诱因。神户大地震后日经指数期货价格开始剧烈震荡，并直线下跌；而尼克·里森却坚持认为地震后的灾后重建是日本经济重新复苏兴旺的转机，并在此错误判断下执著地放大多头交易规模，丝毫不去理会市场趋势，这最终导致了巴林银行的倒闭。如果能正确地判断突发性事件产生的后果，尼克·里森有可能采取正确的交易策略，如在日经指数期货的交易中大规模做空。

2. 外因：宏观趋势判断失误。击垮巴林银行的在新加坡国际金融交易所交易的日经225股指期货是全面反映日本经济发展状况的权威指标。所以从这个意义上来看，日本经济的没落是造成巴林银行在1995年沉没的外部原因。由于尼克·里森完全看反了日本经济的宏观走势，才会在交易中选择了错误的交易方向（多头）。这意味着以巴林银行名义进行的针对日经225股指期货的交易面临着巨大的宏观风险，而对于具体交易过程中的经营风险控制不力，则使巴林银行的交易结果注定失败。

与此同时，作为一家历史悠久、实力雄厚的世界级投资银行，巴林银行破产于从事金融衍生产品交易的交易员手中，这充分表明了巴林银行在风险管理中存在的巨大问题。

3. 内因一：用人不当。作为一家从事金融风险性投资的金融机构，在选择人员、特别是直接交易员时，必须切实考察人员的品格，其中最重要的一点就是正直诚信的职业道德。只有这样，才能切实保证严格按照规章制度办事，风险管理的原则才能行之有效。尼克·里森恰恰缺乏正直诚信这一交易员必备的素质——1992年尼克·里森为了取得注册交易员资格，在申请中弄虚作假试图欺骗英国证券期货管理局，最后被调查并被迫撤回申请；同年，他用同样的欺骗手法骗过了新加坡国际金融交易所，成功注册成为交易员。为了达到个人目的而采用欺上瞒下的手法是作为交易人员最不能被容忍的行为，而对此种行为的姑息纵容正是巴林银行倒闭的一个重要原因。

4. 内因二：管理层缺乏强烈的风险管理意识。巴林银行的公司管理层对于尼克·里森过于信任，在尼克·里森以往上报的交易结果里，一直表现出超乎寻常的高盈利，理应引起公司高层的注意，即使不至于由此产生怀疑，必要的检查也是应该的。非常可惜的是，巴林银行的高层只是怀着喜悦的心情认可了这一切，丝毫没有对这种超出常规的现象产生惊异。在长达三年多的时间内，巴林银行供给尼克·里森的交易保证金高达17亿新元，甚至在1995年1月17日后的一周里，就有4.6亿新元的资金从巴林银行总部汇给尼克·里森。里森通过建立差错账户“88888”，隐瞒了交易事实，并销毁交易证据，造成了不可弥补的损失。

5. 内因三：内部控制制度没能切实落实。尼克·里森在新加坡一人身兼交易主管和后台清算两职。这意味着尼克·里森一人就代表了公司的全部制度，他可以伪造证明、隐瞒账户的真实性质、以支付保证金的名义向公司索要资金等。在 1994 年巴林银行的内部审计报告中就有总经理承担者前台交易和后台结算的工作的内容，但巴林银行总部并未对这一已指出的问题采取任何措施。

四、模型风险——1987 美国股灾

1987 年 10 月 19 日，纽约证券交易所的道·琼斯工业指数从开盘时的 2 247.06点下跌到 1 738.74 点，在几个小时之内暴跌了 22.62%，为 1929 年 10 月大危机崩盘时的 2 倍。这就是历史上所谓的“黑色星期一”。之后的 6 天内，道·琼斯工业指数和 S&P500 股票指数的下跌幅度达到了 1/3。股指期货在这次股灾中留下了深深的痕迹，特别是机构投资者在交易中普遍采用了程序交易和投资组合保险这一特殊的交易模式，让市场风险的爆发更为集中和猛烈。以计算机交易平台为条件的股指期货程序交易和信用经济条件下的投资组合保险等保值、避险策略引发了市场信心的崩溃，并导致了此次股市大灾难的发生。

（一）事件发生的过程

1. 黑色星期一事件。1987 年 10 月 19 日星期一，纽约证券交易所的道·琼斯 30 工业股价平均数突然狂泻，几个小时内从开盘 2 247.06 点下跌到 1 738.74 点，创下第一次世界大战后美国股票市场的最大一次跌幅。同时，成交量急剧放大，达 6.8 亿股，为 1987 年日平均交易量的 3 倍多。当日 CME 的 S&P500 指数期货抛压更为严重。12 月份合约暴跌 80.75 点，以 201.5 点收盘，跌幅达 28.6%。

2. 全球股市恐慌杀跌。美国股票市场崩盘带动了全球范围的抛售狂潮，在 1 ~2 周极其短暂的时间内对全球经济造成了巨大的冲击：同日，伦敦证券交易所的 FTSE100 指数暴跌 10% 以上；法国巴黎证券交易所的 CAC40 指数下跌 9.8%；德国法兰克福 DAX 下跌 9.39%；意大利米兰股票市场下跌 6.26%；荷兰股票市场下跌 12%；瑞士信贷银行指数下跌了 11.3%。在亚洲，东京证券交易所的日经 225 股票指数跌幅高达 14.9%；10 月 20 日，日经 225 指数再暴跌 3 836.48 点，超越历史跌幅；随后的 23 日、27 日两个交易日继续下挫 1 000点以上。同日，中国的香港联合交易所的恒生指数也下跌 11.2%，被迫停市一周；而在一周复牌后的交易中由于空方积蓄一周的能量爆发，将恒生指数打到了 1 120.7 点，狂泻 33.3%；恒生指数期货更是惨不忍睹的四度跌停，跌幅达 44%。同日，新加坡证券交易所海峡时报指数也大跌了 1 400 点；澳大

利亚悉尼股票市场也在 20 日出现了滞后但同样猛烈的反应——狂跌 24.9%，创下历史最大跌幅纪录。据测算，从 10 月 19 日到 26 日，在 8 天的全球性股票市场大震荡中，全世界的股票持有者大约损失 2 万亿美元的财富。

（二）造成风险与亏损的原因分析

1. 投资组合保险策略（CPPI）。Black and Jones（1987）提出了固定比例投资组合保险策略，让投资者根据个人对资产报酬的要求和对风险的承受能力设定适合于自己的投资组合保险。整个投资组合包括主动性资产（Active Asset）和保留性资产（Reserved Asset）。两类资产中较高风险并且预期回报较高的为主动性资产，较低风险低回报的则为保留性资产，因此一种资产可能在某些情况下是主动性资产，但在某些情况下则变成保留性资产。在股票和无风险资产的例子中，主动性资产指的就是股票，而保留性资产则是无风险资产。

固定比例投资组合保险策略是根据投资组合价值水平的变化动态调整风险资产和无风险资产投资比例的策略，这一策略在国外的证券投资决策中被经常使用。在股票市场中，其指导思想是：当股市上涨时，投资组合价值也上涨，因而风险承受能力增大，投资于股票的比例也就增大；反之，当股市下跌时，投资组合净值也下跌，因而风险承受能力减小，投资于股票的比例也就减小。

2. 固定比例投资组合保险策略框架。固定比例投资组合保险策略的理论构架所根据的公式可表示如下：

$$A_t = D_t + E_t$$

$$E_t = M \cdot (A_t - F_t)$$

其中，E 表示应投资于主动性资产的仓位（Exposure），M 为乘数（Mutiplier）且 $M>0$，A 代表资产总值（Asset），F 为最低保险金额（Floor），而（$A-F$）为缓冲头寸（Cushion）。

一个更为动态的过程可以表示如下：

$$E = M \cdot (A - F)$$

其中，A 为第 t 期时资产组合的总价值，E 为第 $t+1$ 期时的主动性资产的仓位。

若 P 表示第 t 期时的资产组合的增加值，C 为最初的缓冲头寸（$C=A-F$）

$$\begin{aligned}
\text{则 } E &= M \cdot (A - F) \\
&= M \cdot (A + P - F) \\
&= M \cdot (A + P + P - F) \\
&\quad \cdots\cdots
\end{aligned}$$

$= M \cdot (A + P + P + \cdots + P + P - F)$

$= M \cdot (P + P + \cdots + P + P + C)$

由该动态过程，第 $t+1$ 期的投资于主动性资产的仓位由乘数、各期资产组合价值增值之和以及最初的缓冲头寸决定。

3. CPPI 策略的投资步骤。(1) 根据投资者在保本期到期时要求的最低保本额度和合理的折现率，设定当前应持有的无风险资产或低风险资产的数量。(2) 计算投资组合现实价值超过最低保本额度的数额，此数额成为安全垫。(3) 将相当于安全垫特定倍数的资金投资于风险资产，其余资金投资于无风险或低风险资产以保证期末时的资产价值不低于最低保本额度。对 CPPI 策略而言，当股价上升时，风险资产价值随之上涨，从而总资产价值也相应增加，由公式可知，应该加大对风险资产的投资。

【例 12-1】假设某投资者投资期初的资产总额为 100 亿元，采用 CPPI 策略，投资者根据自己的情况选择最低保本额度 $F=70$ 亿元，放大乘数 $M=2$。

在期初，投资于风险资产的价值为 60 [(100-70) ×2] 亿元，投资无风险资产的价值为 40 亿元。

如果下一个调整时期，风险资产跌至 48 亿元，无风险资产价值上涨为 42 亿元。这时投资者进行调整，调整后投资于风险资产价值为 40 [(42+48-70) ×2] 亿元，投资于无风险资产的价值为 50 亿元。

4. CPPI 策略造成损失的原因。程序交易和投资组合保险策略（CPPI）的技术操作缺陷是诱发此次股票市场大崩盘的技术性原因。

(1) 程序交易中设定的程式对于市场的趋势变动起了推波助澜的作用。因为用电脑程序设置的交易指令大多为“停止指令”(Stop Order)，分为获利停止指令和止损指令，即当市场价格趋势已向不利于已执行指令的方向发展(如多头面临市场价格的下跌趋势或反之)，则电脑会自动按某一价格执行与已执行指令相反方向的交易——平仓以锁定收益或损失。

在 10 月 19 日的大跌中，市场价格的快速下跌打破了正常的界限，支持位不断被快速击破，激发了不断生效的抛售指令，不仅推动市场下跌而且无法生效的指令（由于市场下跌太快而未及成交的指令）又会以最低的价位重新发出以锁定风险。于是，出现争先恐后的杀跌盘。由于期货交易的保证金制度，其信用放大效果更为明显，杀跌以避险的动力更强，相应的，跌幅更大。

(2) 投资组合保险策略并未像所设计的那样发挥作用。在 10 月 19 日当日，保值者为抵补现货市场的损失，不得不抛售期货合约以试图锁定风险，甚至使股票期货价格大大低于现货价，CME 被迫暂停了 S&P500 期货合约的交易。电脑程序在暴跌时唯一能做的就是抛售，由此看来，正是投资组合保险程序引发了此次灾难。

(3) 在程序化交易中被普遍采用的指数套利发生反向效果。一般而言，期货价与现货价间应该存在负基差以体现货币的时间价值。但在 1987 年全球性的市场大恐慌中，由于出现了正基差，且差额巨大，直接引发了套利行为的反转，即在期货市场上大量购入廉价的期货合约，同时在现货市场上抛售股票现货以抵补，这无疑进一步推动了股票现货市场价格的暴跌。

在 1987 年的美国股灾中，股指期货交易中的程序化交易和投资组合保险策略备受责难，原因是其放大了市场的风险。但实际上，以股指期货为代表的金融衍生工具充分体现了信用经济条件下经济的杠杆性特征，反映了虚拟经济相对于真实经济的高效率，充分表明了科技进步的巨大作用。但同时，对于交易过程的技术性提出了更高的要求，客观上加大了控制市场风险的难度。因此，新的交易模式、投资策略以及投资工具（如股指期货）的创新功能要求市场参与者对于交易本质有更为深刻的认识，对操作者的风险控制能力提出了更高的要求。

五、经营风险——摩根大通巨亏事件

摩根大通在当地时间 2012 年 5 月 10 日下午 4 点 30 分（北京时间 5 月 11 日凌晨 4 点 30 分）发布通知下午 5 点将召开紧急电话会议，摩根大通 CEO 戴蒙在电话会议上宣布其首席投资办公室（CIO）在合成债券上的仓位出现了 20 亿美元交易损失，预期公司部门第 2 季度出现 8 亿美元亏损。

（一）风险事件发生过程

1. 风险对冲是初衷。摩根大通之所以需要 CIO 及伦敦鲸（摩根大通的明星交易员）的交易，是因为摩根大通的负债（即存款）为 1.1 万亿美元，超过其大约 7 200 亿美元的贷款资产。摩根大通使用多余的存款进行投资，这些投资组合的总金额大约 3 600 亿美元。摩根大通的投资集中在高评级、低风险的证券上，包括 1 750 亿美元的 MBS、政府机构证券、高评级及担保（Covered）债券、证券化产品、市政债券等。这些投资中的绝大部分都是政府或政府支持证券，拥有较高评级。摩根大通投资这些证券以对冲银行因负债与资产错配而产生的利率风险。所以，摩根大通需要通过 CIO 来管理基差风险、凸性风险及汇率风险等的对冲，同样需要持有对冲敞口来管理信贷资产组合的“灾难性损失”风险。

2. 中性的对冲手段。伦敦鲸所做的对冲交易并非直接做空那些债券或购买相关债券的 CDS。相反，伦敦鲸通过在 CDX（CDS 指数）实施大规模的 Flattener 策略（即下注 CDS 指数期限曲线会变得平坦的策略）或份额交易（Tranche Trades）来进行对冲，在这种策略下，CDS 的小幅波动的影响对其敞口的影响是相对中性的（Neutral）。

当信贷息差开始显示市场认为近期局势将恶化而长期将再度转好时，该曲线形状开始变平，曲线的近端（短期）息差扩大幅度超过远端（长期），这就是 Flattener 策略获利的方式。伦敦鲸做多 CDX 指数的短期合约，同时做空 CDX 指数的长期合约进行对冲。CIO 采取的是针对 Markit CDX. NA. IG（北美投资评级企业）指数中的 IG_9 系列指数合约的曲线平坦化策略，即购买 5 年期 IG_9 合约，出售 10 年 IG_9 合约，并且仓位很大。

3. 市场波动加剧导致策略失效。模型计算出来的公允基差与市场交易指数的实际基差之间的差额是偏斜度（Skew）。偏斜度从长期看应该非常小，因为市场参与者的套利会缩小偏斜度，而指责摩根大通的正是做这一套利交易的对冲基金。需要注意的是，偏离度越大，指数相对于单一 CDS 就约便宜。对冲基金交易员可能在前一年夏末和秋天看到了如此大的偏斜度，因而对其做了套利交易如下：购买（便宜的）IG_9 指数的 10 年期合约，出售（昂贵的）单一公司 CDS，坐等市场在越来越多的此类交易涌入后的修正。然而，由于 CIO 在做空 IG_9 指数的 10 年期合约，偏斜度此后仍然维持高位，市场开始质疑有机构在操控市场。

而对冲基金采用常规的操作方式，利用 IG_9 异常大的偏斜度进行套利，并准备等待市场纠正行为发生后赚取丰厚利润。然而，市场的纠正却迟迟没有出现，对冲基金们所投资的衍生品市场处于不正常状态，并导致其套利行为一直在亏损。对冲基金们开始猜测摩根大通的 CIO 交易部门的交易员在幕后操纵着市场，然而场外市场不受监管，基金经理们投诉无门，只得向媒体揭露这一行为。

摩根大通的 Flattener 策略意味着需要保持在 CDS 指数期限曲线的近端（短期合约）的购买与远端（长期合约）之间的比例。由于摩根大通的对冲头寸巨大，这种策略策略意味着一旦对冲错误，其敞口将变的风险巨大且极具波动性。在某一刻，摩根大通突然意识到自己承担的风险超过了此前的预计，于是 CIO 及伦敦鲸停止了对冲。然而停止管理对冲比例意味着摩根大通的敞口变为单向的看空或看多（Directional Trade），违背了对冲的初衷，同时也使自己的敞口暴露在市场风险之下。到了4月上旬，随着欧债危机的传染以及美国宏观数据不佳的消息出现，债市和股市开始出现波动。而摩根大通持有的CDX指数也经历了大幅波动，最终导致巨额损失。

（二）造成风险与亏损的原因分析

1. 由对冲策略演变为自营交易导致亏损。摩根大通CIO投资并非对冲的一个公开的标志是其交易风险与摩根大通投行部门不相上下。摩根大通2011年财报显示CIO在当年最大的单日亏损高达5 700万美元，这与其投行部门的5 800万美元差距不大，但后者有着华尔街最大的股票和债券交易部门。另一个迹象是：两名前雇员表示CIO与摩根大通投行及销售部门的关系十分紧张。一位前雇员表示，由于CIO的雇员从交易利润中的提成比例少于投行部门，这促使以节约成本著称的戴蒙将更多交易通过CIO来执行。因此，CIO并非仅执行对冲交易，而是事实上的世界上最大的自营交易部门。

2. 风险对冲策略及VaR的问题。按照摩根大通的解释，CIO及伦敦鲸的使命是对摩根大通整体的债券投资风险敞口的对冲。也就是说，其交易是针对摩根大通整体投资组合的对冲，即将所有的信贷风险捆绑在一起，然后交由在伦敦的一个职员来对冲。这种对冲策略与让负责交易的交易员自行对冲自己的风险不同，组合对冲存在的问题在于，你将所有担子都压在一个人身上，一旦交易员出现问题，不但会影响自己的投资组合，而且对整个公司的组合交易造成严重影响。当然，一家投行的风险管理远较上文所述要复杂得多，因为他们还依赖于模型，也就是著名的VaR（Value at Risk，风险价值），模型的变化导致了风险被大大低估，对公司风险量度与防范带来很大的影响。

3. 内部风控缺失。摩根大通一直以优秀的风险管理著称，但摩根大通却在风控毫无预警的情况下巨亏。此次风险发证的真正问题是内控，没有好的内容措施和流程，风险得不到有效预测和制约，对于投资金融衍生品带来了很大的不确定因素。

第三节
金融期货的风险衡量方法

期货作为风险管理的工具，可以规避现货价格波动所带来的风险。但金融期货与其他衍生品一样，其投资过程中也包含一定的风险，需要投资者在实际操作中认真考虑并加以防范。

一、风险衡量的原理

市场风险主要涉及由于主动投资金融产品带来的风险敞口，风险的来源包括利率、汇率、股权价格、商品价格等资产价格的变化。多年来，已经建立了一套完整的金融工具来衡量市场的风险，并且在市场上广泛应用。其中，资产价格变动的标准差（σ）是最为基本的风险衡量的参数，用来衡量资产价格的波动率。

具体针对不同的金融衍生品，风险的衡量工具也有所区分。例如国债期货，由于其标的物资产为债券，国债期货价格和价格变化是对 CTD 债券的跟踪，所以国债期货的风险衡量可以使用久期和凸性来近似估计；对于股指期货，由于股指期货反映整体股票市场的变化情况，股指期货的 β 近似为 1，即股指期货的风险等同于市场的系统性风险。

二、衡量风险的方法——VaR

VaR（Value at Risk）是“风险价值”，其含义指：在市场正常波动下，某一金融资产或证券组合的最大可能损失。具体来讲，在一定概率水平（置信度）下，某一金融资产或证券组合价值在未来特定时期内的最大可能损失。采用 VaR 的方法，要假设市场是有效的，同时要假设市场波动是随机的，即不存在自相关。

（一）VaR 基本模型

VaR 可定义为：

$$\text{VaR} = E(\omega) - \omega^* \tag{12-1}$$

式中 $E(\omega)$ 为资产组合的预期价值；ω 为资产组合的期末价值；ω^* 为置信水平 α 下投资组合的最低期末价值。

又设 $\omega = \omega_0(1+R)$　　(12-2)

式中 ω_0 为持有期初资产组合价值，R 为设定持有期内（通常一年）资产组合的收益率。

$$\omega^* = \omega_0(1+R^*) \tag{12-3}$$

R^* 为资产组合在置信水平 α 下的最低收益率。

根据数学期望值的基本性质，将式（12-2）、式（12-3）代入式（12-1），有：

$$\begin{aligned}\mathrm{VaR} &= E\left[\omega_0\ (1+R)\right]\ -\omega_0\ (1+R^*)\\ &= E\omega_0 + E\omega_0\ (R)\ -\omega_0 - \omega_0 R^*\\ &= \omega_0 + \omega_0 E\ (R)\ -\omega_0 - \omega_0 R^*\\ &= \omega_0 E\ (R)\ -\omega_0 R^*\\ &= \omega_0\ \left[E\ (R)\ -R^*\right]\ \omega\end{aligned}$$

$$\mathrm{VaR} = \omega_0\ \left[E\ (R)\ -R^*\right] \tag{12-4}$$

根据式（12－4），如果能求出置信水平 α 下的 R^*，即可求出该资产组合的 VaR 值（见图 12－2）。

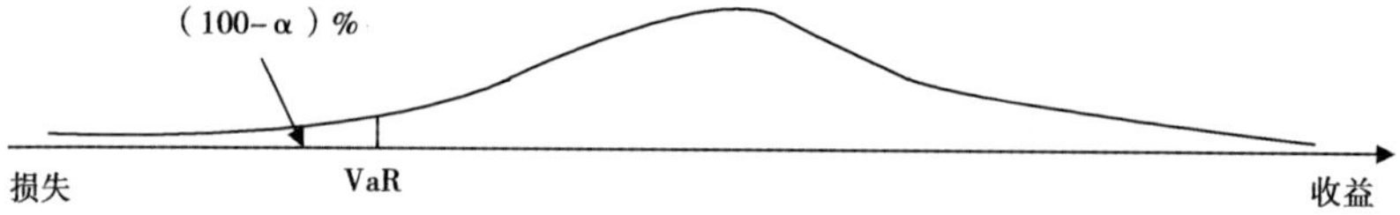

图 12－2　资产组合的 VaR 值

【例 12－2】 根据 JP. Morgan1994 年年报披露，该公司 1994 年一天的 95% VaR 值平均为 1 500 万美元。

根据 VaR 的计算方法，年报披露该公司日均收益为 500 万美元，即 $E(\omega)=500$ 万美元。如果假定 $\alpha=95\%$，只需找一个 ω^*，使日收益率低于 ω^* 的概率为 5%，或者使日收益率低于 ω^* 的 ω 出现的天数为 $254\times5\%=13$（天），根据该公司披露数据，$\omega^*=-1\ 000$ 万美元。$\mathrm{VaR}=E\ (\omega)\ -\omega^*=500-\ (-1\ 000)\ =1\ 500$（万美元）。

（二）VaR 模型计算方法

从目前来看，主要采用三种方法计算 VaR 值。

1. 历史模拟法（Historical Simulation Method）。“历史模拟法”是借助于计算过去一段时间内的资产组合风险收益的频度分布，通过找到历史上一段时间内的平均收益，以及在既定置信水平 α 下的最低收益率，计算资产组合的 VaR 值。

首先，计算平均每日收入 $E\ (\omega)$，从而得到预期的期望收益值。

其次，确定 ω^* 的大小，给定置信水平 α，寻找和确定相应最低的每日收益值。设置信水平为 α，由于观测日为 T，$t=T\times\alpha$，即可得到 α 概率水平下的最低值 ω^*。由此可得：

$VaR = E(\omega) - \omega^*$

2. 方差—协方差法。方差—协方差法同样是运用历史资料，计算资产组合的 VaR 值。其基本思路为：

首先，利用历史数据计算资产组合的收益的方差、标准差、协方差。

其次，假定资产组合收益是正态分布，可求出在一定置信水平下，反映了分布偏离均值程度的临界值。

第三，建立与风险损失的联系，推导 VaR 值。

设某一资产组合在单位时间内的均值为 μ，数准差为 σ，$R^* \sim \mu(\mu、\sigma)$，又设 α 为置信水平 α 下的临界值，根据正态分布的性质，在 α 概率水平下，可能发生的偏离均值的最大距离为 $\mu - \alpha\sigma$，即 $R^* = \mu - \alpha\sigma$。

$E(R) = \mu$，根据 $VaR = \omega_0 [E(R) - R^*]$ 有 $VaR = \omega_0 [\mu - (\mu - \alpha\sigma)] = \omega_0 \alpha\sigma$。因此，只要能计算出某种组合的数准差 σ，则可求出其 VaR 的值。

3. 蒙特卡罗模拟法（Monte Carlo Simulation）。它是基于历史数据和既定分布假定的参数特征，借助随机产生的方法模拟出大量的资产组合收益的数值，再计算 VaR 值。即先建立一个概率模型或随机过程，然后以随机产生的风险因子回报值来模拟组合的收益分布。

（三）风险价值法的局限

VaR 方法也有其局限性，VaR 方法衡量的主要是市场风险，如单纯依靠 VaR 方法，就会忽视其他种类的风险如信用风险。另外，从技术角度讲，VaR 值表明的是一定置信度内的最大损失，但并不能绝对排除高于 VaR 值的损失发生的可能性。例如，假设一天的 99% 置信度下的 VaR = 1 000 万美元，仍会有 1% 的可能性会使损失超过 1 000 万美元。这种情况一旦发生，给经营单位带来的后果就是灾难性的。风险价值法并不能预测到投资组合的确切损失程度，也无法捕捉到市场风险与信用风险间的相互关系。所以，在金融风险管理中，VaR 方法并不能涵盖一切，仍需综合使用各种其他的定性、定量分析方法。

三、衡量风险的方法——敏感性分析

敏感性分析法是风险预测中常用的方法，指从多个不确定性因素中找出对投资有重要影响的敏感性因素，并分析、测算其对收益指标的影响程度和敏感性程度，进而判断投资承受风险能力的一种不确定性分析方法。敏感性分析有助于确定哪些风险对投资具有最大的潜在影响。

（一）敏感性分析法的步骤

1. 确定敏感性分析指标。敏感性分析的对象是具体的技术方案及其反映的经济效益。因此，技术方案的某些经济效益评价指标，例如投资回收期、投资收益率、内部收益率等，都可以作为敏感性分析指标。

2. 计算该技术方案的目标值。一般将在正常状态下的经济效益评价指标数值，作为目标值。

3. 选取不确定因素。在进行敏感性分析时，并不需要对所有的不确定因素都考虑和计算，而应视方案的具体情况选取几个变化可能性较大，并对经效益目标值影响作用较大的因素。例如：投资额变化等，都会对方案的经济效益大小产生影响。

4. 计算不确定因素变动时对分析指标的影响程度。若进行单因素敏感性分析时，则要在固定其他因素的条件下，变动其中一个不确定因素；然后，再变动另一个因素（仍然保持其他因素不变），以此求出某个不确定因素本身对方案效益指标目标值的影响程度。

5. 找出敏感因素，进行分析和采取措施，以提高技术方案的抗风险的能力。

（二）敏感性分析法的分类

根据不确定性因素每次变动数目的多少，敏感性分析法可以分为单因素敏感性分析法和多因素敏感性分析法。

1. 单因素敏感性分析法。每次只变动一个因素而其他因素保持不变时所做的敏感性分析法，称为单因素敏感性分析法。

【例 12－3】 某公司规划项目的投资收益率为 21.15%，财务基准收益率为 12%。试对价格、投资在 ±20%，成本、产量在 ±10% 范围进行敏感性分析（见表 12－2）。

表 12－2 敏 感 性 分 析

	规划方案	价格变动		投资变动		成本变动		产量变动	
		－20%	＋20%	－20%	＋20%	－10%	＋10%	－10%	＋10%
投资收益（%）	21.15	7.72	33.62	25.26	18.19	25.90	16.41	17.95	24.24
与规划方案比较（%）		－13.43	＋12.37	＋4.11	－2.96	＋4.75	－4.74	－3.2	＋3.09
相对变化率（%）		－0.67	0.62	0.21	－0.15	0.48	－0.47	－0.32	0.31

从表 12－2 可以看出，当价格变化 ±1% 时，投资收益率变化 －0.67% ～0.62%。其他如上。单因素敏感性分析在计算特定不确定因素对项目经济效益影响时，假定其他因素不变，实际上这种假定很难成立。可能会有两个或两个以上的不确定因素在同时变动，此时单因素敏感性分析就很难准确反映项目承担风险的状况，因此尚必须进行多因素敏感性分析。

2. 多因素敏感性分析法。多因素敏感性分析法是指在假定其他不确定性因素不变条件下，计算分析两种或两种以上不确定性因素同时发生变动，对项目经济效益值的影响程度，确定敏感性因素及其极限值。多因素敏感性分析一般是在单因素敏感性分析基础进行，且分析的基本原理与单因素敏感性分析大体相同，但需要注意的是，多因素敏感性分析须进一步假定同时变动的几个因素都是相互独立的，且各因素发生变化的概率相同。

（三）敏感性分析法的局限

敏感性分析法是一种动态不确定性分析，是项目评估中不可或缺的组成部分。它用以分析项目经济效益指标对各不确定性因素的敏感程度，找出敏感性因素及其最大变动幅度，据此判断项目承担风险的能力。但是，这种分析尚不能确定各种不确定性因素发生一定幅度的概率，因而其分析结论的准确性就会受到一定的影响。实际生活中，可能会出现这样的情形：敏感性分析找出的某个敏感性因素在未来发生不利变动的可能性很小，引起的项目风险不大；而另一因素在敏感性分析时表现出不太敏感，但其在未来发生不利变动的可能性却很大，进而会引起较大的项目风险。为了弥补敏感性分析的不足，在进行项目评估和决策时，尚须进一步作概率分析。

四、衡量风险的方法——压力测试（情景分析）

压力测试是将资产组合所面临极端情况下（如利率突然急升或股市突然重挫）可能发生的风险加以认定并量化。压力测试作为 VaR 风险测度方法中的补充工具，用来衡量风险资产组合价值潜在的最大损失，从而为金融机构的决策者提供有益的参考。压力测试的重点在于分析市场产生压力情景时，对于资产组合产生损失的最大承受能力，亦即将极端风险进行量化的过程。

（一）压力测试在风险管理中的应用

日常的压力测试最简单直接的形式是观察当风险参数（如利率、汇率等）瞬间变化一个单位量如 10% 的下跌或 50 个基点的上涨情况下资产组合市场价值的变化。这种日常的压力测试仅需指定风险参数变化，而无需确定冲击的来源，因此运行相对简单快速，而且经常是即时的测试，这与情景测试不同。日常压力测试因其快速简单的特点而被广泛运用于交易前台和业务部门层面，一些机构风险管理者也用它来计算市场环境变化对机构冲击的最初近似值。

大多数压力测试至少一个月测试一次，而系统的情景测试一般是三个月一次甚至更长。较低的频率反映了情景构造更加复杂的特点，而且其修改频率也相对较高，一般每6至12个月就要修改一次。周期性压力测试结果所构成的时间序列是提供给机构管理层风险信息的关键组成部分。它揭示了机构风险头寸的变化过程；同时能够帮助确定机构主要风险头寸的性质变化。

（二）压力测试的目标

压力测试包括敏感性测试和情景测试等具体方法。敏感性测试旨在测量单个重要风险因素或少数几项关系密切的因素由于假设变动对风险暴露和承受风险能力的影响。情景测试是假设分析多个风险因素同时发生变化以及某些极端不利事件发生对风险暴露和承受风险能力的影响。

压力测试能够帮助了解潜在风险因素与财务状况之间的关系，深入分析抵御风险的能力，形成供董事会和高级管理层讨论并决定实施的应对措施，预防极端事件可能带来的冲击。对于日常管理中广泛应用各类风险计量模型的机构，压力测试应成为模型方法的重要补充。

（三）压力测试的方法

压力测试通常包括信用风险、市场风险、操作风险、其他风险等方面内容。压力测试中，应考虑不同风险之间的相互作用和共同影响。

1. 市场风险的压力测试。这种压力测试的主要问题是所包含的风险因素以及能把它们组合起来的大量不同的方式。对市场风险的系统压力测试应当包含以下元素：非线性价格函数（Gamma 风险）；不对称性；相关性分析；对不同的资产类型组合进行共同的或是单独的压力测试；适当幅度的波动。考虑应该使用多大的价格冲击，风险管理者必须决定自身所能承受的冲击，也就是要解决多大的利率波动值才能为承受，而不至于破产。

2. 信用风险的压力测试。所面临的所有风险中，信用风险在很多情况下是最大的风险因素，因此对于信用风险进行压力测试是非常有必要的。这一方法，往往结合了市场风险，综合考虑交易双方的信用状况、抵押情况、违约与否等因素。具体包括：信用评级大幅下降；抵押资产贬值；交易方违约等。

3. 操作风险的压力测试。相对于市场风险和信用风险而言，操作性风险不仅风险的含义不同，风险管理的方法也不一样。对于前两者，可以借助组合的多样化效果来降低整体风险，改善奉献回报分布；而对于操作性风险，多样化不仅不能降低整体风险，反而会放大整体风险，业务越复杂，操作的环节越多，难度也越大，发生风险损失的可能性就越大。投资机构无法借助于多样化组合来规避操作性风险，而只能求助于提高管理质量来降低风险损失。

操作性风险管理不可能由一个部门独立完成，往往涉及了许多环节和部门，包括质量管理与金融风险管理和保险、审计、营运管理及应急方案的制订等许多方面，是一个高度综合的系统工程。针对操作风险的压力测试，实施起来难度相对较大一些，需要各部门协同完成。操作风险的特点，也决定了其压力测试具有不同于其他风险的测试方法。管理者主要运用历史情景法分析以往出现过的操作失误，定期检查，检验当出现这些操作失误时会面临什么样的损失，从而了解抗操作风险的能力。

附录1

FULUYI

银行业金融机构衍生产品交易业务管理办法

（根据中国银行业监督管理委员会第101次主席会议《关于修改〈金融机构衍生产品交易业务管理暂行办法〉的决定》修订）

第一章 总　　则

第一条 为规范银行业金融机构衍生产品业务，有效控制银行业金融机构衍生产品业务风险，根据《中华人民共和国银行业监督管理法》、《中华人民共和国商业银行法》及其他有关法律法规，制定本办法。

第二条 本办法所称银行业金融机构是指依法设立的商业银行、城市信用合作社、农村信用合作社等吸收公众存款的金融机构以及政策性银行。依法设立的金融资产管理公司、信托公司、企业集团财务公司、金融租赁公司，以及经中国银行业监督管理委员会（以下简称中国银监会）批准设立的其他银行业金融机构从事衍生产品业务，适用本办法。

第三条 本办法所称衍生产品是一种金融合约，其价值取决于一种或多种基础资产或指数，合约的基本种类包括远期、期货、掉期（互换）和期权。衍生产品还包括具有远期、期货、掉期（互换）和期权中一种或多种特征的混合金融工具。

第四条 本办法所称银行业金融机构衍生产品交易业务按照交易目的分为两类：

（一）套期保值类衍生产品交易。即银行业金融机构主动发起，为规避自有资产、负债的信用风险、市场风险或流动性风险而进行的衍生产品交易。此类交易需符合套期会计规定，并划入银行账户管理。

（二）非套期保值类衍生产品交易。即除套期保值类以外的衍生产品交易。包括由客户发起，银行业金融机构为满足客户需求提供的代客交易和银行业金融机构为对冲前述交易相关风险而进行的交易；银行业金融机构为承担做市义务持续提供市场买、卖双边价格，并按其报价与其他市场参与者进行的做市交易；以及银行业金融机构主动发起，运用自有资金，根据对市场走势的判断，以获利为目的进行的自营交易。此类交易划入交易账户管理。

第五条　本办法所称客户是指除金融机构以外的个人客户和机构客户。银行业金融机构向客户销售的理财产品若具有衍生产品性质，其产品设计、交易、管理适用本办法，客户准入以及销售环节适用中国银监会关于理财业务的相关规定。对个人衍生产品交易的风险评估和销售环节适用个人理财业务的相关规定。

第六条　银行业金融机构开办衍生产品交易业务，应当经中国银监会批准，接受中国银监会的监督与检查。

获得衍生产品交易业务资格的银行业金融机构，应当从事与其自身风险管理能力相适应的业务活动。

第七条　银行业金融机构从事与外汇、商品、能源和股权有关的衍生产品交易以及场内衍生产品交易，应当具有中国银监会批准的衍生产品交易业务资格，并遵守国家外汇管理及其他相关规定。

第二章　市场准入管理

第八条　银行业金融机构开办衍生产品交易业务的资格分为以下两类：

（一）基础类资格：只能从事套期保值类衍生产品交易；

（二）普通类资格：除基础类资格可以从事的衍生产品交易之外，还可以从事非套期保值类衍生产品交易。根据银行业金融机构的风险管理能力，监管部门可以对其具体的业务模式、产品种类等实施差别化资格管理。

第九条　银行业金融机构申请基础类资格，应当具备以下条件：

（一）有健全的衍生产品交易风险管理制度和内部控制制度；

（二）具有接受相关衍生产品交易技能专门培训半年以上、从事衍生产品或相关交易 2 年以上的交易人员至少 2 名，相关风险管理人员至少 1 名，风险模型研究人员或风险分析人员至少 1 名，熟悉套期会计操作程序和制度规范的人员至少 1 名，以上人员均需专岗专人，相互不得兼任，且无不良记录；

（三）有适当的交易场所和设备；

（四）具有处理法律事务和负责内控合规检查的专业部门及相关专业人员；

（五）满足中国银监会审慎监管指标要求；

（六）中国银监会规定的其他条件。

第十条 银行业金融机构申请普通类资格，除具备上述基础类资格条件以外还需具备以下条件：

（一）完善的衍生产品交易前、中、后台自动联接的业务处理系统和实时风险管理系统；

（二）衍生产品交易业务主管人员应当具备5年以上直接参与衍生产品交易活动或风险管理的资历，且无不良记录；

（三）严格的业务分离制度，确保套期保值类业务与非套期保值类业务的市场信息、风险管理、损益核算有效隔离；

（四）完善的市场风险、操作风险、信用风险等风险管理框架；

（五）中国银监会规定的其他条件。

第十一条 外资银行开办衍生产品交易业务，应当向当地监管机构提交由授权签字人签署的申请材料，经审查同意后，报中国银监会审批。外商独资银行、中外合资银行应当由总行统一向当地监管机构提交申请材料；外国银行拟在中国境内两家以上分行开办衍生产品交易业务的，应当由其在华管理行统一向当地监管机构提交申请材料，经审查同意后，报中国银监会审批。

外国银行分行申请开办衍生产品交易业务，应当获得其总行（地区总部）的正式授权，其母国应当具备对衍生产品交易业务进行监管的法律框架，其母国监管当局应当具备相应的监管能力。

申请开办衍生产品交易业务的外国银行分行，如果不具备第九条或第十条所列条件，其总行（地区总部）应当具备上述条件。同时该分行还应当具备以下条件：

（一）其总行（地区总部）对该分行从事衍生产品交易等方面的正式授权对交易品种和限额作出明确规定；

（二）除总行另有明确规定外，该分行的全部衍生产品交易统一通过对其授权的总行（地区总部）系统进行实时平盘，并由其总行（地区总部）统一进行平盘、敞口管理和风险控制。

其他由属地监管的银行业金融机构应当先向当地监管机构提交申请材料，

经审查同意后，报中国银监会审批；其他由中国银监会直接监管的银行业金融机构直接向中国银监会提交申请材料，报中国银监会审批。

第十二条　银行业金融机构申请开办衍生产品交易业务，应当向中国银监会或其派出机构报送以下文件和资料（一式三份）：

（一）开办衍生产品交易业务的申请报告、可行性报告及业务计划书或展业计划；

（二）衍生产品交易业务内部管理规章制度；

（三）衍生产品交易会计制度；

（四）主管人员和主要交易人员名单、履历；

（五）衍生产品交易风险管理制度，包括但不限于：风险敞口量化规则或风险限额授权管理制度；

（六）交易场所、设备和系统的安全性和稳定性测试报告；

（七）中国银监会要求的其他文件和资料。

外国银行分行申请开办衍生产品交易业务，若不具备第九条或第十条所列条件，该分行除报送其总行（地区总部）的上述文件和资料外，同时还应当向所在地银监局报送以下文件：

（一）其总行（地区总部）对该分行从事衍生产品交易品种和限额等方面的正式书面授权文件；

（二）除其总行另有明确规定外，其总行（地区总部）出具的确保该分行全部衍生产品交易通过总行（地区总部）交易系统进行实时平盘，并由其总行（地区总部）负责进行平盘、敞口管理和风险控制的承诺函。

第十三条　银行业金融机构提交的衍生产品交易会计制度，应当符合我国有关会计标准。我国未规定的，应当符合有关国际标准。外国银行分行可以遵从其母国/总行会计标准。

第十四条　银行业金融机构按本办法规定提交的交易场所、设备和系统的安全性测试报告，原则上应当由第三方独立做出。

第十五条　银行业金融机构开办衍生产品交易业务内部管理规章制度应当至少包括以下内容：

（一）衍生产品交易业务的指导原则、业务操作规程（业务操作规程应当体现交易前台、中台与后台分离的原则）和针对突发事件的应急计划；

（二）新业务、新产品审批制度及流程；

（三）交易品种及其风险控制制度；

（四）衍生产品交易的风险模型指标及量化管理指标；

（五）风险管理制度和内部审计制度；

（六）衍生产品交易业务研究与开发的管理制度及后评价制度；

（七）交易员守则；

（八）交易主管人员岗位责任制度，对各级主管人员与交易员的问责制度和激励约束机制；

（九）对前、中、后台主管人员及工作人员的培训计划；

（十）中国银监会规定的其他内容。

第十六条 中国银监会自收到银行业金融机构按照本办法提交的完整申请资料之日起3个月内予以批复。

第十七条 银行业金融机构法人授权其分支机构办理衍生产品交易业务，须对其风险管理能力进行严格审核，并出具有关交易品种和限额等方面的正式书面授权文件；境内分支机构办理衍生产品交易业务须统一通过其总行（部）系统进行实时平盘，并由总行（部）统一进行平盘、敞口管理和风险控制。

上述分支机构应当在收到其总行（部）授权或授权发生变动之日起30日内，持其总行（部）的授权文件向当地银监局报告。

外国银行分行所获授权发生变动时，应当及时主动向中国银监会报告。

第三章 风险管理

第十八条 银行业金融机构应当根据本机构的经营目标、资本实力、管理能力和衍生产品的风险特征，确定是否适合从事衍生产品交易及适合从事的衍生产品交易品种和规模。

银行业金融机构从事衍生产品交易业务，在开展新的业务品种、开拓新市场等创新前，应当书面咨询监管部门意见。

银行业金融机构应当逐步提高自主创新能力、交易管理能力和风险管理水平，谨慎涉足自身不具备定价能力的衍生产品交易。银行业金融机构不得自主持有或向客户销售可能出现无限损失的裸卖空衍生产品，以及以衍生产品为基础资产或挂钩指标的再衍生产品。

第十九条 银行业金融机构应当按照第四条所列衍生产品交易业务的分类，建立与所从事的衍生产品交易业务性质、规模和复杂程度相适应的、完善的、可靠的市场风险、信用风险、操作风险以及法律合规风险管理体系和制度、内部控制制度和业务处理系统，并配备履行上述风险管理、内部控制和业务处理职责所需要的具备相关业务知识和技能的工作人员。

第二十条　银行业金融机构董事会或其授权专业委员会应当定期对现行的衍生产品业务情况、风险管理政策和程序进行评价，确保其与机构的资本实力、管理水平相一致。新产品推出频繁或系统发生重大变化时，应当相应增加评估频度。

第二十一条　银行业金融机构高级管理人员应当了解所从事的衍生产品交易风险；审核评估和批准衍生产品交易业务经营及其风险管理的原则、程序、组织、权限的综合管理框架；并能通过独立的风险管理部门和完善的检查报告系统，随时获取有关衍生产品交易风险状况的信息，进行相应的监督与指导。在此基础上，银行业金融机构应当每年一次对其自身衍生产品业务情况进行评估，并将上一年度评估报告一式两份于每年一月底之前报送监管机构。

第二十二条　银行业金融机构要根据本机构的整体实力、自有资本、盈利能力、业务经营方针、衍生产品交易目的及对市场走向的预测，选择与本机构业务相适应的测算衍生产品交易风险敞口的指标和方法。

银行业金融机构应当建立并严格执行授权和止损制度，制定并定期审查更新各类衍生产品交易的风险敞口限额、止损限额、应急计划和压力测试的制度和指标，制定限额监控和超限额处理程序。

在进行衍生产品交易时，必须严格执行分级授权和敞口风险管理制度，任何重大交易或新的衍生产品业务都应当经由董事会或其授权的专业委员会或高级管理层审批。在因市场变化或决策失误出现账面浮亏时，应当严格执行止损制度。

对在交易活动中有越权或违规行为的交易员及其主管，要实行严格问责和惩处。

第二十三条　银行业金融机构应当加强对分支机构衍生产品交易业务的授权与管理。对于衍生产品经营能力较弱、风险防范及管理水平较低的分支机构，应当适当上收其衍生产品的交易权限。银行业金融机构应当在相应的风险管理制度中明确重大交易风险的类别特征，并规定取消交易权限的程序。对于发生重大衍生产品交易风险的分支机构，应当及时取消其衍生产品的交易权限。

第二十四条　银行业金融机构从事风险计量、监测和控制的工作人员必须与从事衍生产品交易或营销的人员分开，不得相互兼任；风险计量、监测或控制人员可以直接向高级管理层报告风险状况。根据本办法第四条所列的分类标准，银行业金融机构负责从事套期保值类与非套期保值类衍生产品交易的交易人员不得相互兼任。银行业金融机构应当确保其所从事的上述不同类别衍生产品交易的相关信息相互隔离。

第二十五条 银行业金融机构应当制定明确的交易员、分析员、销售人员等从业人员资格认定标准，根据衍生产品交易及风险管理的复杂性对业务销售人员及其他有关业务人员进行培训，确保其具备必要的技能和资格。

第二十六条 银行业金融机构要制定合理的成本和资产分析测算制度和科学规范的激励约束机制，不得将衍生产品交易和风险管理人员的收入与当期绩效简单挂钩，避免其过度追求利益，增加交易风险。

第二十七条 银行业金融机构应当对衍生产品交易主管和交易员实行定期轮岗和强制带薪休假。

第二十八条 银行业金融机构内审部门要定期对衍生产品交易业务风险管理制度的执行情况进行检查。对于衍生产品交易制度和业务的内审应当具有以下要素：

（一）确保配备数量充足且具备相关经验和技能的内审人员；

（二）建立内审部门向董事会的独立报告路线。

第二十九条 银行业金融机构应当建立健全控制法律风险的机制和制度，严格审查交易对手的法律地位和交易资格。银行业金融机构与交易对手签订衍生产品交易合约时应当参照国际及国内市场惯例，充分考虑发生违约事件后采取法律手段追索保全的可操作性等因素，采取有效措施防范交易合约起草、谈判和签订等过程中的法律风险。

第三十条 银行业金融机构应当制定完善针对衍生产品交易合同等法律文本的评估及管理制度，至少每年根据交易对手的情况，对涉及到的衍生产品交易合同文本的效力、效果进行评估，加深理解和掌握，有效防范法律风险。

第三十一条 银行业金融机构应当制定评估交易对手适当性的相关政策：包括评估交易对手是否充分了解合约的条款以及履行合约的责任，识别拟进行的衍生交易是否符合交易对手本身从事衍生交易的目的。在履行本条要求时，银行业金融机构可以根据诚实信用原则合理地依赖交易对手提供的正式书面文件。

第三十二条 银行业金融机构应当制定完善的交易对手信用风险管理制度，选择适当的方法和模型对交易对手信用风险进行评估，并采取适当的风险缓释措施。

银行业金融机构应当以适当的方式向交易对手明示相关的信用风险缓释措施可能对其产生的影响。

第三十三条　银行业金融机构应当运用适当的风险评估方法或模型对衍生产品交易的市场风险进行评估，按市价原则管理市场风险（衍生产品的市值评估可以合理利用第三方独立估值报价），调整交易规模、类别及风险敞口水平。

第三十四条　银行业金融机构从事套期保值类衍生产品交易，应当由资产负债管理部门根据本机构的真实需求背景决定发起交易和进行交易决策。

第三十五条　银行业金融机构从事非套期保值类衍生产品交易，应当计提此类衍生产品交易敞口的市场风险资本，市场风险资本计算方法按照《商业银行资本充足率管理办法》和《商业银行市场风险资本计量内部模型法监管指引》的相关规定执行。

第三十六条　银行业金融机构从事非套期保值类衍生产品交易，其标准法下市场风险资本不得超过银行业金融机构核心资本的3%。监管部门可根据银行业金融机构的经营情况在该资本比例上限要求内实施动态差异化管理。标准法下市场风险资本的计算方法按照《商业银行资本充足率管理办法》的相关规定执行。

第三十七条　银行业金融机构应当根据衍生产品交易的规模与类别，建立完善的流动性风险监控与预警系统，做好充分的流动性安排，确保在市场交易异常情况下，具备足够的履约能力。

第三十八条　银行业金融机构应当建立健全控制操作风险的机制和制度，明确衍生产品交易操作和监控中的各项责任，包括但不限于：交易文件的生成和录入、交易确认、轧差交割、交易复核、市值重估、异常报告、会计处理等。衍生产品交易过程中的文件和录音记录应当统一纳入档案系统管理，由职能部门定期检查。

第三十九条　银行业金融机构应当按照中国银监会的规定对从事的衍生产品交易进行清算，确保履行交割责任，规范处理违约及终止事件，及时识别并控制操作风险。

第四十条　银行业金融机构应当建立完善衍生产品交易管理信息系统，确保按产品、交易对手等进行分类的管理信息完整、有效。

第四十一条　银行业金融机构应当按照中国银监会的规定报送与衍生产品交易有关的会计、统计报表及其他报告。

银行业金融机构应当按照中国银监会关于信息披露的规定，对外披露从事衍生产品交易的风险状况、损失状况、利润变化及异常情况。

第四十二条 银行业金融机构从事衍生产品交易出现重大业务风险或重大业务损失时，应当迅速采取有效措施，制止损失继续扩大，同时将有关情况及时主动向中国银监会报告。

银行业金融机构所从事的衍生产品交易、运行系统、风险管理系统等发生重大变动时，应当及时主动向中国银监会报告具体情况。

第四十三条 中国银监会可以检查银行业金融机构有关衍生产品交易业务的资料和报表、风险管理制度、内部控制制度和业务处理系统是否与其从事的衍生产品交易业务种类相适应。

第四章 产品营销与后续服务

第四十四条 银行业金融机构应当高度重视衍生产品交易的风险管理工作，制定完善客户适合度评估制度，在综合考虑衍生产品分类和客户分类的基础上，对衍生产品交易进行充分的适合度评估：

（一）评估衍生产品的风险及复杂程度，对衍生产品进行相应分类，并至少每年复核一次其合理性，进行动态管理；

（二）根据客户的业务性质、衍生产品交易经验等评估其成熟度，对客户进行相应分类，并至少每年复核一次其合理性，进行动态管理。

第四十五条 银行业金融机构应当根据客户适合度评估结果，与有真实需求背景的客户进行与其风险承受能力相适应的衍生产品交易，并获取由客户提供的声明、确认函等能够证明其真实需求背景的书面材料，内容包括但不限于：

（一）与衍生产品交易直接相关的基础资产或基础负债的真实性；

（二）客户进行衍生产品交易的目的或目标；

（三）是否存在与本条第一项确认的基础资产或基础负债相关的尚未结清的衍生产品交易敞口。

第四十六条 银行业金融机构与客户交易的衍生产品的主要风险特征应当与作为真实需求背景的基础资产或基础负债的主要风险特征具有合理的相关度，在营销与交易时应当首先选择基础的、简单的、自身具备定价估值能力的衍生产品。

第四十七条 银行业金融机构应当制定完善衍生产品销售人员的内部培

训、资格认定及授权管理制度，加强对销售人员的持续专业培训和职业操守教育，及时跟进针对新产品新业务的培训和资格认定，并建立严格的管理制度。通过资格认定并获得有效授权的销售人员方可向客户介绍、营销衍生产品。在向客户介绍衍生产品时，销售人员应当以适当的方式向客户明示其已通过内部资格认定并获得有效授权。

第四十八条 银行业金融机构应当以清晰易懂、简明扼要的文字表述向客户提供衍生产品介绍和风险揭示的书面资料，相关披露以单独章节、明白清晰的方式呈现，不得以页边、页底或脚注以及小字体等方式说明，内容包括但不限于：

（一）产品结构及基本交易条款的完整介绍和该产品的完整法律文本；

（二）与产品挂钩的指数、收益率或其他参数的说明；

（三）与交易相关的主要风险披露；

（四）产品现金流分析、压力测试、在一定假设和置信度之下最差可能情况的模拟情景分析与最大现金流亏损以及该假设和置信度的合理性分析；

（五）应当向客户充分揭示的其他信息。

第四十九条 在衍生产品销售过程中，银行业金融机构应当客观公允地陈述所售衍生产品的收益与风险，不得误导客户对市场的看法，不得夸大产品的优点或缩小产品的风险，不得以任何方式向客户承诺收益。

第五十条 银行业金融机构应当充分尊重客户的独立自主决策，不得将交易衍生产品作为与客户开展其他业务的附加条件。

第五十一条 银行业金融机构应当建立客户的信用评级制度，并结合客户的信用评级、财务状况、盈利能力、净资产水平、现金流量等因素，确定相关的信用风险缓释措施，限制与一定信用评级以下客户的衍生产品交易。

第五十二条 与客户达成衍生产品交易之前，银行业金融机构应当获取由客户提供的声明、确认函等形式的书面材料，内容包括但不限于：

（一）客户进行该笔衍生产品交易的合规性；

（二）衍生产品交易合同、交易指令等协议文本的签署人员是否获得有效的授权；

（三）客户是否已经完全理解该笔衍生产品交易的条款、相关风险，以及该笔交易是否符合第四十五条第二项确认的交易目的或目标；

（四）客户对于该笔衍生产品交易在第四十八条第四项所述最差可能情况下是否具备足够的承受能力；

（五）需要由客户声明或确认的其他事项。

第五十三条 银行业金融机构应当及时向客户提供已交易的衍生产品的市场信息，定期将与客户交易的衍生产品的市值重估结果以评估报告、风险提示函等形式，通过信件、电子邮件、传真等可记录的方式向客户书面提供，并确保相关材料及时送达客户。当市场出现较大波动时，应当适当提高市值重估频率，并及时向客户书面提供市值重估结果。银行业金融机构应当至少每年对上述市值重估的频率和质量进行评估。

第五十四条 银行业金融机构对于自身不具备定价估值能力的衍生产品交易，应当向报价方获取关键的估值参数及相关信息，并通过信件、电子邮件、传真等可记录的方式向客户书面提供此类信息，以提高衍生产品市值重估的透明度。

第五十五条 银行业金融机构应当针对与客户交易的衍生产品业务种类确定科学合理的利润目标，制定科学合理的考核评价与长效激励约束机制，引导相关部门和人员诚实守信、合规操作，不得过度追求盈利，不得将与客户交易衍生产品的相关收益与员工薪酬及其所在部门的利润目标及考核激励机制简单挂钩。

第五十六条 银行业金融机构应当制定完善衍生产品交易业务的定期后评价制度，包括对合规销售、风险控制、考核激励机制等内部管理制度的定期后评价。

银行业金融机构应当通过实地访问、电子邮件、传真、电话录音等可记录的方式建立完善对客户的定期回访制度，针对合规销售与风险揭示等内容认真听取客户的意见，并及时反馈。

第五章 罚　　则

第五十七条 银行业金融机构未经批准擅自开办衍生产品交易业务的，依据《中华人民共和国银行业监督管理法》的规定进行处罚。

第五十八条 对未能有效执行衍生产品交易风险管理和内部控制制度的银行业金融机构，可以暂停或终止其衍生产品交易资格，并进行经济处罚。

第五十九条 银行业金融机构未按照本办法或者中国银监会的要求报送有关报表、资料以及披露衍生产品交易情况的，根据其性质分别按照《中华人民共和国银行业监督管理法》、《中华人民共和国商业银行法》、《中华人民共和国外资银行管理条例》等法律法规及相关规定，予以处罚。

第六十条　银行业金融机构的衍生产品交易人员（包括主管、风险管理人员、分析师、交易人员等）、机构违反本办法有关规定违规操作，造成本机构或者客户重大经济损失的，该银行业金融机构应当对直接负责的高级管理人员、主管人员和直接责任人给予记过直至开除的纪律处分；构成犯罪的，移交司法机关依法追究刑事责任。

第六章　附　　则

第六十一条　本办法由中国银监会负责解释。

第六十二条　此前公布的有关银行业金融机构衍生产品交易的规定，与本办法相抵触的，以本办法为准。对于本办法规定的内容，法律或行政法规另有规定的，从其规定。

附录 2
FULUER

保险资金参与金融衍生产品交易暂行办法

（保监发［2012］94 号　2012 年 10 月 21 日）

第一章　总　　则

第一条　为规范保险资金参与金融衍生产品交易，防范资金运用风险，维护保险当事人合法权益，根据《中华人民共和国保险法》及《保险资金运用管理暂行办法》等法律法规，制定本办法。

第二条　在中国境内依法设立的保险集团（控股）公司、保险公司、保险资产管理公司（以下统称保险机构）参与金融衍生产品交易，适用本办法。

第三条　本办法所称金融衍生产品（以下简称衍生品），是指其价值取决于一种或多种基础资产、指数或特定事件的金融合约，包括远期、期货、期权及掉期（互换）。

本办法所称金融衍生产品交易（以下简称衍生品交易），是指境内衍生品交易，不包括境外衍生品交易。

第四条　保险集团（控股）公司、保险公司可以自行参与衍生品交易，也可以根据本办法及相关规定，委托保险资产管理公司及符合中国保险监督管理委员会（以下简称中国保监会）规定的其他专业管理机构，在授权范围内参与衍生品交易。

第五条　保险机构参与衍生品交易，仅限于对冲或规避风险，不得用于投机目的，包括：

（一）对冲或规避现有资产、负债或公司整体风险；

（二）对冲未来一个月内拟买入资产风险，或锁定其未来交易价格。

本条第（二）项所称拟买入资产，应当是保险机构按其投资决策程序，已经决定将要买入的资产；未在决定之日起一个月内买入该资产，或在上述期限内放弃买入该资产，应当在规定期限结束后或决定之日起的5个交易日内，终止、清算或平仓相关衍生品。

第六条　中国保监会将根据市场发展和实际需要，适时发布衍生品具体品种交易规定。

第二章　资质条件

第七条　保险集团（控股）公司、保险公司自行参与衍生品交易，应当符合以下要求：

（一）董事会知晓相关风险，并承担参与衍生品交易的最终责任；

（二）建立符合本办法规定的衍生品交易业务操作、内部控制和风险管理制度；

（三）建立投资交易、会计核算和风险管理等信息系统；

（四）配备衍生品交易专业管理人员，包括但不限于分析研究、交易操作、财务处理、风险控制和审计稽核等；

（五）其他规定要求。

第八条　保险集团（控股）公司、保险公司委托保险资产管理公司及其他专业管理机构参与衍生品交易，除符合第七条第（一）项外，还应当配备与衍生品交易相适应的监督和评价等专业管理人员。

保险资产管理公司及其他专业管理机构受托参与衍生品交易，应当符合本办法第七条第（二）项至第（五）项规定的要求。

第九条　保险机构参与衍生品交易，选择的交易结算等专业机构，应当符合中国保监会有关衍生品交易的规定。

第三章　管理规范

第十条　保险集团（控股）公司、保险公司参与衍生品交易，董事会应当根据公司管理情况，制定授权制度，建立决策机制，明确管理人员职责及报告要求。

第十一条　保险机构自行或受托参与衍生品交易，业务操作制度应当涵盖研究、决策、交易、清算与结算等全过程，明确责任分工，确保业务流程清晰，环节紧密衔接。

第十二条 保险机构自行或受托参与衍生品交易，内部控制制度应当明确岗位职责，确保业务操作和风险管理流程可执行，关键岗位相互制衡，重点环节双人复核。

第十三条 保险机构自行或受托参与衍生品交易，风险管理制度应当纳入公司总体风险管理架构，能够覆盖衍生品交易前、中、后台，并符合本办法第四章规定要求。

第十四条 保险机构自行或受托参与衍生品交易，信息系统应当包括业务处理设备、交易软件和操作系统等，并通过可靠性测试。包括但不限于：

（一）投资管理部门与风险管理部门应当配置量化投资系统，计算对冲资产组合风险所需的衍生品数量，并根据市场变化，调整衍生品规模，逐步实现担保品动态调整；

（二）财务系统应当配备相应的衍生品估值与清算模块，会计确认、计量、账务处理及财务报告应当符合规定。保险机构委托托管银行进行财务核算的，应当确认托管银行的信息系统合规可靠。

第十五条 保险集团（控股）公司、保险公司参与衍生品交易，应当制定业务指引。该指引可以单独制定，也可以作为公司年度投资计划和投资指引的组成部分，包括但不限于以下内容：

（一）拟运用衍生品种类；

（二）使用衍生品的限制；

（三）风险管理要求。

第十六条 保险机构自行或受托参与衍生品交易，应当制定风险对冲方案，并经公司风险管理部门及有关决策人员审批。对冲未来拟买入资产的风险，应当逐项向风险管理部门报备拟买入资产的书面文件。

第四章 风 险 管 理

第十七条 保险机构参与衍生品交易，应当建立动态风险管理机制，制定衍生品交易的全面风险管理制度与业务操作流程，建立实时监测、评估与处置风险的信息系统，完善应急机制和管理预案。

第十八条 保险机构参与衍生品交易，应当制定量化的风险指标，采用适当的计量模型与测评分析技术，及时评估衍生品交易风险。

第十九条 保险机构参与衍生品交易，应当根据公司风险承受能力，确定衍生品及其资产组合的风险限额，按照一定的评估频率定期复查更新。

保险机构应将风险限额分解为不同层级，由风险管理部门控制执行。对违反风险限额等交易情况，风险管理部门应当及时报告。确有风险对冲需求并需要灵活处理的，应严格履行内部审批程序。

第二十条 保险机构参与衍生品交易，应当密切关注外部市场变化，审慎评估价格变化趋势，及时调整衍生品交易方案，防范市场风险。

第二十一条 保险机构参与衍生品交易，应当建立交易对手评估与选择机制，充分调查交易对手的资信情况，评估信用风险，并跟踪评估交易过程和行为。

保险机构应当综合内外部信用评级情况，为交易对手设定交易限额，并根据需要采用适当的信用风险缓释措施。

第二十二条 保险机构参与衍生品交易，应当维持一定比例的流动资产，通过现金管理方法，监控与防范流动性风险。

第二十三条 保险机构参与衍生品交易，应当及时评估避险有效性。评估工作应当独立于决策和交易部门。评估衍生品价值时，应当采用市场公认或者合理的估值方法。

第二十四条 保险机构参与衍生品交易，应当制定有效的激励制度和机制，不得简单将衍生品交易盈亏与业务人员收入挂钩。后台及风险管理部门的人员报酬，应当独立于交易盈亏情况。

第二十五条 保险机构参与衍生品交易，应当在不同部门之间设立防火墙体系，实行严格的业务分离制度，确保投资交易、风险管理、清算核算、内审稽核等部门独立运作。

保险机构应当制定衍生品交易主管人员和专业人员的工作守则，建立问责制度。

第二十六条 保险机构参与衍生品交易，内部审计与稽核部门应当定期对衍生品交易的风险管理情况进行监督检查，独立提交季度和年度稽核报告。检查内容包括但不限于以下方面：

（一）衍生品交易活动合规情况；

（二）业务操作、内部控制及风险管理制度执行情况；

（三）专业人员资质情况；

（四）避险政策及有效性评估等。

第二十七条 保险机构参与衍生品交易，应当确保交易记录的及时、真实、准确与完整。记录内容包括衍生品交易决策流程、执行情况及风险事项等。

第五章 监督管理

第二十八条 保险机构参与衍生品交易，应当向中国保监会报告，并提交以下书面材料：

（一）保险集团（控股）公司、保险公司自行参与衍生品交易，应当报送董事会批准参与衍生品交易的决议（以下简称董事会决议）、董事会的风险知晓函及本办法第七条第（二）项至第（五）项要求的书面证明文件。

（二）保险集团（控股）公司、保险公司委托保险资产管理公司及其他专业管理机构参与衍生品交易，委托人应当报送董事会决议、风险知晓函、相关委托协议及符合规定的专业人员资料，受托人应当报送符合本办法第七条第（二）项至第（五）项要求的书面证明文件，受托的其他专业管理机构还应当报送书面承诺函，承诺接受中国保监会的质询和检查，并如实提供衍生品交易的各种资料。

第二十九条 保险机构、其他专业管理机构参与衍生品交易，应当及时向中国保监会报告以下事项：

（一）修改本办法第十条至第十三条规定的各项制度；

（二）不再满足第十四条规定的业务系统和设备要求；

（三）不再满足中国保监会规定的专业人员配备要求；

（四）提前终止委托或到期后不再继续委托开展衍生品交易。

保险机构及其他专业管理机构在上述第（一）项情况下，应当报告制度修改情况；在上述第（二）项或者第（三）项情况下，应当暂停其衍生品交易，在明确期限内了结衍生品业务头寸，直至能够满足有关规定，并向中国保监会提交书面报告后，才可恢复相关业务。

第三十条 保险集团（控股）公司、保险公司应当按照规定向中国保监会报送以下报告：

（一）每个月结束后的10个工作日内，报送该月份衍生品交易的月末风险敞口总额、各类衍生品风险敞口金额，以及该月的风险对冲情况；

（二）每个季度结束后的30个工作日内，报送该季度衍生品交易的稽核审计报告；

（三）每个年度结束后的60个工作日内，报送该年度衍生品交易总结报告，内容包括但不限于衍生品交易总体风险、对冲有效性及合规情况等；

（四）及时报告衍生品交易违规行为、重大风险或异常情况，及采取的应对措施；

（五）中国保监会规定的其他材料。

本条所指的各项报告应当包括保险集团（控股）公司、保险公司以自己名义开展衍生品交易和委托保险资产管理公司及其他专业管理机构开展衍生品交易的情况。

第三十一条　中国保监会依法对保险机构、其他专业管理机构参与衍生品交易，开展现场和非现场检查。

第三十二条　保险机构违反规定参与衍生品交易的，中国保监会将依法对相关机构和人员给予行政处罚。

其他专业管理机构违反有关法规和本办法规定的，中国保监会将记录其不良行为；情节严重的，中国保监会有权责令保险机构予以更换。

涉嫌犯罪的相关机构和人员，中国保监会将依法移送司法机关查处。

第三十三条　保险集团（控股）公司、保险公司参与境外衍生品交易，应当遵守保险资金境外投资规定，委托境外投资管理人，按照授权开展相关业务，并将衍生品交易纳入其业务管理体系。

第三十四条　保险机构受托管理的非保险资金，可以依照合同约定，参照本办法执行。

第三十五条　本办法由中国保监会负责解释。

第三十六条　本办法自发布之日起施行。